Rainer Fischbach
Mythos Netz

W0234247

RAINER FISCHBACH

MYTHOS NETZ

Kommunikation jenseits von Raum und Zeit?

Rotpunktverlag

© Rotpunktverlag, Zürich 2005
www.rotpunktverlag.ch

Das Umschlagbild zeigt eine Momentaufnahme aus dem Computermodell eines
Agglomerationsprozesses. Das Modell besteht aus einer Matrix von Punkten,
deren Gewicht und Konnektivität iterativ wachsen; wobei die Chance, einen
Gewichtszuwachs bzw. eine weitere Verbindung zu erhalten, mit dem Gewicht
und der Konnektivität ansteigt. Auf diese Weise bilden sich Cluster von
gewichtigen und untereinander dicht vernetzten Punkten heraus. Die Farbe
der Verbindungen verschiebt sich von Cyan nach Violett, wenn sie mehrfach
ausgewählt werden.

Umschlagbild: Rainer Fischbach
Gestaltung und Satz: Rainer Fischbach
Druck und Bindung: fgb · freiburger graphische betriebe, Freiburg i. Br.
ISBN 3–85869–301–4
1. Auflage 2005

Inhalt

Einleitung: Ein strapazierter Begriff

Nur wenigen Begriffen widerfährt es, so umfassend in Dienst genommen zu werden wie *das Netz* und *die Vernetzung*. Allein innerhalb des letzten Jahrzehnts erlebten sie den beispiellosen Aufstieg aus einem höchstens von wenigen Fachleuten wahrgenommenen Nischendasein zur Omnipräsenz in den öffentlichen Diskursen und sogar zu einer prominenten Position in gleich mehreren Disziplinen. Betriebswirte und Philosophen, Volkswirte und Theologen, Biologen und Soziologen, Politiker und Industrielle, Presseleute und Talkmaster ohnehin, sie alle reden auf einmal von Vernetzung. Seit den 90ern des letzten Jahrhunderts ist der Netzenthusiasmus ein verbreitetes und nicht selten auch verschärfte Form annehmendes Phänomen. Wer oder was heute nicht vernetzt ist, wer es nicht versteht, sich durch den allfälligen Einsatz des Netzbegriffs als auf der Höhe der Zeit befindlich auszuweisen, scheint keine Zukunft mehr zu haben; wobei die Feinheiten, wie die Unterscheidung der Ebenen des Begriffs – etwa Vernetzung im Sinne von angeschlossen sein an eine Infrastruktur des Austauschs von was auch immer: Information, Energie, stofflichen Gütern versus Vernetzung im Sinne von eingebunden sein in ein Geflecht von gesellschaftlichen oder sonstigen Relationen – und die ganz andere Stellung zur Realität, die den Begriff *Netz* von Gattungsbegriffen wie *Hund* abhebt, meist keine besondere Aufmerksamkeit erfahren. So ist sogar in einem evangelischen Blatt[1] aus der Feder eines Soziologen, der dort für das Leitbild des christlichen Ritters wirbt, folgendes über die zur Zeit angesagten Tugenden zu lesen:

> Nicht Ein- und Unterordnung, nicht Befehl und Gehorsam seien die Antwort auf die Herausforderungen der Gegenwart, sondern eine gänzlich andere Ordnung: die der Kommunikation und Vernetzung, paradigmatisch dargestellt am Siegeszug des Internet. Vernetzt handeln, denken und kommunizieren aber ist eine Frauendomäne, sagen Forscher, weil Frauen es weitaus leichter fällt als Männern, miteinander zu reden und gemeinschaftlich zu entscheiden.[2]

---

1. Es handelt sich um ein willkürliches Zitat aus einem nicht eben trendigen Kontext. Es ist auch nicht beabsichtigt, zu seinen inhaltlichen Aussagen Stellung zu nehmen, die durchaus ebenfalls kritikwürdig sein mögen, sondern nur zu dem beispielhaft fahrlässigen Umgang mit dem Begriff *Vernetzung*.
2. OTTEN 2003

Hier ist alles unterschiedslos durcheinander gemischt: Das Internet, das ja eine technische Infrastruktur ist, Vernetzung im Sinne eines Geflechts sozialer Beziehungen, die hier jedoch mit einer ganz bestimmten Form eines solchen identifiziert wird, und, davon abgeleitet, das immer und überall beschworene *vernetzte* Denken und Handeln, von dem nur niemand sagt, was es genau ist. Die Gleichsetzung von *Netz* im Sinne von sozialem Beziehungsgeflecht und *Netz* im Sinne von Internet ist nur ein Kalauer, der niemandem als solcher auffällt. Dass auch eine Hierarchie, wie jede andere Form eines sozialen Beziehungsgeflechts ein *Netz* oder genauer: der Netzmetapher zugänglich bzw. durch eine mathematische Struktur modellierbar ist, für die sich die Bezeichnung *Netz* eingebürgert hat, bleibt hier ebenso verdrängt wie die unspektakuläre Tatsache, dass es praktisch nichts gibt, was sich – einmal auf die passende Abstraktionsebene gehoben – nicht als Netz betrachten und durch eine entsprechende mathematische Struktur modellieren ließe.

Doch es bleibt nicht bei unbewussten Kalauern und einer überspannten, konnotativ aufgeladenen Metaphorik. Die Ambitionen gehen weiter. Nicht nur, dass alle Welt ihn im Munde führt: Viele Äußerungen stellen den Begriff des Netzes als Generalschlüssel zum Verständnis der diversesten Gegenstände, wenn nicht gar der Welt überhaupt vor. Das Netz, so heißt es unter Bezug auf ein etabliertes wissenschaftshistorisches Schema, sei *das neue Paradigma* und mehr noch: *die Formel*, nach der die Weltgesellschaft der Zukunft sich aufbaue und organisiere. Diese werde mittels instanter Kommunikation Raum und Zeit überwinden und damit die Voraussetzungen schaffen, um nicht nur *den idealen Markt* als zentralen gesellschaftlichen Regulationsmechanismus zu inthronisieren, sondern als *Wissensgesellschaft*, d.h. als Gesellschaft, deren Basis eine *Wissensökonomie* bilde, alle von den zu Relikten einer obsoleten Ordnung herabsinkenden Staaten gesetzten territorialen Schranken zu transzendieren, die Enge und die sozialen Konflikte der überkommenen städtischen Siedlungsformen hinter sich zu lassen und sich schließlich von der Materie völlig zu befreien. Dass der Begriff des *Paradigmenwechsels* sich bisher darin bewährte, ex post zu verstehen, wie eine Wissenschaft neue, doch jeweils besondere Aufgabenstellungen entdeckt und sich aneignet,[3] nicht jedoch darin, den globalen gesellschaftlichen Wandel

3. KUHN 1980; KUHN 1970

zu erklären oder gar zu prognostizieren, bleibt bei solcher Begeisterung unerwähnt. Ein Wunder, wenn eine so mächtige Metapher nicht auch des moralischen Vorzeichenwechsels fähig wäre. Dass Al Kaida nicht mehr nur, wie einst die Rote Armee Fraktion – allein deren selbstgewählter Name wirkt darüber schon wie ein Gruß aus gemütlicheren, weil übersichtlicheren Zeiten – eine schlichte terroristische Organisation, sondern, wie alle Medien versichern, ein *Terrornetzwerk* sei, lässt dieses nicht so recht fassbare Gebilde in den Augen der Zeitgenossen als besonders unheimlich und gefährlich erscheinen. Ihre Selbstinszenierung sowie die bestimmt nicht unbeabsichtigt provozierten Vermutungen über ihren Operationsmodus weisen sich als Meisterstücke eines der postmodernen Zeitstimmung adäquaten Kommunikationsdesigns aus, mögen die westlichen Kommentatoren ihren Urhebern noch so beredt wie geschichtsvergessen den Willen zur Rückkehr ins Mittelalter unterstellen. Dabei müsste doch schon die Erinnerung an europäische Gestalten wie Savonarola und Müntzer, Calvin und Cromwell verdeutlichen, dass der revolutionäre Gottesstaat ebenso wie das Insistieren auf der wörtlichen Gültigkeit des geoffenbarten Wortes Haltungen sind, die der schwierige Übergang zur Moderne immer wieder hervorzubringen scheint. Gerade die Anschläge des 11. September und die Reaktion des Westens auf sie offenbaren mehr über die blinden Stellen in dessen Selbstwahrnehmung, den unheilvollen Hang zur Projektion des verdrängten Eigenen auf das unfassbare Fremde, als über die, die als deren Urheber gelten.

Den Gipfel des Netzenthusiasmus bilden schließlich die Erwartungen, die im Netz eine Art höheres Wesen – je nach den religiösen Vorlieben der sie Hegenden – entweder herabsteigen oder sich entwickeln sehen: "Ein [...] unkontrolliertes, selbstorganisierendes System"[4] entstehe da, so tönt es inzwischen schon aus den Feuilletons ansonsten einigermaßen seriöser Blätter, die damit jedoch nichts Originelles unter die Leute bringen, sondern nur das Echo geben auf die Predigten eines technospiritistischen Obskurantismus, der sich in Kalifornien schon vor mehr als einem Jahrzehnt als Gebräu aus, oberflächlich gesehen, recht disparaten Ingredienzien, nämlich einerseits dem ideologischen Strandgut diverser, dort frequenter Subkulturen: der der Hippies, der New-Age-Gläubigen sowie der Hightech-Freaks und andererseits dem

4. Illinger 2003

dort seit den 1980er Jahren hegemonialen, marktradikalen Neokonservativismus, herausbildete:[5]

> Die kühnsten Wissenschaftler, Techniker, Ökonomen und Philosophen der Gegenwart haben die ersten Schritte unternommen, alle Dinge und Ereignisse zu einem riesigen, komplexen Netz zu verbinden. Sobald ausgedehnte Netze die gemachte Welt durchdringen, erhalten wir die ersten Eindrücke dessen, was aus diesem Netz hervorgeht – Maschinen, die zu leben beginnen, sich als clever erweisen und sich entwickeln – eine neobiologische Zivilisation.
>
> Man kann das so verstehen, dass sich in einer Netzwerk-Kultur auch ein globaler Geist [global mind] entwickelt. Der globale Geist ist die Vereinigung von Computer und Natur – von Telefonen und menschlichen Gehirnen und mehr. Es ist eine sehr große Komplexität von unbestimmten Umrissen die von einer eigenen unsichtbaren Hand regiert wird. Wir Menschen werden nicht wissen, was der globale Geist erwägt. Dies ist so, nicht weil wir nicht gescheit genug sind, sondern weil der Aufbau eines Geistes nicht zulässt, dass die Teile das Ganze verstehen. Die besonderen Gedanken des globalen Geistes – und seine darauf folgenden Handlungen – werden außerhalb unserer Kontrolle und jenseits unseres Verständnisses sein. Folglich werden Netzwerk-Ökonomien eine neue Spiritualität hervorbringen.[6]

Die Faszination, die diese *kalifornische Ideologie*[7] ausübt, scheint auch daher zu rühren, dass sie Gegensätzliches, wenn nicht gar Unvereinbares zu vereinigen verspricht: die Natur mit einem entfesselten Markt, den eine entfesselte Technik treibt, Aufklärung und Obskurantismus, Wissenschaft und Frömmigkeit, das Bedürfnis nach autoritärer Unterordnung ebenso wie das, sich als libertäre Avantgarde zu produzieren. Der Gehorsam gegen Natur, Gott und Markt erscheint als eines und zugleich als die höchste Verwirklichung des Individuums.

Wäre dieser wissenschaftlich drapierte Obskurantismus nur eine etwas aparte intellektuelle Mode des inneren neokonservativen Zirkels geblieben, gäbe es wenig Grund, sich ausführlich damit zu beschäftigen. Doch wesentliche Elemente der *kalifornischen Ideologie* nehmen inzwischen im politischen und wissenschaftlichen Diskurs weit über die neokonservativen Kreise hinaus und bis hinein in die Linke eine hegemoniale Position ein. So ist kaum zu übersehen, dass die *Multitude* der derzeitigen linken Kulttheoretiker MICHAEL HARDT und

5. FISCHBACH 1998a

6. KELLY 1994, 201–202 [Übersetzung des Autors]

7. BARBROKE, CAMERON 1995

Antonio Negri sehr viel mit Kevin Kellys *Global mind* gemeinsam hat. Kennzeichen der Multitude seien zwei sich gegenseitig bedingende Faktoren: Die *immaterielle Produktion* und der netzförmige Zusammenhang, wobei das Netz ebenfalls in die Rolle des intellektuellen Generalschlüssels gerät:

> Und schließlich kann als Beweis [der Hegemonialität der immateriellen Produktion, RF] ganz allgemein und abstrakt die Form des verteilten Netzwerks gelten, die typisch für die immaterielle Produktion ist: Überall im gesellschaftlichen Leben ist das Auftauchen dieser Netzwerkform zu beobachten, mit der sich Gehirnfunktionen ebenso beschreiben lassen wie terroristische Organisationen.[8]
>
> [...]
>
> Im Gegensatz dazu [d.h. zum 18. und 19. Jahrhundert, RF] sehen wir heute überall Netzwerkstrukturen: Sie kennzeichnen militärische Einheiten, soziale Bewegungen, Firmen, Migrationsmuster, Kommunikationssysteme, physiologische Strukturen, Sprachverhältnisse, Nervenbahnen und sogar persönliche Beziehungen. Es ist nicht so, dass es vorher keine Netzwerke gegeben oder sich der Aufbau des Gehirns verändert hätte. Vielmehr ist das Netzwerk zu einer gemeinsamen Form geworden, die für unsere Art, die Welt zu verstehen und in ihr zu handeln, immer bestimmender wird. Der in unseren Augen wichtigste Aspekt dabei ist, dass Netzwerke die Organisationsform der kooperativen und kommunikativen Beziehungen sind, die durch das Paradigma der immateriellen Produktion geboten sind.[9]

Dass ein Konzept, das alles erklärt, in Wirklichkeit nichts mehr erklärt, dass ein solches Konzept auch kein Dämon ist, der selbsttätig irgend etwas definieren bzw. bestimmen würde,[10] es sei denn, der menschliche Geist unterwürfe sich bereitwillig den eigenen Projektionen, und dass ein solches Konzept nicht zugleich als quasi transzendentale *und* als spezifische, empirische Form fungieren kann, die sich z.B. bei bestimmten Organisationen findet und bei anderen nicht, geht hier ebenfalls im Netzenthusiasmus unter.

Dieses Buch vertritt die Position, dass solche Erwartungen zu hoch greifen: dass der Netzbegriff nicht als wissenschaftlicher Generalschlüssel taugt, dass *das Netz* kein höheres Wesen ist, dass es keine Superstruktur bildet, aus der sich die Gesellschaft der Zukunft

---

8. Hardt, Negri 2004b, 134
9. Hardt, Negri 2004b, 163–164
10. Im englischen Originaltext Hardt, Negri 2004, 142 steht "network has become a common form that tends to define our ways of understanding the world and acting in it"; was wesentlich prägnanter ist als das vage "immer bestimmender wird" der deutschen Übersetzung von Thomas Atzert und Andreas Wirthensohn.

von selbst spinnen würde, dass Vernetzung durch Infrastrukturen der Kommunikation Raum, Zeit und Materie nicht global und universell überwindet, sondern höchstens lokal und spezifisch, d.h. bezüglich bestimmter Tätigkeiten, rekonfiguriert und neu artikuliert; wodurch sie neue räumliche und materielle Disparitäten aufbaut, wo sie alte nicht ohnehin verstärkt. Letzteres gilt besonders für die Gegensätze zwischen den urbanen Metropolen und der Peripherie, zwischen Quartieren und Regionen des Wohlstands und des Elends, zwischen Zonen der Sicherheit und des Ausgeliefertseins, die, so eine zentrale These, durch die kommunikative Vernetzung nicht verschwinden, sondern als Folge der sozialökonomischen Prozesse, innerhalb derer diese sich vollzieht, an Tiefe gewinnen. Die Argumentation geht dabei von dem fundamentalen Lemma[11] aus, dass der Raum, in dem sich menschliches Handeln entfaltet, kein vorgegebenes, starres Gefäß ist, das die Dinge und Aktionen unbeweglich umschließt, sondern dass genau umgekehrt — analog zu der Weise, in der die Masseverteilung den physikalischen Raum erzeugt und strukturiert[12] — das Handeln und die Artefakte, die es hervorbringt, eine Metrik definieren, d.h. festlegen, was nah und was fern ist, und so den Raum in seiner gesellschaftlichen Bestimmtheit erst erzeugen. Während im physikalischen Raum die Masseverteilung die Gestalt der kürzesten Verbindung zweier Punkte — das ist dort der Weg, den ein Lichtstrahl nimmt — definiert, ist es im gesellschaftlichen die Infrastruktur bzw. die Verteilung der Zugänge zu ihr, ihrer Hauptlinien, ihrer Schalt- und Umsteigeknoten. So wie eine Konzentration von Masse, etwa ein schwerer Stern, den Raum bzw. den Lichtstrahl krümmt, beeinflusst eine urbane Agglomeration die kürzesten Reisewege und die schnellsten Routen für den Austausch von Nachrichten und Gütern.

Dieses Buch beansprucht jedoch weder, dem Thema eine verbindliche Systematik zu geben, noch, es zu erschöpfen. Vielmehr nimmt es die Form einer Reihe von Essays an, die jeweils einem bestimmten Faden der Argumentation folgen. Gewisse im Text größtenteils durch Querverweise gekennzeichnete Überschneidungen sind dabei nicht zufällig, sondern zeigen mehrdimensionale Zusammenhänge in der Sache an, die erst eine systematische Abhandlung an ihren jeweiligen Ort zu stellen vermöchte. Die vorliegende ist dazu ein Vorspiel.

11. Siehe S. 25
12. WEYL 1923, 44

Alte und neue Futuristen stellt das Versprechen der Überwindung von Raum und Zeit in einen historischen Kontext: den der futuristischen Programmatik, indem er einen Bogen von der vorletzten zur letzten Jahrhundertwende spannt. Tatsächlich liegen zwischen dem Futurismus und dem Netzenthusiasmus weniger als hundert Jahre, weil der Futurismus etwas zu spät kam, um kalendarisch noch als echtes Phänomen der Jahrhundertwende zu gelten. Doch unter der Prämisse, dass das 20. Jahrhunder verspätet begann, weil das 19. sich noch bis zum Ersten Weltkrieg schleppte,[13] ist diese Einordnung zu rechtfertigen. Offen muss natürlich bleiben, ob mit dem kalendarischen Übergang vom 20. ins 21. Jahrhundert tatsächlich ein qualitativ neuer Abschnitt der Geschichte begann. Stellt man den alten Futurismus und den neuen, d.h. den Netzenthusiasmus einander gegenüber, werden in einigen programmatischen Facetten Gemeinsamkeiten, in anderen jedoch auch signifikante Differenzen erkennbar. Während der Krieg oder genauer: die Technik der Zerstörung als Moment einer *totalen Mobilmachung* der Gesellschaft im Futurismus der vorletzten Jahrhundertwende eine hervorgehobene und gefeierte Rolle spielte, pflegt der gegenwärtige zu ihm eine eher verdrängende und illusionistische Haltung, obwohl doch kein anderes technisches Potenzial so sehr die Vernichtung von Raum und Zeit bezeugt wie das seither ins Unermessliche gesteigerte zum nahezu instanten *Telezid*.[14] Irritierend ist dieses Ausmaß an Vernichtungspotenzial-Vergessenheit weniger, weil die Technologien, auf denen die modernen Kommunikationsnetze basieren, eine − wenn auch etwas anders als üblicherweise dargestellt abgelaufene − militärische Vorgeschichte haben, sondern vielmehr, weil eine der zentralen Visionen der Netzenthusiasten, der Cyberspace, den Blick der Hightech-Kriegführung auf die Welt totalisiert. Gemeinsam ist beiden jedoch das Bewusstsein, der Entstehung eines neuen, völlig mit allen vorausgegangenen Phasen der Geschichte brechenden Zeitalters beizuwohnen. Beide bevorzugen die Verkündigung, also eine religiöse Form, doch der Futurismus bleibt diesseitig, indem er ein großartiges, stählernes Zeitalter ansagt, während der Netzenthusiasmus einen pseudospirituellen, sich dem Stil von Erweckungsbewegungen annähernden Ton anschlägt. Ob darin nur des letzteren starke Prägung durch die fromme Neue Welt vernehmbar

13. Mayer 1984
14. Der Begriff *Fernmord* geht auf Günther Anders zurück; siehe Anders 1958, 112

wird oder wie sehr dieser Prägung schon eine Regressionstendenz des
müden alten Europa entgegenkommt, muss offen bleiben. Erkennbar
bleibt immer noch die Bandbreite der Tonlage zwischen Zeltmission
– vorwiegend bei den US-amerikanischen Predigern – und theologi-
schem Seminar – bei den Postmodernen der Alten Welt und ihren
Nachbetern rund um den Globus. Die heroische Religionsfeindschaft
des alten Futurismus ist nicht mehr angesagt. Wenn ERNST JÜNGER
noch feststellte, dass die Technik "die Zerstörerin jedes Glaubens
überhaupt" sei, deren Präsenz den "Raum von allen andersartigen
Kräften, von der großen und kleinen Geisterwelt" entleere,[15] dann
war dies auch Programm. Genau dies scheinen die netzenthusiastischen Obskurantisten revidieren zu wollen, indem sie das von ihnen
propagierte Reich jenseits der Materie mit neuen Geistern bevölkern:
in gutem puritanischem Geist mit Geistern vom Geist des seine Entgrenzung träumenden Kapitals. Ein Technospiritismus, der Netz und
Markt als sich vereinigende Dämonen über den Köpfen der Menschen hypostasiert, gibt sich als die angesagte Ideologie des neuen
Zeitalters zu erkennen. Träume von Geistersehern, die – das scheint
ein geradezu zwanghaft befolgtes Muster zu sein – sich durch ihre
beeindruckende Empirieresistenz auszeichnen.

Täuschende Bilder – fantastische Legenden legt dar, wie weit der
inflationierte Netzbegriff vom Status eines Begriffs im emphatischen
Sinne entfernt ist: Der überwiegende Befund deutet auf nicht mehr als
eine sich selbst nicht durchschauende Metaphorik, die sich zum Opfer
falscher Analogien und zäher Legenden macht – tatsächlich macht,
denn die allzu bereitwillige Gläubigkeit, auf die Legenden wie die von
der Unbesiegbarkeit des Netzes – Unbesiegbarkeit durch den Atomkrieg wie durch politische Repression – stoßen, zeugt von dem ebenso
naiven wie gegen sich selbst blinden Willen zur Macht, der sich in den
Netzfantasien ausspricht. Weder ist das Internet als atomkriegsre-
sistentes militärisches Kommunikationssystem entstanden, noch ist
seine Struktur so dezentral, robust und flexibel, wie die Netzenthusiasten gerne glauben oder auch nur glauben machen möchten, noch
ermöglicht der verselbständigte Begriff des Netzes das, was viele von
ihm erwarten: einen völlig neuen, vertieften Zugriff auf die Phänomene der Welt. Um das zu zeigen, ist es nicht nur erforderlich, den
Begriff des Netzes zu präzisieren, seine unterschiedlichen Schichten

freizulegen und sein Verständnis von irreführenden bildhaften Assozi-
ationen zu befreien, sondern auch, sich mit den Aufgabenstellungen
und Kräften zu beschäftigen, die die Entwicklung der Kommunika-
tionsinfrastrukturen beeinflussen.

Fluchtpunkt der Kapitalbewegung zeigt auf, wie sehr der Traum
von der vernetzten Wissensgesellschaft mit den Idealen des reinen
Marktes, der schwerelosen Ökonomie und der reibungslosen Kapitalverwertung konvergiert und wie sehr er sich zugleich reibt an den
nicht aufhebbaren Naturvoraussetzungen der Verwertung: den Bedingungen materieller Produktion, des Überlebens und Gedeihens der
Menschheit, an die auch alles konkrete Wissen und Lernen gebunden
bleibt. Undurchschaut bleibt vor allem, dass mit allen Widerständen,
die den Verwertungsprozess mühsam und riskant machen, auch der
Wert selbst verschwände und der Verwertungsprozess zusammenbrä-
che. Wenn etwas nichts mehr kostet, ist es in einer Warengesellschaft
wertlos. In der Fülle verlieren die Dinge ihren Wert, es sei denn,
man verknappte sie künstlich, um ihnen wenigstens Tauschwert zu
geben – eine Strategie, die letzten Endes unbedingte politische Macht
erfordert. Die Unbeirrbarkeit, mit der viele Äußerungen trotz aller
Evidenz zum Gegenteil die Ideale der perfekten Selbststeuerung des
Marktes, der Schwere- und Reibungslosigkeit der Ökonomie auf eine
kaum reflektierte Vorstellung von der vernetzten Wissensgesellschaft
projizieren, wirft die Frage auf, ob es sich hierbei nicht um die idealistische Maske verselbständigter, aus allen Bindungen emanzipierter
Triebenergie handelte und die Befreiung aus der Materie sich nicht
eher als ein Phantasma des Todestriebes herausstellen könnte. Dass
das Konzept des Cyberspace, in dem sich der perfekte Markt mit
der Wissensgesellschaft vereinigen soll, das Weltbild der Hightech-
Kriegsführung zur Totalen bläht, um eine verabsolutierte Apparatur
an die Stelle der Welt zu setzen, verleiht dieser Befürchtung zusätzliches Gewicht.

Logik der Agglomeration – Logik der Spaltung zeichnet die Gesetze
nach, denen das Wachstum der technischen Infrastrukturen des Austauschs wie auch die Zusammenballung der menschlichen Akteure
und ihrer Artefakte folgt. Hierbei geht es darum, die urbanistische
und industriegeografische Literatur vor dem Hintergrund eines vertieften Verständnisses der Determinanten der Infrastrukturentwick-
lung zu lesen. Wie sich zeigt, lassen diese sich in eine Reihe von

Gesetzen fassen, die das Zusammenwirken geometrischer, topologischer, technologischer und ökonomischer Faktoren formulieren. Alles deutet darauf hin, dass Vernetzung die Gravitation von urbanen Agglomerationen nicht aufhebt, sondern verstärkt, ja dass eine positive Rückkopplung zwischen der Vernetzung bzw. der Verfügbarkeit der dafür erforderlichen Infrastruktur und der Agglomeration besteht. Während das Gewicht der natürlichen Standortfaktoren schwindet, wenn auch nicht verschwindet, tritt die zirkuläre und deshalb auch pfadabhängige Selbstverursachung von urbanen Agglomerationen in den Vordergrund. Diese bestehen und wachsen dort, wo sie sind, auch weil sie dort sind, wo sie sind! Nichts agglomeriert stärker als eine Agglomeration! Als Infrastrukturbauwerke, die wachsende Grenzerträge ihres Betriebs ermöglichen, profitieren Kommunikations- und Verkehrsnetze von der Agglomeration und verstärken sie wiederum, weil die Verfügbarkeit einer Vielfalt von fortgeschrittenen und zudem preisgünstigen Telekommunikationsdiensten sowie von leistungsfähigen Verkehrsmitteln ein weiteres, starkes Argument für die Ansiedlung in einem Agglomerationsraum darstellt. Die Logik der Agglomeration steigert die Bedeutung des Orts; was in einer Gesellschaft, die durch Klassengegensätze, durch die private Verfügung über Produktionsmittel und die private Aneignung von Mehrwert gekennzeichnet ist, den Kampf um den Ort hervorruft – um den Ort, der die Voraussetzungen der Produktion und des Lebens bietet, der Zugang zu den Dispositiven der Macht gewährt, wie um den Ort, an dem sich konkurrierende Stile des Lebens gegenüberstehen. Im Zentrum dieses Kampfes steht die Zerstörung des öffentlichen Raumes und der öffentlichen Infrastrukturen, die bisher eine begrenzte Atopie, d.h. Irrelevanz des Ortes als eine der materiellen Voraussetzungen für die Gleichheit der Bürger geschaffen haben. An ihre Stelle treten die Zonierung des Raumes durch neue Formen des sozial und politisch ausgrenzenden Bauens wie *Gated communities*, *Guarded shopping malls* und Abwehranlagen gegen Migranten, durch ungleiche wirtschaftliche Entwicklung oder gar Deindustrialisierung. Zu den Folgen gehören differenzierte Versorgungs- und Sicherheitsniveaus und damit einhergehend die Segregation der Bevölkerung nach sozialen, wirtschaftlichen und auch rassischen Kriterien. Die Kehrseite der zirkulären Mechanismen, die via Infrastrukturausbau und Marktwachstum sich selbst verstärkende Agglomerationen ermöglichen, ist die via verfallende Infrastruktur, schwindendende Umweltqualität und einbrechende Märkte sich selbst verstärkende Schrumpfung benachteiligter Regionen und Städte. Neben den *Global Cities*, in denen die Reichtümer und die Dispositive der Macht sich zusammenballen, gehören deshalb die *Shrinking Cities*, die der globale Wachstumsprozess hinter sich gelassen zu haben scheint, zum Inventar der Urbanistik. Der durch den neuen deutschen Bundespräsidenten Horst Köhler eröffnete explizite Angriff auf den Verfassungsgrundsatz der Vergleichbarkeit der Lebensverhältnisse verschafft der faktisch stattfindenden Aufhebung von Atopie einen Schein von Legitimität. Angesichts der Verwüstungen, die ihr Handeln global anrichtet, ziehen sich die wohlhabenden Eliten in eine *neue Form der Zitadelle* zurück.[16] Während die postmoderne Theoriemode delirierend den Tod des Raumes fantasiert, schreiten die meisten Gesellschaften zum verschärften räumlichen Ausschluss, polarisiert das Zusammenspiel technischer und wirtschaftlicher Kräfte mit den alten sozialen Gegensätzen den Raum auf neue Weise und in wachsendem Ausmaß.

Weder Alpha noch Omega greift noch einmal auf, was in den vorhergehenden Essys immer wieder anklingt: die Rolle des Netzes als Formel von scheinbar metaphysischer und geschichtsphilosophischer Macht. Zu denken gibt der Gegensatz zwischen der Bombastik, mit der seine Propheten das neue Zeitalter ankündigen, das mit ihm anbreche, sowie dem Ausmaß an pseudotheologischer Rhetorik, das sie aufbieten einerseits, und andererseits der Dürftigkeit, ja Fadheit der Visionen, die ohne gestohlene Bilder nicht auskommen. Eine Pseudospiritualität schlägt um in plattesten Vulgärmaterialismus. Realhistoriker der New Economy mögen diese vielleicht auch nur verlogene Geldgeilheit nennen. Geldgier ist die gequälte Sinnlichkeit der Puritaner. Die fleischliche Realität der Fantasien von der vernetzten Wissensgesellschaft ist Einzelhaft für alle in Global suburbia; wobei der Gegensatz zwischen einem, letzten Endes als postmoderner Konsumismus – angesagt ist jetzt der Konsum von "individualisierter" anstatt von uniformer Massenware – zu buchstabierenden Individualismus und der Behauptung einer globalen Intelligenz, die

---

16. Bereits Werckmeister 1989 prägte den Begriff der *Zitadellenkultur* für die Kultur der sozial ebenso immobilen wie nach außen sich abschließenden westlichen Gesellschaften.

sich, unerreichbar für die Individuen, auf dem Wege des Zusammenflusses von Netz und Markt durchsetze, den zwischen der Dürftigkeit der Vision und der Bombastik ihrer Verkündigung spiegelt. Der Individualismus ist der von fensterlosen Monaden, die jedoch kein gütiger Gott mehr miteinander und mit den Dingen vermittelt, sondern denen der verselbständigte, vergöttlichte Markt die Welt ersetzt. Das Kontinuum, das sich von der Transparenz des idealen Marktes, den die Ideologen verheißen, einerseits, bis zur völligen Transparenz der Menschen als Kunden und Arbeitskraftlieferanten, die sich die Konzerne versprechen, andererseits spannt, entgeht der öffentlichen Aufmerksamkeit. Die *Matrix* ist der cineastische Reflex dieser Spannung, der einmal mehr zeigt, dass das wirkliche Thema von Science Fiction nicht die Zukunft, sondern die Gegenwart ist. Markierten die Öffnung für neue Formen der Erfahrung sowie eine neue Stellung der Theorie zu ihr den Aufbruch in die Moderne, so markiert, zumindest in der Fantastik der Netzenthusiasten, die Schließung dieser Dimension die Ankunft in der den Medien ergebenen Postmoderne, die sich als ein technisierter Feudalismus präsentiert, der alle Wesenheiten bereits kodifiziert, in Pfründe verwandelt und digital reproduziert sowie für den instanten Konsum hergerichtet hat. Wo der Kosmos vollends unheimlich und die Erde unbewohnbar zu werden droht, ist die Kosmetik nicht weit. Die Idee der verzögerungsfreien Kommunikation, von der sich die Netzenthusiasten begeistern lassen, weist eine hintergründige Kongruenz mit der des sich spontan einstellenden Marktgleichgewichts auf, das im Zentrum der neoklassischen Ökonomie steht. Räumliche Unterschiede und zeitliche Veränderungen sind der einen so fremd wie der anderen. Beide sind totenstarre Fetische, Theoriemasken, die von der Welt der realen Prozesse, der des Lebens gar, Lichtjahre entfernt sind, denen diese sich dessen ungeachtet unterwerfen sollen. Als Utopie erscheint dagegen, was an der Zeit wäre: den Dingen ihren Raum und ihre Zeit zu lassen.

Ein merkwürdiges Gebräu aus technokapitalistischem Chiliasmus, Cyberpuritanismus und antiurbaner Idyllik wabert durch die Pamphlete der Netzenthusiasten.[17] Sie harren des neuen, in ihrer Wahr-

---

17. Die Kombination von säkularem, ja endzeitlichem Anspruch und privatistischem Eskapismus ist nicht neu: In der Formel *Schauder und Idylle* sieht etwa Brockhaus 1997 die Attraktion begründet, die der Nationalsozialismus in den 1930ern auf viele Menschen ausübte. Ohne die inhaltlichen Differenzen zwischen jenem und dem Netzenthusiasmus zu übersehen, ist doch auf

nehmung schon ganz nahen Zeitalters: eines Tausendjährigen Cyber-Reiches, das Kommunikation in Kommunion – die Vereinigung aller Dinge: von Individuum und Gesellschaft, von Natur, Technik und Markt – verwandeln soll. Das Ausmaß, die Intensität der auf Ziele von ebenso anmaßendem Anspruch wie menschenferner Abstraktheit und dürftiger Konkretion gerichteten Triebenergie wirkt wie das Anzeichen eines großen Zerstörungswerkes. Das Platzen der New-Economy-Blase am Aktienmarkt war dazu vielleicht nur ein Vorspiel. Die Verheißungen der New Economy, der vernetzten Wissensgesellschaft, oder was sonst gerade chic ist, wirken wie Ansagen auf einem Bahnhof, auf die hin kein Zug abfährt. Martin Kippenbergers ME-TRO-NET World Connection[18] fasst diesen Zustand in eine ihn ironisch reflektierende, global verteilte Skulptur. Weder zum Kreisen des sich selbst verwertenden Wertes noch zur Abstraktion einer telekommunikativ vereinigten Weltgesellschaft lassen sich, wie Götz Eisenberg bemerkt,[19] dauerhafte, eine menschliche Vergesellschaftung ermöglichende, libidinöse Bindungen aufbauen. Real können wir nur an konkreten Orten wohnen und mit einer Handvoll Menschen kommunizieren. Mit der Erde und der Menschheit wird dauerhaft nur zusammenleben können, wer sie in ihren konkreten, raum-zeitlich individuierten Partikeln wahrzunehmen vermag.

Fraglos verändern die Informations- und die Kommunikationstechnik die Gesellschaft und die Menschen, indem sie neue Formen und eine größere Reichweite der Vernetzung ermöglichen. Doch sie werden keine abgehobene Welt jenseits von Raum, Zeit und Materie schaffen, sondern im Gegenteil diese nur neu konfigurieren und dabei auch neue Gegensätze von unerhörter Tiefe schaffen. Eine derart vernetzte Gesellschaft wird eine andere sein als ihre Vorläufer, doch sie wird der Erde nicht entkommen, die Grenzen, die sie setzt, nicht überschreiten. Die engsten Fesseln legt ihr jedoch die Weise an, in der sie ihren Kampf mit der Natur führt. Auch die Technik der kommunikativen Vernetzung ist eingebettet in das technisch-industrielle System der Naturaneignung, in dem das menschliche Dasein gefangen bleibt, und unterliegt wie dieses den treibenden und gestaltenden Kräften der Kapitalverwertung. Sie bildet keinen Ausgang in eine

---

ein drittes, verbindendes Elemente hinzuweisen, das seinerseits auf eine verwandte Triebdynamik zeigt: den Todeskult, der beide durchzieht.

18. `<http://www.centreimage.ch/metronet/metronet.htm>`
19. Eisenberg 2000, 53

andere Welt jenseits der Naturabhängigkeit und der politischen Herausforderungen, die eine Zähmung der in dieser Naturabhängigkeit wurzelnden, doch durch die Imperative der Kapitalverwertung zur Maßlosigkeit getriebenen Naturbeherrschung stellt. Vielleicht bietet die Vernetzung neben vielen Gefahren auch Chancen, sich innerhalb dieser Naturabhängigkeit besser einzurichten als zuvor und die unbeherrschte Naturbeherrschung zu zähmen. Jene Gefahren abzuwehren und diese Chancen zu nutzen, setzt jedoch die Wahrnehmung eben der naturbedingten Grenzen und Abhängigkeiten des menschlichen Daseins wie der Kräfte voraus, die das menschliche Verhalten zur Natur treiben und formen. *Das Netz* ist nicht mehr als die Hypostasierung einer Metapher, kein Demiurg, der aus sich heraus eine neue Gesellschaft, eine neue Welt gar hervorzubringen vermöchte. Als *das Rettende* kann es sich deshalb nicht erweisen.

1. Alte und neue Futuristen

Wir stehen auf dem äußersten Vorgebirge der Jahrhunderte! [...] Warum sollten wir zurückblicken, wenn wir die geheimnisvollen Tore des Unmöglichen aufbrechen wollen? Zeit und Raum sind gestern gestorben. Wir leben bereits im Absoluten, denn wir haben schon die ewige, allgegenwärtige Geschwindigkeit erschaffen.

Nein, dieses Zitat entstammt weder einer der im letzten Jahrzehnt verfassten Hymnen auf die Internetwirtschaft noch der unübersehbaren postmodernen Traktatliteratur, die uns mit einem Flächenbombardement von überspannten Formulierungen auf die Zumutungen der neuen Zeiten einstimmen möchte, sondern dem *Manifest des Futurismus*, das der italienische Salonliterat F. T. MARINETTI schon vor dem Ersten Weltkrieg veröffentlichte.[1] Die Begeisterung für die Geschwindigkeit und den Sieg über Raum und Zeit zeichnet die jüngste Vergangenheit so wenig alleine aus wie die für eine New Economy und überschäumende Aktienkurse,[2] sondern ist ganz wie das Gefühl, in einer herausragenden, alles Bisherige umstürzenden Zeit zu leben, ein zyklisches Phänomen imperialistischer Normalität.

MARINETTI war zu seiner Zeit keinesfalls allein mit seiner Begeisterung für Geschwindigkeit und die Apparate, die sie ermöglichten: Vielmehr gab er der Aufregung einen Ausdruck, in die Dampfschiffe, und -züge, Automobile und Flugzeuge sowie die soeben durch GUGLIELMO MARCONI vorgestellte drahtlose Telegrafie mittels elektromagnetischer Wellen die Welt damals versetzten. Als die TITANIC mit einem Eisberg kollidierte, war sie unterwegs, um einen Geschwindigkeitsrekord zu brechen. Das in den Untergang führende Verhalten war das angesagte.

Mit der Faszination durch all die technischen Neuerungen ging auch zur vorletzten Jahrhundertwende ein Aktienboom einher, den ein verbreiteter Glaube an ein neues Zeitalter trug. Dessen bewegende Kräfte sollten ein ungebremster technischer Fortschritt und die monopolistischen Konzerne bilden, die in den industrialisierten Ländern zunehmend die Wirtschaft beherrschten. Die wiederkehrenden Krisen mit dem sie begleitenden Verfall der Profite, unter denen diese Länder

---

1. MARINETTI 1909
2. Zur Historizität des *New Economy*-Syndroms und der Boomphasen des Aktienmarktes, die es begleitete, siehe SHILLER 2000, 96–117; MADRICK 2002

gelitten hatten, sollten von nun an der Vergangenheit angehören. Die Prognosen eines Endes des Konjunkturzyklus aus dem zurückliegenden Jahrzehnt können also nicht einmal Originalität beanspruchen. Auch dem Crash von 1929 war ein Aktienboom vorausgegangen, den der Glaube an eine neue Zeit getragen hatte: Ganz ähnlich wie in den 1990ern war es vor allem um die Diffusion der Erfindungen aus den Jahrzehnten zuvor in die Massenmärkte gegangen: Automobil, Radio und elektrische Beleuchtung hatten ein breiteres Publikum außerhalb der besonders wohlhabenden Schichten erreicht und schienen eine endlose Expansion anzukündigen, die der technische Fortschritt nicht allein in Form neuer Produkte, sondern noch mehr in Form einer wachsende Skalenerträge ermöglichenden Massenproduktion antreiben sollte.

Die wiederkehrende Abfolge von Boom und Crash in epochalem Ausmaß ist sicher nicht ursächlich durch die jeweiligen Ausprägungen des irrigen Glaubens an ein heraufziehendes goldenes Zeitalter endlos steigender Gewinne zu erklären. Jene sind selber eher Symptome als Ursachen der Zyklen. Hinter dem leichten Glauben an den schnellen Profit verbirgt sich die schwere Last des Kapitals, genauer: des wachsenden Kapitalvolumens, das seinem systemischen Zweck, Profit zu erwirtschaften, nicht mehr zu genügen vermag. Boom und Crash sind untrennbare Geschwister und bilden mit der in ihrer Abfolge involvierten Kapitalvernichtung die Ventilsitte des Kapitals. Die Phantome des schnellen Profits und der endlosen, durch keine räumliche Grenze aufgehaltenen Expansion entstammen den Fieberträumen des seiner Invalidierung entgegentaumelnden Kapitals. Sie codieren die Imperative der Kapitalverwertung und spiegeln damit, wie verfremdet auch immer, die Verfassung der Gesellschaft. Wörtlich genommen sind sie verdinglichtes, falsches Bewußtsein, das nach Auflösung verlangt.

1.1 Der untote Raum

Nicht nur in den Wirtschaftskommentaren und der gängigen Erbauungsliteratur für das Management, sondern auch in den Feuilletons und bis weit in die sich als kritisch verstehende Sozialwissenschaft hinein gilt es heute als ausgemacht, dass die Telekommunikation und besonders das Internet Raum und Zeit aufheben würden sowie eine darauf gestützte Ökonomie sich von der Materie fortschreitend emanzipiere. Postmoderne Formeln wie *Deterritorialisierung, Entmaterialisierung, Netzwerk, Echtzeit-Kommunikation, Atopie, Nicht-Ort, Dezentralität, absolute Geschwindigkeit, immaterielle Arbeit, Wissensökonomie* etc. gehören inzwischen zum Pflichtwerkzeug sozialwissenschaftlicher und politischer Diskurse. Als prominentes Beispiel seien hier die entsprechenden Passagen aus dem in kurzer Zeit zu Kultstatus gelangten Werk *Empire* von MICHAEL HARDT und ANTONIO NEGRI erwähnt.[3] Hier nur ein beispielhafter Auszug:

> Die Umwälzung der Produktion durch Computer und Kommunikation hat die Arbeitsprozesse derart verändert, dass sie sich alle dem Modell der Informations- und Kommunikationstechnologien annähern.[4]
> [...]
> Die Computerisierung der Produktion verschiebt Arbeit in Richtung abstrakte Arbeit.[5]
> [...]
> Die deterritorialisierenden Möglichkeiten der Kommunikation sind einzigartig: die Kommunikation genügt sich nicht darin, die moderne territoriale Souveränität zu begrenzen oder zu schwächen, sie greift darum die Möglichkeit selbst an, eine Ordnung räumlich zu verankern. Sie setzt eine ununterbrochene und vollkommene Zirkulation von Zeichen ein. Deterritorialisierung ist die wichtigste Fähigkeit und Zirkulation von Zeichen die Form, durch die gesellschaftliche Kommunikation wirkt. [...] Wir erreichen hier einen Extrempunkt der Auflösung des Verhältnisses von Ordnung und Raum. [...] Der Raum der Kommunikation ist vollkommen deterritorialisiert.[6]

Der Sinn mancher Phrasen mag dunkel bleiben, doch die zentrale Botschaft ist unüberhörbar: Die durch Computer- und Kommunikationstechnik mediatisierte Arbeit entwickle sich zum gültigen Paradigma von Arbeit überhaupt, die sich dadurch immer mehr dematerialisiere und homogenisiere. Arbeit tendiere zu abstrakter Arbeit, ihr Inhalt zur Kommunikation. Das unterscheidet sich nicht wesentlich von der Botschaft, die z.B. auch ANGELA MERKEL verbreitet:

> Nach dem Übergang von der Agrar- zur Industriegesellschaft zu Beginn des letzten Jahrhunderts erleben wir jetzt den Wandel von der Industrie- zur Wissensgesellschaft. In der so genannten Neuen Ökonomie treten Informationen und ihre Verbreitung an die Stelle von Rohstoffen, Maschinen, Ausrüstungen und klassischer Erwerbsarbeit. Dies hat große Auswirkungen auf die Gestaltung der gesamten Arbeitswelt und der

3. HARDT, NEGRI 2000, 280–303, 325–350; FISCHBACH 2002b
4. HARDT, NEGRI 2002, 302
5. HARDT, NEGRI 2002, 304
6. HARDT, NEGRI 2002, 351–352

gesellschaftlichen Lebensverhältnisse. Weltweiten Handel hat es schon immer in der Menschheitsgeschichte gegeben. Durch die Digitalisierung und informationstechnische Unterstützung vieler Prozesse gewinnen globale Kooperationen aber eine völlig neue Qualität. Der Stellenwert von Management, Entwicklung, Logistik und Software bei der Produktherstellung nimmt zu. Der Stellenwert der eigentlichen materiellen Herstellung eines Produktes nimmt dagegen beständig ab.[7]

Der Fluss der Kommunikation schließlich, so steigern Hardt und Negri die vermeintliche Weisheit des politischen und sozialwissenschaftlichen Mainstreams unserer Tage ins Metaphysische, hebe nicht nur eine spezifische Ordnung des Raumes auf, sondern jegliche Möglichkeit, eine solche zu etablieren. Der Raum sei, wenn nicht bereits tot, so doch unsagbar insignifikant. Hardt und Negri wiederholen damit zunächst in der zeitgeistig angesagten Sprache, was Marshall McLuhan schon vor vier Jahrzehnten so formulierte:

> Nach drei Jahrtausenden der Ausdehnung mittels fragmentarischer und mechanischer Techniken implodiert die westliche Welt. Während der mechanischen Zeitalter erweiterten wir unsere Körper im Raum. Heute, nach mehr als einem Jahrhundert elektrischer Technik, haben wir in einer globalen Umarmung unser Zentralnervensysten selbst ausgedehnt und dabei Raum und Zeit, soweit das unseren Planeten betrifft, abgeschafft.[8]

Doch während McLuhan in der Tradition verbleibt, die in der Technik eine Erweiterung der menschlichen Organe, also eine Fortentwicklung des menschlichen Körpers sieht, erscheint bei Hardt und Negri "die Kommunikation" selber, die – wem genau bleibt unklar – eine "kontinuierliche und vollständige Zirkulation der Zeichen auferlegt".[9] Hier tritt die sich durch den ganzen Text ziehende Tendenz zur Dämonisierung von Abstrakta[10] hervor, die allerdings die beiden nicht allein auszeichnet.[11]

Beiträge, die solche angeblichen Weltformeln, die einzig geeignet seien, der allseits mit Unbehagen wahrgenommenen *neuen Unübersichtlichkeit* theoretisch Herr zu werden, kritisch hinterfragen, sind eher selten. Eine Ausnahme stellt etwa ein Autor wie Nick Heffernan dar, der es versteht, in all den in postmodernem Chic glitzernden wissenschaftlichen und kulturindustriellen Reflexen der angeblich

---

7. Merkel 2000
8. McLuhan 2003, 5 [Übersetzung des Autors]
9. Hardt, Negri 2000, 346 [Übersetzung des Autors]
10. Siehe Fischbach 2002b
11. Siehe S. 47–55

angebrochenen neuen Zeiten den Angstschweiß der verunsicherten Mittelklassen riechbar zu machen.[12] Dazu braucht er nur die Diskursmit der Klassenanalyse zu konfrontieren.

Dem soll hier eine weitere Konfrontation folgen: die mit den stofflichen, technisch-organisatorischen, geografischen und wirtschaftlichen Implikationen der immer wieder beschworenen Innovationen wie der Breitbandkommunikation, des Internet etc. Genaues Nachdenken und Forschen bringt hier manches zutage, was den verbreiteten spontanen Annahmen dazu widerspricht. Positionen wie die von HARDT und NEGRI übersehen nicht nur, dass die von ihnen überbetonte immaterielle Arbeit keinesfalls die durchgängig vorherrschende Form der Arbeit ist und sein wird, sondern auch, dass sie sowohl an höchst materielle Voraussetzungen gebunden ist, als auch materielle Resultate hervorbringt. Genau deshalb bildet sie nur ein Moment eines materiellen Prozesses, der bei allen Versuchen, den Raum zu überwinden, eben diesen nicht aufhebt, sondern ihn wiederum – als Form, in der sich Unterschiede entfalten, und als Arena von Kämpfen – hervorbringt.

Ein Leitgedanke der folgenden Überlegungen besteht darin, die Vorgehensweise der Allgemeinen Relativitätstheorie auf den Raum der menschlichen Gesellschaft und ihrer Naturaneignung zu übertragen:

> Das Wirkliche zieht in den Raum nicht ein wie in eine rechtwinklig-gleichförmige Mietskaserne, an welcher all sein wechselvolles Kräftespiel spurlos vorübergeht, sondern wie die Schnecke baut und gestaltet die Materie selbst sich dies ihr Haus.[13]

Nach diesem Zeugnis von HERMANN WEYL beginnt die Allgemeine Relativitätstheorie mit der Einsicht, dass der Zustand des Raums vom Zustand der Materie abhängt; woraus zunächst nichts für den Raum der menschlichen Erfahrung folgt. Es geht hier nicht darum, aus der Physik unmittelbar etwas über die Gesellschaft abzuleiten; was, wie ALAN SOKAL und JEAN BRICMONT gezeigt haben, ohnehin nur scheinhaft und um den Preis der intellektuellen Redlichkeit gelingt,[14] sondern vielmehr darum, eine methodisch analoge Wende zu vollziehen: Die Aneignung der Natur durch den Menschen, die

12. HEFFERNAN 2000
13. WEYL 1923, 44
14. SOKAL, BRICMONT 1999

daraus resultierenden Artefakte und Handlungsoptionen strukturieren nicht den physikalischen Raum, sondern den gesellschaftlichen, in
dem sie sich vollzieht bzw. die letzteren sich befinden und eröffnen:
den gesellschaftlichen Raum als Medium menschlicher Tätigkeit, von
Produktion und Konsumption, von wahrnehmbarer, stofflich-gegen-
ständlicher Konstruktion, Umformung und Differenzierung. Die Techniken des Transports von körperlichen Gegenständen, von Energie
und von Signalen bringen aus dieser Sicht den Raum nicht zum
Verschwinden, sondern verändern seine soziale und wirtschaftliche
Metrik, definieren neu, was nah und was fern ist, teilen ihn auf neue
Weise in privilegierte und benachteiligte, in sozial und wirtschaftlich
ein- und ausgeschlossene Zonen. Weil die Dispositive der Beschleunigung nicht überall gleich zugänglich sind, differenzieren sie die Orte
auf ihre Weise und rekonstituieren so den Raum.

In sehr abstrakter Form hat bereits Henri Lefèbvre, von der
Rolle der Urbanistik im kapitalistischen Verwertungsprozess ausgehend, den Gedanken entwckelt, dass der Inhalt das "Gefäß" des Raumes verändert:

> Sie [die Urbanisten, RF] gehorchen einem sozialen Befehl, der nicht dieses
> oder jenes Objekt, nicht dieses oder jenes Produkt (Ware), sondern ein
> globales Objekt betrifft, das allerhöchste Produkt, das letzte Austausch-
> objekt: den Raum. Die Entfaltung der Welt der Ware ergreift das die Ob-
> jekte enthaltende Gefäß. Sie beschränkt sich nicht mehr auf die Inhalte,
> auf die Objekte im Raum. Seit kurzem wird sogar der Raum gekauft
> und verkauft. Nicht der Grund, der Boden, sondern der *soziale Raum* als
> solcher, das Produkt als solches, mit dem entsprechenden Ziel, mit dieser
> Finalität (wie man sagt). Der Raum ist nicht mehr nur das indifferente
> Milieu, die Summe der Örtlichkeiten, an denen der Mehrwert gebildet,
> realisiert, verteilt wird. Er wird zum Produkt der sozialen Arbeit, zum
> allgemeinen Objekt der Produktion und infolgedessen der Bildung des
> Mehrwerts.[15]

Der hier entwickelte Ansatz bleibt hinter dem Universalitätsanspruch
Lefèbvres zurück. Vielmehr begreift er sich als ein Beitrag zur
noch ausstehenden Konkretion seiner in der Abstraktion verbliebenen
Gedanken. Ihre weitere Entfaltung müsste über die — durchgängig mit
sich selbst rückgekoppelte — Raumwirkung der Telekommunikations-
und Verkehrsinfrastruktur sowie der Agglomeration von Menschen
und Ressourcen, auf die sich dieser Text beschränkt, hinausgehend
alle Aspekte der Produktion des sozialen Raumes beleuchten. Mit

---

15. Lefèbvre 1976, 164 (Hervorhebung im Original)

sich selbst rückgekoppelt ist die Raumwirkung des Rauminhalts, weil die Struktur des Raumes wiederum auf seinen Inhalt wirkt. Dieser zirkulären Dynamik unterliegen z.B. die Muster der Verdichtung und Verdünnung im Raum.

Die Dimension der sozialen und wirtschaftlichen Metrik ist nicht die geometrische Distanz, sondern der Aufwand in Form der Zeit, des Bequemlichkeitsverzichts, des Geldes oder der Energie, den es kostet, den Raum zwischen zwei Orten, sei es durch körperlichen Transport, sei es durch eine Form der Telekommunikation, zu überbrücken. Vermisst man die Erdoberfläche mit diesen Maßstäben, dann entstehen Landkarten, auf denen z.B. LONDON näher bei FRANKFURT liegt als ein Dorf im Hunsrück, ganz zu schweigen von einem Dorf im Böhmerwald.[16] Mag MUMBAI noch so nahe bei LONDON und BANGALORE bei LOS ANGELES liegen, ein Dorf im Himalaya ist Lichtjahre von beiden entfernt. Solche Karten konkretisieren die metaphorische Rede vom Zentrum und von der Peripherie des Weltsystems in grafischer Form.

Darstellungen, wie sie etwa HARVEY wiedergibt,[17] die ein gleichmäßiges Schrumpfen der Erde durch den beschleunigten Verkehr und die fortschreitende Telekommunikation vorspiegeln, sind deshalb Bild gewordenes falsches Bewußtsein: Es ist nämlich keinesfalls so, dass dieses Schrumpfen alle Regionen und Menschen der Erde in uniformer Weise erfasste. In diesem falschen Bild kommt die Vorstellung vom Raum als uniformem Behälter zum Ausdruck,[18] der entgeht, dass die Dinge und gesellschaftlichen Aktivitäten nicht passiv vom Raum umschlossen werden, sondern dass diese ihn vielmehr aktiv hervorbringen. Die Kompression von Raum und Zeit erfolgt deshalb selektiv, abhängig von ihrem Inhalt, weil es dieser Inhalt ist, von dem die Kraft der Kompression ausgeht.

Ein Entfernungsmaß wie etwa die Zeit, die erforderlich ist, um ein bestimmtes, nicht zu geringes Datenvolumen (z.B. ein Gigabyte) zwischen den betreffenden Punkten zu transportieren, lässt viele Orte in den Metropolen selbst bei großer geometrischer Distanz ganz nah

---

16. Ein Beispiel einer solchen Karte bringt DICKEN 2001, 153
17. Diese Schaubilder zeigen, einmal abhängig von der wachsenden Geschwindigkeit der Transportmittel, einmal abhängig von einem — es handelt sich schließlich um die Werbung eines Unternehmens der Telekommunikationstechnik — nicht näher spezifizierten Fortschritt der Telekommunikation, einen immer kleiner werdenden Erdball. Siehe HARVEY 1990, 241–242
18. Diese Vorstellung kommt auf S. 221 noch einmal als Ursache einer unangemessenen Analyse räumlicher Prozesse bei HARVEY zur Sprache.

zusammenrücken und viele an der Peripherie in weiter Ferne verschwinden. Ein alternatives Maß wäre etwa die Dauer, die Häufigkeit und der Komfort von Transportdiensten. Hier würde es einen Unterschied machen, ob eine Verbindung stündlich, täglich oder nur einmal in der Woche besteht, ob sie direkt ist oder Umsteigen erfordert. Hier wird deutlich, dass die Techniken der Raumvernichtung in paradoxer Weise den Raum von neuem hervorbringen und artikulieren. Dieser neu geschaffene Raum weist eine ganz andere Struktur auf als der kontinuierliche und symmetrische Raum unserer geometrischen Anschauung. Ihn zeichnen vielmehr extreme Verzerrungen und Diskontinuitäten aus. Ein Entfernungsmaß, das die heutigen wirtschaftlichen und gesellschaftlichen Realitäten widerspiegelte, müsste die verschiedenen Aspekte des Transports von Körpern und Signalen aggregieren; was natürlich zu Gewichtungsproblemen führt. Dabei macht sich bemerkbar, dass für die einen Geld weniger wiegt als Zeit und Komfort, während das für andere genau umgekeht ist. Dies ist jedoch ein eigenständiges Thema, das den Rahmen dieser Abhandlung sprengt. Ein angemessenes soziales Entfernungsmaß wäre eine ortsabhängige Funktion der Dispositive und Präferenzen von Akteuren und damit auch ein Indiz sozialer Segregation.

Eine Komponente des Entfernungsmaßes stellen auch die jeweiligen Kosten der raumkontrahierenden Mittel bzw. Operationen dar. Diese wären jedoch in Beziehung zu den finanziellen Dispositiven ihrer Nutzer zu setzen. Soziale Distanz ist, wie bereits angedeutet, nicht durch einen Skalar, d.h. eine einzelne Zahl zu messen. Vielmehr besteht sie aus einer Menge von linearen Funktionen, deren jede für ein Mittel der Raumkontraktion steht und eine Reihe von Komponenten hat, zu denen neben der Zeit auch die finanziellen Kosten gehören. Erst die Gewichtung der Komponenten, die sich durch die Nutzung bzw. die Präferenzen der Nutzer ergibt, erlaubt es, die Distanz als das Minimum der sich dabei ergebenden Wertemenge zu bestimmen. Durch die Auswahl der Mittel findet auch eine soziale Segregation statt. Wer auf das Geld schauen muss, wird sehr viele Orte in weiter Ferne verschwinden sehen oder sich gezwungen sehen, Geldersparnis durch Zeit- und Bequemlichkeitsverlust zu erkaufen. Das Tarifsystem der Deutschen Bahn oder auch die Tarifstruktur des Luftverkehrs liefern dazu Anschauungsmaterial. So ist z.B. die Fahrt

von Frankfurt nach Köln auf der kürzeren und schnelleren Neubau-
strecke deutlich teurer als auf der längeren und langsameren alten
Rheinstrecke.

Bildet man den Bereich der Orte, deren Distanz bei gegebener
Gewichtung aller Komponenten zu einem gegebenen Ort auf diesen
Karten kleiner ist als ein bestimmter Wert − in der euklidischen Ebene entspricht dies dem Inneren eines Kreises, dessen Radius gleich
diesem Wert ist − in eine Karte ab, die geometrische bzw. euklidische Abstände getreu wiedergibt, dann ist die resultierende Fläche
wahrscheinlich nicht mehr durch einen Kreis begrenzt, ja vielleicht
nicht einmal mehr konvex, d.h. sie enthält dann mit zwei Punkten
nicht alle Punkte der sie verbindenden Strecke. Ja sie muss nicht einmal zusammenhängend sein, d.h. sie kann in Teilmengen zerfallen, die
so beschaffen sind, dass jede Kurve, die Punkte aus unterschiedlichen
Teilmengen verbindet, immer Punkte enthält, die nicht zu diesem
Bereich gehören.

1.2 Der totale Krieg

In einem war MARINETTIs Sprache offener als die heutige: Er hatte
keine Hemmungen, die kriegerische Dimension der futuristischen Perspektive zu propagieren. Er pries diese vielmehr als die den kom-
menden Kriegen gemäße Weltsicht. Von ihm war kein verschämtes
Murmeln über Kollateralschäden zu hören, sondern er verherrlichte
den Krieg als die einzige Hygiene der Welt.[19] Wovon er damals erst
fantasieren konnte: aus der Luft im Handumdrehen was auch immer auszuradieren, ist heute in einem Maße möglich, das ihn in
Verzückung versetzt hätte: auch das ein weiterer Sieg über Raum
und Zeit. Immerhin trennen das Erscheinen des *Futuristischen Manifests* nur zwei Jahre vom ersten Bombardement aus der Luft, mit dem
italienische Flugzeuge unter dem Kommando von GIULIO DOUHET,
der sich ein Jahrzehnt später als Theoretiker der Luftüberlegenheit
in die Geschichte des strategischen Denkens einschreiben sollte, im
Jahre 1911 in Libyen ein neues Kapitel der Kriegführung eröffneten.[20]
DOUHETs militärisches Denken zeichnet sich dadurch aus, dass es

19. MARINETTI 1909, 77–78
20. Wobei das Verdienst, den Luftkrieg mit all seinen barbarischen Konsequenzen
    antizipiert zu haben, H. G. WELLS zukommt, dessen *The war in the air* bereits
    1908 einen mit Luftflotten geführten Weltkrieg schildert.

den Unterschied zwischen Front und Hinterland, Kombattanten und Zivilbevölkerung radikal auflöst. Der totale Krieg gibt sich als eine Konsequenz des Sieges über den Raum zu erkennen. In keiner anderen Hinsicht war dieser Sieg so vollkommen – so vollkommen, dass GÜNTHER ANDERS schon vorschlug, dass "[man] den Ausdrücken 'Fernsprecher' und 'Fernschreiber' [...] den Ausdruck 'Fernmörder' (bzw. 'Fernmord') nachbilden [sollte]",[21] und soweit ging, sogar von der *Abschaffung des Krieges* zu sprechen: An seine Stelle trete freilich nicht der Frieden, sondern er mache der *Vertilgung* Platz.[22]

Ob der Zeitgeist MARINETTI im Verlaufe der neuen imperialistischen Kriege noch bis zur Feier der hygienischen Funktion des Krieges folgen wird, ist ungewiss, ja nicht einmal wahrscheinlich. Die modische Reinigungsrhetorik, die das Übel wo auch immer hin projiziert, um es dann gewaltsam auslöschen zu können, meint nicht das universelle Stahlgewitter, nicht den alle und alles einbeziehenden symmetrischen Krieg, sondern das militärische Äquivalent des Insektizideinsatzes, ebenso wie der *Krieg gegen den Terror* zwar die Wahrnehmung eines *permanenten Belagerungszustandes* erzeugen, jedoch keinesfalls zur *totalen Mobilmachung* führen soll. Seit der Niederlage in Vietnam stellt die Massenmobilisierung für die Staaten des kapitalistischen Zentrums keine Option mehr dar. In dieser Wahrnehmung des Belagerungszustandes kommt die *Zitadellenkultur*[23] zu sich selbst. Sie bereitet den Weg zur Selbstentmündigung des Bewusstseins gegenüber den Burgvögten einer neofeudalen Ordnung.

Unter dem manifesten Schweigen über das technologisch nicht nur in absurde Dimensionen gesteigerte Potenzial, sondern auch die nicht minder gesteigerte Reichweite und Geschwindigkeit der Gewaltmittel bleibt die Herkunft der Vorstellungen, in denen das medial Vermittelte oder besser noch: Konstruierte die Welt ersetzen soll, aus der Perspektive der Hightech-Kriegführung verborgen: Wenn der Raum verschwinden soll, dann müssen die konkreten Dinge, die doch im physikalischen Raum weiterhin entfernt bleiben, auch verschwinden – und zwar in ihrer medialen Repräsentation. Genau das entspricht der Operationsweise der Hightech-Waffen: Damit eine solche trifft, muss ihr elektronischer Schatten zuerst den elektronischen Schatten des Ziels getroffen haben. In ihr ist die Differenz zwischen Übung

21. ANDERS 1958, 112
22. ANDERS 1958, 113
23. Zum Begriff der Zitadellenkultur siehe S. 107–108

und Ernstfall nur verwischt, während sie in der raumlosen, elektronischen Welt der Zukunft – dem Cyberspace – ganz verschwinden soll. Die Gefechtsfeldsimulation bläht sich darin zur Welt auf.[24] Das Handeln der Militärs folgt heute wieder den von DOUHET vorgezeichneten Grundlinien. Während der militärische Nutzen der Luftüberlegenheit im Zweiten Weltkrieg wie auch im Vietnam-Krieg fragwürdig und bezüglich des imaginären, nur in den *War games* stattfindenden Dritten Weltkrieges ungeprüft blieb, hatte sie sich gegen technisch und organisatorisch weit unterlegene Gegner in den Kolonialkriegen vor dem Zweiten Weltkrieg als durchschlagender Erfolgsfaktor erwiesen – nicht zuletzt auch im Irak, der nach dem Ersten Weltkrieg unter britische Verwaltung gekommen war –, wobei auch der Einsatz von Massenvernichtungsmitteln wie Giftgas selbstverständlich dazugehörte. Das waren tatsächlich die Paradigmata der *Vertilgung*, von der ANDERS spricht.

Atomwaffen verändern dagegen die Faktoren, von denen der Kalkül von Luftangriff versus -verteidigung abhängt, um Größenordnungen. Ihnen sind auch hochorganisierte Gesellschaften, die über eine starke Luftabwehr verfügen, weitgehend schutzlos ausgeliefert. Ballistische Raketen machen das Geschäft der Defensive noch schwieriger: Sie komprimieren die Zeitskala ihrer Operationen gegenüber der beim Flugzeug geltenden noch einmal um mindestens eine Größenordnung.[25] Atomwaffen und ballistische Raketen verteilen den Schrecken egalitär: Auch die Bewohner zivilisierter Regionen sind nun potenzielle Opfer der *Vertilgung*. Hier scheint das wirkliche Motiv hinter der militanten Form auf, in der die führende Atommacht die Nichtverbreitung von Atomwaffen sichern möchte: Der potenziell symmetrische Schrecken soll so lange wie möglich asymmetrisch bleiben – womit sie den Geist des Nichtverbreitungs-Vertrags verhöhnt, in dem die Atommächte als Gegenleistung wirksame Schritte zur Abrüstung versprochen haben.

Britische Militärs wie der Air Marshal ARTHUR HARRIS, der später als treibende Kraft und Kommandeur der unterschiedslosen Bombardierung von Städten im Zweiten Weltkrieg unter dem Namen BOMBER-HARRIS zu einer gewissen Berühmtheit gelangen sollte, gehörten zu DOUHETs gelehrigsten Schülern, die ihre Überzeugung von

---

24. Siehe S. 169–171
25. WEINER 1984; FISCHBACH 1984; FISCHBACH 1985

der überlegenen Wirksamkeit der Luftwaffe bei kolonialen Strafexpeditionen erwarben. Ganz offenkundig versuchen die westlichen Militärs seit den frühen 1990ern an diese Tradition der Kolonialkriege anzuknüpfen, wenn sie die Luftwaffe zum bevorzugten Instrument einer asymmetrischen Kriegführung machen. Der *theatralische Mikromilitarismus*,[26] den EMMANUEL TODD in der heutigen US-Politik wahrnimmt, mag, wie er ausführt, durchaus an die Tradition, vor allem das Feindschema der Indianerkriege anknüpfen,[27] das technologische Modell bilden jedoch die Strafbombardements, die die Luftwaffen der europäischen Mächte gegen unbotmäßige "Wilde" ausführten.

Derweil arbeiten die angesagten Denker daran, wenn schon nicht durch explizite Formeln, so doch wenigstens durch ihren Sprachgestus das Publikum auf große Zeiten vorzubereiten: Ein NORBERT BOLZ etwa gefällt sich darin, im Zusammenhang mit der Stadt und den elektronischen Medien von einer *totalen Mobilmachung* zu schwadronieren[28], und gibt dabei, im unerschütterlichen postmodernen Vertrauen in die selbstreferenzielle Geschlossenheit aller Zeichensysteme und Diskurse, die *Stahlgewitter* seines Vorsprechers höchstens leise anklingen lassend, vor, nur von Symbolgewittern zu reden. Jener wusste noch, dass die Mobilisierung aller Dinge, der Materie wie des Lebens, kein auf der Couch zu konsumierendes Spektakel ist, sondern dass darin Herrschaft kriegerisch Gestalt annimmt und mehr fordert als nur Zuschauen.[29] Dem postmodernen Denken werden dagegen alle Dinge zu Medien, und ihre Gestaltung, wie sie etwa das Geschäft der Architektur ist, zur "Programmierung einer ästhetischen Konfiguration elektrischer, akustischer und optischer Ereignisse..."[30]

Wenn BOLZ dem Begriff der Programmierung, der ja eine Arbeit mit und an Zeichen und Analogien bezeichnet, auch noch das Adjektiv "total" voranstellt und erklärt, dass darin das Ende der Natur gekommen sei, bleibt unklar, ob diese bombastische Pose sich als Programm oder als Event versteht. Will er damit sagen, dass alles nur noch Zeichen sei, dem keine Natur mehr zugrunde liege, bzw. dessen natürliches Substrat irrelevant sei? Dass eine Auseinandersetzung mit der Natur weder nötig noch möglich sei? Und wenn alles Zeichen ist,

26. TODD 2003, 170
27. TODD 2003, 180
28. BOLZ 1996, 144, 146
29. JÜNGER 1932, 45
30. BOLZ 1996, 146

wofür und wovon ist es dann Zeichen? Natürlich gibt es nichts, was nicht als Zeichen fungieren könnte, doch heißt das längst nicht, dass alles Sein sich im Zeichen-Sein erschöpfte.

Aber möglicherweise ist die Frage, ob etwas ernst gemeint sei, für diese Art der Philosophie selbst gegenstandslos. "An die Stelle der Kritik tritt die Performanz",[31] verkündet der Meister an anderer Stelle. Ernst gibt es nicht – zumindest nicht, bis er über uns kommt und dann erübrigt sich die Frage nach ihm auch schon wieder. In den Pamphleten der postmodernen Medienphilosophen wird der Positivismus der Spaßgesellschaft selbstreferenziell. Die Medien entwickeln ihren eigenen Imperialismus: Sie kolonisieren den Alltag und verschlingen auch noch die Differenz von Krieg und Nicht-Krieg. Zwischen Action movie, Videospiel und den Simulationen des jeweils jüngsten Schlachtfeldes baut sich ein nirgendwo durchbrochenes Kontinuum auf. Physisch erfahrbare Gewalt sinkt zu einem ignorierbaren Randphänomen ab, das hinter dem Getöse der andauernd medial inszenierten Gewalt verschwindet. Ihre Opfer sind schon von vornherein als außerhalb der Zivilisation stehend markiert,[32] und die sie ausüben sind – aus gutem Grund, wie noch auszuführen sein wird – Profis, die ihrem Geschäft diskret und von der westlichen Öffentlichkeit gut abgeschirmt nachgehen,[33] während diese sich durch das Bildgewitter der Medien faszinieren lässt. OTTO KARL WERCKMEISTER notiert, dass der auf den 11. September 2001 folgende Krieg in Afghanistan "der erste bilderlose Krieg im Zeitalter der Fotografie [war],"[34] und hebt hervor, dass er stattfand "gerade als die verzögerungslose elektronische Verbildlichung allen Geschehens weltweit ihren Höhepunkt erreicht zu haben schien".[35] Die gesteigerten technischen Möglichkeiten der Informationsübertragung und Verarbeitung führen nicht automatisch zu mehr und besserer Information. WERCKMEISTER spricht von einer "bildpolitischen Kriegführung, in

---

31. BOLZ 1994, 142
32. Womit sie auch, wie immer deutlicher wird, zur Folter freigegeben sind. Die juristische Argumentationsfigur, die bestimmten Subjekten von vornherein die Menschenwürde verweigert, ist inzwischen wieder salonfähig. Siehe BRUNKHORST 2005
33. Zur Verbergung des Krieges GREINER 2003; KLEIN 2004 weist die Praxis der Nachrichtenunterdrückung konkret anhand des US-Vorgehens im Irak nach.
34. WERCKMEISTER 2005, 60
35. WERCKMEISTER 2005, 60

der Unterdrückung und ideologische Überdeterminierung von Bildern einander steigern".[36] Die "apokalyptisch erstrahlenden Bilder des 11. September"[37] fügten sich ästhetisch in die Kette von Erruptionen fiktionaler, apokalyptischer Gewalt ein, die sich durch Kunst und Medien ziehe. Eine Bilderwelt, in der Fiktion und Dokumentation verschmelzen, schließe die konkrete Erfahrung ebenso aus wie das historische Verständnis der Ereignisse.

Gewalt als kreatürliche Erfahrung von Täter und Opfer verfällt dem Tabu; was *über-sichtbar* wird, ist ihr millionenfacher medialer Reflex, das *Stahlgewitter* als *Bildgewitter*, als vorgebliche Live show, in der das Leben selbst verschwindet. So geht der Welt die Welt verloren. Der smarte Medienphilosoph findet auch darüber die passende Pose, die er alsbald einnimmt, indem er apodiktisch verkündet: "Es gibt kein Jenseits der Medien."[38] Und NORBERT BOLZ ist ihr Prophet.

Kein Wunder, dass die Massaker, die vorwiegend jugendliche Täter mit zunehmender Häufigkeit anrichten, unverkennbar herostratische Züge aufweisen: Gewalt als Medienereignis, als selbstreferenzielle Propaganda der Waffen mit der simplen Botschaft: "Das hier ist ein Event, der eure volle Aufmerksamkeit verdient" – und erst durch seine Spiegelung in den Medien, die ihrerseits ein entscheidendes Glied im Motivationsgefüge der Täter bildet, zu einem wird. Einer hysterisierten Gesellschaft bieten solche medial induzierten Ereignisse willkommene, wenn nicht gar ersehnte Projektionsflächen für ihre diffusen Ängste – Ängste die mehr mit dem Amoklauf des nicht mehr verwertbaren Kapitals als mit dem der ausgerasteten Kinder zu tun haben.[39] Vor diesem Hintergrund fängt auch der 11. September 2001 an, wie das Werk von genialen Medienkünstlern auszusehen, die keinen Einsatz scheuten, um einen bewegenden Mega-Event zu schaffen. Eine Zeit, die sich aus dem Munde ihrer medienpräsenten Meisterdenker versichern lässt, dass "Medien [...] Ersatzformen von Allwissenheit und Allgegenwärtigkeit"[40] bieten, bringt solche Genies

36. WERCKMEISTER 2005, 61
37. WERCKMEISTER 2005, 62
38. BOLZ 1994, 138
39. EISENBERG 2000, 132–137; EISENBERG 2002, 26–28; EISENBERG 2003
40. BOLZ 1996, 147; wobei nicht ganz klar ist, was "Ersatzformen" hier heißen soll: Was könnte schon ein "Ersatz" für Allwissenheit und Allgegenwärtigkeit sein? Geht es auch beim Wissen nur um dessen Vortäuschung? Oder soll das nur "Formen von" heißen?

zwangsläufig hervor. Die Kandidaten müssen nur konsequent und verzweifelt oder zynisch genug sein.

Doch trotz aller Überredungskünste von BOLZ und anderen: Die Vorspiegelungen der Medien laufen auf das Gegenteil der *totalen Mobilmachung* hinaus, in der ERNST JÜNGER noch die Signatur des 20. Jahrhunderts sah. Sie haben eher eine Lähmung denn eine Mobilisierung zur Folge, wenn nicht zum Ziel. Konnte JÜNGER über die Zeit des Ersten Weltkrieges noch sagen, dass sie "andere als populäre Kriege von vornherein ausgeschlossen erscheinen ließ",[41] so geht es den westlichen Eliten heute genau darum: auch unpopuläre Kriege führen zu können. Die vollständige Reprofessionalisierung des Militärs bis hin zu seiner Verwandlung in ein profitables Outsourcing-Geschäft für private Dienstleister[42] ist dazu nicht nur ein Instrument, sondern auch ein Markstein auf dem Weg zur Refeudalisierung der westlichen Gesellschaften: Mit ihr kommen die Landsknechte, Marketender und Pfründpächter wieder und mit ihr auch, wie noch genauer auszuführen sein wird, die Zerlegung der Landkarte in einen Fleckerlteppich von Sonderzonen mit unterschiedlichen Normen und Lebensbedingungen.

Das Massenheer, jene durchschlagende Errungenschaft der auf die Französische Revolution folgenden Kriege – Kriege, deren innovativer Charakter darin bestand, dass sie "mit der ganzen Schwere der gegenseitigen Nationalkraft geführt"[43] wurden, dass in ihnen der Krieg "sich seiner wahren Natur, seiner absoluten Vollkommenheit sehr genähert"[44] hat –, erscheint seit dem verlorenen Vietnam-Krieg als kein taugliches Instrument mehr. Im Gegenteil: Es ist nicht nur zu sensibel für vorgeschobene Kriegsgründe und moralisch dazu inkongruente Praktiken, sondern birgt auch noch die Gefahr in sich, eine sich zersetzende Moral in die Gesellschaft zurückzuübertragen, aus der seine Mitglieder kommen. Die Fiktionalisierung des Krieges ergänzt seine Professionalisierung, d. h. Abspaltung von der Erfahrungswelt der Massen, von denen keine Bereitschaft zur Teilnahme am Krieg, sondern nur noch die Akzeptanz seiner Exekution an Opfern

---

41. JÜNGER 1930, 129
42. Einen Überblick der jüngsten Entwicklungen auf diesem Gebiet gibt MAKKI 2004
43. CLAUSEWITZ 1832–1834, 241
44. CLAUSEWITZ 1832–1834, 339

erwartet wird, deren Menschlichkeit längst aus dem Bewusstsein verdrängt ist. Verdrängt werden muss jedoch auch das Wissen um das universelle Vernichtungspotenzial, das der modernen Kriegführung inhärent ist. Dessen Wahrnehmung bildete noch einen der Ausgangspunkte, von denen aus ERNST JÜNGER seine These von der *totalen Mobilmachung* vortrug:

> Wie jedes Leben den Keim seines Todes bereits mitgebiert, so schließt auch das Auftreten der großen Massen eine Demokratie des Todes in sich ein. Wir haben das Zeitalter des gezielten Schusses bereits wieder hinter uns. Der Geschwaderführer, der in nächtlicher Höhe den Befehl zum Bombenangriff erteilt, kennt keinen Unterschied zwischen Kämpfern und Nichtkämpfern mehr, und die tödliche Gaswolke zieht wie ein Element über alles Lebendige dahin. Die Möglichkeit solcher Bedrohungen aber setzt weder eine partielle noch eine allgemeine, sie setzt eine *Totale* Mobilmachung voraus, die sich selbst auf das Kind in der Wiege erstreckt. Es ist bedroht wie alle anderen, ja stärker noch.[45]

In der *totalen Mobilmachung* überschreitet die kriegerische Anstrengung, induziert durch die ebenso explosive wie raumvernichtende Gewalt der technischen Mittel, jegliche Proportion zu äußeren politischen Zwecken und wird für JÜNGER zum Modell einer neuen Weltordnung, die er durch das geprägt sieht, was er als die *Gestalt des Arbeiters*[46] bezeichnet: ein Terminus, der sich keinesfalls auf die empirischen Individuen bezieht, sondern auf eine durch und durch nihilistische Konstruktion, deren wesentliches Merkmal die den neuen, gefährlichen Zeiten angemessene metaphysische Härtung ist, an der gemessen sich auch das dem 19. Jahrhundert verhaftete Weltbild seines Zeitgenossen ADOLF HITLER wie eine romantische Sentimentalität ausnimmt:

> Im Mittelpunkte der Auseinandersetzung steht nicht etwa die Verschiedenartigkeit der Nationen, sondern die Verschiedenartigkeit zweier Zeitalter, von denen ein werdendes ein untergehendes verschlingt. [...]
> Das metaphysische, also das gestaltmäßige, Bild dieses Krieges weist andere Fronten auf, als sie das Bewußtsein der Beteiligten zu ahnen vermag. Wenn man ihn als einen technischen, also als einen sehr tiefen Vorgang betrachtet, wird man bemerken, dass der Zugriff dieser Technik mehr zerbricht als den Widerstand dieser oder jener Nation. Der Austausch von Geschossen, der an so vielen und so verschiedenen Fronten stattfand, summiert sich zu einer einzigen, entscheidenden Front. Wenn wir im Mittelpunkte des Vorganges, also an jener Stelle, von der die

---

45. JÜNGER 1930, 128 (Emphase im Original)
46. JÜNGER 1932, 70–85

Summe der Zerstörung ausgeht, die aber selbst der Zerstörung nicht unterworfen ist, die Gestalt des Arbeiters erkennen, so schließt sich uns ein sehr einheitlicher, sehr logischer Charakter der Vernichtung auf.[47]

Bereits CLAUSEWITZ hatte die Gefahr erkannt, die in der Annäherung des Krieges an seine *absolute Vollkommenheit* liegt:[48] Wenn sich keine Grenze der kriegerischen Anstrengung mehr definieren lässt – und nichts anderes bedeutet die *totale Mobilmachung* –, verliert der Krieg jegliche Proportion zu politischen Zielen und hört damit auf, *Teil des politischen Verkehrs*[49] zu sein. Die *totale Mobilmachung* ist Teil der *Sprengarbeit*[50] an der überkommenen Ordnung – einer Sprengarbeit, deren Resultat von der Imagination eines ERNST JÜNGER durchaus abweichen kann: Was, wenn die mobilisierten Massen auch dessen mechanische Ordnungsschemata sprengen, wenn sie in dem *einheitlichen, sehr logischen Charakter der Vernichtung* die Chiffre der Ausweglosigkeit einer überkommenen Ordnung erblicken, die der konservative Revolutionär ERNST JÜNGER nicht in Frage zu stellen vermochte, weil sie mit dem Gerüst seiner Persönlichkeit identisch war, die keine andere als eine feldgraue Anarchie zuließ?

Dieseits der *totalen Mobilmachung* muss der Krieg partiell, begrenzt und asymmetrisch werden oder wenigsten so erscheinen, wenn seine beständige Führung nicht zu einem ebenso beständigen Moment der Beunruhigung werden soll. Die Gestalt der neuen Weltordnungskriege soll dem ebenso Rechnung tragen wie das Konzept eines Schutzschildes gegen atomar bestückte Raketen im Weltraum[51] und – wie bereits angedeutet – eine militante Politik der Nonproliferation, die alle mit Krieg bedroht, die jene fundamentale Asymmetrie der Vertilgungspotenziale aufzuheben versuchen. Der Raum soll eben keinesfalls verschwinden, sondern als Raum fundamentaler Differenzen rekonstituiert werden. In diesem Raum sind die Zonen des Ausgeliefertseins und der Ausgrenzung von denen der Sicherheit und der Integration zuverlässig geschieden. Der Terror, den die westlichen Staaten so lautstark zu bekämpfen vorgeben, also derjenige, der sich gegen die kapitalistischen Metropolen richtet, stellt

---

47. JÜNGER 1932, 157–158
48. CLAUSEWITZ 1832–1834, 339
49. CLAUSEWITZ 1832–1834, 356
50. JÜNGER 1932, 43
51. Siehe S. 107–108

den Versuch dar, jene Asymmetrie zumindest punktuell und symbolisch aufzuheben. Mit ihm die Verhängung des permanenten Ausnahmezustands zu begründen, stellt einen dauernden Balanceakt dar: Er muss einerseits als gefährlich genug erscheinen, um den Eingriff in Freiheitsrechte und horrende Ausgaben zu rechtfertigen, und darf andererseits keinen so gefährlichen Eindruck machen, dass die Schutzbefohlenen die Legitimität derer in Zweifel ziehen könnten, die sie zu beschützen vorgeben. Die Zitadelle muss zugleich permanent gefährdet *und* uneinnehmbar erscheinen, der Eskapismus der Bewohner muss Ziele finden, die deutlich weniger erfordern als die *totale Mobilmachung*. Die *Vermählung des Lebens mit der Gefahr*[52] darf keine weiten Kreise erfassen. Sie vollzieht sich bevorzugt bei denen, die für die Bewohner der Zitadelle kein Gesicht erhalten, deren Handeln unfassbar und unverständlich bleiben soll. Dabei verdrängen die moralisch erregten Kommentatoren, dass das Modell dieses Handelns auch in unseren Breiten schon wirkmächtig und manchem gefeierten Literaten keinesfalls fremd war:

> Aus diesem Bewusstsein [der unverlierbaren Gestalt, RF] ergibt sich ein neues Verhältnis zum Menschen, eine heißere Liebe und eine schrecklichere Unbarmherzigkeit. Es ergibt sich die Möglichkeit einer heiteren Anarchie, die zugleich mit einer strengsten Ordnung zusammenfällt – ein Schauspiel, wie es bereits in den großen Schlachten und den riesigen Städten angedeutet ist, deren Bild am Beginn unseres Jahrhunderts steht. In diesem Sinne ist der Motor nicht der Herrscher, sondern das Symbol unserer Zeit, das Sinnbild einer Macht, der Explosion und Präzision keine Gegensätze sind. Es ist das kühne Spielzeug eines Menschenschlages, der sich mit Lust in die Luft zu sprengen vermag und der in diesem Akte auch noch eine Bestätigung der Ordnung erblickt. Aus dieser Haltung, die weder dem Idealismus noch dem Materialismus vollziehbar ist, sondern die als ein Heroischer Realismus angesprochen werden muß, ergibt sich jenes äußerste Maß an Angriffskraft, dessen wir bedürftig sind. Ihre Träger sind vom Schlage jener Freiwilligen, die den großen Krieg mit Jubel begrüßten und die alles begrüßen, was ihm folgte und folgen wird.[53]

Im Terror gegen die Metropolen vollstrecken sich nur die Konsequenzen der Moderne, die jene Kommentatoren zwanghaft auszublenden versuchen. Wer nur die Möglichkeiten der Telekommunikation und des Handels meint, wenn er vom Tod der Distanz spricht, ohne die Möglichkeit einzubeziehen, immer und überall von einer Explosion zerrissen oder wie auch immer vergiftet zu werden, hat diesen Topos

---

52. JÜNGER 1932, 45
53. JÜNGER 1932, 36–37

nicht ausreichend durchdacht. Der Telezid und der Omnizid sind die
Brüder der Telekommunikation. In der religiösen Sprache, deren sich
die Propagandisten jenes Terrors bedienen, kommt nicht das Mittelalter zurück, sondern maskiert sich unsere Moderne, der Nihilismus,
den diese selbst säht. Kaum eine Religion – weder der Islam noch das
Christentum bilden hier Ausnahmen – vermochte der Versuchung,
Gewalt anzuwenden oder auch nur zu rechtfertigen konsequent zu
widerstehen. Dies nur der jeweils anderen Religion zuschreiben, ist
pure Heuchelei. Der Fundamentalismus, also jene religiöse Haltung,
der der Weg, die Wahrheit und das Leben sich auf einen Text zusam-
menziehen, ist, in seiner islamischen wie in seiner christlichen Variante, selbst eine moderne Reaktion auf den Verlust von lebendigen
religiösen Traditionen und überzeugend gelebter Gewissheit. Der totale Krieg erscheint der *Zitadellengesellschaft*, die wie keine andere
vor ihr über die materiellen Potenziale dazu verfügt, als Bedrohung
von außen, die die Abschirmung und den Ausschluss der anderen
rechtfertigt. Die hohe Kunst der Medien und der Politik in der Zitadelle ist die Projektion.

Die kapitalistischen Gesellschaften sind zunehmend gezwungen,
Potenziale, die sie zu sprengen drohen, zu verdecken und brachliegen
zu lassen, wenn nicht gar zu unterdrücken. Dies gilt nicht nur für die
Massenmobilisierung ihrer destruktiven, sondern auch ihrer produk-
tiven Kräfte, die ohnehin von den Ersteren kaum zu trennen sind. Im
Denken ERNST JÜNGERs erstreckt sich die *totale Mobilmachung* auf
Krieg *und* Frieden, auf Produktion *und* Destruktion.

> Viel wäre so noch zu nennen – allein es genügt, dieses unser Leben selbst
> in seiner vollen Entfesselung und in seiner unbarmherzigen Disziplin, mit
> seinen rauchenden und glühenden Revieren, mit der Physik und Meta-
> physik seines Verkehrs, seinen Motoren, Flugzeugen und Millionenstädten
> zu betrachten, um mit einem mit Lust gemischten Gefühl des Entsetzens
> zu ahnen, daß es hier kein Atom gibt, das *nicht* in Arbeit ist, und dass
> wir selbst dem rasenden Prozess im Tiefsten verschrieben sind. Die Totale
> Mobilmachung wird weit weniger vollzogen, als dass sie sich selbst voll-
> zieht, sie ist in Krieg und Frieden der Ausdruck des geheimnisvollen und
> zwingenden Anspruchs, dem dieses Leben im Zeitalter der Massen und
> Maschinen sich unterwirft. So kommt es, dass jedes einzelne Leben im-
> mer eindeutiger zum Leben eines Arbeiters wird und dass auf die Kriege
> der Ritter, der Könige und der Bürger die Kriege der Arbeiter folgen –
> Kriege, von deren rationeller Struktur und deren Unbarmherzigkeit uns
> bereits die erste große Auseinandersetzung des 20. Jahrhunderts eine Ah-
> nung gegeben hat.[54]

54. JÜNGER 1930, 128 (Emphase im Original)

Es ist sicher kein Zufall, dass die gesellschaftlichen Formationen, die die *totale Mobilmachung* bisher verkörperten, ihre schärfste Ausprägung und höchste Kraftentwicklung im Kriege erreichten: Das trifft nicht allein auf ihre despotischen Varianten: den sowjetischen Komunismus und den deutschen Faschismus[55] zu, sondern auch auf ihre liberaldemokratische Variante: den *New Deal*. Einer personifizierenden Geschichtsbetrachtung mögen ADOLF HITLER, JOSEPH STALIN und FRANKLIN D. ROOSEVELT als zu unterschiedliche Persönlichkeiten erscheinen, um sie auf eine Ebene stellen zu können, doch in ihren Organisatoren: den Ingenieuren ALBERT SPEER, DIMITRI USTINOV, VANNEVAR BUSH treten schon mehr Gemeinsamkeiten hervor. Der Ausnahmezustand, der Krieg besonders, scheint immer noch stärker zu mobilisieren, die Bereitschaft zur äußersten Anstrengung mehr zu fördern als jede Idee zur Befreiung und Vereinigung der Menschen.

Mit dem Ende des Kalten Krieges fand eben nicht nur der sowjetische Kommunismus sein Ende, sondern auch das liberaldemokratische Parallelregime der *totalen Mobilmachung*. Am Ende des 20. Jahrhunderts tauchen die Gestalten des 19. wieder auf. Nicht mehr die Mobilisierung und Vereinigung aller Kräfte ist angesagt, sondern, um der Aufrechterhaltung der kapitalistischen Ordnung Willen, ihre systematische Unterausnutzung und Zersplitterung. Vollbeschäftigung oder gar die Mobilisierung der Massen sind systemsprengend. Die neue Qualität der Mobilisierung, der Eigensinn der Massen, der in den 1960er Jahren in Erscheinung trat – in den Befreiungsbewegungen der Dritten Welt, in den Studentenprotesten und radikalisierten Arbeitskämpfen der Metropolenstaaten, schließlich in der schwindenden Steuerbarkeit der Massenarmeen, die in Vietnam sichtbar wurde – waren bedrohliche Zeichen für jene Ordnung, deren Eliten mit ihrer

---

55. Dies ungeachtet des durchaus zutreffenden Einwands, dass die Nazis dem Geschmack eines ERNST JÜNGERs zu sentimental-romantisch gewesen, zu sehr dem verachteten 19. Jahrhundert verhaftet geblieben waren. Ihre Niederlage als Folge der darin gründenden Grenzen ihrer Fähigkeit zur *totalen Mobilmachung* musste aus dieser Sicht dann nur konsequent erscheinen. In der Tat stellten der bösartige Rassismus und das reaktionäre Schema der Geschlechterrollen – beide hervorgegangen aus einer merkwürdigen Melange von historisierend-romantischen und pseudonaturwissenschaftlichen Vorstellungen des 19. Jahrhunderts – entscheidende Grenzen der *totalen Mobilmachung* im Nazireich dar. Diese bedarf nämlich einer universalistischen, nichts und niemanden prinzipiell ausschließenden Ideologie, worin auch die Überlegenheit des sowjetischen Kommunismus über den deutschen Faschismus bestand.

Antwort nicht lange zögerten. Diese Antwort bestand weltweit in verschärften Angriffen auf die Rechte, das Bewußtsein und die Wohlfahrt der Massen. Ihr erstes Opfer war sicher das chilenische Volk. Die 1979 durch die US-Notenbank unter PAUL VOLCKER bewußt ausgelöste Rezession bildete eine entscheidende Wende in dem Klassenkampf von oben, der die Profitabilität des Kapitals wiederherstellen und seine Ordnung unangreifbar machen sollte.[56]

Ob die Drohung mit offener Repression erfolgt oder mit Arbeitslosigkeit: sie zielt darauf, Angst zu erzeugen, Angst die gefügig macht. Durften unter dem Regime der *totalen Mobilmachung* noch alle davon ausgehen, dass man sie brauchen werde,[57] so lautet die zentrale Botschaft der neuen Zeit, dass niemand unentbehrlich sei, und die reale Arbeitslosigkeit unterstreicht deren diszplinierende Wirkung. Sie ist Ausdruck nicht allein der ökonomischen, sondern auch der sozialen und politischen Grenzen der kapitalistischen Ordnung – von Grenzen, die sie, wie noch zu zeigen ist, auch daran hindern, das Potenzial der kommunikativen Vernetzung zu entfalten: Eine Ordnung, die Wissen als Ware und als solche vor allem als positionales Gut bestimmt, muss das Wissen portionieren und seine Verbreitung beschränken, anstatt die neuen technischen Möglichkeiten zu seiner Ausweitung und Verbreitung zu nutzen.[58]

1.3 Brücken im Raum

Was den Futuristen am Anfang des 20. Jahrhunderts die damals aufkommenden Vehikel der Beschleunigung wie das Automobil und das Flugzeug waren, sind denen an der Wende zum darauf folgenden die Medien und unter diesen besonders das Internet. Nüchtern betrachtet sind alle diese Techniken geeignet, den Raum jeweils unter einem bestimmten Aspekt zu überbrücken, oder genauer: die gesellschaftliche Metrik lokal zu verändern, die Punkte innerhalb gewisser Bereiche bezüglich bestimmter Aktionen näher zusammenzurücken. So vermögen es das Automobil und das Flugzeug, physische Objekte zu transportieren, nicht jedoch soziale Verhältnisse und Einrichtungen.

56. HENWOOD 2003, 202–211
57. Genau dies zu kommunizieren hinderte die Nazis ihre reaktionäre Ideologie.
58. FISCHBACH 2003b; FISCHBACH 2004a

Die modernen Medien beruhen auf der Möglichkeit, optische und elektronische Signale hoher Frequenz zuverlässig über weite Strecken zu transportieren. Sie schaffen jedoch weder physische Präsenz noch vermögen sie es, mit den Signalen automatisch auch Wissen zu transportieren. Der Transport von Signalen erfolgt durch heutige Techniken zwar sehr schnell, doch immer noch mit endlicher Geschwindigkeit und beschränkter Bandbreite. D. h. die Informationsmenge, die sich innerhalb einer bestimmten Zeitspanne von einem Punkt zum anderen transportieren lässt, ist beschränkt und hängt natürlich von den jeweils zur Verfügung stehenden Mitteln ab; wobei genau diese Mittel im Raum sehr ungleich verteilt sind. Doch ungleich verteilt sind nicht nur die technischen Mittel des Informationstransports, sondern ist auch das individuelle Vermögen, Information in Wissen zu verwandeln. Auch eine perfektionierte Technik des Informationstransports hebt nicht die Ungleicheit der Bildung und des Zugangs zu Informationsressourcen auf.

In diesem Zusammenhang erscheint es geboten, auf die oft unpräzise und irreführende Verwendungsweise des Begriffs *Geschwindigkeit* in der gegenwärtigen Diskussion über Medien und Telekommunikation hinzuweisen: Meist ist die *Bandbreite* gemeint, also die Informationsmenge, die pro Zeiteinheit gesendet bzw. empfangen wird, wenn von *Geschwindigkeit* die Rede ist. Tatsächlich hat diese Größe mit der Geschwindigkeit, mit der sich die die Information tragenden Signale ausbreiten bzw. mit der der Transport der Information erfolgt und deren Dimension Weg pro Zeiteinheit ist, nichts zu tun.

Wenn man sich z. B. vorstellt, dass eine Übertragungsstrecke mit sehr hoher Bandbreite einen *kapazitiven* Widerstand in Form eines Puffers enthält, der die Ankunft jedes Signals am anderen Ende um eine Stunde verzögert, ändert das an der Bandbreite nichts, doch an der Geschwindigkeit der Informationsübertragung sehr viel. Der Begriff Bandbreite ist seinerseits ebenfalls irreführend, weil er aus der Welt der analogen Signalverarbeitung, wo die Dimension der betreffenden Größe *Schwingungen pro Zeiteinheit* ist, in die der digitalen übertragen wurde, wo die Dimension *Informationsmenge pro Zeiteinheit* ist. Da auch digitale Signalverarbeitung letzten Endes immer auf der analogen Welt aufsetzt, hängen beide Größen zusammen, doch nicht eins zu eins.

Auch der Begriff der Information bedarf noch der Erläuterung. Messbar ist Information nur im formalen Sinn; wobei das Maß der Information sich aus der Möglichkeit ergibt, eine Auswahl zwischen einer bestimmten Zahl von diskreten Alternativen zu treffen. Es ist zwar üblich, die binäre Auswahl als Basis zu nehmen, doch ist das willkürlich und hat nichts mit dem Wesen der Sache zu tun; weshalb das ganze Lamento über die binäre Logik, die der Computerei und den digitalen Medien zu Grunde liege, neben der Sache liegt. Die kybernetische Informationstheorie unterstellt immer schon, dass es einen festen Vorrat von Zeichen gibt, mittels derer die Kommunikation erfolgt, und dass jedem Zeichen sich eine Häufigkeit seines Auftretens zuordnen lässt, ohne sich darum zu kümmern, *wie* diese Zeichen beschaffen sind und zustande kommen oder gar, *was* sie bezeichnen.[59]

Information im inhaltlichen Sinne, also das, was meistens gemeint ist, wenn von Information die Rede ist, findet nur statt, wenn

1. dem Empfänger die Bedeutung der ausgetauschten Zeichen klar und

2. die so konstituierte Nachricht für ihn neu ist.

Informiert wird, wer etwas Neues erfährt, und der Informationswert ist umso größer, je weniger die Nachricht vorhersehbar war. Information in diesem inhaltlichen Sinne setzt Information im formalen Sinne voraus, doch ist es keinesfalls so, dass letztere erstere implizierte. Vielmehr hängt diese von individuellen und gesellschaftlichen Voraussetzungen ab. Wissen im Sinne von gerechtfertigter, wahrer Überzeugung kann aus Information jedoch erst entstehen, wenn ein Bewusstsein sie kritisch bewertet und in den Zusammenhang vorhandenen Wissens einordnet. Wissensbildung setzt immer schon Wissen voraus. Das Modell, das die Kybernetik vom Informationsprozess hat, ist zu simpel: Zeichen sind keine geprägten Münzen, die der Empfänger nur zu konsumieren bräuchte, sondern etwas, das im Prozess der Semiose zu rekonstruieren ist.[60]

Die Idee, technische Artefakte und Prozesse quasi naturwissenschaftlich durch die Funktion des Transports, der Umwandlung oder Speicherung von Materie bzw. Masse, Energie oder Information zu charakterisieren, ist verführerisch. Günter Ropohl schlägt dazu die

---

59. Die Grundbegriffe der kybernetischen Informationstheorie erläutern in populärer Form Flechtner 1984, 52–122 und in fachlicher Topsøe 1974
60. Dazu etwa Eco 1972; Eco 1977; Trabant 1996

inzwischen weithin bekannte Matrix vor, deren drei Spalten Wandlung, Transport sowie Speicherung, und deren drei Zeilen Materie bzw. Masse, Energie sowie Information einnehmen.[61] Die gesamte Informationstechnik wäre dann der dritten Zeile zuzuordnen, die die Wandlung, den Transport und die Speicherung von Information umfasst. Jedoch erzeugt dieses Schema nur eine Scheinklarheit: Schon der Begriff Materie, den Ropohl in seiner frühen Fassung verwendet, lässt sich dem der Energie nicht auf gleicher Ebene gegenüberstellen. Energie ist eine physikalische Größe, Materie dagegen ein relativ schwieriger philosophischer Begriff, der eben nicht auf den eines gleichförmigen Substrats reduzierbar ist. Die Vorstellung einer homogenen Substanz, aus der die Dinge beständen, steht im Widerspruch zur erfahrbaren Welt, in der sich tatsächlich nur vielfältige Formen finden − ohne dass diese wiederum, wie die idealistische Illusion glaubt, auf ein einheitliches Prinzip reduzierbar wären. NIETZSCHE hat diese Identität der Täuschung in den, oberflächlich betrachtet, gegensätzlichen Positionen des Idealismus und des Materialismus erkannt:

> Es gibt keine ewig dauerhaften Substanzen; die Materie ist ein eben solcher Irrthum, wie der Gott der Eleaten. Aber wann werden wir am Ende mit unserer Vorsicht und Obhut sein! Wann werden uns alle diese Schatten Gottes nicht mehr verdunkeln? Wann werden wir die Natur ganz entgöttlicht haben! Wann werden wir anfangen dürfen, uns Menschen mit der reinen, neu gefundenen, neu erlösten Natur zu vernatürlichen![62]

NIETZSCHES Denunziation der Materie der Materialisten als letzten Schatten der auf begriffliche Einheit fixierten metaphysischen Naturbetrachtung[63] trifft auch Ropohls technologisches Ordnungsschema, das den Dingen neben den messbaren physikalischen Größen eine begrifflich fixierbare, einheitliche Substanz unterstellt. Indem ROPOHL später *Materie* durch *Masse* ersetzt, tritt an die Stelle der ursprünglichen Schwierigkeit nur eine neue, da Masse sich prinzipiell nicht von Energie trennen lässt: Energie und Masse sind der Speziellen Relativitätstheorie zufolge strikt proportional, und jeder Transport oder jede Speicherung von Energie impliziert auch den Transport oder die

---

61. ROPOHL 1979, 175–179; ROPOHL 1996, 86–89
62. NIETZSCHE 1887, 109
63. Deren systematischen, von oberflächlichen Gegensätzen der Schulen kaum beeinflussten Zusammenhang zeichnen HAAG 1983 und HAAG 2005 nach.

Speicherung von Masse.[64] Es ist also nicht möglich, technische Artefakte oder Verfahren danach zu differenzieren, ob sie Masse oder Energie umwandeln, transportieren oder speichern. Vielmehr involvieren nahezu alle Prozesse der Natur, involviert jede Veränderung einen Austausch von Energie bzw. Masse,[65] jedoch nicht zwangsläufig auch einen von Information. Zudem geht es bei den technischen Prozessen und Artefakten, die ROPOHL in die mit *Masse* bezeichnete Zeile der Matrix einordnet, eben nicht um Masse, sondern um konkrete, geformte Dinge. Die haben zwar immer auch Masse, doch liegt darin nicht das, was die jeweiligen Artefakte oder Prozesse ausmacht. So kommt es z.B. beim Einsatz einer Werkzeugmaschine darauf an, dass in einem bestimmten Werkstück eine definierte Form entsteht – dass die Späne, die dabei fliegen, eine Masse haben, die dem Werkstück verloren geht, trifft zwar zu, doch stellt das eher einen Nebenaspekt und nicht das technische Ziel des Vorgangs dar.

Andererseits gehören Masse und Energie neben Impuls und Drehimpuls zu den Grundgrößen der Physik, sozusagen zu deren kategorialen Rahmen, der in die Beschreibung aller Systeme und Prozesse eingeht; so, dass man diese nicht danach einteilen kann, ob nun Masse oder Energie oder eine andere dieser Grundgrößen eine Rolle spielen: Eben weil sie solche sind, spielen sie immer eine Rolle.[66]

Information schließlich ist ebenfalls keine physikalische Größe und schon gar keine Erhaltungsgröße: Die Information, die ein Gebilde oder ein Transportphänomen trägt, hängt niemals allein von deren physikalischer Beschaffenheit ab, sondern immer auch von der Gesellschaft, genauer: der Gemeinschaft kommunizierender Wesen, die sich ihrer bedient, und von den die Gesellschaft prägenden Handlungskontexten, Konventionen und Intentionen. Anders als für die Erhaltungsgrößen Energie, Impuls oder Ladung gibt es für Information kein Messverfahren, das in allen, auch einander völlig fremden

---

64. EINSTEIN 1905b; BORN 1969, 240–249
65. Einen Grenzfall, der keinen Austausch von Energie involviert, stellt z.B. die Bewegung zweier Massepunkte auf kreisförmigen Bahnen um ihren gemeinsamen Schwerpunkt dar – doch die kommt in der Natur praktisch nicht vor. Auf allen anderen Bahnen findet immer ein Austausch von Energie zwischen dem Feld und den Körpern, d.h. von potenzieller und kinetischer Energie statt.
66. Eine an ihren fundamentalen Größen orientierte, vereinheitlichende Darstellung der Physik bieten z.B. die beiden Werke FALK, RUPPEL 1975 und FALK, RUPPEL 1976

Kontexten identische Ergebnisse lieferte. Angenommen, in einer anderen Galaxie gäbe es intelligente Wesen, die eine Physik entwickelt hätten, die ebenfalls die Größen Energie und Ladung kennt, dann besteht kein Zweifel daran, dass diese Wesen unter der Vorraussetzung, es gelänge, eine Batterie unverändert dorthin zu tranportieren, deren Ladung, Spannung und elektrischen Energiegehalt – von den verwendeten Einheiten abgesehen – mit gleichem Ergebnis messen würden wie wir Erdlinge. Entsprechendes gilt jedoch nicht z.b. von der Beschriftung der Batterie: Deren Informationsgehalt leidet unter der Verfrachtung in eine andere Kultur; was seinen Grund darin hat, dass Information keine den physischen Erscheinungen innewohnende Substanz ist. Signifikanz ist ein gesellschaftliches, kein physikalsches Merkmal.[67]

Der Transport, die Umwandlung und Speicherung von Information sind vom Transport, von der Umwandlung und Speicherung von Energie jedoch nicht ablösbar. Vielmehr implizieren sie jeweils die Letzteren; ebenso wie diese potenziell immer auch signifikant, d.h. Träger von Information sind. Es gibt keinen Informationsprozess ohne physische Basis, und umgekehrt kann jeder physische Zustand oder Prozess Träger von Information sein. Im Grenzfall ist auch ein Computer nur ein Heizaggregat, während umgekehrt eine Heizung als Kommunikationswerkzeug dienen kann; etwa wenn ein Indianer ein Feuer entzündet, um Rauchzeichen zu geben. Und schließlich haben auch der Transport, die Umwandlung und Speicherung physischer Objekte immer eine energetische und eine zeichenhafte Dimension. Es ist also nicht möglich, informationstechnische Artefakte anhand von quasi naturwissenschaftlichen Kriterien von anderen zu unterscheiden.

Die Natur der Artefakte ist eine gesellschaftliche. Es ist der Zusammenhang des menschlichen Handelns, das sie konstituiert, der jenseits der ohne Zweifel mehr oder weniger angemessenen stofflichen und prozessualen Struktur den Unterschied zwischen Heizlüfter und

---

67. Das Versagen der menschlichen Begriffe in einer anderen Welt thematisiert STANISLAW LEMs Roman *Solaris*. Die Menschen verstehen den Solaris-Ozean nicht, können seine Signale nicht interpretieren, weil ihnen die passenden Begriffe fehlen. Vertraute Begriffe wie *Individuum, Organismus, Organ, Struktur, System, Handeln* etc. versagen in der Auseinandersetzung mit ihm. Bezeichnenderweise verzichtet der Solaris-Ozean darauf, Maschinen zu verwenden oder zu bauen und den Raum zu überwinden oder zu überbrücken. Menschliche Ambitionen sind ihm gleichgültig.

Computer, zwischen Globus und Fußball ausmacht. Der Unterschied zwischen einem Heizlüfter und einem Computer besteht *nicht* darin, dass der Erstere eine Form der Energie — Elektrizität — in eine andere — Wärme — umwandelte und der Letztere nicht bzw. stattdessen eben Information verarbeitete. Vielmehr sind beide Energiewandler; wobei der Letztere eben durch seine Beschaffenheit auch besonders als Informationswandler taugt. Ebenso wie eine Wand in einem Gebäude die Funktionen des Tragens, des Sicht- und des Witterungsschutzes vereinigen kann, ist auch denkbar, dass der Computer zugleich als Heizung und der Globus zugleich als Fußball dient. Anscheinend geht der Sinn für Multifunktionalität in einer Welt, die immer mehr durch monofunktionale Dinge und Räume bestimmt ist, verloren.

1.4 Dämonologen

Die Brückenfunktion der elektronischen und optischen Signalübertragung bleibt jedoch im Gegensatz zu der Arbeitsweise der Techniken des physischen Transports abstrakt und unanschaulich. Die Geschwindigkeit des Transports, das Volumen der transportierten Infomation bleiben, anders als die Leistungsparameter des Rennwagens, des Jets oder des Ozeanriesen den Sinnen verborgen. Es müssen andere Imperative jenseits der intrinsischen Eigenschaften der Technik sein, die die Macher und Künder der Medien drängen, diese kompensatorisch mit beschleunigten Bildern wie mit Bildern der Beschleunigung zu sättigen und das Bild der Medien selbst mit dämonischen Zügen auszustatten. Die zur Verfettung neigenden, Junkfood in sich hinunterwürgenden Medien-User geben dagegen alles andere als ein Bild der Dynamik ab. Während die Bilder sich beschleunigen und die Sprache sich in der Beschwörung dieser Beschleunigung erschöpft, erstarren die Körper, Köpfe und Verhältnisse.

Umso mehr macht sich die Neigung bemerkbar, alles was als neues Mittel der Raumvernichtung firmiert, in den Stand einer aktiven, transzendenten Wesenheit zu befördern. "Das Göttliche ist heute das Netzwerk. Und Religion funktioniert als Endlosschleife", so etwa das Dekret von NORBERT BOLZ, der auch gerne den Propheten der neuen Beschleunigungsreligion gibt.[68] Wer tatsächlich weiß, was eine Endlosschleife ist, mag sich fragen, was der Meister hier gemeint haben

---

68. BOLZ 1996, 147

mag: Die Endlosschleife ist bekanntlich etwas, was *nicht* funktioniert: der Inbegriff der Nicht-Effektivität.[69] Wie die Religion dann als nicht Funktionierendes funktionieren soll, bleibt sein Geheimnis. Doch wahrscheinlich ist das nur ein weiterer Fall der bereits durch ALAN SOKAL und JEAN BRICMONT durchleuchteten Technik, unverstandene wissenschaftliche Termini zu kapern, um sie zu ebenso pompös aufgemachten wie autoritär vorgetragenen Formeln ohne erkennbaren Gehalt zu montieren.[70] Eine Versicherung wie "die Infobahn ist nämlich eine elektronische Datenautobahn, die sich dem Verkehrsaufkommen anpasst. Netzwerke haben also – im Gegensatz zu Verkehrswegen – so etwas wie Bewußtsein"[71] scheint diesen Verdacht zu bestätigen. Die postmodernen Meisterdenker brillieren gerne mit scheinbarem Expertenwissen, das nur aus Nonsens besteht.[72] BOLZ verkündet zwar vollmundig, "um das Funktionieren unserer sozialen Systeme zu verstehen, sind Software-Kenntnisse dienlicher als die Lektüre der Klassiker politischer Ökonomie",[73] doch anscheinend geht ihm beides ab.

Es gibt zwar im Internet eine Adaption der durch Software in den Endknoten realisierten Transportprozesse an die Netzlast und den Zustand der jeweils anderen Seite, doch das Netz selbst kann sich selbstverständlich nicht an das Verkehrsaufkommen anpassen. Die Programme, die hinter einem solchen Verhalten stehen, beruhen auf simplen Regelgrößen und haben mit Bewußtsein nicht das Geringste zu tun. Ebenso könnte man behaupten, eine Dampfmaschine, die ein Fliehkraftregler daran hindert, sich selbst zu zerstören, habe Bewußtsein. Der angewandte Mechanismus besteht darin, den von den Endknoten ausgehenden Datenstrom zu drosseln, sobald gewisse Indikatoren auf eine Überlast der Transportwege oder des Empfängers am anderen Ende schließen lassen. Der Erfolg des Verfahrens hängt

---

69. In der denotationellen Semantik von Programmiersprachen bekommt die Endlosschleife bzw. die Endlosrekursion das kleinste Element des zugeordneten *angehobenen* semantischen Bereichs als Wert zugewiesen, der für das Fehlen jeglicher Information steht; siehe SCOTT 1976; SCHMIDT 1986; GUNTER 1992, 114–137

70. SOKAL, BRICMONT 1999

71. BOLZ 1996, 148

72. BOLZ liefert dafür noch mehr Anhaltspunkte, wie z.B. MARCO WEHR anhand seiner Ausflüge in die Chaostheorie zeigt. Siehe WEHR 2002, 55–65

73. BOLZ 1994, 144

jedoch davon ab, ob — was nicht immer der Fall ist — alle Teilnehmer sich freiwillig an diese im TCP-Protokoll festgelegte Konvention halten.[74] Vergleichbar "intelligente" Mechanismen gibt es jedoch auch bei herkömmlichen Verkehrswegen. Das Internet ist hier nicht so einzigartig, wie die technologischen Analphabeten unter seinen Bewunderern glauben. Relativ simple, doch nicht minder effektive Mechanismen leisten Entsprechendes auch im Straßenverkehr. Ein Kreisverkehr verhindert z.B. die Ausbreitung von Staus, indem er Verdichtungen aus dem Verkehrsfluss filtert. Und natürlich kennt die Eisenbahn wirksame Mechanismen der Flusskontrolle schon seit weit über 100 Jahren. Diese sind dort integraler Bestandteil des Sicherheitskonzepts.

Die Neigung der postmodernen Medienphilosophen zu metaphysischem Pseudotiefsinn, der sich gerne mit unverstandenen naturwissenschaftlichen Begriffen dekoriert, ist unüberwindlich. Wenn ein hoch angesehener Autor wie PAUL VIRILIO von der *Echtzeit* und der *absoluten Geschwindigkeit* schwadroniert, die mit dem Netz der Netze über uns gekommen seien, stellt er damit keine Ausnahme dar.[75] Weder ist die Lichtgeschwindigkeit eine *absolute Geschwindigkeit*[76] noch findet die Übertragung von Information in der heutigen Telekommunikationstechnik ausnahmslos tatsächlich mit Lichtgeschwindigkeit statt, sondern vollzieht sich in der Regel deutlich langsamer. Selbst dann, wenn optische Signale zum Einsatz kommen, sind diese zumindest beim Sender und beim Empfänger, üblicherweise jedoch auch an den dazwischen liegenden Vermittlungseinrichtungen und den Verstärkern, die in gewissen Abständen notwendig sind, um die Signale aufzufrischen, in elektronische Signale, die deutlich langsamer sind,

---

74. COMER 1988, 143–145; COMER 1997, 262–267
75. VIRILIO 1996
76. Die Lichtgeschwindigkeit im Vakuum ist nach vorherrschender Auffassung lediglich eine vom Bewegungszustand des Beobachters unabhängige Naturkonstante, die zugleich die obere Grenze, d.h. die kleinste obere Schranke für die Geschwindigkeit aller Partikel mit einer von Null verschiedenen Ruhemasse darstellt, während die Physik den Begriff einer absoluten Geschwindigkeit so wenig kennt wie den irgend einer anderen absoluten Größe. Der Nullpunkt der Kelvin-Skala gilt als absoluter Nullpunkt, weil es keine tiefere Temperatur gibt, doch bezeichnet er keine absolute Temperatur. Siehe EINSTEIN 1905a; BORN 1969, 200, 239

umzusetzen; wobei zusätzliche Verzögerungen durch Schalt- und Verarbeitungszeiten – letztere sind der Preis der Digitalisierung – entstehen.

Unter Echtzeit verstehen Techniker nicht die Gleichzeitigkeit der Punkte auf der Weltlinie eines Photons, sondern ganz prosaisch die Reaktion eines Systems innerhalb garantierter Zeitintervalle; wobei deren Länge schlicht durch die Auslegung des Systems, also letztlich durch seinen Zweck gegeben ist. Dahinter verbirgt sich also kein durch fundamentale Naturgesetze oder durch metaphysische Prinzipien bedingter Sachverhalt. Zudem ist Echtzeitkommunikation auch in diesem prosaischen, technischen Sinne über das Internet normalerweise nicht möglich: Die Kommunikation mittels der Internet-Protokolle kennt keine explizite Synchronisation und erst recht keine garantierten Reaktionszeiten; was von deren Schöpfern durchaus beabsichtigt war.

Die Postmodernen – oft auch nur knapp *Pomos* genannt – geben sich zwar revolutionär, doch pflegen sie den Konformismus. Haben irgendwelche Größen der Pomo-Szene einmal einen Begriff zur gültigen Währung geprägt, dann gibt es meist kein Halten mehr: Die Schar der Jünger überbietet sich dann darin, die neue Münze bei jeder sich bietenden Gelegenheit in Umlauf zu bringen und ihren fiktiven Wert durch ausufernde Phantasmen zu steigern:

> Die Zeitverkürzung weist wohl in Richtung einer Implosion der bisherigen Zeitauffassung und der Vereinheitlichung zu einer Weltzeit. Die neuen Kommunikationsverhältnisse lassen nicht aber nur die politischen Grenzen brüchig werden. Die kybernetische Umgestaltung der Lebenswelt auf Basis instanter Kommunikationsverbindungen tendiert zu einer Echtzeit in der Datenübertragung, was die Rede der Übertragung von einem räumlichen Punkt zu einem anderen irgendwann vollends sinnlos macht.[77]

Einmal unterstellt, es soll "die Rede *von* der Übertragung" heißen: Der Unterschied zwischen Phantastik und Physik besteht darin, dass es letzterer zufolge *nicht* sinnlos ist, von Übertragung zu reden. Mit dem Begriff der Echtzeit assoziiert sich hier ein Begriff von Gleichzeitigkeit, den die Spezielle Relativitätstheorie ausschließt. Nach dieser ist es genau umgekehrt: Gleichzeitigkeit entfernter Ereignisse impliziert immer den Transport eines synchronisierenden Signals.[78] Die

---

77. HARTMANN 1996, 56
78. EINSTEIN 1905a; BORN 1969, 194–200

Vorstellung einer jeden Transport aufhebenden und damit unbedingte Gegenwart stiftenden Echtzeit, mit der die postmodernen Phan-
tastiker hausieren gehen, ist eine hypertrophierte, infantile Allmachts-
fantasie, die sie mit einer pseudowissenschaftlichen Fassade aufge-
macht haben. Auch der Grenzfall einer Kommunikation mit Lichtgeschwindigkeit schließt immer Transport ein. In der Realität wird es
immer Zonen unterschiedlicher Informiertheit und unterschiedlichen
Zugangs zu den Möglichkeiten der technischen Kommunikation geben
und damit auch die Notwendigkeit des Transports von Information
bzw. Signalen und Daten.

Was Formulierungen wie "Implosion der bisherigen Zeitauffassung" und "Vereinheitlichung zu einer Weltzeit" bedeuten sollen, ist
schwer zu sagen. Was meint ihr Autor, wenn er von der "bisherigen
Zeitauffassung" redet? Weshalb soll sie implodieren und was heißt
Implosion hier? Selbstverständlich bezieht man schon lange die unterschiedlichen Orts- und Zonenzeiten – vorbehaltlich der Synchroni-
sationsproblematik – auf eine einheitliche Weltzeit – die Nullmeridi-
anzeit, die früher GMT hieß und heute UTC heißt. Was sich daran
durch das Internet ändern soll, ist nicht zu verstehen.

Wenn NORBERT BOLZ schließlich behauptet, dass "Gesellschaft
[...] sich immer nachdrücklicher als autonome Kommunikationsma-
schine [erweist]"[79] und "Massenmedien [...] eine instantane kommunikative Integration der Weltgesellschaft [leisten]",[80] dann bewegt er
sich auf gedanklichen Linien, die durch solche pseudowissenschaftlichen Phantastereien vorgezeichnet sind. Hier zeigt sich wiederum
die Tendenz, die menschengemachten technischen Artefakte bzw. den
Zusammenhang menschlichen Handelns, in den sie eingebettet sind,
zu verselbständigen und mit göttlichen Attributen aufzurüsten.

Das Netz: das soll nicht nur die neue Beschleunigungsformel sein,
sondern den Schlüssel zum tieferen Verständnis der Welt bilden. Auch
hier gibt es kein Zurückschrecken vor jeglicher Form der wissenschaftlichen Anmaßung:

> Wir können einerseits natürliche Organismen als elektrische Kommunika-
> tionsnetze interpretieren; andererseits scheinen elektronische Medien die
> Institutionen einer Gesellschaft organisch miteinander zu verknüpfen.[81]

79. BOLZ 1994, 144
80. BOLZ 1994, 144
81. BOLZ 1996, 146

Selbstverständlich kann man "natürliche Organismen als elektrische Kommunikationsnetze interpretieren", doch ob das zu treffenden Modellen und relevanten Erkenntnissen führt, ist eine andere Frage. Auf diese Weise kann man bestimmte Aspekte des Verhaltens von Subsystemen eines Organismus modellieren, doch sicher nicht seine konstitutiven Prozesse. Biologen wissen, dass Organismen alles andere als elektrische Kommunikationsnetze sind. Der nächste Halbsatz gibt zu erkennen, dass die ganze Pomobombastik am Ende nur schwächlich-affirmativen Theoriekitsch gebiert: Der erschlichene Begriff des Organismus findet sich mittels der Kommunikationsnetze, die hier als Tertium comparationis fungieren, in der Gesellschaft wieder, in der dann alles angeblich organisch verknüpft sei. Die erschlichene Gleichung *Organismus = Kommunikationsnetz = Gesellschaft* ebnet jede Unterscheidung ein.

Das Netz erscheint schließlich selbst als eine Art Dämon mit den Merkmalen eines Organismus, der sich nur zirkulär beschreiben lasse; das soll heißen, dass seine Beschreibung selbst die Eigenschaften des Beschriebenen teile:

> Dieser Begriff lässt sich aber eigentlich nur in einem Netzwerk der Begriffe bestimmen. Und zu diesem Netzwerk gehören vor allem die Begriffe Rekursion, Emergenz, Autopoiesis und Selbstorganisation. Man braucht keine CPU, keine Zentrale der Datenprozessierung – keine Metropolis. Im Netzwerk gibt es keine zentrale Kommandostelle, sondern nur Regeln von Fall zu Fall, die aber so ineinander greifen, dass sich ein Ganzes bildet. Entscheidend beim Prozess der Selbstorganisation eines Netzwerks ist also das, was Francisco Varela den "Übergang von lokalen Regeln zur globalen Kohärenz" nennt.[82]

Nirgendwo eine Erklärung, was der Begriff der Rekursion hier leisten soll, nirgendwo auch nur die Andeutung einer Rechtfertigung für die Begriffe der Autopoiesis bzw. der Selbstorganisation: Die in der Realität vorkommenden Netze wie z.B. das Telefonnetz oder das Internet erschaffen und organisieren sich nicht selbst, sondern sind Artefakte, deren materiellen und funktionalen Zusammenhang aufzubauen und zu erhalten menschliches Handeln erfordert. Der Begriff *Netz* gibt nichts von dem her, was BOLZ in ihn hineinprojiziert. Wenn er nicht als bloße Metapher fungiert, verbirgt sich in ihm höchstens ein mathematisches Modellierungskonzept, dem keines der Merkmale innewohnt, die BOLZ ihm andichtet.[83]

82. BOLZ 1996, 148–149
83. Siehe S. 72–82

Unbeirrt von allen feineren Differenzierungen, die hier angezeigt
wären, rankt sich inzwischen um die Begriffe *Netz* und *Selbstorganisation* in der Tat ein Netz, nämlich das eines akademisch-feuilletonisti-
schen Obskurantismus, der, indem er das Netz zu einer Art höherem,
intelligiblen Wesen hypostasiert, residuale religiöse Bedürfnisse einer
zeitgemäßen Befriedigung zuführt. Die ritualisierte, dieselben Formeln endlos wiederholende Anbetung jenes höheren Wesens durchzieht sich als Wissenschaft ausgebende Abhandlungen[84] ebenso wie
Feuilletonbeiträge: "Ein [...] unkontrollierbares, selbstorganisierendes System" entstehe mit dem Internet:[85]

> Möglicherweise wird der Mensch die eigene Gedankenwelt nicht einmal im
> Ansatz verstehen. Wie von einer fremdartigen, verwirrenden und doch
> intelligenten Masse wird die Menschheit umströmt sein. [...] Ein ver-
> selbständigter, aber unkommunikativer, ja autistischer Ozean, ein den
> gesamten Planeten umwucherndes "Hirnmeer".[86]

Bereits KANT, der den Begriff der Selbstorganisation und Selbsthervorbringung in der *Kritik der Urteilskraft*[87] entwickelt hat, hebt klar
den Unterschied zwischen Artefakten und Organismen hervor; wobei
er Selbstorganisation nur letzteren zugesteht:

> In einem solchen Produkte der Natur wird ein jeder Teil, so, wie er nur
> *durch* alle übrige da ist, auch als *um der andern* und des Ganzen *willen*
> existierend, d.i. als Werkzeug (Organ) gedacht: welches aber nicht genug
> ist (denn er könnte auch Werkzeug der Kunst sein, und so nur als Zweck
> überhaupt möglich vorgestellt werden), sondern als ein die andern Teile
> (folglich jeder den andern wechselseitig) *hervorbringendes* Organ, derglei-
> chen kein Werkzeug der Kunst, sondern nur der allen Stoff zu Werkzeugen
> (selbst denen der Kunst) liefernden Natur sein kann: und nur dann und
> darum wird ein solches Produkt, als *organisiertes* und *sich selbst orga-
> nisierendes* Wesen, ein *Naturzweck* genannt werden können.
> In einer Uhr ist ein Teil das Werkzeug der Bewegung der andern,
> aber nicht ein Rad die wirkende Ursache der Hervorbringung des andern;
> ein Teil ist zwar um des andern Willen, aber nicht durch denselben da.
> Daher ist auch die hervorbringende Ursache derselben und ihrer Form
> nicht in der Natur (dieser Materie), sondern außer ihr in einem Wesen,
> welches nach Ideen eines durch seine Kausalität möglichen Ganzen wirken
> kann, enthalten. Daher bringt auch, so wenig wie ein Rad in der Uhr das
> andere, noch weniger eine Uhr andere Uhren hervor, so da sie andere
> Materie dazu benutzte (sie organisierte); daher ersetzt sie auch nicht von
> selbst die ihr entwandten Teile, oder vergütet ihren Mangel in der ersten

84. Wie etwa WILLKE 2001; siehe S. 137
85. ILLINGER 2003; siehe S. 83
86. ILLINGER 2003
87. KANT 1793, B289–298

Bildung durch den Beitritt der übrigen, oder bessert sich etwa selbst aus,
wenn sie in Unordnung geraten ist: welches alles wir dagegen von der organisierten Natur erwarten können. – Ein organisiertes Wesen ist also nicht
bloß Maschine: denn die hat lediglich *bewegende* Kraft; sondern sie besitzt
in sich *bildende* Kraft, und zwar eine solche, die sie den Materien mitteilt, welche sie nicht haben (sie organisiert): also eine sich fortpflanzende
bildende Kraft, welche durch das Bewegungsvermögen allein (den Mecha-
nism) nicht erklärt werden kann.[88]

Auch HUMBERTO MATURANA, der den Begriff in die moderne Biologie eingeführt hat, besteht auf diesem Unterschied und erkennt wie
KANT Selbstorganisation nur in Organismen.[89] Das ganz Begriffsge-
protze hat offenkundig nur den Sinn, unkundige Leser einzuschüch-
tern, um ihnen den Glauben an eine neue Art von transzenden-
tem Wesen: das Netz, einzuimpfen. Das ist geradezu eine Karikatur
dessen, was die Aufklärer des 18. Jahrhunderts als religöse Verdum-
mung bekämpft haben. Ein gespreizter, autoritärer Ton durchzieht
die Texte der meisten postmodernen Autoren, die eher an das Be-
kenntnisschrifttum von Sekten erinnern als an wissenschaftliche Traktate. Sie scheinen von ihren Lesern eher blinden Glauben zu erwarten
als kritisches Denken. Dem Anspruch, die Vorhut kritischen Bewusstseins zu bilden, werden sie nicht gerecht.[90]

Eine Aussage wie die, dass es im Netz "keine zentrale Kommando-
stelle" gebe, ist in dieser Allgemeinheit nicht nur schlicht falsch, denn
selbstverständlich gibt es Netze mit zentralen Kommandostellen, sondern zeigt auch, dass BOLZ die kategoriale Ebene, in der die Rede von
Netzen anzusiedeln ist, überhaupt nicht verstanden hat: Die Wendung *das Netz* fungiert meist als Topos, der eine vielfache Verknüpfung zwischen den Elementen einer Menge andeuten soll, oder als
Verweis auf eine technische Infrastruktur der Verbindung bzw. des
Austauschs, die über die genaue Funktion der Elemente bzw. der
verbundenen oder austauschenden Einheiten nichts aussagt.

Der Topos *Netz* kann sich sowohl auf einen Zusammenhang beziehen, in dem entscheidende Funktionen in wenigen Komponenten
konzentriert sind, als auch auf einen, in dem diese auf viele Komponenten verteilt sind. Davon unabhängig ist die Frage nach der
Weise, in der Netze im Sinne von technischen Infrastrukturen des
Austauschs ihre Funktion zustande bringen. Auch hier gibt es sowohl

---

88. KANT 1793, B292–293
89. RIEGAS, VETTER 1990, 38–42; MATURANA, VARELA 1987, 216–217
90. Ausführlicher zeigt dies BECKER 2002, 141–151

die Möglichkeit, die Netzelemente mittels einer Vielzahl von verteilten, als auch die, sie durch wenige zentrale Einheiten zu koordinieren, um die Austausch- bzw. Verbindungsfunktion des Netzes zustande zu bringen.

In der Realität kann ein Gebilde mit stark zentralisierten Funktionen sich einer dezentral koordinierten Infrastruktur zum Austausch bedienen, wie auch eines mit breit verteilten Funktionen sich einer zentral koordinierten bedienen kann. Es gibt keinen Zwang zur Kongruenz des technischen Aufbaus der den Austausch bzw. die Verbindung ermöglichenden Infrastruktur und des organisatorischen bzw. sozialen Zusammenhangs der damit verbundenen bzw. sich austauschenden Gebilde. Es kann sowohl eine hierarchische Organisation wie z.b. eine Armee mittels einer dezentral, als auch eine anarchische Organisation mittels einer zentralistisch strukturierten und operierenden Technik kommunizieren. Wie viele andere Autoren, die sich heute zum Thema *das Netz* äußern, verfängt sich BOLZ hier in den Fallstricken, die eine konnotativ überladene Netzmetapher enthält. Das folgende Kapitel ist deren Entwirrung gewidmet.

1.5 Gnostiker

Hinter der universellen Beschleunigung, als deren Vehikel das Netz zu solcher Prominenz kommt, scheinen unübersehbar die Imperative der Kapitalverwertung auf. In der gegenwärtigen Beschleunigungssucht, in der Besessenheit von Vorstellungen wie Just-in-time, Null-Durchlaufzeit und immaterieller Produktion, in sich revolutionär gebenden Parolen wie "die Schnellen werden die Langsamen fressen" artikuliert sich ein jenen der futuristischen Thesen übersteigender Hass auf den Kosmos, der Raum und Zeit erst hervorbringt, wie auf das darin Bestehende und sich Entfaltende: den Planeten und die ihm verhafteten Organismen; alles zu träge, zu schmutzig, zu sehr dem Ziel der entäußerungsfreien, durch keine Bindung an Raum, Zeit und Materie mehr gehemmten oder gar gefährdeten Kapitalverwertung im Wege. Im Phantom der *gewichtslosen Ökonomie*[91] bleibt das Kapital ganz bei sich, verwertet sich ohne sich zu entäußern. Befreit von den störenden Einflüssen des alten Kosmos wie Entropie, Rauschen und geografischer Friktion soll die unternehmerische Kreativität in

91. RIFKIN 2000, 30ff

neue Welten abheben.[92] Die Sphäre der Zirkulation verdeckt und verdrängt jene der Arbeit an den Gegenständen der Natur – zumindest in der Wahrnehmung und in der finanziellen Bewertung.[93] In der Vorstellung einer durch die Informationstechnik sowie die durch sie erleichterte Auslagerung von Arbeit auf Null reduzierten Dauer der betrieblichen Wertschöpfung[94] kommt ein verdinglichter Begriff vom Wert zu sich selbst: In der Idee des Instant-Profits erscheint die Vermehrung des Werts als reines Mysterium, das immer sich ereignet, wo und wann ein durch ein MBA-Diplom ausgewiesener Mysterienmeister die richtige Formel spricht.

Mit dem Aufstieg des Netzes zu einer Schlüsselmetapher in den 1990ern erlebte ein weiterer Begriff einen Boom: der *Cyberspace*. Im Konzept des Cyberspace ist der Versuch erkennbar, ein Surrogat des verwüsteten, scheinbar schon kollabierten äußeren Raumes in Form einer flexiblen, beliebig gestaltbaren symbolischen Ordnung herzustellen und, die Weise wie auch die Quellen seiner Wahrnehmung radikal verändernd, in die innere Natur des Menschen einzuprägen. Den eher düsteren Science-Fiction-Novellen der in den 1980ern aufgekommenen Cyberpunk-Strömung[95] entstammend, in denen sein Gegenstand so machtdeformiert ist wie der äußere Raum verwüstet, wurde der Begriff für die Propagandisten einer Zukunft, die sich vor allem im Netz und mittels des Netzes abspielen sollte, zu einem Signum der neuen Welt und natürlich auch der neuen Wirtschaft, die dort jenseits der als *Meat space* denunzierten Leiblichkeit entstehen sollte. Die Neigung, dem Cyberspace göttliche Würde zuzusprechen, ist unter ihnen weit verbreitet und der gnostische Subtext ihrer Apotheose von Cyberspace und Internet-Wirtschaft unüberhörbar.[96] Schon die Sprache der ihr gewidmeten Traktate erinnert oft an den theo- oder sonstwie-sophischen Schwulst von der vorletzten Jahrhundertwende.

92. GILDER 2002, 260
93. FISCHBACH 2003b
94. In der Form *Null-Durchlaufzeit* vertreten etwa vom Münchener BWL-Professor HORST WILDEMANN auf IT-Foren der Industrie.
95. Den Begriff *Cyberpunk* prägte BRUCE BETHKE in einer gleichnamigen Novelle, die im Jahr 1983 erschien. *Cyberspace* tauchte zuerst in dem Roman *Neuromancer* von WILLIAM GIBSON und dann in weiteren seiner Werke wie *Johnny Mnemonic* auf – der letztere wurde auch verfilmt mit *Matrix*-Star KEANU REEVES.
96. FISCHBACH 1998a

Bei aller mechanischen Askese, bei aller Feindschaft gegen das ganze weite Spektrum der sinnlichen Empfindung, bei allen Bestrebungen, dieses auf den *metallischen Sinn*[97] zu reduzieren, verstand der Futurismus sich doch als diesseitiges, tellurisches Projekt, dessen Bestimmung es sei, die sich entwickelnde Gestalt der zukünftigen Welt freizulegen. Doch es scheint so, als ob die Cyberenthusiasten ERNST JÜNGER, der in seiner besten Zeit als Vollender des Futurismus gelten konnte, widerlegen wollten. Dieser konnte noch zu Beginn der 30er Jahre des letzten Jahrhunderts festellen:

> Die Technik, das heißt: die Mobilisierung der Welt durch die Gestalt des Arbeiters, ist, wie die Zerstörerin jedes Glaubens überhaupt, so auch die entschiedenste antichristliche Macht, die bisher in Erscheinung getreten ist. Sie ist es in einem Maße, das das Antichristliche an ihr als eine ihrer untergeordneten Eigenschaften erscheinen lässt – sie verneint durch ihre bloße Existenz.
> [...]
> Wo die technischen Symbole auftauchen, wird der Raum von allen andersartigen Kräften, von der großen und kleinen Geisterwelt, die sich in ihm niedergelassen hat, entleert.[98]

Mit solcher heroischen Diesseitigkeit ist jetzt Schluss: Die bereits bei BOLZ stattfindende Erhebung des Netzes zum transzendenten Wesen und die noch weiter gehende Verheißung eines Reiches jenseits der Materie durch die US-amerikanischen Cyber-Enthusiasten schlagen dagegen einen neuen, frommen Ton an. GEORGE GILDER sieht die Menschen im neuen Telekosmos als engelsgleiche Wesen, die Raum und Zeit überwinden,[99] um schließlich ihr Leben in "Kathedralen von Licht und Luft" zu führen.[100] GILDER und seine Mitstreiter vermitteln den Eindruck, dass der Cyberspace mehr mit dem *Great Awakening*[101] gemein habe als mit einem heutigen, technischwissenschaftlichen und von wirtschaftlichen Interessen geprägten Projekt.

97. MARINETTI 1914, 108
98. JÜNGER, 1932, 161
99. GILDER 2002, 4
100. GILDER 2002, 262
101. Das *Great Awakening* war eine durch den europäischen Pietismus inspirierte evangelikale Erweckungsbewegung, die in den Jahren 1720–1750 einen prägenden Einfluss auf die sich herausbildende nordamerikanische Gesellschaft, vor allem deren Selbstverständnis ausübte. Dessen bis in die kommerzielle PR hineinreichende missionarische Tönung hat hier eine ihrer Quellen.

Das Cyberspace-Manifest von DYSON, GILDER, KEYWORTH und TOFFLER erklärt den *Sturz der Materie* sogar zu *dem* zentralen Ereignis des 20. Jahrhunderts.[102] Wenn KEVIN KELLY, neben GILDER einer der prominentesten Verkünder jener neuen, aus der Internetwirtschaft geborenen *Spiritualität*[103] meint, Materie sei beinahe "umsonst"[104], dann heißt das so viel wie "wertlos" und schließt die physische Existenz der Menschen ein. "Unsere Welt [...] ist nicht dort, wo Körper leben",[105] sekundiert KELLYs Bruder im Geiste, der Rock- und Cyber-Poet JOHN PERRY BARLOW. Hier scheint der Todestrieb, der die Träume von Cyberspace und Telekosmos sonst nur verdeckt durchwirkt, unmittelbar zu sprechen.

Dass gnostische Weltbilder Konjunktur haben, wo und wann der Todestrieb im Handeln der Menschen übermächtig wird, scheint kein Zufall zu sein.[106] Es sind besonders die Äußerungen der nordamerikanischen Verkünder des Cyberspace, in denen der gnostische Subtext so deutlich durchscheint. Das mag seinen Grund in den puritanisch geprägten religösen Traditionen der Region haben, denen Leiblichkeit immer suspekt war. Naturbeherrschung erscheint in dieser Tradition immer als Heil bringend, wenn nicht gar als heilsgeschichtlicher Faktor, sofern sie von der Leiblichkeit dispensiert, den Leib bzw. die leibliche Erfahrung substituiert oder wenigstens unsichtbar macht. Der Faszination durch so Unterschiedliches wie Reproduktionsmedizin, High altitude bombing, Star Wars[107] und das Internet scheint diese religionsgeschichtliche Invariante als gemeinsamer Faktor zugrunde zu liegen. Fortschritt ist in dieser Perspektive das fortschreitende Verschwinden des Leibes.

Ganz explizit äußerte sich in dieser Hinsicht RONALD REAGAN, der als einer der ersten im späten 20. Jahrhundert wieder von einer New Economy sprach:

> In der neuen Ökonomie macht der menschliche Eingriff physische Ressourcen zunehmend hinfällig. Wir durchbrechen die materiellen Bedingungen des Daseins hin zu einer Welt, in der der Mensch seine eigene Bestimmung hervorbringt. Sogar wenn wir die am weitesten fortgeschrittenen Bereiche der Wissenschaft erkunden, kehren wir zu der uralten Weisheit unserer

102. DYSON, GILDER, KEYWORTH, TOFFLER 1994
103. KELLY 1994, 202
104. KELLY 1994, 125
105. BARLOW 1996
106. STROHM 1997
107. FISCHBACH 1998a

Kultur zurück, einer Weisheit, die in der Schöpfungsgeschichte der Bibel
enthalten ist: Am Anfang war der Geist und es war der Geist, aus dem
der materielle Überfluss der Schöpfung herausströmte.[108]

Hier verbinden sich gnostische Leibfeindschaft und moderne Technik-
gläubigkeit. Die Möglichkeit, durch bessere Technik der Natur zwar
nicht zu entkommen, doch sparsamer mit ihr umzugehen, erscheint
weder als Weg zu ihrer Entlastung und Wiederherstellung, noch zur
wirksameren Verbesserung des menschlichen Lebens, sondern zu ihrer
totalen Abschaffung: Sie soll obsolet werden, das ist der große Traum.
Die New Economy soll, übereinstimmend mit der gnostischen Tradition, Schöpfung rückwärts sein. Vom "materiellen Überfluss der
Schöpfung" zurück zum Geist. Geldgier – unter den Anhängern der
New Economy gefeierter und bewusst ausgelebter Antrieb des Handelns – wird hier unmittelbar als die triebökonomische Kehrseite der
Askese erkennbar:

> Denn Geld ist in der Tat das reinste Medium asketischer Weltsucht.
> Pekuniärer Reichtum lockt, gleich dem himmlischen Lichtparadies, mit
> einer abstrakten, fernen, künftigen Seligkeit, es ist ein unermeßliches
> Glück in spe, ein Anlagefonds für einen Freudentaumel und lüsterne
> Exzesse in einem kommenden Reich.[109]

REAGANs früher New Economy-Traum speiste sich nicht minder aus
dem Todestrieb als seine weitaus populärere Star-Wars-Fantasie, in
der ein Dom aus Laserlicht den nordamerikanischen Halbkontinent
schützen sollte. In diesen Technik- und Gesellschaftsbildern kristalli-
siert und maskiert sich eine wachsende Destruktivität. Das Äußerste,
was sie anzupreisen scheinen, sieht wie ein Lift ins Jenseits aus.

Unter der Feier von Beschleunigung, Raumvernichtung und Immaterialität bleibt die fortbestehende Abhängigkeit von Raum, Zeit
und Materie sowie die darin wurzelnde Verletzlichkeit aller menschlichen Einrichtungen schamhaft verborgen. Eine Haltung, der ein
geistiges Vakuum entspricht, das sich mit diffuser Angst vollsaugt
wie ein ausgetrockneter Schwamm mit Wasser. Die Inszenierung[110]

---

108. So RONALD REAGAN im Jahr 1988 in einer Rede vor der Moskauer Universität,
     die, so geht das Gerücht, unter dem Einfluss GEORGE GILDERs entstanden sein
     soll. Zitiert nach HENWOOD 2003, 8–9 [Übersetzung des Autors]
109. STROHM 1997, 167
110. Die Frage, wer dabei Regie geführt hat und darin verwickelt war, soll hier
     ausdrücklich unbehandelt bleiben. Alle kursierenden Versionen des Tather-
     gangs basieren auf einer unvollständigen Menge uneindeutiger Indizien. Hin-
     ter denen, die mit mehr oder weniger guten Argumenten von der offiziellen

körperlicher, destruktiver Gewalt am 11. September 2001 vermochte nicht zuletzt deshalb eine solche Wut hervorzurufen, weil sie jene verdrängte Schwäche in eine sichtbar klaffende Wunde zu verwandeln wusste. Diese offenbarte einer Nation, die in den Äußerungen ihrer Eliten sich bereits als in die Immaterialität des Cyberspace und einer sich dort neu aufbauenden Ökonomie Abhebende fantasierte, wie sehr sie physisch in Gebirgen von Stahl, Zement und Plastik gefesselt blieb. Die jüngsten Stromausfälle fügten dem auch noch die Erfahrung hinzu, wie viel an ein paar banalen Drähten hängen kann, deren Versagen eine ganze Region mit ihren sich schon dem Ätherischen zurechnenden *wissensbasierten* Unternehmen der Finanz- und Hightech-Branchen ausschaltet. Eine Finanzelite, die seit mehr als einem Jahrzehnt zunehmend in fiktive, *immaterielle* Werte investiert hatte, erfuhr die Rache der Materie, über die sie schon triumphiert zu haben geglaubt hatte.

Als Parallele zum 11. September 2001 bietet sich weniger PEARL HARBOUR an als vielmehr der Untergang der TITANIC. Mit den beiden Türmen versank das Symbol für den Triumph des grenzenlosen, sich selbst schon dem Ätherischen zurechnenden Finanzkapitals über den Globus, so wie mit dem Superdampfer das des Triumphes der Technik über die Naturgewalten. Das mythische Deutungsmuster von Hybris, Verblendung und Fall stellt die Vergleichbarkeit der Ereignisse her. Das Ereignis erweist sich als leerer Hypersignifikant, der im gleichen Maße Abwehr hervorruft wie er Konnotationen anzieht. Seine endlose mediale Reproduktion wirkte wie die masochistisch genossene Bestätigung eines imaginierten Kastrationstraumas – einer Verletzung, von der man endlich das Recht zu grenzenloser Rache ableiten zu können glaubt.

Version abweichende Theorien vertreten, eine Verschwörung von Verschwörungstheoretikern zu orten, zeugt jedoch selbst wiederum von einem paranoiden Weltbild derer, die überall den Ausdruck antisemitischen Wahns wahrnehmen. Es ist gut möglich, dass keine der beiden simplen Theorien: "AL KAIDA wars" oder "die CIA wars" bzw. "der Mossad wars" in dieser Schlichtheit zutreffen. Dass die Geheimdienste die Phänomene, die sie angeblich aufklären sollen, zwar in der Regel nicht zu 100 Prozent erfunden und produziert, aber, wie zahlreiche bekannt gewordene Fälle zeigen, immer mehr oder weniger mitgestaltet und -aufgebaut haben, liegt wahrscheinlich schon in der Natur ihres Geschäfts.

1.6 Raumvergessenheit — Raumverdrängung

Die Ausrufung des Todes von Raum und Zeit durch die Futuristen, sowohl derer vom Anfang als auch derer vom Ende des letzten Jahrhunderts, übersteigt literarisch die Raumvergessenheit, die als besonderes Merkmal die neoklassische Ökonomie auszeichnet. Sie verwandelt sie in ein Programm der Zerstörung. Seit den 1970er Jahren erlebt die neoklassische Ökonomie einen beispiellosen Wiederaufstieg. Ihre Vertreter besetzen die überwiegende Anzahl der Lehrstühle in den volkswirtschaftlichen Fakultäten. Vertreter keynesianischer oder gar marxistischer Positionen sind dort kaum noch zu finden. Sie selbst versteht sich als *die* Theorie des Marktes, und eine Politik, die seit drei Jahrzehnten den Markt zum Maßstab aller Dinge zu machen versucht, kann sich auf die Anleitung durch sie stützen. Der Markt der neoklassischen Ökonomie ist jedoch ein raum- und zeitloses Gebilde: er hat weder einen Ort noch eine Ausdehnung und sein Gleichgewicht stellt sich zeitlos durch die mystische Kommunion von Angebot und Nachfrage ein.[111] Alle Aspekte, besonders die Transaktionskosten, die sich aus der Lokalisierung wirtschaftlichen Handelns und die Zeitlichkeit konkreter Austauschprozesse ergeben, blendet die Neoklassik aus. Die Existenz von regelmäßigen, signifikanten Mustern folgenden räumlichen Strukturen der Verdichtung, in denen sich die Dinge und das Leben auf dem Planeten entfalten, ist für sie ein reines Wunder.

Die Raumlosigkeit bzw. Ortlosigkeit des Cyberspace, d.h. der von seinen Verkündern beanspruchte Zustand, in dem alle physischen und sozialen Orte symmetrisch, also gleich gut und gleich (un)wichtig, weil austauschbar seien oder — was immer das genau heißen soll — ihre verzögerungslose *Übertragung*[112] stattfinden könne, wäre die "naturgemäße Bedingung" einer nach ihren Modellvorstellungen verfassten

---

111. Ein Physiker, der mit vergleichbaren Annahmen arbeitete, würde sofort und zu Recht den Respekt seiner Kollegen verlieren. Für die Dynamik von Systemen ist gerade der zeitliche Verlauf des Zustands bzw. der diesen definierenden Größen, der keinesfalls immer und vor allem nicht kurzfristig im Gleichgewicht enden muss, von zentraler Bedeutung. In den Naturwissenschaften sind sehr oft gerade die Ungleichgewichtszustände von besonderem Interesse. Siehe die Diskussion auf S. 159–165, S. 176–177 und S. 223–229. Zu den Folgen dieser Blindheit in der Ökonomie siehe FLASSBECK 2004c.

112. NEGROPONTE 1995, 204 scheint sich darunter vorzustellen, dass jeder Ort für jeden unter Einbeziehung aller Sinneskanäle auf *Lifesendung* wäre.

Ökonomie. Vielleicht ist es kein Wunder, dass viele ihrer Vertreter sich für den Cyberspace und die dort angesiedelte Ökonomie begeisterten. An die Erwartung, dass der Cyberspace eine raumlose Ökonomie gebären würde, knüpfte sich die weitere, dass diese sich in einem Medium, dem man zutraute, Informationsasymmetrien instant auszugleichen, entfaltende Ökonomie auch das Modell verwirklichen würde, das den Fluchtpunkt aller neoklassischen Vorstellungen vom Markt bildet: den idealen Markt, in dem sich alle Teilnehmer als geschichtslose Atome in symmetrischer Position gegenüberstehen und in dem die Preise alle relevante Information verkörpern.

Jenseits der Frage, ob der Cyberspace den Raum aufzuheben vermag, den Materie und Gesellschaft hervorbringen, stellt sich die weitere, ob dieser Raum, der als symbolische Ordnung nur noch im metaphorischen Sinne einer ist, tatsächlich zur vollkommenen Symmetrie tendiert oder, wie jener, zur Ausbildung von ungleichen Zonen neigt. Dies umso mehr, als die Projektion von Macht − wirtschaftlicher, militärischer, sozialer, politischer Macht − in den Cyberspace auch die Übertragung der bestehenden Asymmetrien − z.B. der Information, des Ansehens, der Verfügung über bzw. des Zugangs zu Ressourcen etc. − in diesen verlangt. Macht artikuliert sich in vielfältiger Weise im Raum: Sie schafft sowohl Zonen des Einschlusses wie des Ausschlusses, Punkte der Anziehung wie solche der Abstoßung, Bereiche der Öffnung wie solche der Schließung. Wie spiegeln sich solche Verhältnisse im Cyberspace?

Das Konzept des Cyberspace leidet darunter, dass es Unvereinbares in sich zu vereinen versucht: Ohne Bilder bzw. Bildsequenzen, die der Anschauung, der körperlichen Erfahrung der Dinge des äußeren Raumes bzw. der Bewegung in ihm entliehen sind, kommt es so wenig aus wie seine literarischen und cineastischen Wiedergaben, während es doch andererseits die Welt der stofflichen Gegenstände, die diesen Raum erst hervorbringt, verlassen möchte. Wie kann ein Raum, dessen Punkte nur abstrakte Datenobjekte sind, identifiziert durch willkürliche Folgen von elektronischen Marken, die Erfahrung einer Reise, von Bauten und Städten vermitteln? Wie die des Widerstandes, den die Dinge unseren Handlungen entgegensetzen? Die Verkünder und Macher des Cyberspace sind immerzu gezwungen, Bilder von Dingen zu leihen, um nicht zu sagen: zu stehlen, die sie *nicht* meinen.[113] Daher die Inflation der sprachlichen und grafischen Bilder von Räumen, Zimmern, Mauern, Häusern und Portalen im Internet. Bei WILLIAM GIBSON erscheinen verbotene, unzugängliche Zonen des Cyberspace wie mittelalterliche Geschlechter- oder heutige Bankentürme. Weshalb gibt es überhaupt verbotene, unzugängliche Zonen im Cyberspace? Welche Art von Widerstand können die Gegenstände in einer immateriellen Welt ausüben? Dieser Widerstand liegt *nicht* in der technischen, sondern in der gesellschaftlichen Natur des Cyberspace.

Während JOHN PERRY BARLOW die allseitige Offenheit des Cyberspace rühmt,[114] scheint für ESTHER DYSON und ihre Mitstreiter ein parzellierter, in viele umzäunte, private Zonen zerlegter Cyberspace nichts Abschreckendes zu haben.[115] Die Eigentumsrechte bzw. deren dem Cyberspace adäquate Ausgestaltung bilden sogar das prominenteste Thema ihres Manifests.

Da der Cyberspace ohne sein materielles Substrat – eine Infrastruktur aus Übertragungsstrecken, Vermittlungseinrichtungen und Rechnern, Organisationen, die aus wirklichen Menschen bestehen, die diese Infrastruktur aufbauen, betreiben und warten, die sie schließlich mit Inhalt und Leben füllen – nicht existieren kann und die Menschen ihre Weltbilder – Weltbilder, in denen die Ordnung, die die Macht in der Wirklichkeit etabliert hat, sich symbolisch wiederfindet – mitnehmen, wenn sie den Cyberspace betreten, hat, wer in der diesseitigen Welt Macht hat, auch große Chancen, sie dorthin zu transferieren. Die Konzentrationsprozesse der realen Wirtschaft spiegeln sich auch im Cyberspace: Von den tausenden Neugründungen, die unter der Prämisse erfolgten, dass der Cyberspace die völlige Symmetrie aller Akteure herstelle, ja sogar, dass dort klein, jung und schnell über groß, alt und etabliert – was als Synonym für "langsam" galt – siege, sind kaum noch die Namen bekannt.[116] Durchgesetzt haben sich in der Netzwelt letzten Endes die Riesen – in einer Schlacht, die mehr als 1000 Milliarden Dollar an Kapital vernichtet hat und zum Ausgangspunkt der aktuellen weltwirtschaftlichen Krise geworden ist.[117]

---

113. HÄNTZSCHEL 2003
114. BARLOW 1996
115. DYSON, GILDER, KEYWORTH, TOFFLER 1994
116. LOVINK 2002
117. ROBERTS 2001a; ROBERTS 2001b; HENWOOD 2003, 196

Ungleichheit muss im Cyberspace, der nur im übertragenen Sinne ein Raum ist, andere Formen annehmen als im Raum unserer Anschauung und gesellschaftlichen Erfahrung. Welche, davon wird noch zu reden sein. Doch ohne Zweifel gibt es inzwischen im Cyberspace neben offenen auch verschlossene Zonen, die nur betreten darf, wer dazu privilegiert ist, neben prominenten, zentralen Orten, die eine große Anziehungskraft entfalten, auch periphere, die kaum jemand kennt oder besucht. Schon die Beobachtung des eigenen Nutzungsverhaltens und dessen der unmittelbaren Umgebung zeigt, was die Statistik bestätigt: Es gibt wenige prominente und viele kaum bekannte Orte im Cyberspace. Und nicht selten trifft man auf Verknüpfungen, denen nur folgen kann, wer dazu autorisiert ist, d.h. einen Benutzernamen und ein Passwort hat.

Die Funktionsweise der Suchdienste trägt überdies dazu bei, die Ungleichheit zwischen den Orten im Netz zu vertiefen: Da sie den Suchergebnissen einen Rang zuweisen, der sich nach der Zahl der Verweise richtet, die es im Netz auf sie gibt, und die meisten Nutzer nur die ersten zehn bis zwanzig Resultate überhaupt beachten, haben die ohnehin prominenten Angebote eine unverhältnismäßig große Chance, wahrgenommen zu werden und weiterhin die Zahl der Verweise auf sich zu vergrößern, da das Wahrgenommenwerden oft auch zum Erwähntwerden führt.[118] Es gibt inzwischen Dienstleister, die versprechen, den Rang von Angeboten bei Suchmaschinen zu steigern, indem sie bestimmte Merkmale von deren Verfahrensweise ausnutzen. Das geht bis hin zum Anlegen von fingierten Seiten, die keine andere Funktion haben, als auf die zu verweisen, deren Popularität gesteigert werden soll.[119] Das Ganze ist natürlich ein Nullsummenspiel, das die Gesellschaft nicht reicher macht, da es nur um den Austausch von relativen Positionen geht. Auch im Netz gilt also "nothing makes more famous than fame". Die Popularität von Internetangeboten unterliegt einem Prozess der nichtlinearen Selbstverstärkung, der, während er einzelne davon in ungeahnte Höhen katapultiert, die anderen dagegen aus dem Gesichtskreis der meisten Nutzer verschwinden lässt. Die Abwesenheit regulierter, öffentlicher Verzeichnisse, die, wie es das Telefonbuch tat, der Selbstdarstellung der Teilnehmer gewisse Grenzen ziehen, verstärkt dieses Phänomen. Viele Indizien sprechen also

118. LAZULY 2003
119. KARZAUNINKAT 2003

dafür, dass zwischen den virtuellen, d.h. symbolisch konstituierten
Orten des Cyberspace nicht weniger Ungleichheit herrscht, dass dort
keine geringere Polarisierung eintritt als zwischen denen das äußeren,
physischen und durch gesellschaftliche Arbeit umgestalteten Raumes.
Kann die Ausdehnungslosigkeit der neoklassischen Modelle noch
als Artefakt unausgereifter Modellierungstechnik oder auch mangeln-
der Einsicht in die Bedeutung des Raums gelten,[120] so rückt dessen
Verschwinden zu einer Prämisse futuristischer Weltsicht auf. Bleibt
die Tatsache, dass Menschen und Ressourcen aller Art, sich ungleich
im Raum verteilend, Zonen der Verdichtung und der Ausdünnung
bilden, für die Neoklassik schlicht unerklärlich, so urteilen der neue
wie der alte Futurismus dies als ein illegitimes, an sich schon überholtes und zum Verschwinden bestimmtes Phänomen ab. Wer den
konkreten Dingen die Macht, sich räumlich zu artikulieren und damit
den Raum selbst zu strukturieren, ihm also Unterschiede aufzuprä-
gen, abspricht, muss deren Fortbestehen als Skandal empfinden.

Hier treffen sich die cyberfuturistischen Ambitionen mit denen der
Promotoren eines entfesselten Kapitalismus: Deshalb erklären Markt-
radikale und Cyberfuturisten unisono den Raum für tot bzw. sind
beide Lager entschlossen, seinem Ableben nachzuhelfen, wo es noch
nicht vollständig erfolgt sei. Damit der ideale Markt sich verwirklichen kann, muss der Raum untergehen. Daher auch die schräge Al-
lianz von Paläohippies wie BARLOW und KELLY mit Neocons wie
TOFFLER, GILDER, KEYWORTH und DYSON; wobei die ersten für
die Bedingung und die zweiten für das Ziel stehen. Der zwar un-
terschiedlich motivierte, doch in der Konsequenz gleiche Hass auf
den Staat findet im Cyberspace dessen Gegenpol, der damit zum
Fluchtpunkt aller Gedankenlinien avanciert. Das Territorialprinzip
des modernen Staates impliziert eine Grenze im Raum, die diesen
in ein Innen und ein Außen scheidet – eine Grenze, die bisher auch
den Markt in Zonen ungleicher Bedingungen teilt. Der ideale Markt
setzt die Atopie, die Irrelevanz des Ortes voraus: "In einer atopischen
Gesellschaft mit globalem Radius findet die Marktutopie die Bedingungen ihrer Selbstverwirklichung."[121]

120. KRUGMAN 1995, 31–65 stellt die blinden Flecke der Disziplin beispielhaft dar,
     ohne jedoch ihre Ursachen überzeugend greifen zu können.
121. WILLKE 2001, 13

Der radikalisierten Marktutopie steht deshalb der Staat im Wege
– ironischerweise die Institution, die bisher einzig es vermochte, wenigstens *innerhalb* ihres Territoriums Atopie partiell zu verwirklichen:
Das betraf nicht nur die Herstellung einheitlicher Rechtsverhältnisse
und die Gewährleistung öffentlicher Sicherheit, sondern der Staat
sorgte, dem sozialstaatlichen Prinzip der Einheitlichkeit der Lebensbedingungen folgend, wenigstens in den meisten Ländern der industrialisierten Welt und bis zu einem gewissen Grad selbst in manchen
Ländern der Peripherie dafür, dass gewisse minimale Leistungen eines
Service public – Wege und Straßen, öffentlicher Verkehr, Post, Telefonnetz, Gesundheits- und Bildungseinrichtungen – überall zur Verfügung standen, auch dort, wo der Markt sie nicht bereitstellen würde, weil der privatwirtschaftliche Kalkül dagegen spricht. Wie sich
noch genauer herausstellen wird, tendiert der Markt nämlich selbst
dazu, die Bedingung der Atopie aufzuheben, derer er andererseits
bedarf.[122] Bisher waren meist regulierende Eingriffe des Staates erforderlich gewesen, um – oft genug erst nach langen politischen und
sozialen Kämpfen – die Atopie herstellenden objektiven und subjektiven Voraussetzungen der Kapitalverwertung langfristig zu sichern,
die das seiner Eigendynamik überlassene Kapital tendenziell zerstört
– Voraussetzungen, die immer auch den Charakter eines Soziallohns
tragen, der die Profitrate drückt und deshalb periodisch Ziel eines
Klassenkampfes von oben wird.[123]

Im Folgenden geht es deshalb darum, die raumbildende Kraft besonders der Techniken herauszuarbeiten, denen der Ruf vorausgeht,
den Raum aufzuheben. Dabei stellt sich heraus, dass es nicht eine
einzelne Technik allein ist, der diese Kraft innewohnt, sondern es
immer die Interaktion mehrerer Techniken im Zusammenspiel mit
der Gravitation ist, die von der Agglomeration von Menschen und
Ressourcen ausgeht. Gerade sie erfährt durch die Marktkräfte eine
Verstärkung.

---

122. Siehe S. 209
123. Wie aktuell dieser Zusammenhang ist, zeigen die jüngsten Angriffe auf die entsprechenden Prinzipien der bundesrepublikanischen Verfassung ausgerechnet
durch den Bundespräsidenten, der damit die diesem Amt anhaftende Aura
des über den sozialen Kämpfen Schwebenden demonstrativ zerstörte.

2. Täuschende Bilder —
fantastische Legenden

Dass einer Intelligenzarbeiter ist, besagt nichts über die Intelligenz des Produkts, sondern besagt, dass er bei dessen Herstellung professionell vorgegangen ist.[1]

Galten dem alten Futurismus noch die Mittel der physischen Fortbewegung als die Waffen, mit denen Raum und Zeit zu vernichten seien, so rückt im neuen mit dem Netz ein im Grunde statisches Bild an deren Stelle: Netze sollen den Zusammenhang des Unzusammenhängenden herstellen, das Entfernte vergegenwärtigen, das Starre biegsam und das Zerbrechliche robust machen, ebenso als Schlüssel zu den tiefsten Geheimnissen der Natur und der Gesellschaft fungieren wie als Blaupause für die Gesellschaft der Zukunft. Netze sollen einen Raum von Flüssen begründen, die spontan jedes räumlich artikulierte Ungleichgewicht zu kompensieren vermögen und dadurch tatsächlich Allgegenwart stiften. Als Fluchtpunkt aller Vorstellungen scheint dabei ein Raum mit Nullmetrik auf: die Entfernung aller Punkte voneinander ist dort konstant Null, weil alles überall *telepräsent* ist. Ein physikalischer Raum mit dieser Metrik würde die Welt in ein schwarzes Loch kollabieren lassen.

In all den zahllosen Äußerungen zum Thema bleibt die Netzmetapher als solche meist undurchschaut: Indem ihre Autoren Netze als eine besondere Art des Seins auftreten lassen, in der sich eine neue Epoche ankündige und durchsetze, bleibt die damit verbundene Vorstellung als die Verdinglichung eines sprachlichen Bildes oder höchstens eines mathematischen Modells, das, richtig angewandt, der Erkenntnis als Krücke dienen mag, verborgen.[2] Netz-sein gilt ihnen als eine substanzielle Eigenschaft bestimmter Dinge und Verhältnisse.

Schon seit einiger Zeit haben sich um die Netzmetapher wissenschaftsbetriebliche und kunstgewerbliche Subkulturen organisiert, die ihr Verständnis dessen, was Netze ausmacht, ebenso unreflektiert wie unbefangen, wenn nicht der cybergnostischen Traktatliteratur, dann ihrer spontanen Imagination entnehmen. Inzwischen sind sie

---

1. NEGT, KLUGE 2001, 415
2. Eine knappe Diskussion des Modellbegriffs folgt auf S. 119–122, einen kurzgefassten Überblick zu den Begriffen des Modells und der Modellierung gibt FISCHBACH 1994, einen umfassenden STACHOWIAK 1973

Teil des Mainstreams. Dicke Bände über die *Netzwerk-Gesellschaft*[3] bieten zur Explikation ihrer Grundkategorie nicht viel mehr als einen Verweis auf den konnotativ überladenen, ontologisierenden Schwulst aus der Feder von Kevin Kelly.[4] Auch das neuste linke Kultbuch operiert mit der analytisch undurchdrungenen Netzmetapher,[5] zu deren Rechtfertigung die Autoren einen pauschalen Verweis auf das erwähnte Werk von Castells für ausreichend halten.

2.1 Reale und metaphorische Netze

Die Formel *das Netz* genießt in vielen Zirkeln inzwischen den Status einer ontologischen Kategorie, also eines Begriffs, der eine besondere Form des Seins identifiziert. Das Netz sei *die* postmoderne Seinsweise schlechthin, sein Begriff der Schlüssel zu einer neuen Ära. Der Verweis darauf, dass etwas ein Netz sei, gilt oft schon als ein hinreichendes Explikans, gegenüber dem sich jegliche weitere Frage nach den Ursachen und der genauen Weise der raum-zeitlichen Entfaltung seines Zusammenhangs sich erübrigten. Dabei vermischen sich konkrete bildhafte Elemente, die der Erfahrung mit unmetaphorischen, körperlich gegebenen Netzen entstammen, mit vagen Imaginationen von sinnlich kaum fassbaren und meist unverstandenen technologischen Größen und Merkmalen wie Datenflüssen, Echtzeitkommunikation, Verteilung und Vermittlung. Beispielhaft für die Weise, in der viele Autoren heute den Netzbegriff verwenden, und die Vorbildfunktion von Werken wie dem von Hardt und Negri sei hier ein zufällig ausgewählter Text wiedergegeben:

> Im Mittelpunkt dieses Buches[6] steht die Diagnose, dass das gegenwärtige globale Machtgefüge im Unterschied zu den Zeiten des Imperialismus kein Zentrum mehr hat.
>
> Auch wenn man derzeit das Gefühl haben kann, dass sich die einzig verbliebene Supermacht USA als genau dieses Zentrum verstehen mag, so hat diese Diagnose doch einiges für sich und gründet nicht zuletzt in den Organisationsprinzipien der digitalen Vernetzung. Das Internet war ja von den Strategen des Pentagons von Anfang an polyzentrisch konzipiert, um als Informationsnetzwerk im Notfall wenig Angriffsfläche zu bieten. Heute kann man sagen, dass sich die Netzmetaphorik auf allen

---

3. Castells 2001, 76
4. Kelly 1994, 25–27
5. Hardt, Negri 2000, 294–303
6. d. h. *Empire* von Hardt und Negri, rf

Gebieten des intellektuellen und sozialen Lebens durchgesetzt hat und von der individuellen Lebensgestaltung bis hin zur Struktur von Texten mehr als nur eine Selbstbeschreibung darstellt.[7]

Erstaunlich ist, dass ein Autor, der sich selbst in gesellschaftlichen Fragen sicher für kritisch und kompetent hält, offensichtlich glaubt, die gesellschaftlichen Verhältnisse bildeten unmittelbar ab, was er für die Strukturprinzipien eines technischen Artefakts hält. Dass die polyzentrische Verfassung des Netzes, die angeblich einem militärstrategischen Kalkül entsprungen sei, mehr Mythos als wirklichkeitsmächtiges Prinzip ist, sei hier einmal beiseite gelassen. Davon wird jedoch noch eingehend zu reden sein. Die Weise, in der SCHOLZ die Wirklichkeitsmächtigkeit seines Bildes vom Netz einfordert, dementiert zugleich die Rede von der *Netzmetaphorik*, die sich damit als modische Façon de parler entlarvt: Denn sie ist, indem sie vorgibt, aus dem imaginierten technischen Faktum etwas Entscheidendes über die gesellschaftlichen Verhältnisse abzuleiten, durchaus essenzialistisch. Der Hinweis auf die weite Akzeptanz der immer mit polyzentrischen Gebilden konnotierten Netzmetapher wirkt dann eher wie eine Rückversicherung in der Szene: Der Gebrauch bestimmter Formeln zeigt die Zugehörigkeit zum Club pomo an.

In der gegenwärtigen sozialwissenschaftlichen und politischen Diskussion fungiert die Rede vom Netz als Einschüchterungsgestus, der beliebige theoretische Unschärfen und Leerstellen zu überspielen und zuzudecken vermag. Alle meinen, sie sei "irgendwie" bedeutungsschwer, auch wenn sie nur eine höchst vage und oberflächliche Vorstellung davon haben. Die Verbeugung vor diesem postmodernen Gessler-Hut zieht sich durch die gesamte Diskussion um Werke wie *The rise of the network society* von CASTELLS und *Empire* von HARDT und NEGRI. Wenn BOB JESSOP und MIKIYA HEISE auf die entsetzliche Vagheit der fundamentalen Konzepte beider Werke hinweisen,[8] beweisen sie damit ein in der heutigen Diskurskultur ungewöhnliches Maß an Mut.

Mit dem Wort *Netz* als Bezeichnung eines sinnlich fassbaren Gegenstandes verbindet sich das Bild und das Greiferlebnis eines maschigen Geflechts von Fäden oder Schnüren. Das Netz im Fußballtor, das Fischernetz, das Spinnennetz und das Einkaufsnetz illustrieren

7. SCHOLZ 2003
8. JESSOP 2002, 788; HEISE 2002, 684–686

diese Bedeutung. Eine sinnfällige Eigenschaft dieser Beispiele ist die *Maschigkeit* der Netze, also die Tatsache, dass die Fäden keine losen Enden haben, sondern zu einem geschlossenen Muster von Polygonen verflochten sind, ferner die Gleichförmigkeit der relativ zu den darin einzufangenden bzw. zu haltenden Objekten kleinen Maschen – alles Eigenschaften, die viele Zeitgenossen umstandslos auf alle Netze und besonders das Gebilde, das heute als *das Netz* schlechthin gilt, also das Internet, übertragen und damit an der Realität völlig vorbeigehen. Ein Fischernetz mit gleichmäßigen, engen Maschen über die Erdkugel gespannt, ergibt ein Bild nahezu perfekter Symmetrie – etwas, wovon schon die technische Infrastruktur des Internet und die dort tatsächlich auftretenden Datenflüsse weit entfernt sind. Die meisten Netze, die solche nur im übertragenen Sinne sind, sehen in ihren grafischen Abbildern den Netzen im wörtlichen Sinne nämlich sehr unähnlich!

In den technischen Disziplinen, die sich mit Infrastrukturbauwerken wie Straßen, Kanälen, Schienensträngen, Wasser- und Abwasserrohrleitungen, Strom- und Telefonkabeln beschäftigen, hat die Netzmetapher ihre Heimat: Die Gesamtheit der Straßen, Kanäle, Schienenstränge, der Rohr- und Kabelleitungen als "Fäden" mit den sie verbindenden Kreuzungen, Weichen, Schleusen, Kabelverzweigen, Anschlüssen, Umschaltstationen und Vermittlungsstellen als "Knoten" bildet in ihrem Zusammenhang jeweils ein *Netz* von gleichartigen bzw. wenigstens ähnlichen oder funktional sich ergänzenden, miteinander zusammenhängenden Elementen, obwohl ihre Darstellung in Form einer Karte einem Fischer- oder Fußballnetz recht unähnlich sieht.[9] Solche Infrastrukturen für den Verkehr und die Energieversorgung wie die Eisenbahn- und die Elektrizitätsnetze bildeten in der zweiten Hälfte des 19. und für die Elektrizität auch noch in der ersten Hälfte des 20. Jahrhunderts neuartige Formen technischer Systeme von einem bisher unbekannten Komplexitätsgrad, deren Entwicklung zu den großen Leistungen des Ingenieurwesens gehört.[10]

Solche *Netze* sind eben oft nicht oder zumindest nicht überwiegend maschig, sondern weisen auch lose Enden auf, und selbst wenn

---

9. Einen gewissen Eindruck von der Gestalt solcher Netze vermittelt BEYRER, ANDRITZKY 2002

10. Eine umfassende, den Systemaspekt hervorhebende Darstellung der Entwicklung der Elektrizitätsnetze bietet HUGHES 1983

sie doch Maschen haben, dann sind diese meist sehr ungleichmä-
ßig. Visualisiert man zudem die Flüsse, d.h. den Verkehr bzw.
den Stoff-, Energie- oder Datendurchsatz auf den Strecken und Knoten
– Größen, die zudem im Gegensatz zu den Fäden körperlicher Netze
eine Richtung haben – durch Striche bzw. Pfeile und Kreise unterschiedlichen Durchmessers oder unterschiedlicher Farbe, dann nimmt
die Unausgewogenheit noch weiter zu: Es gibt in solchen Netzen meist
ausgezeichnete, *zentrale* Punkte und Strecken, über die der größte
Teil des Durchsatzes geht. Letzterer ist oft asymmetrisch, denn selbst
wenn auf Strecken Transport in beide Richtungen stattfindet, ist er
selten ausgewogen.

Die Bedeutung zentraler Komponenten hat ihren Grund in der
Ökonomie der Netze: Will man eine Anzahl von Punkten durch ein
Netz verbinden, dann kann man jeden Punkt mit jedem verbinden;
was jedoch sehr aufwendig ist. Vor allem steigt der Aufwand zur Integration eines weiteren Punktes mit der Zahl der Punkte im Netz. Ein
solches Netz hat eine quadratische Kostenfunktion: zehn mal so groß
heißt hundert mal so teuer. Maschige oder wabenförmige Netze, in denen jeder Knoten mit einer Reihe von Nachbarn verbunden ist, haben
dem gegenüber zwar eine lineare Kostenfunktion, doch sind hier immer noch für jeden zusätzlichen Knoten mehrere neue Verbindungen
notwendig. Treten in einem solchen Netz jedoch Flüsse auf, dann ist
es sehr aufwendig, die bestehenden Verbindungen den mit der Größe
wachsenden Flüssen anzupassen. Zudem nimmt mit der Ausdehnung
des Netzes auch der Aufwand für die Vermittlung, d. h. das Weiterleiten von Nachrichten bzw. das Schalten von Verbindungen zu, weil
mit ihr auch die Zahl der involvierten Knoten ansteigt. Tatsächlich
sind Netze mit einer Hierarchie innerer Wege und Knoten, die darauf spezialisiert sind, den Zusammenhang der äußeren herzustellen
bzw. Flüsse zwischen ihnen zu übertragen und zu vermitteln, außerordentlich leistungsstark, wirtschaftlich und flexibel – ein technischer Sachverhalt, der dem Raum neue Strukturen der Ungleichheit
aufprägt, die im Folgenden noch genauer zu untersuchen sind.[11]

In den Netzen, die unsere heutigen Infrastrukturen der Telekommunikation oder der Versorgung mit Wasser, Strom etc. bilden, sind
die meisten Knoten nicht mit ihren räumlichen Nachbarn verbunden

---

11. Die Logik, die in diesem Sachverhalt zum Ausdruck kommt, wird weiter unten
auf S. 194 in Gestalt des *topologischen Gesetzes der Vermittlung* genauer erläutert.

(z.B. gibt es keinen Draht, der von meinem Telefon unmittelbar zu
dem meines Nachbarn führt), sondern mit speziellen Knoten (beim
Telefon sind das die Ortsvermittlungsstellen bzw. die davor liegenden
Kabelverzweige), die als Schalter bzw. Vermittler zwischen den Teilnehmern fungieren. Und auch diese Knoten sind meist nicht unmittelbar untereinander verbunden, sondern mittelbar durch übergeordnete
Vermittlungsknoten. Auf diese Weise entsteht eine Hierarchie von
Vermittlungsknoten. In den Verteilernetzen für Energie und noch
mehr in den Telekommunikationsnetzen spielen solche Vermittlungsknoten eine bedeutende Rolle. Sie sorgen dafür, dass z.B. Nachrichten
bzw. die Portionen, in die diese zerlegt werden, ihren Weg vom Sender
zum Empfänger finden bzw. dass aus einer Folge von Netzelementen
eine Verbindung entsteht, die zwei Teilnehmern exklusiv zur Verfügung steht. Im ersten Fall spricht man von Nachrichten- bzw. Paket-,
im zweiten von Leitungsvermittlung. Solche Schalt- und Vermittlungsfunktionen bilden eine logische Ebene mit dynamischen Aspekten, die in der statischen Netzmetapher nicht aufgeht.

2.2 Modellistische Netze

Tatsächlich liegt dem Netzbegriff in den diversen technischen Disziplinen mehr zugrunde als nur die Übertragung eines Gattungsbegriffs
aus der Welt der sinnlich fassbaren Dinge. Die mathematische Theorie der Netze abstrahiert von der Körperlichkeit und dem konkreten,
meist durch Symmetrien geprägten Erscheinungsbild der in der Natur
und in der Welt der handwerklichen Artefakte vorfindlichen Netze. Sie
geht von der Theorie der Graphen aus,[12] welche die Eigenschaften von
Gebilden aus Knoten und diese verbindenden Kanten untersucht –
wobei die Bildlichkeit der Begriffe nicht darüber hinwegtäuschen darf,
dass es hier um bestimmte Arten von Mengen bzw. Relationen geht,[13]
also um mathematische Abstraktionen – und ergänzt diese durch At-
tribute wie Schaltzustände, Distanzen und Widerstände bzw. Kosten,

12. Eine Darstellung bietet GOULD 1988
13. Die primitiven Begriffe axiomatischer Theorien fungieren lediglich als Platz-
    halter für die Objektmengen der Strukturen, die Modelle dieser Theorien
    sind. Sie erhalten eine Bedeutung erst durch Interpretation, d.h. durch die
    Zuordnung von Objektmengen. Zur Technik siehe MALITZ 1979, 138, 144;
    MENDELSON 1987, 46–51, zum historischen und theoretischen Hintergrund
    KLEENE 1952, 36–65

Kapazitäten, Flüsse etc.[14] Die mathematische Abstraktion verwandelt die Netzmetapher in ein Modellierungswerkzeug, das u.a. dabei hilft, technische Systeme als funktionale Zusammenhänge physischer Komponenten zu entwerfen, zu analysieren, zu bauen und zu betreiben.

Netze im Sinne dieser Theorien sind mathematische Gebilde, die sich durch geeignete Datenstrukturen und Algorithmen im Rechner nachbilden, doch auch grafisch darstellen lassen; wobei solche grafischen Bilder den sinnlich erfahrbaren Netzen nicht besonders ähnlich sehen müssen. Als Modelle bewähren sie sich jedoch nur, wenn ihre Knoten, Kanten und weiteren Größen sich in der Realität identifizierbaren Gegenständen und Beziehungen sowie relevanten Eigenschaften bzw. Zuständen derselben zuordnen lassen. Selbstverständlich lassen sich auf diese Weise auch gesellschaftliche Sachverhalte modellieren, wie Verwandtschafts-, Kommando- und Bündnisstrukturen, Handelsbeziehungen und Kapitalverflechtungen, Publikations-, Einfluss- und Machtkartelle.[15]

Außerhalb der Gattung der sinnlich erfahrbaren Netze kann der Begriff *Netz* nur als mehr oder weniger treffende Metapher oder als Verweis auf ein Modell dienen. *Netz* ist, wenn nicht lediglich eine Metapher, höchstens eine modellistische und keine ontologische Kategorie, eine transzendentale Form also, kein Seiendes. Da unsere Welt der vorherrschenden Ontologie zufolge eine von Individuen, Attributen und Relationen ist,[16] gibt es nichts, worauf sich nicht unter irgend einem Aspekt die Netzmetapher beziehen könnte oder was sich nicht bei geeigneter Wahl der Abbildung durch ein Netz modellieren ließe.

Die Aussage, dass etwas ein Netz sei, ist folglich so inhaltsleer wie die, dass etwas ein System sei. Wer also davon redet, dass etwas, was nicht in die Gattung der sinnlich fassbaren Netze fällt, ein Netz

14. JUNGNICKEL 1990; MATHEMATICAL SOCIETY OF JAPAN 1993, 693–697, 1062–1066
15. Zur Methodik siehe JANSEN 2003
16. Diese Ontologie liegt z.b. auch der Prädikatenlogik zugrunde, die als Modelle Strukturen annimmt, die auf unterteilbaren Mengen von Individuen basieren; wobei die Teilmengen der Grundmenge bzw. ihrer cartesischen Produkte für die Prädikate stehen; MALITZ 1979, 138, 144; MENDELSON 1987, 46–51

sei, darf sich nicht einbilden, damit etwas Besonderes, von ontologischer Tiefe gar, gesagt zu haben, sondern müsste vor diesem Hintergrund zunächst genauer erklären, ob der Gebrauch des Wortes *Netz* nur eine unverbindliche Redefigur der Übertragung darstellt, einen wesentlichen und präzise zu fassenden Aspekt des Gegenstandes hervorhebt oder gar den Anspruch vorträgt, darin über ein relevantes Modell für einen Sachverhalt zu verfügen.

Ein präziser Gebrauch der Netzmetapher kann durchaus den Boden für fruchtbare Modelle bereiten. Zum Beispiel die Industriegeografie verwendet sie, um nicht marktförmige Formen des Austauschs zwischen Akteuren zu charakterisieren.[17] Als Kontrastfolie dient hierbei der Austausch auf einem idealen Markt, in dem geschichtslose, atomisierte Akteure aufeinander treffen, um nach einem allein von den individuellen Nutzenkalkülen auf der Basis unmittelbar verfügbarer Information in Form der Preise und aktueller Interessenlagen bestimmten Tauschakt, ohne Erinnerungen zu behalten, wieder auseinander gehen. *Netz* steht hier für ein Geflecht von unterscheidbaren, die einzelnen Transaktionen überdauernden, besonderen Beziehungen zwischen wirtschaftlichen Akteuren – also das Gegenteil von Markt; wodurch der Begriff einen vielversprechenden Bereich für sozialwissenschaftliche Untersuchungen abgrenzt.

Während es heute in vielen Zirkeln als ausgemacht gilt, dass *Netz* und *Markt* Synonyme seien,[18] unterstreicht die industriegeografische Modellbildung, indem sie die Gleichung *Netz = Nichtmarkt* etabliert, wie sehr ein ontologisierender Netzbegriff in die Irre geht. Ein Netz findet sich immer dort, wo sich relevante Beziehungsgeflechte zeigen. Die Industriegeografie sieht Netze dort, wo offenkundige Präferenzen das wirtschaftliche Verhalten bestimmen; was durchaus ein Zeichen von hoher Rationalität sein kann: Bei geschäftlichen Transaktionen Präferenzen auf der Basis von bewährten Beziehungen auszubilden

▷ vermindert die Transaktionskosten
▷ reduziert Risiken
▷ lässt sich angesichts der wachsenden technologischen und organisatorischen Komplexität vieler Produkte und Dienstleistungen heute kaum vermeiden.

17. SCHAMP 2000, 65–70
18. KELLY 1994, 27

Komplexe Produkte und Dienstleistungen verlangen eine intensive und langfristig beständige Kooperation umso mehr, je innovativer sie sind und je mehr sie dadurch bestehende Standards überschreiten. Die Tendenz z.b. in der Automobilindustrie, Zulieferer der ersten Ebene in die Entwicklung einzubeziehen und von ihnen zu verlangen, dass sie ganze Subsysteme am Band anliefern und sogar montieren, bedingt langfristige, auch den Austausch von Know-how regelnde Kontrakte. Mit Vorstellungen wie der, Lieferanten nach Maßgabe der zufälligen Marktlage auszuwählen und fallen zu lassen, ist diese Vorgehensweise nicht vereinbar. Der Markt bietet deshalb oft ein völlig unzureichendes Modell des Wirtschaftsgeschehens.

Die Netzmetapher verführt dazu, Eigenschaften von mit den Sinnen wahrnehmbaren Netzen auf ihre Bezugsgegenstände zu übertragen: Wie bereits erwähnt, haben die Fäden solcher Netze weder eine Richtung noch stark unterschiedliche Stärken. In einem maschigen Netz sind die meisten Fäden recht ähnlich und erfüllen die gleiche Funktion. Das aus der sinnlichen Erfahrung gewonnene Bild des Netzes transportiert hinsichtlich des Verhältnisses der Knoten so wenig Asymmetrien wie hinsichtlich ihrer räumlichen Verteilung und ihrer Verbindungen − eine Eigenschaft, die es den Geflechten sozialer Beziehungen, doch auch den technischen Infrastrukturen, für die es stehen soll, sehr unähnlich macht.

So sind die industriellen Beziehungen, für die sich der Begriff *Produktionsnetze* durchgesetzt hat, meist weder symmetrisch noch untereinander gleichartig, sondern durch Muster unterschiedlicher Ausprägung, durch Ungleichgewichte und Abhängigkeiten, durch variierende Funktion und Nähe der Knoten sowie durch Verbindungen unterschiedlicher Stärke und Richtung gekennzeichnet:[19] Ungleicher Zugang zu Märkten, Finanzinstrumenten und Technologie, organisatorische, rechtliche und finanzielle Abhängigkeiten sowie Kapitalverflechtungen unterschiedlichen Grades, unterschiedliche Frequenzen und Volumina des Austauschs stellen Asymmetrien dar, die die Netzmetapher nicht widerspiegelt. Solche Geflechte industrieller Beziehungen weisen oft auch ausgesprochene Zentren auf, auf die z.b. die stofflichen Flüsse gerichtet sind, in denen sich die Ressourcen der

19. SCHAMP 2000, 65–101; HARRISON 1997

wirtschaftlichen Macht konzentrieren und von wo Initiativen, Vorgaben oder auch Kommandos bevorzugt ausgehen. Die Industriegeografie hat für diese Gebilde den Begriff des solaren Produktionskom-
plexes geprägt.[20] Häufiger als der angemessene Gebrauch des Netzbegriffs als mo-
dellistisches Werkzeug ist sein Missbrauch. Ein prominentes Beispiel
dafür gibt MANUEL CASTELLS ab. Tatsächlich ist der Netzbegriff
in seiner *Network society* nicht nur völlig unscharf, sondern auch ein
Werkzeug, um analytisch völlig ungedeckte Resultate zu erschleichen.
Die Technik besteht darin, ihn projektiv aufzuladen, bis er als Fetisch
scheinbar jedes beliebige Resultat hervorzaubert:

> Netzwerke sind offene Strukturen und in der Lage, grenzenlos zu ex-
> pandieren und dabei neue Knoten zu integrieren, solange diese inner-
> halb des Netzwerkes zu kommunizieren vermögen, also solange sie die-
> selben Kommunikationscodes besitzen − etwa Werte oder Leistungsziele.
> Eine auf Netzwerken aufbauende Gesellschaftsstruktur ist ein hochgradig
> dynamisches, offenes System, das erneuert werden kann, ohne dass das
> Gleichgewicht in Gefahr geriete. Netzwerke sind angemessene Instru-
> mente für eine kapitalistische Wirtschaft, die auf Innovation, Globalisie-
> rung und dezentralisierte Konzentration beruht; für Arbeit, Arbeitskräfte
> und Unternehmen, deren Grundlage Flexibilität und Anpassungsfähigkeit
> sind; für eine Kultur der endlosen Zerstörung und des nie endenden Neu-
> aufbaus; für ein politisches System, das auf die augenblickliche Verar-
> beitung neuer Werte und öffentlicher Stimmungen eingestellt ist; und für
> eine gesellschaftliche Organisation, die auf die Verdrängung des Raumes
> und die Vernichtung der Zeit aus ist. Die Morphologie des Netzwerkes
> ist aber auch eine Quelle der drastischen Neuorganisation von Macht-
> beziehungen. Schalter, die die Netzwerke untereinander verbinden − etwa
> Finanzströme, die die Kontrolle über Medien-Imperien übernehmen, die
> wiederum politische Prozesse beeinflussen − sind die bevorzugten Instru-
> mente der Macht. Damit sind diejenigen, die die Schalter betätigen, auch
> diejenigen, die die Macht innehaben. Weil es eine Vielzahl von Netzwerken
> gibt, werden die Codes und Schalter, die zwischen den Netzwerken ver-
> mitteln, zu den grundlegenden Quellen, durch die Gesellschaften geformt,
> geleitet und fehlgeleitet werden. Die Konvergenz zwischen sozialer Evo-
> lution und Informationstechnologien hat in der gesamten Gesellschafts-
> struktur eine neue materielle Basis für das Ausführen von Tätigkeiten
> geschaffen. Diese aus Netzwerken gebaute materielle Basis bezeichnet
> die herrschenden sozialen Prozesse und formt damit die Sozialstruktur
> selbst.[21]

20. SCHAMP 2000, 72
21. CASTELLS 2001, 528–529

Ob ein konkretes Netz, d.h. ein konkreter Anwendungsfall der Netzmetapher oder des netztheoretischen Modellierungswerkzeuges "offen" ist oder nicht, ob das untersuchte Gebilde Wachstum, Umbau
und die Anpassung an Veränderungen zulässt und wenn ja, von welcher Art und in welchem Umfang, ob es ermöglicht, Raum und Zeit
zu überwinden bzw. zu kontrahieren – Eigenschaften dieser Art sind
weder in der Metapher noch im modellistischen Begriff des Netzes
enthalten und deshalb mit intellektuellem Anstand aus diesen nicht
ableitbar. Um solche Fragen zu entscheiden, muss man schon den konkreten Anwendungsfall untersuchen und ein konkretes Modell bauen,
von dem zudem nachzuweisen wäre, dass es die hinsichtlich dieser
Fragen relevanten Merkmale des Originals auch getreu abbildet, so
dass aus dem Verhalten des Modells legitime Schlüsse auf das des Originals zu ziehen wären. Vor allem wird ein konkretes Modell immer
definit sein, d.h. auch bestimmte Grenzen haben und eben keine grenzenlose Expansion zulassen. Auch konkrete technische Netzstrukturen und Protokolle sind nicht grenzenlos skalierbar. Wie viele andere
projiziert CASTELLS infantile Allmachtsfantasien auf eine analytische
Leerstelle, die er *das Netz* nennt. Immerhin hat er sich damit bereits
vor der Geschichte blamiert, denn als so stabil und krisenfrei, wie er
ihn fantasiert, hat sich der neue, auf das Netz gestützte Kapitalismus
nicht erwiesen.

Die konkrete modellistische Arbeit, die allein entsprechende Stabilitätseigenschaften nachweisen könnte, bleibt CASTELLS schuldig.
Allein darauf hinzuweisen, dass es Unternehmensnetzwerke gibt, bedeutet noch längst nicht, auch bewiesen zu haben, dass eine Ökonomie, in der solche Netze eine große Rolle – welche genau bleibt bei
CASTELLS ebenfalls offen – spielen, die unterstellten Eigenschaften
der grenzenlosen Erweiterbarkeit und Stabilität hat. In der Rede von
grenzenloser Erweiterbarkeit und Stabilität spricht eher das religöse
Bedürfnis als die nüchterne Analyse. Das Konzept von sozialer Kohärenz durch Kommunikation mittels einheitlicher Codes verfälscht Gesellschaft zu einem nur symbolischen Gebilde und verdeckt dadurch
die materiellen Prozesse sowie den Zwangszusammenhang von Gegensätzen, die ihr zu Grunde liegen. Ebenso wenig weist er die Konvergenz der sozialen Form und der Struktur der technischen Netze nach.
Aus der Tatsache, dass Organisationen, wie etwa die Gliederungen
von Unternehmen und Unternehmensverbunden mittels technischer

Infrastrukturen kommunizieren, folgt keine Homomorphie zwischen technischen und organisatorischen Strukturen. Eine solche Annahme ist lediglich Indiz oberflächlichen Denkens.

Der methodische Imperialismus der Netzmetapher, der ihre Vertreter vor keinem noch so kühnen Anspruch zurückschrecken lässt, verführt diese auch dazu, offenkundig Widersprüchliches zu behaupten. Wenn Offenheit und grenzenlose Wachstumsfähigkeit inhärente Merkmale von Netzen wären, dann könnten sie niemals als adäquate Modelle von operational und mereologisch geschlossenen Gebilden wie z.B. Maschinen oder gar Organen und Organismen dienen.[22] Diese, von der energetischen und stofflichen zu unterscheidende, Form der Geschlossenheit ist ja gerade ein notwendiges Merkmal des Begriffs der Selbstorganisation bzw. Selbsthervorbringung;[23] ansonsten wäre das Selbst, das sich da hervorbringt, überhaupt nicht definiert und der Begriff folglich leer – was dem postmodernen Abusus zwar entgegenkäme, doch nicht der Wissenschaft. Einen Organismus kann man nach dem heutigen Stand der Wissenschaft biologisch nicht erweitern und selbst in Zukunft wird man das nicht beliebig können. Hochorganisierte Lebewesen sind eben relativ geschlossene Gebilde. Man kann sie höchstens technisch unterstützen bzw. ihren Operationsradius mit technischen Mitteln erweitern. Das ist der präzise Sinn der saloppen Rede von der Technik als *Organerweiterung*. Doch auch diese technischen Mittel müssen immer an die gegebenen Organfunktionen anschließen, sind also keinesfalls beliebig.

Maschinen sind in gewisser Weise schwache Abbilder von Organismen: Ihnen fehlt die Fähigkeit zur Selbstreproduktion, doch sind sie operativ und mereologisch ebenfalls beschränkt und nicht beliebig erweiterbar. Das ist die Kehrseite der operativen Komplementarität, in der ihre Komponenten denen von Organismen ähnlich sind. Man kann z.B. an ein Automobil weder beliebig anbauen noch seine Funktion beliebig erweitern, ohne es desintegrierenden, d.h. seinen Zustand in abnorme Bereiche versetzenden Kräften auszusetzen. Wenn man einem Automobil Flügel anschweißt, wird daraus so wenig ein Flugzeug wie aus einem Hund, dem man Flügel implantiert, ein Vogel wird. Schon ein ganz simples technisches Artefakt

---

22. So etwa der Anspruch von NORBERT BOLZ; siehe S. 51–52
23. MATURANA, PÖRKSEN 2002, 100–103

wie ein physisches, unmetaphorisches Netz ist nicht beliebig erweiterbar, wenn es z.B. nicht unter seiner Eigenlast zerreißen soll. Um die Stabilitätseigenschaften eines solchen Netzes zu modellieren, sind auch Kräfte, Querschnitte, Dichten und Festigkeiten einzubeziehen. Aus dem abstrakten Netzbegriff ist also noch nicht einmal ein adäquates Modell für etwas so einfaches wie ein physisches Netz aus verknoteten Fäden abzuleiten!

Tatsächlich entscheidet der Netzbegriff selbst nichts über die Offenheit bzw. beliebige Erweiterbarkeit einerseits oder die Geschlossenheit andererseits eines durch Netze modellierten Gegenstandes. Diese Eigenschaften sind durch zusätzliche inhaltliche Bestimmungen abzubilden. Die Netzmetapher kann keinen der überspannten Ansprüche befriedigen, die sich heute an sie knüpfen. Angezeigt wäre vielmehr eine nüchterne Bestandsaufnahme dessen, was der Netzbegriff modellistisch zu leisten vermag – und was nicht.

Die meisten Autoren, die wie CASTELLS oder HARDT und NEGRI im Netz die wesentliche Gestalt der Gegenwart sehen, identifizieren es mit einer horizontalen Beziehungsstruktur ohne ausgeprägte Hierarchien. Das vertikal integrierte Unternehmen gilt ihnen als das längst überholtes Modell der Vergangenheit.[24] Diese Position ist jedoch angesichts der aktuellen Veränderungen in der Struktur besonders des Dienstleistungssektors nicht haltbar. Besonders in den verschiedenen Bereichen der hochwertigen unternehmensorientierten Dienstleistungen wie der Rechts-, Strategie- und Organisationsberatung, der Telekommunikation und der Datenverarbeitung, dem Rechnungswesen und der Wirtschaftsprüfung findet gegenwärtig weltweit ein rasanter Konzentrationsprozess statt. Die global agierenden Konzerne suchen auch global agierende Partner als Dienstleister. Beispielhaft ist das am Vorgehen der IBM erkennbar, die sich durch Übernahmen und eine Restrukturierung zum führenden IT-Dienstleister entwikkelt. IBM gibt, in den Worten eines ihrer Verantwortlichen, dem (horizontalen) Netzwerk-Ansatz keine Zukunft, sondern will, um Reibungsverluste zu vermeiden, alles aus einer Hand anbieten.[25]

Diese Auskunft verdeutlicht auch, dass die von der institutionalistischen Perspektive hervorgehobene Rolle der Transaktionskosten,

24. CASTELLS, 1996, 152–172; HARDT, NEGRI 2000, 294–297
25. EHREN, WIHOFSZKI 2003

die in vielen Fällen den Ausschlag zugunsten von Hierarchien gegenüber horizontalen Netzen bzw. Märkten geben,[26] auch in den Zeiten des Internet noch nicht ausgespielt ist. Auch die Auslagerung von Produktion führt keinesfalls immer zu deren breiten Streuung, wie besonders eindrucksvoll die Konzentration der Fertigung von elektronischem Gerät in den Händen weniger Vertragsfertiger zeigt, die in ihren Werkhallen Geräte der unterschiedlichsten Marken bauen. Hier kommen zu der Reduktion der Transaktionskosten auch noch die klassischen Größenvorteile der Massenproduktion weitgehend standardisierter Geräte.

Dass das Modell der Dienstleistung aus einer Hand nicht auf den Sektor der Informations- und Telekommunikationsdienstleistungen beschränkt bleibt, zeigt z.b. der relative Erfolg der Filmstudios in Babelsberg, die analog zu dem, was die IBM im Sektor der Informationstechnik tut, alle Leistungen zur technisch-organisatorischen Unterstützung von Filmproduktionen aus einer Hand anbieten. Dieser Ansatz weicht vom Modell der klassischen Hollywood-Studios, die alles von der Idee bis zur Ausführung im technischen Detail integrierten, ebenso ab wie von dem eines horizontalen Netzes, das in der jüngeren Vergangenheit das Modell der Zukunft zu sein schien. Dieser Ansatz erscheint aus der Sicht des Kapitals umso attraktiver, als es gelingt, Flexibilitätskosten zu externalisieren, d.h. den Beschäftigten bzw. dem öffentlichen Sektor aufzubürden.

Die *Horizontalisierung* ist wahrscheinlich eher ein Zwischenstadium der Restrukturierung und höchstens in einigen Nischen von Dauer. Die Auslagerung vieler Unterstützungsfunktionen lässt langfristig wiederum große, *vertikal integrierte* Dienstleistungsanbieter entstehen. Ein genauer Blick auf diesen Vorgang zeigt auch, dass die *Entmaterialisierung*,[27] die viele Beobachter im Wachstum des Dienstleistungssektors wahrnahmen, eine Täuschung ist. Sie verwechseln den Produktionsprozess mit seiner Spur in der Zirkulationssphäre:[28] Tatsächlich sind die eingekauften Dienstleistungen größtenteils produktionsorientiert, d.h. sie werden erbracht, um Güter herzustellen, und nicht selten verbergen sich schon in der "Dienstleistung" materielle Güter, etwa wenn Unternehmen Anlagen – außer

---

26. Eine Übersicht der durch OLIVER E. WILLIAMSON begründeten institutionalistischen Ökonomie bietet CARROLL, TEECE 1999
27. Siehe S. 134–135
28. FISCHBACH 2003b

Computern, lokalen Netzen und Telekommunikationsausrüstung auch
Produktionsanlagen oder Komponenten von solchen – nicht mehr wie
früher selbst beschaffen und betreiben, sondern dies einem Dienstleister anvertrauen, den sie dann für deren Bereitstellung bezahlen;
wobei neben den Leistungsparametern auch die Zeiträume, in denen
die Anlage betriebsbereit verfügbar sein muss, und die Fristen, innerhalb derer diese bei Störungen wiederherzustellen ist, Gegenstand
von entsprechenden Verträgen ist.[29]

Genau deshalb verwandelt sich *Dienstleistung* auch in ein *kapital-
intensives* Geschäft, in dem große Unternehmen mit Bonität und Zugang zu den Kapitalmärkten eine vorteilhafte Position gegenüber den
kleinen, nur von der Expertise ihrer Beschäftigten lebenden Dienstleistern klassischen Typs einnehmen. Letztere können nur in Nischen
überleben, wo sie ihre Expertise ausspielen können. Jedenfalls hat
sich die durch CASTELLS und andere inspirierte Netzschwärmerei in
den Sozialwissenschaften und der Politik mit der Tatsache, dass die
Verschlankung der Unternehmen bzw. die Ausgliederung von Funktionen keine Einbahnstraße ist, sondern dass die Industriestruktur
einem Zyklus von Vertikalisierung, Horizontalisierung und Revertika-
lisierung, bzw. von Konsolidierung, Verteilung und Rekonsolidierung
unterliegt, noch nicht angemessen auseinandergesetzt.

Das was CASTELLS definitorisch über den Begriff des Netzes ausführt,[30] verstärkt den schon durch sein sinnwidriges Überladen dieses
Begriffs erregten Verdacht, dass er dessen mathematischen Hintergrund überhaupt nicht verstanden hat: Seine Definition von *Knoten*
als "Punkt, an dem eine Kurve sich mit sich selbst schneidet." bemüht
einen völlig deplacierten Fall aus einem unpassenden Kontext und erschöpft den Begriff überhaupt nicht. Es gibt auch Knoten, die nicht so
bestimmt sind. Der Begriff *Knoten* aus der Theorie der Kurven, einer
Teildisziplin der Geometrie, deckt sich nicht mit dem gleichlautenden
Begriff aus der Graphentheorie, die kein Teilgebiet der Geometrie ist,
obschon sie geeignet ist, bestimmte Eigenschaften – nämlich topologische – von geometrischen Gebilden zu analysieren. CASTELLS wurde hier aus schlichter Unkenntnis der mathematischen Grundlagen
des Netzbegriffs Opfer eines Homonyms.

---

29. Auf Neudeutsch heißen solche Verträge *Service level agreements*. Sie sollen
die Auslagerung von Diensten und ganzen Anlagen zu einer kalkulierbaren
Strategie machen.
30. CASTELLS 2001, 528

CASTELLS versteht den Charakter der primitiven Begriffe einer axiomatischen Theorie überhaupt nicht, die keine Definition in der herkömmlichen Form von *ein X ist ein Y* haben, sondern nur Platzhalter für die Objektmengen von Modellen sind. Ebenso wenig versteht er, dass eine Topologie eben *keine* Distanz zwischen Punkten bestimmt. Distanz ist ein geometrischer, kein topologischer Begriff. Das was er über *flows* und deren Distanz schreibt, ergibt auch bei wiederholter, angestrengter Lektüre einfach keinen Sinn. CASTELLS baut hier mit großem Getöse und scheinwissenschaftlichem Getue einen gigantischen Begriffsfetisch auf, der vor allem einschüchtern und analytisch unfundierte Thesen stützen soll – kein Schlüsselbegriff und erst recht kein Schlüsselwerk für das 21. Jahrhundert.

2.3 Das imaginäre Internet

Die Neigung, Symmetrieeigenschaften von körperlichen Netzen aus der Erfahrungswelt auf Netze im weiteren Sinne zu übertragen, ist unbeachtet aller empirischen Evidenz zum Gegenteil ungebrochen. NORBERT BOLZ ist hier keinesfalls allein.[31] Indem z.b. KEVIN KELLY das Netz nicht nur mit dem Markt, sondern auch mit der Demokratie gleichsetzt,[32] unterstellt er unreflektiert jedem Netz solche Symmetrieeigenschaften. Auf der Strecke bleibt dabei auch die Differenz zwischen Netzen sozialer Beziehungen und Netzen im Sinne technischer Systeme mit Infrastruktureigenschaften. Beide Formen werden umstandslos als identisch angesehen, als allseitige, symmetrische Beziehungsgeflechte, die spontan einer übergeordneten Logik folgen. In vielsagender Weise bringt KELLY Netze mit Schwärmen (von Vögeln, Fischen etc.) in Verbindung, die ohne sichtbare Führung einheitliche Verhaltensmuster ausbilden.[33] Selbstverständlich hat KEVIN KELLY bei all seinen Schwärmereien nicht reale Märkte, reale Staatsgebilde und reale Kommunikationsnetze mit ihren Asymmetrien der

---

31. Siehe S. 54
32. KELLY 1994, 27
33. Diese Form des Verhaltens von Populationen ist tatsächlich durch Netze (im mathematischen Sinne), die auch dynamische Aspekte umfassen, modellierbar, hat jedoch mit Demokratie im Sinne einer Staatsform, in der das Volk deliberierte Entscheidungen über seine Angelegenheiten trifft, nichts zu tun; vielmehr geht es hier um die Mechanismen, die der Ausbildung konformen Massenverhaltens zugrunde liegen; BUCHANAN 2002, 48–60

Macht, der Verfügbarkeit, des Zugangs etc. vor Augen, sondern irgendwelche vagen Idealbilder, doch de facto funktionieren diese als Verschleierung eben jener Machtstrukturen und Ungleichheiten. Wenn GUNDOLF S. FREYERMUTH, der gerne das deutschsprachige Megafon der nordamerikanischen Cyberenthusiasten gibt, seine Version von der Entstehung des Internet vorträgt, dann ist ähnlich wie bei NORBERT BOLZ viel von *Enthierarchisierung* die Rede und von der Abwesenheit zentraler Schaltstellen. Das Internet, so postuliert FREYERMUTH, sämtliche Differenzen zwischen abstraktem Netzmodell, körperlicher technischer Infrastruktur und konkreten sozialen Beziehungen planierend, sei eine internationale, demokratisch und dezentral verfasste Gemeinschaft. Ein Ort der Unabhängigkeit und Freiheit ohne Kontrollinstanzen; eine Struktur, die allen Beeinflussungs- und Zensurversuchen widerstehe, indem sie diese umgehe. Und natürlich fehlt auch nicht der Hinweis, dass dieser Charakter des Netzes und die damit im Zusammenhang stehende Paketvermittlung erforderlich gewesen seien, um das militärische Kommunikationsnetz der USA atomkriegssicher zu machen.[34]

Auch FREYERMUTH gibt sich hier als ein Anhänger des cyberenthusiastischen Dogmas zu erkennen, das ein Bild des Internet als eines allseits symmetrischen Geflechts ohne Ungleichheiten oder gar Hierarchien entwirft, dessen innere, anarchische Kräfte es befähigten, jedem Versuch, es einer Herrschaft zu unterwerfen, ebenso zu trotzen wie der Zerstörung durch Atomwaffen; wobei die angeblich durch militärische Experten zertifizierte Atomkriegsresistenz die Rolle eines Prüfsteins zugewiesen bekommt, der für die Vertrauenswürdigkeit aller weiteren Behauptungen bürgt. Einmal in die Welt gesetzt, erweist sich diese Legende als nahezu unausrottbar. Kaum ein Feuilleton kommt mehr ohne den Glauben an die Unzerstörbarkeit des Internet aus.[35] Dass der Ursprungsmythos, der dem Internet die Atomkriegsfestigkeit von Geburt an attestiert, gegen alle historische und technische Einsicht so resistent ist, mag ein Indiz dafür sein, dass das Bedürfnis nach Mythen und Märchen, nach dem Glauben an Ewiges, wunderbar Unzerstörbares, den Verstand Übersteigendes, nicht minder zählebig ist als wie das Netz fantasiert wird.

34. FREYERMUTH 1996, 35–39
35. So etwa jüngst ILLINGER 2003

Die Falschheit des Bildes eines allseits symmetrischen Geflechts liegt jedoch schon darin, dass *ein* Bild nicht ausreicht, um ein so komplexes Gebilde wie das Internet zu erfassen, das neben einer Vielzahl von technischen Schichten eben auch soziale, wirtschaftliche und politische umfasst.[36] Doch schon in der Schicht der technischen Komponenten, die für die Übertragung und Vermittlung von Datenpaketen zuständig sind, gibt es, wie bereits angedeutet,[37] eine Hierarchie von über- und untergeordneten Vermittlungsknoten und Übertragungswegen. Netztechniker sprechen von den übergeordneten als dem *Backbone*, also dem *Rückgrat* eines Netzes, um deren zentrale Funktion hervorzuheben.[38]

Wie im Folgenden noch genauer gezeigt wird, übt eine Kombination von technischen und ökonomischen Faktoren einen starken Druck zur Konzentration auf eine sehr kleine Anzahl von sehr leistungsfähigen zentralen Komponenten aus. Das bedeutet, dass das Internet immer mehr zu einem Gebilde mit schwachen Gliedern und einem sehr starken Rückgrat mutiert, in dem sich die meisten Funktionseinheiten konzentrieren – also zum Gegenteil dessen, was es nach der verbreiteten Meinung sein soll: ein sehr breit verteiltes, maschiges Netz. Neuere empirische Untersuchungen[39] bestätigen, dass der größte Teil des Verkehrs über eine kleine Anzahl von Vermittlungsknoten und Verbindungswegen geht und dass der am meisten referierte Inhalt aus nur wenigen Quellen stammt.

Dass die meisten Verknüpfungen im World Wide Web nur auf eine kleine Anzahl von Adressen verweisen, nährt ebenso wie die Tatsache, dass die meisten Teilnehmer über sehr wenige Portale in das Netz einsteigen und überwiegend die dortigen Angebote nutzen, die

---

36. Die Unterteilung in eine Reihe von Schichten mit begrenzten Aufgaben reduziert die Komplexität der Betrachtung. Siehe WALRAND, VARAYA 1999, 77–90
37. Siehe S. 71–72
38. Siehe S. 195
39. BUCHANAN 2002, 73–88; Karten, die die tatsächlich extrem hierarchische, zentralisierte Struktur des Internet zeigen, finden sich unter
`<http://research.lumeta.com/ches/map/gallery/index.html>`
Diese Karten stellen den tatsächlichen Zentralisierungsgrad der Netzinfrastruktur immer noch unvollständig dar, weil sie Knoten und Verbindungen auf der Ebene der Internet-Adressen zeigen. Ein Blick auf die darunter liegenden Ebenen würde enthüllen, dass viele dieser logisch unterschiedenen Knoten und Verbindungen über dieselben physikalischen Ressourcen (Glasfaserstrecken, Vermittlungseinrichtungen und Rechner) geschaltet sind.

Zweifel daran, dass das Internet eine völlige Symmetrie aller Teilnehmer herbeiführen wird. Seine grundlegenden Protokolle bieten zwar das technologische Potenzial für eine ausgewogene Kommunikation, in der alle gleichermaßen Sender und Empfänger sind, doch bedeutet dies längst nicht, dass sich solches auch realisiert. Ein großer Teil der Nutzung scheint sich vom Modell der anderen Massenmedien wie Zeitung und Rundfunk – wenige produzieren und die meisten konsumieren – kaum zu unterscheiden. Abgesehen davon, dass das Produzieren doch meist mehr Mühe macht als das Konsumieren, steht außer Frage, dass mächtige Interessen das ihre dazu beitragen, dass diese Asymmetrie zugunsten des Konsums sich verstärkt, während sich das Internet vom fachlichen Kommunikationsmedium einer akademisch-technischen Subkultur zum *Leitmassenmedium des Neoliberalismus*[40] wandelt.

Doch nicht allein das Nutzungsmodell ist massenmedial: Auch auf der Anbieterseite gibt es vergleichbare oder sogar noch stärkere Konzentrationsprozesse wie bei den klassischen Massenmedien, zumal die herkömmlichen Medienkonzerne ihre Tätigkeit schon lange auf das Netz ausgedehnt haben. Die Konzentration der Inhaltsanbieter im Netz ist kein Wunder, da die Ökonomie der elektronischen Publikation die Bildung von Monopolen bzw. Oligopolen begünstigt: Da die Kosten vor allem die der Produktion des Inhalts sind, während die Grenzkosten der Verteilung gegen Null gehen, fließt praktisch jeder Umsatz jenseits der Deckungsgrenze dem Profit zu. Eine solche Konstellation mit wachsenden Grenzerträgen bringt zwangsläufig Monopole hervor.[41]

Möglicherweise fördern bestimmte Eigenschaften der im Internet eingesetzten Technik diese bereits ökonomisch fundierte Tendenz zum Monopol. Suchmaschinen wie Google klassifizieren die Ergebnisse nach der Anzahl der Bezüge, die es im Netz auf die betreffenden Seiten gibt. Seiten mit wenigen Bezügen landen ganz hinten auf der Trefferliste, wo sie kaum jemand wahrnimmt; was bedeutet, dass die Chancen solcher Seiten, mehr Aufmerksamkeit zu finden, weiter abnehmen, da sie deshalb auch kaum auf weitere Bezüge rechnen können, während die der ohnehin bekannten Seiten eben genau deshalb weiter zunehmen. Hier gilt das Prinzip der nichtlinearen

40. Rilling, Spehr 2003, 50
41. Zu den Merkmalen solcher sog. *natürlicher Monopole* siehe S. 200–202

Selbstverstärkung von Medienprominenz: "Nothing makes more famous than fame."[42] Die Technik und die Relevanzkriterien der Suchmaschinen ermöglichen es Akteuren, die über ausreichende Ressourcen verfügen, ihre Popularität bzw. die des von ihnen lancierten Inhalts manipulativ zu steigern, indem sie den Maschinen fabrizierte Bezüge und fingierten Inhalt präsentieren.[43] Das Vertrauen, das viele Nutzer des Internet in diese automatische Technik setzen, der sie eine gewisse Unbestechlichkeit unterstellen, ist also nur bedingt gerechtfertigt. Die Objektivität der Maschine könnte sich in vielen Fällen als Schein herausstellen. Vielmehr bietet sich einem genaueren Blick auf die konkrete Anwendungsform der Technik ein Gebiet dar, in dem unterschiedliche Interessen um Einfluss kämpfen; wobei die Durchsetzungschancen auch eine Frage der jenseits des Netzes verfügbaren Ressourcen wie Geld, Beziehungen etc. sind.

Im Modell der Massenmedien spiegelt sich jedoch nicht allein eine bestimmte Technologie, die nur eine unidirektionale Kommunikation zulassen würde, sondern eine arbeitsteilige Gesellschaft, die der kommunikativen Integration bedarf und deshalb eine Sphäre ausdifferenziert, deren Aufgabe darin besteht, die Kommunikation der Gesellschaft zu treiben, zu orientieren und zu homogenisieren, indem sie als Sensor, Filter, Verstärker und Kanal fungiert, der Themen und Informationen unterdrückt oder auswählt, verstärkt und verbreitet. Diese Sphäre schließt ein Machtpotenzial ein, das bevorzugt zu nutzen vermag, wer auch sonst über Macht verfügt. Die Asymmetrie der Macht setzt sich dann verstärkt in der Asymmetrie zwischen Informationsproduzenten und -konsumenten fort. Im gleichen Maße, in dem das Internet sich vom Medium einer wissenschaftlichen Subkultur zu einem Medium für die Massen wandelte, bildeten sich dort, bzw. im World Wide Web als dem dafür am besten geeigneten Service, auch die typisch massenmedialen Verhältnisse von Produktion und Konsum heraus. Dass das Internet, etwa durch das Medium der elektronischen Post, auch als Träger der symmetrischen, persönlichen Kommunikation im sozialem Nahbereich taugt, ändert nichts daran, dass auch der Nichtraum des Cyberspace sich in eine symbolische

---

42. Siehe S. 63–65

43. Karzauninkat 2003 diskutiert die technischen Schwächen der Suchmaschinen und führt Beispiele für ihr Versagen auf; Lazuly 2003 beleuchtet Fälle politischer Manipulation.

Ordnung der Ungleichheit verwandelt. Deren besondere Form wird noch zu diskutieren sein.

Die technische Infrastruktur, die dem Internet zugrunde liegt, ist, anders als die populären Bilder es darstellen, eben kein maschiges Netz von gleichartigen Knoten. Ein solches Netz wäre auch völlig unwirtschaftlich, unflexibel und ineffezient. Schon im frühesten Stadium des ARPAnet, aus dem das Internet hervorging, gab es einen Unterschied zwischen Endsystemen und Vermittlungsknoten, deren hierarchische Gliederung in mehrere Ebenen notwendig wurde, sobald das Netz in seine heutigen Dimensionen zu wachsen begonnen hatte.[44]

Im Ausmaß der Zentralisierung und Hierarchisierung seiner technischen Infrastruktur unterscheidet sich das Internet, anders als GUN-DOLF S. FREYERMUTH und mit ihm viele andere glauben, nicht vom Telefonnetz, sondern höchstens dadurch, dass seine zentralen Komponenten lange Zeit unterdimensioniert waren und bis heute zum Teil nicht redundant ausgelegt sind. Auf der Ebene der physischen Übertragungswege deckt sich das Internet zudem in weiten Teilen mit dem Telefonnetz. Schon das ARPAnet, das Ende der 60er Jahre des vorigen Jahrhunderts als embryonaler Vorläufer des Internet entstand, war über Leitungen geschaltet, die vom Telefongiganten AT&T gemietet wurden.[45] Schon allein deshalb konnte es sich vom Telefonnetz nicht, wie FREYERMUTH und andere vermuten, durch höhere Widerstandsfähigkeit gegen nukleare Angriffe unterscheiden.

Wie bereits angedeutet, charakterisiert eine solche Hierarchie zentraler Komponenten effizient arbeitende sowie wirtschaftlich aufbau-, ausbau- und betreibbare Netze; wobei diese Hierarchie selbst die immateriellen Aspekte der Netzarchitektur wie die verwendeten Adressierungsschemata zu prägen vermag. Der funktionalen Unterscheidung zwischen Endknoten und Vermittlungsknoten unterschiedlicher Ebenen entspricht im Internet, das seinem Charakter nach ein Netz von Netzen ist, die zwischen Teilnehmern, Subnetzen, Netzen und Gruppen von Netzen.[46]

Das Internet war deshalb nie ein Netz ohne Hierarchie, doch benutzte es bis Mitte der 90er Jahre einen flachen Adressraum für die

44. ROBERTS 1988
45. SALUS 1995, 27, 38; NEUMANN 1995, 14
46. PETERSON, DAVIE 1996, 233

Netze, in dem alle Netznummern[47] gleichrangig waren und aus einer
Netznummer auch nichts über den Ort des adressierten Netzes bzw.
den zu ihm führenden Leitweg erschließbar war – ein Sachverhalt,
der es in der Mitte der 1990er an den Rand des Zusammenbruchs
brachte, denn ein flacher Adressraum bedingt, dass an jedem Vermittlungsknoten für eine große Anzahl von explizit aufgeführten Zielen Anweisungen zur Weiterleitung der dorthin gerichteten Sendungen vorhanden sein müssen und die vollständige Bestimmung eines
Leitwegs dementsprechend die wiederholte Auswahl aus einer sehr
großen Zahl von Alternativen impliziert. Im Gegensatz dazu bilden
die in vielen Ländern gebräuchlichen, hierarchisch gegliederten Post-
leitzahlen ein sehr effizientes Schema. Die Verteilungszentren können
die passierenden Sendungen anhand von wenigen Stellen der Leitzahl
durch Auswahl aus einer kleinen Anzahl von Alternativen weiterleiten. Diese fassen zum Teil Hunderte von Leitwegen zusammen, die
alle explizit gegeben sein müssten, wenn die Adressen keinem hierarchischen Schema folgten. Ein hierarchisch strukturierter Adressraum
ist also sehr effizient, weil er den Umfang der in den Vermittlungseinrichtungen vorzuhaltenden Information begrenzt und eine sehr
schnelle Auswahl der Leitwege gestattet.

Erst die in den 1990ern erfolgte Entscheidung, die Nummern für
die seither vergebene große Zahl von Netzen der Klasse C nach einem
hierarchischen, die Aggregation der Leitwege ermöglichenden Schema zuzuweisen und Netze der Klasse A hierarchisch in Subnetze
zu gliedern, vermochte damals eine schwere Krise zu vermeiden und
das weitere Wachstum des Internet zu sichern.[48] Die in vielen Kom-
mentaren als Ursache seines Erfolges sowie seiner vorgeblichen Unverwundbarkeit hervorgehobene und ideologisch überfrachtete, angeblich nichthierarchische Struktur des Internet erwies sich also in
einem Fall, in dem diese Charakterisierung wenigstens früher einmal
den Tatsachen entsprochen hatte, als gefährliche und seine Funkti-
onsfähigkeit ernstlich bedrohende Schwäche.

47. Die Netznummer ist der Bestandteil der Internetadresse, der für die Verkehrs-
lenkung im Internet entscheidend ist; der Rest der Adresse ist, dem Charakter
des Internet als Netz von Netzen entsprechend, nur im Teilnehmernetz von
Bedeutung und wird nach außen hin auch meist verborgen. Der Adressraum
ist die Menge der zulässigen Adressen.
48. Zu dieser *Classless Inter-Domain Routing* (CIDR) genannten Technik siehe
Huitema 1996, 229–245; Farrel 2004, 113, 116–119

Die Fähigkeit eines Kommunikationsnetzes, auch bei Ausfall einzelner Knoten und Verbindungen weiter zu funktionieren, resultiert weder aus der Abwesenheit von Hierarchien noch aus dem Einsatz von Paketvermittlung,[49] sondern aus dem Vorhandensein nutzbarer, redundanter Übertragungswege und Vermittlungseinrichtungen.[50] Die hier maßgebliche mathematische Theorie der Netze definiert den Zusammenhangsgrad eines Netzes unabhängig von Fragen der Vermittlung als die kleinste Zahl von Knoten bzw. Verbindungen, deren Ausfall das Netz in unzusammenhängende Teile zerlegt. In den zentralen Bereichen des Internet sind die in einer verbreiteten Form der Berichterstattung ideologisierten Protokolle für die Lenkung der Pakete längst durch ganz andersartige, effizientere ersetzt.[51] Diese Form der Berichterstattung, die einen Zusammenhang zwischen der Paketvermittlung und der angeblichen Robustheit des Netzes behauptet, zeichnet sich durch eine völlige Ignoranz der technischen Zusammenhänge aus. Der erwähnte Text von FREYERMUTH ist keinesfalls ihr einziger, sondern nur einer ihrer besonders penetranten Vertreter. Leider findet sich diese Ignoranz auch in Traktaten aus der nuklearstrategischen Diskussion, die wenigstens die historischen Zusammenhänge korrekt darstellen.[52]

49. Während bei der Leitungsvermittlung die Kommunikation über eine Kette von reservierten physischen Ressourcen stattfindet, also das, was die Fernmeldetechniker eine *Leitung* nennen, was aber nur im einfachsten Grenzfall ein einzelner Draht ist, im Normalfall dagegen eher aus einer Folge von Übertragungsfrequenzen und Zeitscheiben besteht, werden bei der Paketvermittlung die ausgetauschten Nachrichten in Portionen − eben *Pakete* − zerlegt, die einzeln sowie, sofern dies möglich und erforderlich ist, auch auf unterschiedlichen Wegen durch das Netz gelenkt werden. Siehe S. 72

50. Fehlen diese, erhöht auch Paketvermittlung nicht die Robustheit eines Netzes, während es andererseits bei ihrem Vorhandensein auch möglich ist, Leitungen über alternative Wege zu schalten. Sowohl bei der Paket- als auch bei der Leitungsvermittlung muss die Vermittlungstechnik jedoch dazu in der Lage sein, alternative Wege, sofern sie vorhanden sind, zu finden und zu nutzen, um die Netzfunktion auch bei Ausfall einzelner Komponenten zu sichern.

51. Die hier zur Anwendung kommende Label-Switching-Technik beschreibt FARREL 2004, 385–573

52. Z.B. WOHLSTETTER, BRODY 1987, 173–175

2.4 Reale Netzgeschichte

Die Entscheidung für den Einsatz von Paketvermittlung in den frühen Anfängen des Internet war weniger durch militärische Gesichtspunkte als vielmehr durch die damalige Knappheit an Übertragungswegen bzw. -kapazität sowie deren den Anforderungen der Datenkommunikation nicht gerecht werdende Qualität motiviert: Während der relativ langen inaktiven Phasen der Rechnerkommunikation bleiben die Ressourcen einer stehenden Leitung für andere Nachfrager blokkiert und ein kleines Störgeräusch, das in der Sprachkommunikation nicht einmal auffällt, kann in der Datenkommunikation eine Katastrophe bedeuten. Da die Paketvermittlung, anders als die Leitungsvermittlung, Ressourcen nicht exklusiv einer Verbindung zuweist, sondern über denselben Weg bzw. Schalter abwechselnd Datenpakete schleust, die zu unterschiedlichen Verbindungen gehören, die deshalb keine physikalischen, sondern nur noch logische sein können, kann sie die verfügbaren Ressourcen besser ausnutzen. Zudem bieten sich die Pakete als Ebene der Fehlererkennung und -korrektur an, da man sie leicht mit redundanter Information wie Prüfsummen etc. versehen kann, um sie bei einer fehlerhaften Übertragung, die man z.B. an einer Abweichung der übertragenen von der beim Empfang berechneten Prüfsumme erkennt, wiederholt zu senden. Da die Datenkommunikation zwischen Rechnern – sofern es sich nicht tatsächlich um Echtzeitkommunikation handelt – im Gegensatz zu der sprachlichen von Menschen meist weder der Übertragung mit konstanter, kurzer Verzögerung noch der Synchronisation bedarf, sind die diesbezüglichen Mängel der Paketvermittlung hier tolerabel.

Das ARPAnet, der Vorläufer des Internet, entstand im Rahmen eines vom Pentagon bzw. seiner Behörde für fortgeschrittene Forschung[53] finanzierten Projekts. Wie HERBERT YORK, der erste Chefwissenschaftler dieser Behörde, in seinen Erinnerungen ausführt, bestand ihre Aufgabe nicht darin, unmittelbar an militärischen Systemen zu arbeiten, sondern Grundlagenforschung von strategischer Bedeutung zu fördern.[54] Die Gründung der ARPA war eine Reaktion

---

53. Das Akronym ARPA, das in ARPAnet auftaucht, ist die Abkürzung für ADVANCED RESEARCH PROJECTS AGENCY
54. YORK 1970, 115–121; wobei aus der Retrospektive besonders den ARPA-Projekten in der Informationstechnik auch eine bedeutsame Rolle für die zivile Industrie zukommt. Ob das immer die effizienteste Form der Förde-

auf den Sputnik-Schock.[55] Die Behörde sollte durch ihre Arbeit ausschließen, dass sich derartiges wiederholt. Das neue Computernetz – das ARPAnet gehörte zu den ersten Exemplaren dieser Gattung – sollte keinesfalls als Träger des militärischen Kommunikations- und Kommandosystems fungieren. Die Militärs sind konservative Leute, die eine solche entscheidende Funktion niemals einem unerprobten System anvertraut hätten, das sich ein paar "Eierköpfe" – wie sie Intellektuelle in ihrem Jargon zu nennen pflegen – gerade erst ausgedacht hatten und dessen Grundlagen erst noch zu erforschen waren. Vielmehr sollte es ganz andere Zwecke erfüllen:[56] Nämlich

1. mit der Paketvermittlung eine neue Technologie der elektronischen Telekommunikation demonstrieren, die es erlaubte, knappe Leitungsressourcen effizienter zu nutzen und die Qualitätsprobleme, die das Telefonnetz der Datenkommunikation bereitete, zu lösen;

2. die gemeinsame Nutzung der damals noch sehr teuren und längst nicht überall vorhandenen Großrechner durch die mit der ARPA zusammenarbeitenden Forscher erleichtern und ausweiten;

3. sowie nicht zuletzt deren Kommunikation untereinander, besonders den Austausch von Daten und Forschungsergebnissen, fördern.

Selbstverständlich stand dabei das Interesse an der militärischen Nutzung der entwickelten Technologien im Hintergrund und tatsächlich war die dem neuen Netz zugrunde liegende Paketvermittlung bereits zuvor Gegenstand von Studien gewesen, die PAUL BARAN

---

rung von Grundlagenforschung war, mag dahingestellt bleiben, doch hat sie entscheidend zum Aufbau der Stellung beigetragen, die die US-Industrie in diesem Sektor innehat und stellte in den USA, wo staatliche Eingriffe in die Wirtschaft nicht populär sind, diejenige dar, die mit den geringsten Widerständen rechnen konnte.

55. Ob der so genannte Sputnik-Schock, also die Überraschung durch den Erfolg des ersten künstlichen Erdsatelliten aus sowjetischer Hand für die Space und Intelligence Community der USA tatsächlich eine so große Überraschung war, wie immer behauptet, ist eine andere Frage. Wahrscheinlich hatte man in diesen Kreisen den Prätext für ein massives Weltraum- und Rüstungsprogramm sowie die Präjudizierung der völkerrechtlichen Frage des Überflugs fremden Territoriums im erdnahen Weltraum – ob die Sowjetunion einen entsprechenden ersten Schritt der USA protestlos hinnähme, war man sich nicht sicher – eher gespannt erwartet und dann dankbar begrüßt. Siehe STARES 1985, 38–58

56. ROBERTS 1988, 146; NORBERG, O'NEILL, FREEDMAN 1996, 153–196; WOHLSTETTER, BRODY 1987, 176

bei der RAND CORPORATION, der wichtigsten Denkfabrik der US-Luftwaffe, durchgeführt hatte und in denen es um die Überlebensfähigkeit des militärischen Kommunikations- und Kommandosystems bei einem nuklearen Angriff gegangen war.[57] Die RAND-Studien galten jedoch nicht allein der Kommunikation von Rechnern, sondern immer noch auch der sprachlichen von Menschen. Doch das ARPAnet hatte mit diesen Studien und ihrer Zielsetzung weder etwas zu tun, noch waren den mit seiner Konzeption befassten Wissenschaftlern die betreffenden RAND-Papiere damals bekannt – ein Beispiel mehr dafür, dass Geheimhaltung manchmal auch den Fortschritt der militärischen Forschung behindert.[58] Weder die RAND-Studien noch das ARPAnet hatten während der 1960er und 1970er Jahre einen entscheidenden Einfluss auf den Ausbau der militärischen Kommunikations- und Kommandosysteme. Speziell BARANs Arbeit blieb weitgehend unbeachtet, weil

1. das dort nur rein theoretisch entwickelte Konzept der Paketvermittlung den technischen Möglichkeiten seiner Zeit (Anfang der 1960er) zu weit voraus gewesen war;

2. aus den bereits oben angedeuteten Zusammenhängen hervorgeht, dass die Robustheit eines Netzes primär von der Widerstandsfähigkeit sowie Redundanz seiner zentralen Übertragungswege und Vermittlungseinrichtungen abhängt und alternative Programme zu deren Verbesserung bereits initiiert waren;

3. es beim wichtigsten und technologisch kompetentesten Partner des Militärs in Fragen der Telekommunikation, dem Telefongiganten AT&T, auch starke fachliche Vorbehalte[59] und institutionelle Widerstände gegen solche Konzepte gab und

4. Programme zum Ausbau der Kommunikationssysteme innerhalb der um den US-Militäretat rivalisierenden Interessen nicht besonders gut positioniert sind.[60]

---

57. WOHLSTETTER, BRODY 1987, 169–175
58. ROBERTS 1988, 147; NORBERG, O'NEILL, FREEDMAN 1996, 159–162; HAUBEN, HAUBEN 1997, 117–119
59. Das Unternehmen, ein Netz von der Ausdehnung und Komplexität des militärischen Kommandosystems auf Paketvermittlung umzustellen, wäre, das schätzten die Ingenieure von AT&T völlig korrekt ein, beim damaligen Stand der Technik sicher gescheitert.
60. WOHLSTETTER, BRODY 1987, 177; BLAIR 1985, 302

Bereits in den 50er und 60er Jahren des letzten Jahrhunderts hatte das US-Militär bzw. die US-Luftwaffe, zu deren Verantwortungsbereich die strategischen Frühwarn-, Kommunikations- und Kommandosysteme überwiegend gehören, in Kooperation mit dem Telefonmonopolisten AT&T, von dessen Netz das militärische Kommunikations- und Kommandosystem in hohem Maße abhängig war, Schritte unternommen, um dessen zentrale Komponenten gegen die Auswirkungen von nuklearen Explosionen zu härten und mehrfach auszulegen sowie die Vermittlungstechnik zu befähigen, unterbrochene Verbindungen automatisch wiederherzustellen.[61] Die ergriffenen Maßnahmen involvierten keine avantgardistischen Konzepte wie die Paketvermittlung, sondern bauten auf die damals vorhandene und durch AT&T zuverlässig beherrschte Technik der Leitungsvermittlung, die, anders als ein populäres Vorurteil es will, den Aufbau robuster Netze durchaus erlaubt. Flexible Vermittlungstechnik und redundante Komponenten leisten hier dasselbe wie bei paketvermittelten Netzen.

Sicherheitspolitisch motivierte Anforderungen an die Redundanz und Festigkeit der Netzkomponenten bedeuten jedoch vor allem höhere Kosten und geraten schnell in Konflikt mit der Profitlogik, der die Netze in den USA im Zuge der Telekom-Liberalisierung seit den 70ern des letzten Jahrhunderts zunehmend unterlagen. Die in den letzten Jahrzehnten durch digitale und optische Techniken um mehrere Größenordnungen gesteigerte Leistungsfähigkeit der Vermittlungs- und Übertragungstechnik sorgt bei einer vor allem durch die Baukosten dominierten Kostenstruktur dafür, dass mit dem Kapazitätswachstum der einzelnen Komponenten weit über die heute absehbaren Verkehrsvolumina hinaus schwindende Grenzkosten bzw. zunehmende Grenzerträge des Netzbetriebs verbunden sind – ein Sachverhalt, der wiederum unter dem Imperativ der Profitmaximierung den Netzbetreibern die Konzentration der Infrastruktur auf wenige, groß ausgelegte zentrale Komponenten und damit auf einen dessen Verwundbarkeit steigernden Zuschnitt des Netzes nahe legt. Das ist, sehr knapp, als Ausblick auf die nachfolgende genauere Erörterung formuliert,[62] die Logik, die auch in der zunehmenden Konzentration der Infrastruktur des Internet wirkt. Dass eine solche Konzentration der Infrastruktur einerseits die urbanen Agglomerationen begünstigt und

---

61. BRACKEN 1983, 206–210; BLAIR 1985, 54–55
62. Auf S. 196–199 in Gestalt des *Lowtech-Gesetzes der Immobilien* und des *Hightech-Gesetzes der großen Einheiten.*

andererseits durch sie erleichtert wird, bildet den Ausgangspunkt der unten folgenden weiteren Überlegungen zur Abhängigkeit des Raumes von der Infrastrukturdichte.

Immerhin erhoben schon vor zwei Jahrzehnten weitsichtige Warner wie der Yale-Professor PAUL BRACKEN und der BROOKINGS-Analytiker ASHTON B. CARTER den Einwand, dass die Telekom-Liberalisierung ein sicherheitspolitisches Risiko impliziere, da sie das Rückgrat der militärischen Kommunikation verwundbarer mache.[63] Dass solche Befürchtungen nicht völlig aus der Luft gegriffen waren, bestätigte ein Vorfall in den späten 1980er Jahren, der zwar nicht unmittelbar das militärische Kommunikationssystem betraf, doch paradigmatisch für die allgemeine Entwicklung der Netzinfrastruktur war: Die scheinbar siebenfach redundante Anbindung der Universitäten und Forschungseinrichtungen Neuenglands an den Rest des ARPAnet erwies sich als höchst fragil, weil die nur auf einer logischen Ebene unterschiedlichen Verbindungen alle über dasselbe Kabel geschaltet waren,[64] dessen versehentliche Trennung bei Bauarbeiten folglich alle diese Universitäten und Forschungseinrichtungen vom ARPAnet isolierte und damit den Zusammenhang des Netzes auflöste.[65] Der Bericht einer von Präsident CLINTON eingesetzten Kommission mit der Aufgabe, Vorschläge zur Sicherung der US-Infrastruktur zu erarbeiten, bestätigte am Ende der 1990er die Befürchtungen aus den frühen 1980ern: Die unter betriebswirtschaftlichen Gesichtspunkten nahe liegende Konzentration des Netzbetriebs auf wenige zentrale Knoten und Weitverkehrsstrecken hatte die Infrastruktur noch verwundbarer gemacht.[66]

---

63. BRACKEN 1983, 218–219; CARTER 1987, 252–253
64. Tatsächlich existiert das paketvermittelte Netz nur als logische Schicht auf einer Basis, die wiederum aus logischen und darunter liegenden physischen Verbindungen besteht. Z. B. sind die optischen Netze, die das *Backbone* des Internet bilden, leitungsvermittelte Netze, auf denen die Internet-Provider fest geschaltete Verbindungen zwischen den zentralen Paketvermittlungsknoten reservieren bzw. von den großen Netzbetreibern mieten. Die hierfür relevanten Standards SONET (Synchronous Optical Network) bzw. SDH (Synchronous Digital Hierarchy) beschreiben WALRAND, VARAYA 1996, 161–171
65. NEUMANN 1995, 14
66. PRESIDENT'S COMMISSION ON CRITICAL INFRASTRUCTURE PROTECTION 1997, 10, A-4

2.5 Reale Infrastrukturen

Die zuvor anhand der Telekommunikationsnetze entwickelten Zusammenhänge gelten auch für andere Infrastrukturen: Bei Abwesenheit staatlicher Vorsorge bzw. einer Regulation, die eine Vorsorge durch private Anbieter erzwingt oder belohnt, degenerieren Infrastrukturen zu Formen, die den schnellsten und größten Profit bei geringster Kapitalbindung versprechen, während die Versorgungssicherheit sowie der egalitäre und ubiquitäre Zugang ins Hintertreffen geraten. Die Sicherheit der Dienste und der universelle Zugang zu ihnen sind kollektive Güter, die der Markt nicht von selbst hervorbringt, sondern die ein Gemeinwesen bewusst herstellen muss.[67] Die Serie von Zusammenbrüchen des Stromnetzes, deren vorläufiges Ende der vom 14. August 2003 bildete, entspricht einem "Baustil" von Infrastrukturen, den man nach zwei Jahrzehnten ungebremster Liberalisierungspolitik seit THATCHER und REAGAN zwar als "US-amerikanisch" oder "angelsächsisch" bezeichnen kann,[68] dessen Übertragung auf den europäischen Kontinent jedoch derzeit stattfindet. Der bereits erwähnte Bericht der durch die CLINTON-Regierung eingesetzten Kommission zum Studium der Sicherheit kritischer Infrastrukturen hielt das Energieversorgungssystem der USA noch für das zuverlässigste und robusteste der Welt.[69] Die Kommission glaubte, dass es einer koordinierten Attacke an mehreren Stellen bedürfe, um die Stromversorgung einer ganzen Region auszuschalten. Ein Szenario wie das vom 14. August 2003, bei dem der Ausfall einer einzigen Leitung genügte, um durch eine Kettenreaktion von Versagensfällen einer ganzen Region den Strom abzuschalten, kam im Bericht nicht vor; wohl aber solche, die terroristische Anschläge involvieren. Dies, obwohl es 1996 an der Westküste bereits ähnliche Vorfälle gegeben hatte. Doch die seien nach Meinung der Kommission auch durch

---

67. Zum Begriff solcher sog. öffentlicher Güter siehe S. 202–205

68. MELMAN 1983, 223–241 beschreibt bereits die Folgen dieser Politik, die mit einer massiven Verschiebung öffentlicher Mittel in den durch privat angeeignete Superprofite gekennzeichneten Rüstungsbereich einhergeht, für weite Bereiche der öffentlichen Daseinsvorsorge. Dies sollte jedoch nicht vergessen machen, dass es besonders in den USA auch eine Tradition staatlich betriebener oder regulierter öffentlicher Infrastrukturen gibt, die ihre Blütezeit während des New Deal hatte und immerhin bis in die 1970er Jahre wirksam war.

69. PRESIDENT'S COMMISSION ON CRITICAL INFRASTRUCTURE PROTECTION 1997, A-24–36

Angreifer schwer zu replizieren, dessen ungeachtet sei jedoch das Problem solcher kaskadierenden Ausfälle jedenfalls noch genauer zu studieren.[70] Doch immerhin monierte die Kommission bereits die Entwicklung, die sich in dem Zwischenfall von 2003 zuspitzte: Das Missverhältnis zwischen Vermarktung, Produktion und Verteilung, das eine Ordnung hervorbringt, in der es keine Anreize zum Vorhalten von Reservekapazitäten und -leitungen, zum Ausbau oder auch nur zur hinreichenden Instandhaltung des Leitungsnetzes gibt. Das Produkt *Zuverlässigkeit* gibt auf dem Markt nichts her. Als Kollektivgut kann man es auch nicht individuell an die Masse der Kunden verkaufen, es dem Kunden A, der dafür bezahlen möchte, zukommen lassen, dem Kunden B, der dies nicht möchte, jedoch nicht. Wie in der Telekommunikation gibt es keine gesamthafte Systemverantwortung mehr, dafür jede Menge *virtueller* Unternehmen vom Typ ENRON,[71] deren Tätigkeit sich in volkswirtschaftlich nicht nur überflüssigen, sondern destruktiven Spekulationsgeschäften erschöpft.[72] Schwerste Kopfschmerzen bereiteten der Kommission jedoch die noch kaum durchschaute wechselseitige Abhängigkeit von Verkehrs-, Strom- und Telekommunikationsnetzen sowie die fortschreitende Konsolidierung der Verteil- und Kontrollzentren, der Verlust von entscheidenden Wissensressourcen und die Demotivierung von technischem Schlüsselpersonal mit Insiderwissen durch die auch in der Stromwirtschaft grassierende Restrukturierungs- und Downsizing-Welle.[73] Der Markt vernichtet selbst Wissen, von dem das menschliche Leben abhängt, bzw. verwandelt es in ein Destruktionspotenzial, wenn es nicht dem kurzfristigen Profit dienstbar ist. Ein treffenderer Kommentar zur Idee der Wissensgesellschaft als idealer Markt ist kaum auffindbar.

70. PRESIDENT'S COMMISSION ON CRITICAL INFRASTRUCTURE PROTECTION 1997, A-27

71. HENWOOD 2002a; MISSBACH 2002; SABLOWSKI 2003b

72. Dass solche Geschäftsformen weder neu sind noch Ausnahmen von einer ansonsten properen Praxis, sondern schon lange absehbare Konsequenzen eines Wechselspiels von kurzfristigen Kapitalinteressen und Liberalisierungspolitik, in dem auch eine desinformierte Öffentlichkeit, ein deformiertes Bildungs- und Wissenschaftssystem sowie eine selbstherrliche Managementkultur ihre Rollen spielen, zeigt bereits ein Blick in zwei Jahrzehnte alte Literatur wie das bereits erwähnte Werk von MELMAN 1983, 40–81

73. PRESIDENT'S COMMISSION ON CRITICAL INFRASTRUCTURE PROTECTION 1997, A-26

Vielleicht hat der letzte, spektakuläre Zusammenbruch wenigstens das Gute, dass er die Unverantwortlichkeit des ebenso konformistischen wie technisch ahnungslosen Chors von Politikern, Wissenschaftlern und Journalisten bloßstellt, der seit Jahrzehnten nicht müde wird, unter Hinweis auf die angebliche technologische Spitzenstellung der Länder mit liberalisierten öffentlichen Diensten die ebenso rasche wie vorbehaltlose Nachahmung dieser Politik zu empfehlen, wenn nicht gar lautstark einzufordern. Mittlerweile dämmert auch manchem Journalisten der Finanzpresse, die solchen Stimmen immer gerne als Plattform diente, dass dieser Weg in den Abgrund führt.[74]

Die Monopolstellung und die daraus fließende, in ihrem Umfang jedoch staatlich regulierte Rente, die der US-Gesetzgeber dem Telefongiganten AT&T jahrzentelang zugestanden hatte, waren keine Privilegien ohne Preis, d.h. ohne gesellschaftliche Pflichten: Die BELL LABS[75] mussten ihre Rolle als Technologieschmiede der Nation spielen, die gezwungen war, ihre Erfindungen zu eher symbolischen Gebühren an jeden zu lizenzieren – eine Regelung, von der nicht zuletzt die US-Computerindustrie profitierte, mit der zu konkurrieren AT&T verboten war.[76]

Doch der zweite Nutznießer neben der Computerindustrie war das Militär, das nicht allein von der technologischen Grundlagenforschung der BELL LABS profitierte: Dass AT&T dessen Wünsche beim Ausbau des Netzes berücksichtigte, war eine Art *tacit understanding*: nicht durch ein Gesetz vorgeschrieben, doch stillschweigend akzeptiert und durch die Weise, in der der Staat die Rendite des Monopolisten regulierte, auch leicht finanzierbar sowie insgesamt reichlich kompensiert mit der privilegierten Position. Da der zulässige Gewinn mit dem Anlagekapital stieg, zu dem auch die Installationen zählten, die primär den Forderungen des Militärs nach Härtung und Redundanz entsprachen, wirkte sich solches Entgegenkommen automatisch

---

74. So z.B. RICHTER 2003, der aus einer auf den Seiten der *Financial Times Deutschland* sonst kaum artikulationsfähigen Enttäuschung über die Leistung des Marktes einen *starken Staat* fordert.

75. Dies war die zentrale Forschungseinrichtung der AT&T, aus der – als Beispiele seien hier nur der Transistor, das Betriebssystem Unix, viele Beiträge zu den Grundlagen der Informatik, sowie die Programmiersprachen C bzw. C++, SML/NJ und die entsprechende Compilertechnologie genannt – eine Vielzahl der technologischen Innovationen stammen, die das 20. Jahrhundert prägten.

76. LÜTHJE 1993, 201; SALUS 1994, 56–60

positiv aus. Die US-Bürger bezahlten mit ihren Telefongebühren immer auch eine Art *Technologie- und Militärsteuer*, mit der Infrastruktur und langfristig angelegte Grundlagenforschung finanziert werden konnten, die für Unternehmen, die nur den Determinanten Gewinn und Markt unterliegen, reiner Luxus wären.[77]

Als in den 1980ern mit dem Verlust des Monopols die Regulierung der Lizenzpolitik und das Verbot, sich in anderen Bereichen als der Telekommunikation zu betätigen, fielen, fing für Forschungseinrichtungen und Unternehmen, die auf Technologien aus den BELL LABS gebaut hatten, eine schwere Zeit an. Sie mussten sich auf hohe Lizenzkosten und Nutzungsbeschränkungen einstellen. Für die – auch vom Pentagon bzw. der ARPA unterstützten – Bemühungen um ein einheitliches, portables Betriebssystem für alle Rechnertypen bedeutete der Umstand, dass Unix sich unvermittelt in *geistiges Privateigentum* verwandelt hatte, einen schweren Rückschlag.[78]

Dass die Auflösung dieses Regimes in den USA und nachfolgend der strukturell andersartigen, doch funktional äquivalenten Regimes in anderen Industrienationen bestimmten Interessen entsprach und zumindest zeitweise durch eine Argumentation, die vor allem ihre langfristigen Konsequenzen ausblendete, während sie die tatsächlichen Leistungen und Mängel dieser Regimes verzerrt darstellte, als dem allgemeinen Interesse entsprechend dargestellt werden konnte, steht außer Zweifel. Doch die Versuche – einschließlich derer von regulationstheoretisch inspirierten Theoretikern der Linken[79] – diese Entwicklung als zwangsläufig und alternativlos darzustellen, tun sicher des Guten zuviel. Sie erliegen der alten Versuchung, unter welchen Vorzeichen auch immer, der Geschichte ein *Entwicklungsgesetz* zu unterstellen, das bestimmte Regulationsregimes irgendwann einfach zur Obsoleszenz verdamme. Gerade auch in der marxistisch beeinflussten Denktradition wirkt, sofern sie dieser Versuchung immer wieder unterliegt, ein heimlicher Positivismus, der bei aller kritischer Intention

---

77. LÜTHJE 1993, 195–196; wobei das in Europa nicht viel anders war: Die Telefonbenutzer finanzierten durch ihre Gebühren über den Umweg der überhöhten Preise, die die staatlichen Monopole für fernmeldetechnische Anlagen bezahlten, den Aufbau von Unternehmen wie SIEMENS und ALCATEL zu weltmarktfähigen Technologiekonzernen. Siehe ESSER, LÜTHJE, NOPPE 1997
78. SALUS 1994, 56–60, 222–225; MCKUSICK 1999
79. Etwa ESSER, LÜTHJE, NOPPE 1997; LÜTHJE 1993

immer wieder zur platten Rechtfertigung des Gewordenen degeneriert, das ja eben so hat werden müssen und nicht anders hat werden können:

> Die höchste Entwicklung des Kapitals ist, wenn die allgemeinen Bedingungen des gesellschaftlichen Produktionsprozesses nicht aus dem *Abzug der gesellschaftlichen Revenue* hergestellt werden, den Staatssteuern – wo Revenue, nicht Kapital, als labour funds erscheint und der Arbeiter, obgleich er freier Lohnarbeiter ist wie jeder andre, doch ökonomisch in einem andren Verhältnis steht –, sondern aus dem *Kapital als Kapital*. Es zeigt dies den Grad einerseits, worin das Kapital sich alle Bedingungen der gesellschaftlichen Produktion unterworfen, und daher andrerseits, wieweit der gesellschaftliche reproduktive Reichtum *kapitalisiert* ist und alle Bedürfnisse in der Form des Austauschs befriedigt werden; auch die als *gesellschaftlich gesetzten* Bedürfnisse des Individuums, d.h. die, die es nicht als einzelnes Individuum in der Gesellschaft, sondern gemeinschaftlich mit andren konsumiert und bedarf – deren Weise der Konsumtion der Natur der Sache nach eine gemeinschaftliche ist –, auch diese durch den Austausch, den individuellen Austausch, nicht nur konsumiert werden, sondern auch produziert.[80]

Durch solche Passagen im Werk von MARX mögen manche auf der Linken sich berechtigt sehen, in dem, was derzeit mit den öffentlichen Gütern und Aufgaben geschieht, nur den konsequenten Vollzug der Formlogik des Kapitals zu erkennen, den sie – und hier kommt die versteckte Eschatologie eines solchen Denkens zum Vorschein – für eine Station auf dem notwendigen Durchgang zu einer transkapitalistischen Gesellschaft halten. Schließlich könne alles nur aufwärts bzw. vorwärts gehen und für Beunruhigung sei deshalb kein Anlass.

Bereits zu Lebzeiten von MARX blamierte sich das Kapital mehr als einmal bei dem Versuch, gesellschaftliche Voraussetzungen des Produktionsprozesses, z.B. im Falle des Eisenbahnnetzes, selbst bereitzustellen. In einer Geschichte miserabler Leistungen und skandalöser Bankrotte, in der immer wieder die Unfähigkeit des Kapitals zu Investitionen mit gesamtgesellschaftlicher Orientierung und säkularem Zeithorizont deutlich wurde, musste immer wieder der Staat einspringen, um die daraus resultierenden Finanzkrisen einzudämmen und den Eisenbahnbetrieb aufrecht zu erhalten. Dies bedeutete jedesmal die Privatisierung von Gewinnen und die Sozialisierung von Verlusten. In Europa sicherte schließlich praktisch überall

---

80. MARX 1953, 431 (Hervorhebung im Original)

die Übernahme durch den Staat den Bestand und Ausbau eines funktionierenden Eisenbahnnetzes bis weit in das 20. Jahrhundert hinein.[81]

Dass der große Marx die technische und ökonomische Problematik der öffentlichen Aufgaben und Güter nicht völlig durchdacht gehabt haben könnte, als er die obige Passage verfasste, dass das Kapital vielleicht nicht einmal dazu in der Lage sein könnte, die äußeren, infrastrukturellen Bedingungen gesellschaftlicher Produktion herzustellen und zu erhalten, kommt den in die Logik des Kapitals und der Geschichte Vertrauenden so wenig in den Sinn wie die Möglichkeit, dass dies auch für die inneren, subjektiven Bedingungen, nicht nur der Produktion, sondern auch des zivilisierten Zusammenlebens zutreffen könnte: dass eine vollständig durchkapitalisierte Gesellschaft, in der jedes Bedürfnis sich nur durch einen individuellen Akt des Tausches befriedigt, nicht nur die Infrastrukturen verwüstet, sondern auch die Psyche der Menschen und schließlich auch ihr Arbeitsvermögen, die sich beide aus vorkapitalistischen Beziehungen und Traditionsbeständen nähren.[82]

Die Gefahr ist real, dass die Reste menschlicher Empfindung erfrieren im Kältestrom der universellen Tauschgesellschaft, dass der Komplex aus anarchischer Ökonomie, gesellschaftlicher Anomie und staatlicher Repression den Spielraum des Lebens und erst recht die Chancen widerständigen Handelns soweit einschnürt, dass jene sich nicht als Übergangs-, sondern als finale Verfallsform menschlicher Gesellschaft herausstellen könnte. Eine Linke, die angesichts solcher Perspektiven zu nicht mehr fähig ist als dem von hoher theoretischer Warte aus formulierten, zynischen Einverständnis mit dem Gang der Dinge, treibt Menschen, die verzweifelt Überlebensmöglichkeiten jenseits der physischen Reproduktion suchen, in die Arme von Konservativen, Nationalrevolutionären und allerlei Obskurantisten. Die Erhaltung bzw. Wiederherstellung der öffentlichen Güter und Dienste, von denen nicht allein die gesellschaftliche Produktion, sondern auch die Qualität des Lebens abhängt, ist deshalb eine politische Schlüsselforderung, deren Erfolg oder Misserfolg die Möglichkeit oder Unmöglichkeit emanzipativer Politik entscheidend beeinflusst.

81. Wolf 1992, 80–94
82. Eisenberg 2000, 58

Vor diesem Hintergrund erscheint es angezeigt, sich zu vergegenwärtigen, dass die Privatisierung von öffentlichen Gütern und Diensten kein alternativloser, naturhafter Prozess war: So stark die Kräfte auch sein mochten oder sein mögen, die zur Liberalisierung drängten und weiter drängen, ist doch auch klar, dass sie sich ohne massive Lobbytätigkeit und die Umgehung der Öffentlichkeit wie der nationalen Gesetzgeber, die das Demokratiedefizit der EU-Struktur ermöglicht, in Europa nicht hätten bzw. werden durchsetzen können. Den meisten Sozialwissenschaftlern aller theoretischen Richtungen, die sich an der Erklärung bzw. Rechtfertigung dieser Entwicklung versuchten, fehlte zudem die technologische und volkswirtschaftliche Urteilskraft, um zu erkennen, dass diese langfristig nicht nur die Interessen der meisten Bürger, sondern auch der meisten Unternehmen beschädigt. Auch die profitorientierten, kapitalistischen Unternehmen brauchen verlässliche Infrastrukturen, die der Markt nicht automatisch hervorbringt. Sie zu schaffen ist tatsächlich eine politische Aufgabe. Der Expansionsdrang des Mehrwert suchenden Kapitals auf immer neue Anlagefelder zerstört in letzter Konsequenz die Basis, derer die Produktion von Mehrwert bedarf.

2.6 Atomkrieg

Der unkritischen Wiedergabe der Legende vom atomkriegsresistenten Internet ist eine gewisse Frivolität nicht abzusprechen. Sie präsentiert eine komplexe technisch-organisatorische Frage mit weitreichenden politischen Implikationen als simplen technischen Sachverhalt, wobei sie aus der abstrakten Möglichkeit, dass die technische Struktur des Netzes einer meist nicht näher spezifizierten Anzahl von atomaren Schlägen widerstehen könnte, ohne den Zusammenhang zu verlieren, auf das Überleben der mittels derselben kommunizierenden Organisation schließt. Dies ist jedoch unzulässig, weil nicht allein ein zentrales Ziel dieser Organisation, sondern zugleich die Vorbedingung ihrer auftragsgemäßen Funktion der Fortbestand einer unangefochtenen und handlungsfähigen zentralen Kommandogewalt ist. Eine solche Kommandogewalt kann man nicht in der gleichen Weise verteilen und mehrfach auslegen wie die technischen Komponenten. Auch ein Netz, das auf der technischen Ebene dem Ideal einer symmetrischen Verteilung der Übertragungs- und Vermittlungsfunktionen sehr nahe

kommt, weist auf der organisatorischen Ebene, in seiner Funktion als
militärisches Kommandosystem extreme Asymmetrien in der Gestalt
von nicht verteilten, zentralen, den anderen übergeordneten Stellen
auf. Und auch die Sensoren, deren ein funktionierendes Kommandosystem bedarf, sind schon deshalb, weil sie sich an bestimmten ex-
ponierten Orten befinden müssen, nicht beliebig vervielfältigbar und
verteilbar.

Auch wenn es nur um das Kommunikationssystem selbst gehen
soll, vergessen die meisten Darstellungen die oben bereits angesprochene Interdependenz der unterschiedlichen Infrastrukturen.[83] Die
Telekommunikationseinrichtungen und Rechner hängen u.a. von der
Verfügbarkeit elektrischer Energie ab und das Versorgungsnetz für
diese wiederum vom Telekommunikationsnetz. Das Versorgungsnetz
für elektrische Energie ist jedenfalls ungleich verwundbarer als die
ohnehin schon höchst verwundbare Telekommunikationsinfrastruk-
tur, da zum einen seine Anlagen wesentlich stärker exponiert sind und
zum anderen, weil sich in ihm Fehlfunktionen lawinenartig ausbreiten
können.[84] In einer fragilen Infrastruktur wie dem US-amerikanischen
Stromnetz kann schon der Ausfall einer Leitung oder gar eines Ver-
teilungsknotens die Last für den Rest des Netzes so stark anschwellen
lassen, dass weitere Komponenten versagen; was wiederum zum noch
stärkeren Anschwellen der Last führt – bis hin zum Ausfall des gesamten Netzes in weiten Gebieten. Die Serie von Ausfällen, die am
14. August 2003 nur ihren vorläufigen Höhepunkt fand, demonstriert,
dass dieser Verlauf kein rein theoretisches Modell darstellt.[85]

Wenn die Entscheidung über den Einsatz militärischer Gewalt den
legitimen politischen Autoritäten vorbehalten bleiben soll, dann muss
es ein zentrales militärisches Kommando geben, das diesen unterstellt
ist und wie sie während eines militärischen Konflikts bestehen und
handlungsfähig bleibt. Jede Diffusion der Kommandogewalt ist zu
vermeiden. Es muss sichergestellt sein, dass die gegebenen – und nur
die gegebenen – Kommandos zur Ausführung gelangen. Gerade der
Aspekt der negativen Kontrolle wird oft gegenüber dem der positiven
unterschätzt: Jegliche nicht autorisierte militärische Aktion ist zu vermeiden und vor allem muss es möglich sein, den Einsatz militärischer

83. Siehe S. 96
84. Watts 2003, 19–24
85. Siehe S. 95–97

Gewalt zu stoppen, wenn dies politisch geboten sein sollte. Eine militärische Auseinandersetzung zu beenden ist ein politischer Akt, der außer der Möglichkeit zur Kommunikation mit dem Gegner eine Kohärenz aller Aspekte des politisch-militärischen Handelns, also außer einem funktionierenden Kommunikationsnetz auch die Kontinuität und Einheitlichkeit der politischen und militärischen Führung voraussetzt.

Der Aufbau eines militärischen Kommandosystems unterliegt also zwei widersprüchlichen Imperativen: Während das Ziel der Robustheit Verteilung fordert, impliziert das Prinzip der einheitlichen Führung Zentralisierung.[86] Der gedankliche Schritt von einem fiktiven, dezentral organisierten Internet zu einer gleichartigen militärischen Kommandostruktur, die dessen imaginierte Robustheit erbte, geht nicht nur von nichtexistenten technischen Voraussetzungen aus, sondern übersieht auch die prinzipielle Inkongruenz zwischen dem Ideal eines symmetrischen Kommunikationsnetzes und dem Asymmetrie implizierenden Strukturprinzip militärischer Kommandosysteme. In der Fantasie vom atomkriegsresistenten Internet bzw. dem dank ihm führbaren Atomkrieg verbinden sich irreale Vorstellungen von der physischen Beschaffenheit des Netzes mit der Unkenntnis bzw. der mangelnden Reflexion der Prinzipien militärischer Kommandosysteme.

Im Idealfall hätte ein symmetrisches Netz primär die Funktion, die Asymmetrie des Kommandosystems aufrecht zu erhalten. Die Diffusion der Kommandogewalt würde im Falle eines nuklearen Konflikts die Autorität der politischen Führung auflösen und damit nicht nur deren Fähigkeit beeinträchtigen, die der jeweiligen Situation angemessenen militärischen Optionen wahrzunehmen, sondern auch die unangemessenen auszuschließen, mit dem Gegner zu verhandeln und den Konflikt zu beenden. Und letzteres ist der springende Punkt all der Theorien vom kontrollierten Atomkrieg. Ein robustes Kommunikationsnetz ohne eine überlebensfähige Führung ist so nutzlos wie eine überlebensfähige Führung ohne robustes Kommunikationssystem. Die Verwundbarkeit einer zentralen Führung würde jedoch in Krisensituationen, selbst wenn ein robustes Kommunikationssystem vorhanden wäre, einen unwiderstehlichen Druck zur Diffusion von Autorität hervorbringen, der letzten Endes das Ziel, um dessen

86. WOHLSTETTER, BRODY 1987, 196

willen ein robustes Kommunikationssystem da sein soll: die Fähigkeit
zu zusammenhängendem politischem und militärischem Handeln, in
Frage stellte.[87]
Tatsächlich weisen alle während der Hochzeit des Zweiten Kalten
Krieges publizierten Studien über strategische Kommandosysteme
auf die Inkongruenz zwischen den von Think-Tank-Strategen jahrzehntelang immer wieder vorgebrachten und unter den Präsidenten
von Kennedy bis Reagan zunehmend in die zentralen strategischen
Direktiven der US-Regierung eingeflossenen Doktrinen eines kontrollierten Atomkrieges[88] und der technischen Verfassung des Kommandosystems hin:[89]

▷ Einerseits seien Atomwaffen zu destruktiv und zahlreich,

▷ komprimierten moderne Trägerwaffen wie ballistische Raketen –
das ist deren Art, Raum und Zeit zu verschlingen – die Zeitskalen,
auf denen die Entscheidungen über den Einsatz von strategischen
Systemen stattfinden müssen, in einem menschliches Vermögen
übersteigenden Maße,

▷ seien andererseits die Aufgaben einer kohärenten Führung von
atomaren Streitkräften zu komplex,

▷ seien militärische Organisationen ob deren rigider Struktur und
Prozesslogik einer feinen politischen Steuerung zu unzugänglich,

▷ sei zumal der politische Entscheidungsprozess über Rüstungsprio-
ritäten zu sehr an divergenten Interessen orientiert,

▷ sei die vorhandene Kommandostruktur mit den dazu gehörenden
Kommunikationseinrichtungen als Resultat einer über Jahrzehnte
vor allem an Waffensystemen orientierten Beschaffungspolitik zu
fragil, um die Idee des kontrollierten Atomkrieges realistisch erscheinen zu lassen,

▷ und schließlich gäbe die absehbare technologische Entwicklung wenig Anlass zu der Hoffnung, eine daran orientierte Politik, von der
Frage der Finanzierbarkeit einmal abgesehen, in naher Zukunft
mit Erfolg umsetzen zu können.

In einer Welt mit tausenden oder gar zehntausenden von Atomwaffen auf ballistischen Raketen bleiben militärische Kommandosysteme
inhärent fragil, von Auslöschung, wenn nicht, unter dem Druck dieser

87. Blair 1985, 282–287
88. Kaplan 1983; Herken 1987
89. Ball 1982; Pringle, Arkin 1983; Blair 1985; Ford 1985

Drohung wie auch der operativen Routinen, von Selbstauflösung bedroht.

Die am schwersten wiegende Konsequenz aus diesem Sachverhalt liegt darin, dass das Wissen um ihn den Druck auf die Entscheider in Krisensituationen erhöht. Hier liegt einer der Fälle vor, in denen einem objektiven Sachverhalt ein zusätzliches Wirkungspotenzial erstens dadurch zuwächst, dass Subjekte ihn wahrnehmend Maßnahmen ergreifen, und zweitens dadurch, dass andere Subjekte diese Maßnahmen beobachten und durch entsprechende Maßnahmen beantworten, deren Beobachtung die ersten wiederum dazu veranlasst weitere Maßnahmen zu ergreifen ...

Vor dem Hintergrund der wahrgenommenen Verwundbarkeit der Kommunikationssysteme, der Sensoren und erst recht der Kommandozentralen erscheinen Vorsichtsmaßnahmen ratsam, wie etwa die mit der Gefahr der eigenmächtigen, mit der deklarierten Politik nicht konformen Ausübung verbundene Vorausdelegation der Autorität zum Atomwaffeneinsatz an untergeordnete Stellen, die räumliche Verteilung von Truppen und Waffensystemen, den Start bzw. das Auslaufen von strategischen Bombern und U-Booten etc., die die Gegenseite ebenfalls beobachtet und durch entsprechende, die Bedrohungswahrnehmung wiederum verstärkende Gegenmaßnahmen beantwortet.[90]

Genau besehen sah der Weg in den nuklearen Abgrund immer noch wie eine Einbahnstraße aus. Bei einer durch Verwundbarkeitsängste geprägten Selbstwahrnehmung koppelt die wechselseitige Beobachtung der sich gegenüberstehenden, nuklear gerüsteten Kontrahenten deren Handeln und Wahrnehmung positiv mit sich selbst. Entscheider und Waffensysteme auf beiden Seiten sind durch Sensoren und Kommunikationswege mit extrem kurzen Übertragungszeiten, doch bedingter Robustheit und Zuverlässigkeit vernetzt. Ohne Schranken und Dämpfung ist eine solche Situation höchst instabil. Es können sich Rückkopplungsschleifen ausbilden, die, auf welchem Wege auch immer: durch Präemption, durch Kontrollverlust oder durch fehlkalkulierte Eskalation[91] in die Katastrophe führen – eine

---

90. Wie auch immer parodistisch verzerrt und, etwa in Gestalt der *Doomsday Machine*, mit extremstem Denkspielmaterial aus dem Arsenal von akademischen Strategen wie HERMAN KAHN üppig ausstaffiert, illustriert STANLEY KUBRICKS Filmklassiker *Dr. Strangelove or: How I Learned to Stop Worrying and Love the Bomb* die hier einsetzenden Mechanismen in exzellenter Weise. Zum Hintergrund siehe KAHN 1961, 144–152

91. LEBOW 1988; BLAIR 1993, SCHWARTZ 1998, 261–268

Katastrophe, die nicht nur die gesellschaftlichen Einrichtungen, sondern auch die Naturvoraussetzungen der menschlichen Existenz gefährdete.

Parallel zur Einsicht in die Fragilität der militärischen Kommandosysteme wuchs während des Zweiten Kalten Krieges auch die in die Fragilität des Ökosystems und besonders der Erdatmosphäre. Beginnend mit der schrittmachenden Studie von Crutzen und Birks[92] entstand und festigte sich ein Bild von der Welt nach dem Atomkrieg, für das sich der Begriff *nuklearer Winter* einbürgerte: einer Welt, die nicht nur die Fortexistenz der bisherigen gesellschaftlichen Institutionen, sondern das Überleben der menschlichen Gattung selbst in Frage stellt.[93]

Auch am Ende der 1980er Jahre, zwei Jahrzehnte nach den ersten Versuchen mit Paketvermittlung und nach milliardenschweren Programmen zur Stärkung der militärischen Kommandostruktur hatte sich deren Verwundbarkeit kaum vermindert und spielte auch Paketvermittlung darin eine höchstens marginale Rolle. Wobei Paketvermittlung, wie bereits ausgeführt, allein ein Netz nicht robuster macht.

Davon, dass das Kommandosystem es erlauben würde, einen zeitlich ausgedehnten, kontrollierten Atomkrieg zu führen, konnte keine Rede sein. Das gesamte System: Sensoren, Kommunikationssysteme und Kommandozentralen war immer noch zu verwundbar und von zu vielen weiteren Faktoren abhängig, die Gefahr von Kontrollverlust und Eskalation angesichts eines Geflechts von unkalkulierbaren Interaktionen zwischen eigenen und feindlichen Systemen zu groß, schließlich die möglichen Konsequenzen für die Menschheit zu fatal, um einen kontrollierten Atomkrieg als kalkulierbare Option darstellen zu können.[94] Nukleare Gewalt bildet keine kontinuierliche Skala, auf der sich Krieg führende Staaten nach Belieben auf- und abwärts bewegen könnten.

Die Legende, dass die Technik des Internet, insbesondere die Paketvermittlung den Atomkrieg führbar gemacht hätte, ist ebenso obszön wie technisch ahnungslos. Mochte es bis vor kurzem noch den Anschein gehabt haben, dass die Zeit der nuklearen Konfrontation hinter uns liege, so deuten die jüngsten politischen Entwicklungen

92. Crutzen, Birks 1982
93. Ehrlich, Sagan 1985; Crutzen, Hahn 1985; National Research Council, Commitee on the Atmospheric Effects of Nuclear Explosions 1985
94. Blair, Gottfried 1988; Schwartz 1998, 261–268

darauf hin, dass sie uns in ihrer schärfsten Form vielleicht erst noch bevorstehen könnte. Dies sollte allein schon Grund genug sein, sich die Resultate einer mehr als zwei Jahrzehnte alten Diskussion noch einmal zu vegegenwärtigen.

Dass der jüngere BUSH das in dieser Form durch den Präsidenten REAGAN unter dem Titel *Strategic Defense Initiative* (SDI) initiierte Programm zur Abwehr von ballistischen, mit Atomwaffen bestückten Raketen im Weltraum[95] aus einer jahrelangen Latenz wiedererweckte, deutet darauf hin, dass Atomkriegsszenarien im Denken der US-Führung mehr als ein Jahrzehnt nach dem Ende des Kalten Krieges wieder oder immer noch eine Rolle spielen. Das Unternehmen, über dem nordamerikanischen Halbkontinent in Gestalt einer Fortifikation im Weltraum einen Schutzschirm gegen Atomwaffen zu bauen,[96] stellte schon damals den Versuch dar, den Raum als Medium der Differenz zu rekonstituieren, indem man die raumvernichtende und gleichmachende Macht der nuklearen ballistischen Raketen aufhebt.[97] Dieser Versuch mag angesichts der technischen und naturgesetzlichen Hürden, die ihm entgegenstehen,[98] vergeblich sein: Gerade die Tatsache, dass ihm trotz der starken Zweifel, die an seinem Erfolg bestehen, nicht nur so gewaltige Mittel zufließen, sondern dass die US-Regierung dafür auch politische Kosten, wie sie etwa mit der Kündigung des ABM-Vertrags[99] verbunden sind, in Kauf nimmt, deutet darauf hin, dass sich in ihm sehr tiefliegende Strömungen artikulieren, die auch durch den Hinweis auf hohe Risiken nicht zu entmutigen sind. Hier, in dem Traum von der Unverwundbarkeit, dürften auch die Wurzeln des in Europa beklagten *Unilateralismus* der US-Politik zu suchen sein.

95. Zur Übersicht siehe LABUSCH, MAUS, SEND 1984; BRAUCH, FISCHBACH 1988
96. FISCHBACH 1984; FISCHBACH 1985
97. Siehe S. 31
98. Siehe den Bericht der Studiengruppe der AMERICAN PHYSICAL SOCIETY 2003
99. Das Akronym ABM steht für *Anti-Ballistic Missile*. Der 1972 zwischen den USA und der UdSSR geschlossene ABM-Vertrag beschränkte die Erforschung, Entwicklung und Stationierung solcher Systeme einschneidend. Eine Einführung in die Materie aus der Feder eines in die Vertragsverhandlungen Involvierten, die sowohl die Vertragsgeschichte als auch die bereits unter Präsident REAGAN einsetzenden Versuche, einseitig die Interpretation des Vertrags zu verändern bzw. auf seine Auflösung hinzuarbeiten, analysiert, bietet GARTHOFF 1987

In diesem Vorhaben "einer allumfassenden Zitadelle, in deren strategischer Bestimmung Verteidigung und Angriff sich nicht auseinanderhalten lassen",[100] die die gleichmachende Macht der ballistischen Atomraketen aufheben soll, artikuliert sich eine heimliche Strategie der Herrschaft, in der die dunkle Rückseite der unter der Überschrift *Globalisierung* wohlbeleuchteten und vielbesprochenen Prozesse der Überwindung von Grenzen, der oberflächlichen Vereinheitlichung und scheinbaren Aufhebung des Raumes hervortritt: die Zonierung des Planeten, seine Einteilung in Zonen unterschiedlichen Wohlstands, unterschiedlicher Umwelt- und Infrastrukturstandards, unterschiedlicher Sicherheit und unterschiedlichen Ressourcenzugangs weit über das Maß hinaus, das den Technologien inhärent ist, auf denen raumübergreifende Infrastrukturen heute basieren. Das sich selbst gerne als *Globalisierung* feiernde Projekt der führenden Industrienationen soll vor allem das Vorfeld der Zitadelle planieren, in die sich deren wohlhabende Eliten zurückziehen. Dass das Wort *Sicherheit* zum "Schlüsselwort der Zitadellengesellschaft"[101] geworden ist, einer "Gesellschaft, die auf die entscheidungslose Fortschreibung ihrer Krisenzustände angewiesen ist",[102] liegt in der Konsequenz dieser Strategie. Diese entspricht einer Ordnung, die anscheinend weder verallgemeinerungsfähig noch reformierbar ist. Die zitierten Textfragmente von Otto K. Werckmeister entstammen seiner hellsichtigen Analyse der *Zitadellenkultur*, also der ideologischen Innenausstattung der westlichen Gesellschaften am Ende der noch im Zeichen der Ost-West-Konfrontation stehenden 1980er Jahre. Der Zusammenbruch des Sowjetblocks, in dem man damals noch eine externe Ursache der Festungsmentalität sehen konnte, hat dieser Analyse nichts von ihrem Gewicht genommen. Weder hat die große Öffnung mit der folgenden Verallgemeinerung der westlichen Verhältnisse stattgefunden, noch scheint der Westen ohne den äußeren Feind auszukommen, auf den er sein Verdrängtes projizieren kann. Die im *Krieg gegen den Terrorismus* – Chiffre eines permanenten inneren und äußeren Kriegszustandes – kulminierenden Vorgänge der letzten 15 Jahre weisen die Zitadellenkultur als endogenes Syndrom aus.

Es gehört schon eine beeindruckende Schlichtheit des Denkens dazu, um aus der Tatsache, dass rund um den Globus Menschen Coca

100. Werckmeister 1989, 11
101. Werckmeister 1989, 14
102. Werckmeister 1989, 25

Cola trinken, Hollywood-Streifen ansehen und per Internet kommunizieren, auf das Entstehen einer einheitlichen, ebenso entkörperlichten wie enträumlichten, *globalisierten* Weltkultur zu schließen. Dass die überwältigende Mehrheit der Weltbevölkerung vorwiegend nicht nur anderes – z.b. Wasser, Filme aus Bollywood oder aus heimischer Produktion[103] – konsumiert, sondern auch anders, nämlich raumgebunden mit den Nachbarn und Kollegen kommuniziert, blenden die Bilder vom Global village meist ebenso aus wie die Tatsachen, die sie falsifizieren: Dass die Grenzen durchaus nicht für alle fallen, sondern selektiv für die einen und für die anderen nicht, und dass für jede gefallene Grenze gleich mehrere neue entstehen – Grenzen, in denen sich oft Souveränitätsansprüche artikulieren, die mit jenen des demokratischen Staates in Konflikt stehen.

Mit dem Erstarken von Akteuren neben und über den Staaten, bzw. der Indienstnahme der Staaten sowie der in ihrem Rahmen entwickelten raumübergreifenden Infrastrukturen durch jene, findet eben nicht *Deterritorialisierung* statt, d.h. die Aufhebung des Raumes sowie der räumlichen Unterschiede mit den sie artikulierenden Grenzen und damit, wie die angesagten, sich pomokultig inszenierenden linken Theoretiker vermuten, die Verflüchtigung der Herrschaft in den Äther,[104] wo sie durch einen voluntaristischen Akt der *Multitude* aufhebbar wäre, sondern die Etablierung eines neuen Systems von materiell kristallisierten, räumlichen Unterschieden und damit ein verschärfter Kampf um den Raum – Vorgänge die die territorial vereinheitlichende und pazifizierende Macht der Staaten und Staatenbünde, sofern sie noch besteht, weiter schwächen, Ungleichheit und die Herrschaft des Partikularen dagegen effektiv verfestigen. Die Grenzen und Territorien sind nicht verschwunden, sondern lediglich dem begrifflichen Raster mancher Theorie entflohen, indem sie sich vervielfältigt und fragmentiert haben. Darauf wird zurückzukommen sein.[105]

Den globalen Zusammenhang des Internet gewährleisten heute nur wenige zentrale und den Anschluss vieler Teilnetze sogar nur singuläre Knoten, deren Ausfall das gesamte Netz zerlegen oder große

103. CLARK 1996, 117–135
104. HARDT, NEGRI 2000, 346–347
105. Siehe S. 249–251

Teile davon abtrennen würde.[106] Die weltweiten Datenströme verlaufen größtenteils durch wenige zentrale Übertragungsstrecken und Vermittlungsknoten, für deren Konfiguration, Betrieb sowie Überwachung eine Handvoll Kontrollzentren verantwortlich sind, und ein großer Teil des Inhalts konzentriert sich auf einige große Rechenzentren, die entsprechende Dienste zur Verfügung stellen. Das ist eine Konsequenz des bereits angesprochen[107] technisch-wirtschaftlichen Drucks zur Konzentration der Infrastruktur auf ein starkes *Rückgrat*. Dass ein großer Teil der Funktionalität des Netzes, d.h. der Dienste der Anwendungsebene, dezentral in den Endknoten realisiert ist, stellt per se keinen Vorteil dar, weil diese auf der Anwenderseite oft genug nicht professionell administriert sind. Außerdem erschwert dies die Migration des Netzes zu neuen Protokollen und Softwareversionen. In der Tat zeigt auch die Erfahrung, dass die Verfügbarkeit von Diensten im Internet keinesfalls höher, sondern geringer ist als die des traditionellen Telefondienstes.

Die seit zwei Jahrzehnten in beinahe allen Ländern fortschreitende Liberalisierung der Telekommunikation erhöhte weniger die systemische, sondern mehr die wirtschaftliche Redundanz der Netze: Sie brachte riesige Überkapazitäten in den zentralen Netzbereichen (dem *Rückgrat*) und in den Metropolen hervor, während sie die Zuverlässigkeit des Netzes minderte und die relative Unterversorgung ländlicher, doch auch vieler ausgegrenzter städtischen Gebiete verschärfte. Die folgenden Abschnitte kommen auf diese Problematik zurück.

Aus der fiktiven Unbesiegbarkeit des Internet im Atomkrieg meinen viele Zeitgenossen, darunter auch viele aus der netzbegeisterten Linken, auf seine Unbesiegbarkeit durch repressive politische Maßnahmen wie Zensur etc. schließen zu können. *Das Netz*, das sie in diesem Zusammenhang als einen belebten Organismus mit unzähmbaren, anarchischen Kräften fantasieren, umgehe solche Maßnahmen

---

106. Eine Auswahl von Karten, die die heutige Netzinfrastruktur wiedergeben, ist unter <http://www.cybergeography.org> zu finden. Dort ist u.a. zu sehen, dass der östliche und der westliche Teil des landesweiten optischen Netzes von AT&T nur an drei Punkten zusammenhängen. Auch die Netze der Konkurrenten hängen größtenteils von denselben Punkten ab. Dies zunächst, weil die Übergabe von Verkehr solche gemeinsamen Punkte erfordert, doch auch, weil Kostengründe dafür sprechen, Einrichtungen gemeinsam zu nutzen.

107. Auf S. 84

einfach, so wie es auch detonierende Atombomben umgehe.[108] Dahinter steht nicht nur ein falsches Bild der technischen-organisatorischen Zusammenhänge – tatsächlich hängt das Internet, wie oben ausgeführt, an einer überschaubaren Zahl von zentralen technischen Komponenten, und tatsächlich gibt es keinen technischen Grund, der diejenigen, die über entsprechende Machtressourcen verfügen, daran hinderte, zu bestimmen, wer dort was publizieren und konsumieren darf – sondern auch das Unvermögen, zwischen den Eigenschaften eines technischen Systems und denen der – immer schon präformierten – Strukturen, die aus seinem gesellschaftlichen Gebrauch entstehen, zu unterscheiden.

Ein systemtheoretisch drapierter Obskurantismus, der gerne von der Intelligenz und Überlegenheit dezentraler Systeme schwärmt, ohne zu wissen, dass all die scheinbar dezentralen Funktionen, wenn nicht ohnehin schon auf denselben Komponenten, dann meist durch solche realisiert sind, die sich dieselben physischen Anlagen wie Gebäude, Kabelkanäle, Stromversorgung etc. teilen, oder dass man auch räumlich verteilte Netzkomponenten selbstverständlich zentral überwachen und steuern kann, liefert der Netzfantastik pseudowissenschaftliche Rechtfertigungen.

Wer die Mittel dazu hat – die Dispositive der politischen Macht oder der physischen Gewalt – kann das Netz selbstverständlich kontrollieren und zerstören. Tatsächlich könnte, wer den Zugriff auf die zentralen Übertragungswege, Vermittlungseinrichtungen, Datenspeicher und Dienste wie z. B. den Namensdienst, der symbolische Namen in Internet-Adressen abbildet, hat, überwachen und bestimmen, wer überhaupt sichtbar ist, wer mit wem kommunizieren kann und was kommuniziert wird. Der Sachverhalt, dass die Zahl dieser Komponenten eher klein ist,[109] erleichtert das Geschäft der Kontrolle zusätzlich. Eine besondere Note erhält er durch den weiteren Umstand, dass diese kleine Zahl von Komponenten, die das *Rückgrat* des globalen Netzes ausmachen und über die der größte Teil des weltweiten Datenverkehrs läuft, in einem einzigen Land lokalisiert sind: den USA. Das lässt zunächst deren Geheimdienste weitgehend mühelos am globalen Datenverkehr teilhaben und gibt darüber hinaus der US-Regierung einen Vorwand, ihre Jurisdiktion auf die ganze Erde auszudehnen: Ihr

---

108. Diesem logisch unzulässigen Schluss aus nicht gegebenen Prämissen folgen auch HARDT, NEGRI 2000, 298–300
109. Siehe S. 110

genügt dafür schon, dass ein paar Datenpakete, die im Zusammenhang einer von ihr als rechtswidrig eingestuften Handlung eine Rolle spielen, über Netzkomponenten wie Kabel, Vermittlungseinrichtungen etc. laufen, die sich auf dem Territorium der USA befinden.[110] Um postmoderne Parolen wie die von der *Deterritorialisierung der Flüsse* kümmert sie sich dabei recht wenig.

Der Glaube in den unbesiegbar anarchischen und demokratischen Charakter des Netzes ist jedenfalls nur die vorläufig letzte Variante eines ebenso feigen wie dummen Technikdeterminismus – eines Technikdeterminismus, der, wie aus der Geschichte zu lernen ist, emanzipative Bewegungen mehr als einmal dazu verführt hat, die technikgestaltenden gesellschaftlichen Kräfte zu ignorieren und darauf zu vertrauen, dass der technischen Fortschritt ihre Ziele zwangsläufig durchsetze.

2.7 Unanschaulichkeit

Das Netz kann insgesamt nicht demokratischer sein als die Gesellschaft, die sich seiner bedient – was nicht ausschließt, dass Subkulturen sich dort ihre Winkel einrichten, in denen zumindest lokal und bedingt andere Regeln gelten als in den meisten anderen Bereichen. Doch diese Subkulturen umfassen weder die ganze Gesellschaft noch das ganze Leben ihrer Mitglieder. Sind alle Knoten des Netzes auf einer sehr abstrakten Beschreibungsebene auch gleich, gibt es in der Weise ihrer Integration in das Netz doch große Unterschiede: Ein Teilnehmer kann im Netz dauerhaft mit eigener Adresse, eigenem Namen und Diensten präsent sein, die allen oder nur einer Gruppe von Teilnehmern zur Verfügung stehen, oder sich dort nur zeitweise, als für die meisten anderen Teilnehmer unsichtbarer Konsument bewegen, er kann unmittelbar durch Wege und Vermittlungseinrichtungen von hoher Leistung oder nur über ein einfaches analoges Modem und die Telefonleitung mit dem Netz verbunden sein, er kann dort sogar ein Ansehen bei einer mehr oder weniger großen Gruppe von Teilnehmern genießen bzw. die Wege kennen und beherrschen, die dazu führen, oder schlicht ein Niemand bleiben.

110. Becker 2003, 20

Die souveräne Beherrschung der für das Netz spezifischen *Formen der Akkumulation von symbolischem Kapital*[111] und eine soziale Position, die eine solche Akkumulation erst ermöglicht, sind neben der Verfügung über materielle Ressourcen entscheidend für die Rolle, die ein Teilnehmer im Internet einnimmt bzw. einzunehmen vermag. Die konkrete Weise der Teilnehme am Netz reflektiert sowohl in den technischen Parametern als auch in den Formen des Austauschs die soziale Position der Teilnehmer sowie die Ressourcen, die ihnen zu Gebote stehen. Allerdings wäre es ein Fehler, allen Teilnehmern bzw. Nutzungen des Netzes den unbedingten Willen zur Publizität zu unterstellen. Aufmerksamkeit ist nicht unbedingt die universale Währung des Internet-Zeitalters, für die sie fälschlicherweise die Vertreter einer *Ökonomie der Aufmerksamkeit* halten.[112] Zu den Dispositiven der Macht gehört nicht nur die Fähigkeit, die Aufmerksamkeit der Massen auf sich zu lenken, sondern auch die, sie abzulenken und ihr zu entgehen – im Fall des Internet etwa, Informationsbastionen zu errichten und Kommunikatonskanäle zu betreiben, von denen die meisten Teilnehmer ausgeschlossen sind. Wer geheime Forschungsprojekte betreibt, Spekulationsgeschäfte einfädelt oder schwarzes Geld wäscht, legt wenig Wert auf Aufmerksamkeit – zumindest wenn es um diese Art von Geschäften geht und nicht um die nach außen aufgebaute Fassade. Der Zürcher Volksmund hat das schon lange besser begriffen als die Aufmerksamkeitsökonomen, indem er die dortigen Banker beinahe zärtlich *Gnomen* nennt – also jenen Fabelwesen gleichsetzt, die bevorzugt unterirdisch, im Geheimen Schätze horten, graben, schaffen und machen.

Wie bereits erwähnt,[113] weist schon die Struktur der Verknüpfungen zwischen den Seiten im World Wide Web ausgeprägte Asymmetrien auf: Das World Wide Web ist kein Geflecht, in dem es ein Gleichgewicht zwischen den Rollen des Ziels und der Quelle der Verknüpfung gibt. Nur relativ wenige Seiten sind das Ziel sehr vieler

---

111. RAINER RILLING und CHRISTOPH SPEHR, von denen diese Formulierung entliehen ist, halten diese Formen für einen der wichtigsten Gegenstände einer politischen Ökonomie des Internet, die bisher allerdings ein Desiderat geblieben ist. Siehe RILLING, SPEHR 2003, 52

112. etwa FRANCK 1998

113. Siehe S. 84

Verknüpfungen.[114] Selbstverständlich ermöglichen die abstrakten Architekturprinzipien und die Protokolle des Internet im Prinzip eine völlig symmetrische Kommunikation, doch de facto sind nicht nur die technischen Möglichkeiten unter den Teilnehmern asymmetrisch verteilt, sondern auch die Rollen innerhalb der Kommunikation im Netz. Obwohl im Prinzip alle mit allen kommunizieren und alle gleichberechtigt als Konsumenten wie auch als Anbieter von Information auftreten könnten, bleiben doch die meisten Teilnehmer unsichtbar und begnügen sich damit, die Produkte einer kleinen Anzahl von prominenten Anbietern zu konsumieren oder auf sie zu verweisen, ohne dass jemals jemand außerhalb eines kleinen Kreises von Bekannten auf sie verweisen oder gar Informationsangebote von ihnen zur Kenntnis nehmen würde – sofern es solche von ihnen überhaupt gibt. Das Netz reflektiert die gesellschaftlichen Verhältnisse, die Arbeitsteilung und mehr noch, die ungleiche Verteilung von Macht und Ansehen, von intellektuellen und materiellen Ressourcen eher, als dass es sie umwälzte.

Dass allein die bloße Möglichkeit, mittels eines technischen Mediums wenigstens im Prinzip mit allen anderen Menschen in eine symmetrische Kommunikationsbeziehung treten zu können, noch längst nicht bedeutet, dass dies tatsächlich geschieht, ist eine nicht mehr ganz neue Erfahrung: Weder hat die Briefpost dazu geführt, dass alle Welt oder wenigstens ihr alphabetisierter Teil Briefe austauschte, noch das Telefon dazu, dass diejenigen, die Zugang zu einem solchen haben – auch das ist bereits eine Minderheit der Erdbevölkerung,[115] von der diejenigen, die Zugang zum Internet haben, wiederum eine minoritäre Teilmenge bilden – , sich weltweit über alle Schranken hinweg austauschen würden. Das geschieht noch nicht einmal zwischen denen, die wenigstens dieselbe Sprache sprechen und in ähnlichen

114. Buchanan 2002, 73–88

115. Laut *Fischer Weltalmanach* 2004, 1307 gibt es auf der Erde für 6 Milliarden Menschen rund eine Milliarde Telefonanschlüsse, von denen sich gut die Hälfte in den industrialisierten Ländern befinden, deren Bevölkerung nicht einmal ein Fünftel der Erdbevölkerung ausmacht. Außerhalb dieser Länder und das heißt: dort, wo 80 % der Erdbevölkerung leben, kommt also im Durchschnitt ein Telefon auf zehn Personen; wobei die Verteilung innerhalb der dortigen Gesellschaften jene im Weltmaßstab reproduziert: Während eine kleine Oberschicht sich einer eher der in den Industrieländern vergleichbaren Versorgung erfreut, teilen sich im großen Rest der Bevölkerung jeweils Hunderte oder Tausende einen Telefonanschluss.

Verhältnissen leben. Es sind nicht nur die Grenzen des staatlichen Territoriums, der Sprache, der Kultur und der sozialen Lebenswelt, die die Reichweite der individuellen Kommunikation daran hindern, ins Globale zu wachsen, sondern auch die unserer individuellen mentalen Fähigkeiten: Wir vermögen es nicht, mit mehr als einer Handvoll anderer Menschen eine zusammenhängende Kommunikation zu pflegen.

Dass die massenmediale Kommunikation den Funktionserfordernissen und der arbeitsteiligen Organisation moderner Gesellschaften entspricht, wurde bereits oben ausgeführt.[116] Doch ihr Modell enthält bereits das Potenzial zur Gefährdung demokratischer Verhältnisse. In welchem Umfang sich dieses materialisiert, ist ablesbar am Ausmaß, das die ihm inhärente Asymmetrie annimmt. Zwar bietet das Internet auch verstreuten Randgruppen eine Plattform des Austauschs und der Organisation, doch kaum eine Möglichkeit, ihrer Randexistenz zu entkommen.[117] Vielmehr deutet alles darauf hin, dass nur eine schrumpfende Anzahl von populären und leicht zugänglichen Angeboten die Massen erreicht. Dass konstante Produktionskosten bei verschwindenden Grenzkosten der Reproduktion und Verteilung bei den Informationsprodukten wie bei der Software zur Konzentration der Anbieter und tendenziell zur Ausbildung von Monopolen

116. Siehe S. 85–87
117. Das Internet vermag z.B. die Binnenkommunikation von Subkulturen zu verbessern, doch zugleich deren Sichtbarkeit nach außen zu vermindern. Während im urbanen Raum — was den Kampf um Anerkennung und die Formen des Zusammenlebens zu einer beständigen Übung macht — Subkulturen in ihrer Andersartigkeit in Erscheinung treten, bleiben sie im Nichtraum des Cyberspace zunehmend verborgen. Dieser bietet keinen sozialen und politischen Raum, in dem Unterschiedliches und Kontroverses aufeinander trifft, sondern berührungslose Parallelwelten, die sich isoliert verwalten und überwachen lassen. Die Auseinandersetzung mit der physischen Präsenz des Anderen und Andersartigen im Raum ist jedoch eines der definierenden Themen der Kultur und der Politik. Die *Fear of touch*, die SENNETT 1994 als eines der geheimen Leitmotive europäischer städtischer Kultur aufdeckt, kommt im Cyberspace zu sich selbst, um in ihrer scheinhaften Auflösung die städtische Kultur selbst in Frage zu stellen. Dessen psychische Substanz ist panische Angst; was die in der Scheinhaftigkeit ihrer Auflösung gründenden Zweifel in — siehe Islamophobie und Kopftuchstreit — verschärfte Anstrengungen zum Ausschluss und zur Unterdrückung des Andersartigen umschlagen lässt. Die Zitadellenkultur formiert sich. Siehe dazu S. 250–251

führen, wurde ebenfalls schon erwähnt. Der Selbstverstärkungsme-
chanismus, der der Medienprominenz innewohnt und den die Suchdienste im Internet eher unterstützen als schwächen, tut dazu ein
Übriges. Noch stärker als die Printmedien fallen die elektronischen
zudem unter das Regiment derer, die bereit und dazu in der Lage
sind, für die Verbreitung der ihnen gelegenen Botschaften zu bezahlen.

Die tatsächlichen Kommunikationsverhältnisse der menschlichen
Gesellschaft sind weitaus komplizierter, als das schlichte Bild des Netzes es nahelegt, mit dem zahlreiche Autoren hantieren. Der sinn-
volle, modellistische Umgang mit dem Netzbegriff beginnt dagegen
mit der Abstraktion von den oberflächlichen, grafischen Analogien
zu den physischen, unmittelbar sinnlich wahrnehmbaren Netzen. Das
beginnt schon damit, dass die meisten Kommunikationsbeziehungen
eine Richtung haben. X hört, liest, sieht, bezieht sich auf etc. Y impliziert eben *nicht*, dass auch das Umgekehrte gilt. Der modellistische
Gebrauch des Netzbegriffs schließt auch keinesfalls eine bestimmte Form der Verknüpfung oder die Existenz bestimmter Beziehungen ein. Im Grenzfall kann ein Netz auch aus diskreten Punkten
bestehen oder nur hierarchische Beziehungen aufweisen. Die Struktur der realen Kommunikationsbeziehungen in der heutigen Welt ist
natürlich viel reichhaltiger, doch ein am Fischer- oder Einkaufsnetz
orientiertes Bild wird weder ihren ausgeprägten Asymmetrien mit
den darin involvierten Verdichtungen und Verdünnungen noch ihren
weiteren interessanten Eigenschaften gerecht. Tatsächlich überlagern
sich in den heutigen Kommunikationsbeziehungen ganz unterschiedliche Muster, die jedoch alle kaum Ähnlichkeit mit dem verbreiteten
Bild des Netzes aufweisen. Netze von sozialen Beziehungen sind nicht
einfach als Gegenstände unmittelbarer Erfahrung gegeben, sondern
weil es sich dabei um Modelle, d.h. um theoretische Konstrukte handelt, hängt ihre Gestalt entscheidend von den in sie eingeflossenen
Annahmen und Kriterien ab.

Untersucht man die Verweisstrukturen im World Wide Web genauer, kommt noch eine weitere Eigenschaft zum Vorschein, an der
die Unangemessenheit der von den sicht- und greifbaren Netzen ent-
lehnten Bilder erkennbar wird: Jene Strukturen weisen nicht nur ausgeprägte Asymmetrien auf, sondern sind auch nicht wie diese in eine

Ebene einbettbar.[118] *Einbetten* heißt so auf die Ebene projizieren, dass sich die Bilder der Verbindungsstrecken zwischen den Knoten nicht überkreuzen, sich also nur in den Knoten treffen. Um einzusehen, dass dies so ist, braucht man sich zunächst nur die bekannte Denksportaufgabe zu vergegenwärtigen, in der es darum geht, drei Häuser so an das Wasser-, das Elektrizitäts- und das Gaswerk anzubinden, dass sich die Leitungen nirgendwo überkreuzen. Soviel man auch herumprobiert: Es geht nicht; was daran liegt, dass die hier geforderte Verknüpfung einem der beiden elementaren nichtplanaren, d.h. nicht in die euklidische Ebene einbettbaren Graphen entspricht.[119]

Man braucht im Netz also, was nicht schwerfallen dürfte, nur eine Gruppe von drei Seiten zu finden, die alle auf dieselbe Gruppe von drei anderen Seiten verweisen, oder fünf Seiten, von denen jede jeweils auf die vier anderen verweist oder von ihnen referiert wird,[120] um sich davon zu überzeugen, dass das Netz der Netze mit Netzen im anschaulichen Sinne wie z.b. dem im Fußballtor wenig gemein hat. Das ist jedoch, wie bereits zuvor deutlich wurde,[121] nicht der einzige Aspekt, unter dem sich eine Kluft zwischen den verbreiteten Bildern von Netzen und den Strukturen der dem Verständnis vieler relevanter Phänomene dienlichen Modellen auftut. Gleichgültig ob Internet oder Abwasserkanäle, Bekanntschafts- oder Produktionsnetze: ihren grafischen Repräsentationen mangeln die sinnfälligen Eigenschaften, die *das Netz* zu einer ebenso griffigen wie irreführenden Metapher machen.

Die interessanten Netze haben meist Eigenschaften, die weit entfernt von den gängigen Bildern liegen und die sich vorzustellen und zu verstehen alles andere als einfach ist. Diese Bilder vom Netz leisten dazu nichts. Solche, unser Verständnisvermögen arg strapazierenden Netze haben sich in den letzten Jahrzehnten als außerordentlich leistungsfähige und fruchtbare Modelle für viele Sachverhalte in der

---

118. Zumindest nicht in eine solche, die sich das Alltagsbewußtsein vorstellt, d.h. einen zweidimensionalen Raum mit den aus dem Geometrieunterricht bekannten Eigenschaften wie der, dass ein Kreis ihn in zwei disjunkte Teilmengen zerlegt; nichteuklidische wie Möbiusbänder oder Klein'sche Flaschen bleiben davon natürlich ausgenommen.

119. Dem bipartiden Kuratowski-Graphen der Ordnung 3; GOULD 161–167

120. Das wäre der zweite der elementaren nichtplanaren Graphen, der vollständige Kuratowski-Graph der Ordnung 5.

121. Siehe S. 74–76

Natur und in der Gesellschaft herausgestellt. Genauer gesagt brauchte es einige Anstrengungen, um die Netze zu identifizieren und mathematisch genau zu beschreiben, die dazu in der Lage waren, als Modelle bestimmte Phänomene zu reproduzieren. Eines dieser Phänomene ist z. B. die merkwürdige Tatsache, dass, wie immer man auch *Bekanntschaft* oder *soziale Nähe* genau definieren mag, zwischen den meisten Menschen auf der Erde nur sechs Schritte entlang solcher Verbindungen einer in diesem Sinne verstandenen *Bekanntschaft* oder *sozialen Nähe* liegen. Dieses Phänomen ist inzwischen als das der *Small worlds* in die Literatur eingegangen. Doch hinter dieser *Kleinheit* der doch so großen Welt steckt ein schwieriges mathematisches Problem, für das ein angemessenes Modell keinesfalls ohne weiteres zur Hand war. Selbstverständlich ist das ein Anwendungsfall für Netze – doch wie genau müssen die strukturiert sein, um diese Eigenschaften nachzubilden, und worin besteht die soziale Signifikanz dieses an sich schon denkwürdigen Sachverhalts?

Wie kann es sein, dass ein Netz mit Milliarden von Knoten einen so geringen *Durchmesser* hat? *Durchmesser* sei hier verstanden als die maximale Distanz zwischen zwei Punkten; wobei die wie auch immer definierte unmittelbare *Bekanntschaft* oder Nähe als Maßeinheit dienen soll. Einem maschigen Netz nach dem Vorbild des Fischernetzes fehlt diese Eigenschaft: Um sich in einem derart strukturierten Netz mit 6 Milliarden Knoten von einem beliebigen Knoten zu einem beliebigen anderen zu bewegen, sind selbst bei einem kreisrunden Umriss durchschnittlich 50 000 Verbindungsstrecken zu überqueren! Sein Durchmesser beträgt sogar über 80 000 Verbindungsstrecken. Das obige Muster findet sich auch in den Verweisungsbeziehungen zwischen Seiten im World Wide Web und bei den Leitwegen, die Datenpakete im Internet durchlaufen, um von einem Teilnehmer zu einem anderen zu gelangen. Es sind die Imperative der Wirtschaftlichkeit und der technischen Effizienz, die bei Gültigkeit einer Reihe noch genauer zu diskutierender Gesetze[122] solche Strukturen bedingen.

Ähnliche Herausforderungen an die Modellierung stellen die Ausbreitung von Infektionskrankheiten oder Gerüchten, die Verknüpfung der Neuronen im Gehirn oder die Struktur effektiver dezentraler Organisationen. Dies ist ein Gebiet der angewandten Mathematik, in

122. Siehe S. 192–199

dem tatsächlich erst die in den letzten Jahren erzielten Leistungsstei-
gerungen der Rechnertechnik entscheidende Fortschritte ermöglichten.[123] Die Netze, die als Modelle die geforderten Eigenschaften aufweisen, zeichnen sich immer durch starke Asymmetrien zwischen den
Knoten, genauer: unterschiedlichen Klassen von Knoten aus, nämlich
dadurch, dass in einer kleinen Anzahl von Knoten ein großer Teil der
Verbindungen zusammenläuft.

Dieser Hinweis soll verdeutlichen, dass nicht jede Rede von Netzen unsinnig ist, sondern dass ein bedachter Gebrauch des Begriffs
oder gar ein mathematisch angemessen instrumentierter Einsatz von
Netzen als Modellen von hohem Wert sein kann. Entscheidend ist immer, sich zunächst der ontologischen Versuchung zu entziehen, die mit
der Verwechslung von Modell und modellierter Sache beginnt, und
dann die Anschaulichkeitsfalle zu umgehen, in der landet, wer meint,
Netze müssten immer wie Fußballnetze aussehen. Auch die bereits
oben erwähnten Werke von BUCHANAN, BARABÁSI und WATTS[124]
sind nicht frei von der Tendenz, das Modell eines einzelnen Aspekts
eines Gegenstands für dessen Essenz zu halten und aus der jeweils
beschränkten Anwendbarkeit ähnlicher Modelle auf einzelne Aspekte
unterschiedlicher Gegenstände auf deren wesentliche Gleichartigkeit
zu schließen, um daraus die Allmacht des Netzmodells abzuleiten.
Ein solcher Netzplatonismus verwechselt das Modell mit einem Ur-
bild und erklärt seine Differenz zum Gegenstand für irrelevant.

Tatsächlich ist die genaue Struktur von Netzen, die sich als Modelle für relevante Sachverhalte der Natur und der Gesellschaft eignen,
mittels einfacher, eingeschliffener Bilder meist nicht zu entschlüsseln.
Die Entwicklung eines treffenden Modells verlangt, da das Modell
das Originalobjekt hinsichtlich eines Handlungszweckes — sei dies nun
die Erkenntnis, die Planung oder die Steuerung einer Sache — ersetzen soll, mehr als bloße Metaphorik. Die Metapher ist vielmehr
die unscharfe Vorstufe des Modells.[125] Ein materieller oder mentaler Gegenstand wird zum Modell eines anderen Gegenstandes, indem man eine Abbildung von diesem so genannten Original in je-

123. Einen sehr populärwissenschaftlichen Bericht von diesen Fortschritten liefern
BUCHANAN 2002 und BARABÁSI 2002; WATTS 2003 einen etwas anspruchsvol-
leren; auf wissenschaftlichem Niveau liegt WATTS 1999
124. BUCHANAN 2002; BARABÁSI 2002; WATTS 1999; WATTS 2003
125. FISCHBACH 1994

nen konstruiert,[126] die das Original immer verkürzt darstellt, d. h.
von bestimmten seiner Merkmale abstrahiert,[127] da ein Modell, das
sein Vorbild vollständig reproduzierte, ebenso unzugänglich, undurch-
schaubar, aufwendig oder gar gefährlich wäre wie dieses. Damit würde
das Motiv, aus dem man Modelle konstruiert – nämlich dass sie einfacher und ungefährlicher zu handhaben, leichter zu durchschauen
und billiger herzustellen sind als die Originalobjekte – ad absurdum
geführt. Eben deshalb fertigt z. B. ein Architekt zuerst ein *Modello*[128]
an: Zeichnungen und verkleinerte Modelle aus Holz oder Plastik,
bevor er ein Bauunternehmen beauftragt. Modelle ermöglichen es,
Fragen der Form *was wäre, wenn* ... zu beantworten, also das Kon-
trafaktische zu untersuchen: das, was nicht unmittelbar gegeben oder
zugänglich ist.[129]

Die Abbildung des Originals in das Modell ist keinesfalls immer
selbstverständlich und sinnfällig. Gerade die Netzmodelle sozialer Beziehungen zeichnen sich durch eine gewisse Willkür aus: Die Kante,
die im mathematischen Netzmodell zwei Knoten verbindet, ist ein
diskretes Gebilde. Zwischen der Existenz und der Nichtexistenz einer
Kante besteht ein klarer Unterschied. Doch was konstituiert einen
Knoten in einem sozialen Beziehungsnetz, etwa wenn es sich nicht
mehr nur um Beziehungen zwischen Individuen handelt? Wann genau
ist die Beziehung zwischen zwei Menschen oder Organisationen im
Netzmodell durch eine Kante zu repräsentieren? Gibt es hierfür empirisch gehaltvolle Kriterien, die auch zu empirisch überprüfbaren
Prognosen führen? Denn die spannende Frage ist doch wohl die folgende: Was folgt aus der Existenz einer solchen Kante bzw. der Existenz einer Kantenfolge einer gewissen Länge zwischen zwei Knoten
und was schließt deren Nichtexistenz aus? Ein Teil der sozialwissenschaftlichen Netzforschung basiert auf den leicht erfassbaren und
deshalb in großem Umfang vorhandenen Informationen über die Nutzer elektronischer Medien bzw. über deren Verhalten. Dabei ist die sozialwissenschaftliche Signifikanz dieses Materials alles andere als klar.
Ist die Frequenz des elektronischen Verkehrs und von elektronischen

126. Fischbach 1994; Stachowiak 1973, 131–132
127. Fischbach 1994; Stachowiak 1973, 132; Aronson, Harré, Way 1995, 59–60
128. Zur Herausbildung dieses Begriffs, der das Produkt eines sich im *Disegno*
    artikulierenden Konzeptionsprozesses bezeichnet, in der italienischen Renais-
    sance siehe Westfehling 1993, 74–97, 124–200
129. Aronson, Harré, Way 1995, 59

Verweisen unbedingt ein Indiz sozialer Nähe oder für wechselseitigen Einfluss? Noch kühner sind aktuelle Geschäftsmodelle, die davon ausgehen, dass die kurzschließende Vermittlung solcher Relationen – nach dem Schema: A_0 kennt A_1, A_1 kennt A_2, ... A_{n-1} kennt A_n, also bringen wir gegen eine Gebühr A_0 und A_n zusammen – ein profitables Geschäft sein könnte.[130] Hier handelt es sich um die unfundierte Extrapolation eines abstrakten, diskreten Modells. Die Netzmodelle sozialer Beziehungen erklären nämlich weder, *worin* soziale Beziehungen bestehen, noch *wie* und *weshalb* sie zustande kommen – oder auch nicht. Für diese Fragestellungen dürften sich kontinuierliche, feldtheoretische Modelle ohnehin besser eignen als diskrete. Die Frage, ob die durch die Kanten des Modellgraphen gegebene Relation – die Existenz einer Kante, die A_i mit A_k verbindet, bedeutet A_i *kennt* A_k, wobei das Kriterium, an dem das zu messen ist, alles andere als selbstverständlich ist – transitiv vervollständigbar ist, ob also die Existenz einer Kantenfolge mit einer Länge größer als 1 von A_0 nach A_n allein schon die Möglichkeit einschließt, auch eine Kante zu konstruieren, die A_0 und A_n unmittelbar verbindet, bleibt jedenfalls offen. Die gar nicht so seltene Erfahrung, dass zwei Menschen, mit denen man sich gut versteht, zusammengebracht nichts miteinander anzufangen wissen, spricht jedenfalls dagegen.

Hier wie in vielen anderen Fällen der unfundierten Extrapolation von Modellen scheint das animistische Missverständnis auf, das glaubt, durch das Modell auch jenseits seiner begründeten Ähnlichkeit mit dem Original und über seinen ursprünglichen Zweck hinaus magische Macht über die Realität ausüben zu können. Modelle sind jedoch nicht per se Modelle eines Originals, sondern nur für die sie benutzenden Subjekte zu einem bestimmten Zweck bzw. innerhalb eines bestimmten Handlungszusammenhangs.[131] Der Zusammenhang von Modell und Original ist der einer verkürzenden Abbildung innerhalb einer Handlung, kein ontologisch-wesenhafter. Wer eine Lampe, einen großen Apfel und eine Walnuss ergreifend, sagt: "Lass diese die Sonne, die Erde und den Mond sein", um die Mondphasen, Sonnen- und Mondfinsternis zu erklären, konstruiert ein Modell, ohne damit

---

130. Dies schildert FITZGERALD 2004, der jedoch immerhin auch kritische Stimmen zu Wort kommen lässt, doch ohne deren Einwände zu reflektieren.
131. FISCHBACH 1994; STACHOWIAK 1973, 132–133; ARONSON, HARRÉ, WAY 1995, 60

zu beanspruchen, dass Lampen, Äpfel und Walnüsse von Natur aus
Modelle seien, oder gar, dass Sonne, Erde und Mond besonders viel
mit Lampen, Äpfeln und Walnüssen zu tun hätten, oder noch mehr,
dass man durch das Hantieren mit Lampen, Äpfeln und Walnüssen
den Lauf der Gestirne beeinflussen könnte. Doch genau dies tut die in-
flationäre Rede von den Netzen: Sie verdinglicht, ja ontologisiert einen
Topos, der oft nur eine Metapher, höchstens jedoch ein Modell bezeichnet, um schließlich sogar magische Kräfte auf ihn zu projizieren.
Hier wird, ganz ähnlich wie beim New-Economy-Aktienboom, ein
modischer Topos zum Vehikel von purem Wunschdenken, das sich
für ultramodern halten mag, in seiner Magieverfallenheit jedoch eher
archaisch wirkt.

Aus dem Vorherigen ergibt sich, dass Modelle ihr Original zwar
abbilden, doch immer auch Merkmale aufweisen, die dieses nicht hat,
ja dass es gerade diese Merkmale ohne Abbildungsfunktion sind, die
den besonderen Wert des Modells ausmachen. Wir bevorzugen meist
Modelle, die konkret und anschaulich, leicht herstell- und handhabbar
sind, weil sie uns Erkenntnisse auf bequemem Wege liefern. Doch sie
tun dies nur, sofern wir von diesen Merkmalen ohne Abbildungsfunktion zugleich Gebrauch machen und abstrahieren! Ich muss zugleich
wissen, dass ich die Sonne, die Erde und den Mond nicht wie die
handlichen Alltagsgegenstände bewegen kann, die ich zur Modellierung von Sonnen- und Mondfinsterniss benutze, um aus einer Quelle
der Erkenntnis keine Quelle der Konfusion zu machen! Der Architekt
muss wissen, dass man eine reale Baukonstruktion nicht so leicht und
ohne Besorgnis um Stabilitätsprobleme aus Stücken eines als Baustoff
meist untauglichen Materials zusammenkleben kann wie ein verklei-
nertes Modell! Der Zweck eines Modells setzt meist auch eine Grenze,
d. h. die Linie, hinter der die Abbildfunktion zusammenbricht.

Physische Modelle und auch schon das Nebeneinander von Zeich-
nungsblättern haben den Vorzug, dass sie den kinästhetischen Sinn
ansprechen: Indem man – sei es zumindest im Geiste, sei es auch physisch – sie bewegt bzw. sich um sie oder in ihnen bewegt, schreiben
sich die durch sie modellierten Beziehungen in die Raumvorstellung
ein. Den Bildfolgen, seien sie nun auf fotografischem oder elektronischem Wege erzeugt, die heute so beliebt sind, fehlt diese Qualität,
von wenigen herausragenden Ausnahmen einmal abgesehen. Vor allem verwehren sie die spontane Exploration, die der unmittelbare,

manipulative Zugriff auf das physische Modell bzw. die freie Positionierung des Beobachters dazu und auch schon die Zusammenschau von Zeichnungen ermöglichen.[132] Aufwendige digitale Modelle gewähren ähnliche Freiheiten nur geschulten Bedienern, ohne jedoch den kinästhetischen Sinn zu befriedigen. Die heute allgegenwärtigen digitalen Präsentationen sind von der geforderten modellistischen Freiheit ohnehin Lichtjahre entfernt. Sie ziehen die Betrachter in einen kognitiven Tunnel, in dem abweichende Aspekte systematisch ausgeblendet bleiben. Gerade die nicht abbildenden stofflichen Qualitäten physischer Modelle vermögen zudem ein Maß an Abstraktion herzustellen, das Planungsprozesse offenhält, d. h. gegen zu frühe Festlegungen schützt,[133] zu denen auch elaborierte digitale Modelle einladen. Nichts ist härter als Software, sind einmal zu viele schwer revidierbare Entscheidungen gefallen, ist einmal ein signifikanter Aufwand in sie investiert worden.

Die Unzufriedenheit mit solchen beschränkenden und manipulativen Werkzeugen wächst, während die Attraktivität physischer Modelle wieder zunimmt. WOLF REUTER spricht in diesem Zusammenhang von einem *Physical turn*,[134] einer Wendung zum Greifbaren und Konkreten, die er bei Architekten und Architekturstudenten beobachtet. Aus dieser Perspektive betrachtet, zeugt die Beliebtheit der Netzmetapher vom Gegenteil dessen, wofür sie nach Meinung vieler ihrer Benutzer stehen soll: Nicht von der Auflösung aller festen Strukturen, nicht von Enträumlichung und Entmaterialisierung, sondern von der Sehnsucht nach dem Anschaulichen und Greifbaren, nach dem sinnfällig Geordneten. Nicht dass diese Sehnsucht nicht ihr Recht hätte: Der Sündenfall – beispielhaft dafür ist das Vorgehen von CASTELLS[135] – besteht darin, dass sie aus einem zu schlichten, sachlich unangemessenen Bild einen Fetisch machen, dem sie zutrauen, über das Unanschauliche zu gebieten, wenn sie ihn denn nur oft und inbrünstig genug beschwören, ohne auch nur den geringsten Schritt unternommen zu haben, dieses Bild auszuarbeiten, d. h. ihm eine modellistische Leistung abzuverlangen. Die Herausforderung, die darin liegt, der Unanschaulichkeit der technisch und gesellschaftlich

132. Diese modellistischen Qualitäten zeigen eindrucksvoll MAGNAGO LAMPUGNANI, MILLON 1994 und EVERS 1995 auf.
133. LEPIK 1995; BREDEKAMP 1995
134. Persönliche Kommunikation
135. Siehe S. 76–78

relevanten Netzstrukturen auf einer neuen Ebene wiederum Anschaulichkeit zu verleihen, bleibt dagegen bestehen. Dazu sind jedoch zuerst die treffenden Abstraktionen herauszuarbeiten.

3. Fluchtpunkt der Kapitalbewegung

"Wir wollen an die Kunst des Geldmachens denken", sagte sie.
[...]
"Die Griechen haben ein Wort dafür."
[...]
"*Chrimatistikós*", sagte sie. "Aber wir müssen dem Wort ein bisschen Spielraum lassen. Es der derzeitigen Situation anpassen. Denn Geld hat eine Wendung genommen. Reichtum ist zum Selbstzweck geworden. Es gibt keine andere Form großen Reichtums. Geld hat seine narrativen Qualitäten verloren, so wie einst die Malerei. Geld führt nur noch Selbstgespräche."
[...]
"Und Besitz folgt natürlich auf dem Fuß. Das Konzept Besitz ändert sich täglich, stündlich. Die immensen Ausgaben der Leute für Land und Häuser und Boote und Flugzeuge. Das hat nichts mit traditionellem Selbstbewusstsein zu tun, ja. Besitz hat nichts mehr mit Macht, Persönlichkeit und Kontrolle zu tun. Und nichts mit vulgärer oder geschmackvoller Selbstdarstellung. Denn Besitz hat weder Gewicht noch Gestalt. Es kommt nur noch auf den Preis an, den man bezahlt. Sie selbst, Eric, überlegen Sie mal. Was haben Sie von Ihren einhundertvier Millionen Dollar gekauft? Nicht Dutzende von Zimmern, unvergleichliche Aussicht, Privatfahrstühle. Nicht das rotierende Schlafzimmer oder den Hai. Waren es die Luftrechte? Die regulierenden Sensoren und die Software? Nicht die Spiegel, die Ihnen sagen, wie es Ihnen geht, wenn Sie sich am Morgen anschauen. Sie haben das Geld für die Zahl selbst bezahlt. Einhundertvier Millionen. Das haben Sie gekauft. Und sie ist es wert. Die Zahl rechtfertigt sich selbst."[1]

Raum und Zeit sind Medien der Distanz und der Differenzierung. Als solche setzen sie sich den Angriffen der Technik aus − Angriffen, deren Gewalt sich nicht allein aus dem menschlichen Begehren speist, das raum-zeitlich Ferne heranzuholen, sondern auch aus dem Imperativ der Kapitalverwertung, den entäußerten, im Besonderen vergegenständlichten Wert schnell und reibungslos wieder zu sich, in seine universellste Form zurückzubringen. Raum und Zeit zu attackieren entspricht der Logik der Zirkulationssphäre. Doch nicht nur Eisenbahn, Dampfschiff und Flugzeug, Telegraf, Telefon und Internet überbrücken den Raum und schrumpfen die Zeit, sondern auch die Instrumente der Finanzsphäre, der Kredit und das Wertpapier in allen ihren Formen und Ableitungen: Sie ermöglichen es, über räumlich und zeitlich Entferntes zu verfügen. Ihre Kombination mit den technischen Mitteln des Transports von Körpern und Signalen

---

1. Vija Kinski zu Eric Packer in Don DeLillos *Cosmopolis*

potenziert ihre Macht. Doch diese Macht verleiht ihnen weder ein Naturgesetz noch eine technische Machination: Sie reicht nur so weit wie die Übereinkunft, auf die sich ihre Akzeptanz beruft, bzw. wie die Gewaltmittel, die nötigenfalls aufzubieten sind, um diese zu erzwingen. Staatliche Ordnung und staatlich organisierte Gewalt sind es letztlich, die den Raum überwinden und gesellschaftlichen Konventionen unabhängig vom Ort Gültigkeit verschaffen. Das Territorialprinzip bindet den Staat zwar an den Raum und begrenzt seine Macht auf das Gebiet innerhalb seiner geografischen Grenzen, doch äußert diese sich darin, dass sie jenen dort bedingt aufhebt, indem sie seiner Ordnung unabhängig vom Ort Gültigkeit verschafft. Der Staat ist ein Modul, der Entferntes zur Kongruenz bringt.

Wenn heute davon die Rede ist, durch die Datennetze fließe virtuelles Geld, fügt das dem Charakter des Geldes nichts hinzu: Geld ist, seiner durch und durch gesellschaftlichen Natur nach, schon ohne durch das Netz zu fließen, virtuell: Es ist die Kraft, über alle Dinge, selbst nicht gegenwärtige, zu verfügen, sofern sie sich in Waren verwandelt haben, über ein Universum von Werten, von denen es physisch keine Spur enthält, um sie alle miteinander in Beziehung zu setzen. Vorhanden ist im Geld nur die durch – letztes Endes gewaltbewehrte – gesellschaftliche Konvention verliehene Macht zur Verfügung über den Wert – und das heißt in einer Warengesellschaft: über tote wie lebende Gegenstände. Einer bestimmten Menge Geld steht eine ganze Äquivalenzklasse gleich wertvoller Warenmengen gegenüber.

Als mächtiger Abbreviatur, als seiner Natur nach virtuellem Gegenstand, wohnt dem Geld die Tendenz zur fortschreitenden Entsubstanzialisierung seiner Erscheinungsformen inne, in dem Sinne, dass diese selbst immer weniger Wert enthalten und diesen Wertverlust auch in einem physischen Substanzverlust spiegeln: Ein Goldklumpen ersetzt Land, Vieh oder Getreide, Münzen ersetzen den Goldklumpen, Papiergeld die Münzen, der Scheck und die Kreditkarte die Geldscheine, die elektronische Buchung und der elektronische Geldtransfer schließlich jegliches Papier. Doch ganz ohne physische Repräsentation geht es nicht: Wenigstens der Zustand von elektronischen Schaltkreisen, von Kristallen oder Ähnlichem – und zwar von ganz bestimmten, raum-zeitlich individuierten – ist involviert, wenn es um den Stand der Finanzen geht.

3.1 Das Phantom der Ortlosigkeit

Nach einer verbreiteten Auffassung hätten schließlich alle Formen
der wirtschaftlichen Tätigkeit und Organisation sich virtualisiert, den
konkreten Bezug zu den Dingen, Gegenwart und Dauer in Raum und
Zeit aufgegeben. HARDT und NEGRI sprechen von der *Deterritorialisierung der Produktion*.[2] Die Unternehmen, so etwa PAUL VIRILIO,
siedelten jetzt im Nirgendwo.[3] Von der imaginierten Struktur der
Kommunikationsnetze, deren sich Produktion und Zirkulation zunehmend bedienten, schließt VIRILIO ohne Umschweife auf das, was er
für die räumliche oder genauer: eben nicht mehr räumliche, an keinen
Ort mehr gebundene Struktur der Organisationen hält und wovon er
die Auflösung der bisherigen Siedlungsstrukturen erwartet. Er glaubt,
dass "die [...] Kommunikationstechnologien [...] die Ausführung der
Aufträge an jedem beliebigen Ort ermöglichen",[4] und folgert daraus,
dass "die netzartige Struktur der Telekommunikationsnetze [...] die
zentralistische Struktur der räumlichen Organisation in den Metropolen [ersetzt]".[5]

Auch hier wiederum tritt das Bild vom Netz als einer symmetrischen, keinen Ort vernachlässigende oder bevorzugende Struktur
hervor, die den Raum vielmehr gleichmäßig ausfüllt und erschließt.
Diese hebe mit den etablierten Mustern der räumlichen Ungleichheit schließlich den Raum selbst auf, indem sie überall gleiche Bedingungen schaffe, die eben "die Ausführung der Aufträge an jedem
beliebigen Ort ermöglichen". Dass diese Bewegung die Netzstruktur,
die ja grundsätzlich immer eine *diskrete* ist, in letzter Konsequenz
aufheben und sie mit verschwindender Maschengröße in dem durch
und durch mythischen Bild des Äthers auflösen müsste, wirkt bisher
als eher unbewusstes, kaum reflektiertes Faszinosum der Träume vom
Netz. Doch wenn die Technik diesem Bild sich annähernd, scheinbar nicht einmal mehr irdischer Installationen, etwa in Gestalt von
Kabeln, bedürfend, dem Netz nicht minder scheinbar äthergleiche
Präsenz verschafft, regt das neue Eruptionen der Fantasie an. Bei der
Vorstellung, alle Punkte der Erde seien in ein völlig symmetrisches

2. HARDT, NEGRI 2000, 295
3. VIRILIO 1996, 106
4. VIRILIO 1996, 106
5. VIRILIO 1996, 107 (Hervorhebung im Original)

Verhältnis getreten, weil es nun möglich sei, zwischen zwei beliebigen davon elektronisch zu kommunizieren, geraten selbst knöcherne deutsche Professoren ins Schwärmen respektive ins Theologisieren, denn einem technischen Sachverhalt nüchtern zu begegnen, scheint manch einem unter ihnen nicht gegeben zu sein:

> Eine der neuen Megamaschinen sticht aus dem Feld erdverhafteter und menschennaher Infrastruktur hervor. Sie ist zwar im Sinne JEAN PAULS eine Maschine der Engel, aber sie gleicht den Engeln selbst in verblüffender Weise. Sie gleitet mit der Sonne zugewandten Flügeln schwerelos im Raum, bildet bislang drei Himmel gesonderter Intelligenzen im Sinne der Theologie des ÂL FÂRÂBÎ, nämlich des äußeren geostationären Himmels, des mittleren Orbits und des niedrigen Himmels (low earth orbit, LEO), und formiert sich gegenwärtig zu einer dicht gedrängten himmlischen Heerschar von Botenträgern, die praktisch verzögerungsfrei jede denkbare Botschaft an jeden denkbaren Ort der Welt bringen können.[6]

Was hier mit ein paar Anleihen bei PIERRE LÉVY[7] als Technomystik light daherkommt, entspringt auch einem Missverständnis der technischen wie der wirtschaftlichen Parameter von Satellitennetzen. Was mit großem Aufwand für Installation und Betrieb – es gibt Netze in dieser Form noch nicht einmal annäherungsweise – herstellbar wäre, ist alles andere als eine "Heerschar von Botenträgern, die praktisch verzögerungsfrei jede denkbare Botschaft an jeden denkbaren Ort der Welt bringen können", sondern ein beschränktes Angebot an Funkkanälen für eine ebenfalls beschränkte Anzahl von Teilnehmern, denen das Privileg, zwar weitgehend unabhängig vom Ort, doch mit Kompromissen bezüglich der Bandbreite, Verfügbarkeit und Funktionalität der Dienste, kommunizieren zu können, sehr viel Geld wert ist. Selbstverständlich kann prinzipiell kein Kommunikationsnetz – ein solches ist immer eine endliche Struktur mit beschränkter Leistungsfähigkeit, Reichweite und Erschließungsdichte – "jede denkbare Botschaft an jeden denkbaren Ort der Welt bringen", doch gerade die – bisher nahezu alle schon in der Planungsphase steckengebliebenen – Satellitennetze weisen hier besondere Beschränkungen auf. Deren limitierende Faktoren ergeben sich aus der Geometrie und den Kosten der Satellitenbahnen, der Reichweite und dem Energiebedarf der Funksysteme bzw. deren Wechselverhältnis.

Bezeichnenderweise sind all die äußerst ambitionierten Projekte aus den 1990ern, die globale Satellitenfunknetze für Sprache und

6. WILLKE 2001, 67–68
7. LÉVY 1997

Daten zum Ziel hatten, bisher wirtschaftlich gescheitert,[8] weil inzwischen auch die verwegensten Investoren eingesehen haben, dass der Kreis von Anwendern, die bereit sind, für die Möglichkeit, auch am Südpol oder in der Takla Mahan eine E-Mail abzuschicken oder zum Mobiltelefon zu greifen, signifikante Summen auszugeben, viel zu klein ist, um den horrenden Installations- und Betriebsaufwand solcher Netze zu finanzieren.[9] Die urbanen Räume an der Peripherie des Weltsystems, in denen Anbieter von Diensten für die mobile Kommunikation eine zahlungsfähige Klientel hinreichenden Umfangs finden, sind mittlerweile gut durch terrestrische Funknetze auf der

8. Willke vermittelt den Eindruck, dass sie schon in Betrieb seien oder doch, dass dies unmittelbar bevorstehe. Doch davon kann nicht die Rede sein. Teledesic, das er explizit aufführt, gab im September 2002 die Aufgabe der bisherigen Pläne und eine Neuorientierung des Konsortiums bekannt.

9. Hier zur Illustration zwei wesentliche Aufwandsfaktoren: Auf den niedrigen Umlaufbahnen, die es allein erlauben, handliche Endgeräte ohne große Antennen und aufwändige Verstärkertechnik mit hohem Energieverbrauch einzusetzen, braucht man, um die ganze Erdoberfläche abzudecken, sehr viele Satelliten, die wegen der dort bereits spürbaren Reibung dauernd Energie kostende Bahnkorrekturen benötigen; was wiederum, bedingt durch den begrenzten Treibstoffvorrat, den sie mitführen können, ihre Lebensdauer stark beschränkt. Um die Verbindungen bzw. Datenpakete ins terrestrische Netz zu vermitteln, braucht man entweder sehr viele Bodenstationen oder die Fähigkeit, dies über viele zwischengeschaltete Satelliten zu tun; was immer eine Übertragung und Vermittlung über eine Vielzahl von Wegen und Schaltstationen bedeutet und damit die Netzarchitektur vor schwierige Alternativen stellt, die entweder extrem teuer sind oder die Verfügbarkeit, Übertragungsgeschwindigkeit und Bandbreite der Dienste beeinträchtigen. Betrachtet man die Erde aus einer Position über dem Südpol oder dem Pazifik, sind nur wenige Anschlusspunkte an das breitbandige Rückgrat des globalen Netzes sichtbar, das unmittelbar nur wenige privilegierte Zonen erschließt. Ein Netz aufzubauen, das es tatsächlich ermöglichte, was Willke für Realität hält, nämlich "praktisch verzögerungsfrei jede denkbare Botschaft an jeden denkbaren Ort der Welt [zu] bringen", wäre mit Kosten verbunden, die anscheinend das Vorstellungsvermögen deutscher Soziologieprofessoren übersteigen und auch die Mitglieder der privilegierten Leisure und business classes nicht aufzubringen bereit sind. Selbst innerhalb der privilegierten Zonen des Globus ist man oft gezwungen, große Datenmengen auf einem Träger (DVD, Band) zu transportieren, anstatt sie durch das Netz zu schicken. Ein Netz mit entsprechender Kapazität und globaler Reichweite würde Billionen kosten. Den Zugang zu ihm zu erschwinglichen Preisen bereitzustellen – wobei die Erschwinglichkeit gerade in den Zonen der Peripherie, die bisher kaum durch entsprechende Infrastruktur erschlossen sind, etwas anders bedeutet als in den Metropolen – müsste einen tiefgreifenden sozialen Wandel involvieren.

Basis des europäischen GSM-Standards[10] abgedeckt. Dieser Standard erwies sich als Killer der Satellitenfunksysteme, indem er die ohnehin schon überoptimistischen Kalkulationen der prospektiven Erbauer und Betreiber solcher Systeme vollends zu Makulatur machte – ein Vorgang, der sich mit UMTS[11] durchaus wiederholen könnte. GSM könnte sich als der schärfste Konkurrent seines Nachfolgers erweisen, weil dieser die Anforderungen der meisten Nutzer: telefonieren und Kurznachrichten versenden, auch nicht besser befriedigt, zur Realisierung der anspruchsvollen Datendienste, die nur wenige Nutzer nachfragen, in der Fläche jedoch wesentlich höhere Investitionen erfordert.[12] Inzwischen bieten auch die bestehendem GSM-Netze durch GPRS[13] verbesserte Datendienste auf der Basis der Paketvermittlung an, während die UMTS-Einführung weit hinter dem ursprünglichen Zeitplan zurückbleibt.

In solchen Vorgängen zeigt sich, wie die technischen und ökonomischen Gesetze, denen Telekommunikationsnetze unterliegen, mit den kapitalistischen Verwertungszwängen zusammenspielen, um die im nächsten Kapitel noch genauer zu diskutierenden Resultate hervorzubringen, von denen sich die professorale Begriffslyrik nichts träumen lässt. Letztere fährt unbeirrt fort:

> Zum ersten Mal in der Geschichte umspannen Kommunikationsnetze den Globus, die von jedem Punkt der Erde einen Austausch von Daten (z.B. Aktienkurse), Informationen (z.B. Konstruktionszeichnungen), Wissen (z.B. Video-Lehrfilme) und Expertisen (z.B. Softwareprogramme) ermöglichen. Die Aufgaben, die in den großen monotheistischen Religionen den Engeln vorbehalten war[en], die schwerelose Übermittlung von Botschaften jeder Art an jeden Ort, ist nun den Megamaschinen übertragen. Die Maschinen der Engel und die Maschinen der Menschen finden sich in einer

10. Ursprünglich die Abkürzung für die GROUPE SPÉCIALE MOBILE, eine Arbeitsgruppe der Union der damaligen staatlichen europäischen Telekomgesellschaften, steht das Akronym heute für *Global system for mobile communication* und bezeichnet den von jener Arbeitsgruppe definierten Standard für mobile Telefonie. GSM ist praktisch das letzte Beispiel für die Fähigkeit effektiv Standards zu setzen und auch erfolgreich durchzusetzen, die in der heutigen zersplitterten und von der unstetigen Investitionsneigung der Finanzmärkte abhängigen Telekommunikationswirtschaft fehlt. Siehe FISCHBACH 2000

11. Das Akronym steht für *Universal mobile telephone system*, einen neuen Standard für die mobile Telefonie, der vor allem leistungsfähige Datendienste integrieren und den in Europa und vielen anderen Ländern bisher vorherrschenden GSM-Standard ablösen soll.

12. FISCHBACH 2000

13. GPRS ist die Abkürzung für *General Packet Radio Service*.

reflexiven Maschine vereinigt, welche die Engel von ihren angestammten
Aufgaben freisetzt und ihnen Optionen öffnet, deren Konturen noch unklar sind.
[...]
Bedenkt man, dass die Metapher der Engel für die Äquidistanz von
Hier und Dort steht, für die Gleichzeitigkeit von Nähe und Entfernung, für
die Überwindung des Abstandes zwischen Himmel und Erde durch eine
doppelte Bewegung, die mit der ungewöhnlichen Eigenschaft der Engel
zusammenhängt, *gleichzeitig* Gott und den Menschen nahe zu sein, dann
liegt es nahe, die Metapher der Engel für eine Klärung der Bedingungen
der Möglichkeit atopischer Gesellschaft zu nutzen. In einer Gesellschaft
des *Irgendwo*, der Irrelevanz festgelegter Örtlichkeit, verschwimmt Entfernung in der anderen Seite des Unendlichen, in der Dissimulation von
Distanz im Bereich von Mikrons und Nanometer. Wenn jeder Ort der
Erde für Echtzeit-Kommunikation erreichbar ist, dann verschwindet jedenfalls für irdische Verhältnisse die Differenz von Hier und Dort, von
lokaler Distanz und Nähe, und verweist diese Differenzen zurück in ihe
ursprüngliche Bedeutung einer Evokation von Transzendenz. Die "Entfernung", formuliert deshalb ANDREI PLEŞU, "ist der erste Stoff aller
Utopien, gleichzeitig jedoch die nächste Vorahnung der Transzendenz".
Mit dem Verlust der Entfernung geht der Utopie die treibende Differenz
verloren. Die Atopie schickt sich an, ihre Stelle einzunehmen und die Para-
doxie einer ubiquitären Äquidistanz in die Kategorien möglicher Nähe zu
fassen, während die Transzendenz sich längst in die Tiefen des Weltraums
verflüchtigt hat, weil nur dort Entfernung noch von Bedeutung ist.[14]

Die Kontraktion der Erde auf einen Punkt soll zugleich alle Utopien zu Ende bringen — nicht im Sinne von *verwirklichen*, sondern
von *verflüchtigen*, um nicht zu sagen *liquidieren* — , diese beerben
und jene in ein Gefängnis der Immanenz verwandeln. Es soll kein
Entrinnen geben aus dem globalen Stecknadelkopf — höchstens noch
für deutsche systemtheoretische Soziologen das Vergnügen einer Di-
sputation darüber, wie viele Engel auf demselben Platz haben.

3.2 Wissen und Arbeit

Eine Prämisse der These vom Ende der Distanz besteht darin, dass
Arbeit hauptsächlich Wissensarbeit sei oder mehr noch Arbeit an den
symbolischen, genauer den digitalen, elektronischen Repräsentationen der Dinge, anstatt an diesen selbst, die nur noch vom *Rohstoff* Information bzw. Wissen abhänge, den das Netz allgegenwärtig mache,

---

14. WILLKE 2001, 70–71 (Hervorhebung im Original)

denn zweifelsohne ist physische Arbeit oder auch Arbeit an physischen Gegenständen oder mit physisch präsenten Menschen, die keinesfalls allein physische Arbeit ist, meist von Voraussetzungen abhängig, die durch das Netz allein nicht instant an beliebigem Ort bereitzustellen sind – sofern das Netz denn überhaupt an beliebigem Ort zugänglich ist. Auch Wissensarbeit ist meistens, wenn auch manchmal nur mittelbar, Arbeit an den Gegenständen der Natur und der Technik sowie an den Menschen und ihren Beziehungen, und nicht ausschließlich Arbeit an ihren digitalen, symbolischen Repräsentationen. Ohne Zweifel ist diese Arbeit ohne Kommunikation, also die Verwendung von Zeichen, nicht denkbar, doch handelt es sich dabei um die Kommunikation mit konkreten Partnern über konkrete Gegenstände, die zwar nicht immer, doch oft genug auch die gemeinsame physische Präsenz erfordert und deshalb durch den Umgang mit digitalen, elektronischen Repräsentationen nicht ersetzbar ist.

So verstanden schließt dieser Begriff erst z.b. die Arbeit von Naturwissenschaftlern, Technikern, Ärzten und Organisationsexperten ein. Es braucht nicht nur der Stahlkocher das Erz, die Kohle und den Hochofen – industrielle Rohstoffe, deren aufwendiger Transport ihre lokale Verfügbarkeit zu klassischen Standortfaktoren macht, und Anlagen, die schwer beweglich und weder an beliebigem Ort noch zu beliebiger Zeit oder gar beliebig oft vervielfältigbar sind –, sondern auch der Kernphysiker den Teilchenbeschleuniger, der Fertigungsingenieur die Fertigungsanlage, der Organisationsspezialist die Organisation, der Facharzt die Klinik, und vor allem brauchen all diese Wissensarbeiter die Gegenwart ihrer Kollegen, weil der häufige, spontane Austausch mit ihnen der wichtigste Faktor ihrer professionellen Entwicklung ist. Sicher können manche davon einen Teil ihrer Arbeit auch aus der Ferne erledigen, und die Lokation der jeweiligen Gegenstände – Gruppen von Menschen, Organisationen und Anlagen, denen ihre Aufmerksamkeit gilt – hängt zum Teil weniger von natürlichen Voraussetzungen als vielmehr von spezifischen und unspezifischen Agglomerationsvorteilen ab, von denen im nächsten Kapitel noch zu reden sein wird;[15] doch dessen ungeachtet benötigen alle diese Faktoren nicht nur einen bestimmten Ort, sondern sie sind auch nicht beliebig zu vervielfältigen, zumal gerade die professionelle Wissensarbeit oft

15. Siehe S. 214–240

die Probleme ganz bestimmter, raum-zeitlich individuierter Gebilde
zu lösen hat.

Wie sich später noch zeigen wird,[16] entwickelt sich in Gesellschaften, die vom Expertentum, also einer arbeitsteilig organisierten Wissenschaft und Technik abhängig sind, die Präsenz von spezifischen
Wissensmilieus zu einem Standortfaktor für entsprechende Funktionen, der das Gewicht des Raums und seiner Differenzierung verstärkt. Die Produktion und der Austausch des Wissens erweisen sich
immer wieder als interdependente und trotz aller Fortschritte der
Telekommunikation raumabhängige Prozesse; wobei die Herausbildung sowie das Wachstum des förderlichen Ortes und die Präsenz
des Wissens sich ebenfalls gegenseitig bedingen. Jeder der Faktoren
ist mittelbar rückgekoppelt. Angesichts solcher einschränkender Bedingungen nimmt sich die These, dass die Telekommunikationstechnik Ortlosigkeit hervorbringe, weil sie die Voraussetzungen – also die
Werkzeuge, das Rohmaterial und die Instruktionen – der sich zu Wissensarbeit wandelnden Arbeit jederzeit an beliebigem Ort bereit-
stelle, doch recht apart aus. Doch tut dies ihrer Beliebtheit keinen
Abbruch:

> Eine Ära geht zu Ende: Die Industriegesellschaft wandelt sich zur Wis-
> sensgesellschaft. Die klassischen Produktionsfaktoren – Boden, Arbeit,
> Kapital – werden nach und nach durch den Produktionsfaktor Wissen er-
> gänzt. Durch die digitale Technik ist der "Rohstoff" Information immer
> weniger zeit- und ortsgebunden. Das aus Information generierte Wissen
> wird damit in Zukunft prinzipiell für jeden, zu jeder Zeit und an je-
> dem Ort zugänglich sein. Weltweit entsteht auf diesem Wege ein riesiges
> Wissensmeer.[17]

So hört es sich aus dem Munde eines Politikers an, der seine Rezepte
verkaufen möchte. Irritierend dagegen ist der Sachverhalt, dass Wissenschaftler, deren Berufsethos mehr Vorsicht gebietet als ein Politiker im Vorwahlkampf walten zu lassen bereit ist, wesentlich weiter
gehende Behauptungen aufstellen; nämlich, dass das Wissen die herkömmlichen Produktionsfaktoren nicht nur ergänze, sondern zunehmend verdränge und zum dominierenden Faktor werde:

> In einer wissensbasierten Ökonomie avanciert Wissen zum vierten und
> kritischen Produktionsfaktor. Die Faktoren Land, Kapital und Arbeit
> verlieren an Bedeutung, in einigen Sektoren sogar dramatisch. [...] Eine

16. Im nächsten Kapitel S. 214–240
17. RÜTTGERS 1997

wissensbasierte Ökonomie ist in ihrem Operationsmodus nicht mehr vorrangig auf die herkömmliche Ausbeutung von Land, Kapital und Arbeit angewiesen. Sie kann es sich leisten und ist gezwungen, zum Primat einer anderen Ausbeutung überzugehen, der Ausbeutung von Wissen.[18]

Hier stellt sich zunächst die Frage, was das Adjektiv *kritisch* und das Adverb *vorrangig* heißen sollen: Auf welcher Skala ist abzulesen, dass die Ausbeutung von Wissen die der Arbeit und der Natur übertrifft? Soll dies implizieren, dass die Ausbeutung der Natur und der Arbeit sich verringert oder gar verschwindet? Davon kann doch offenkundig nicht die Rede sein: Der Verbrauch an natürlichen Ressourcen wie Land,[19] Energie[20] etc. steigt weiter an, während parallel dazu die Müllberge wachsen – nicht allein durch die Verpackungslawine, die der Trend zu Fertiggerichten und Konserven verursacht, sondern auch durch eine wachsende Zahl von elektronischen Geräten, die in immer kürzeren Intervallen wenn nicht technologisch veralten, so doch psychologisch oder einfach abnutzungsbedingt unbrauchbar werden.[21] Einen vorübergehenden Einbruch der Tendenz zu mehr Luftverkehr – einer ökologisch mehr als fragwürdigen Verkehrsart – vermochten bisher einzig die Attentate vom 11. September 2001 auszulösen – wobei vieles dafür spricht, dass er nicht von Dauer sein wird. Die Attentate forcierten und übersteigerten lediglich eine Korrektur, die in der krisenhaften Entwicklung der Weltwirtschft ohnehin angelegt war. Doch das wird den globalen Trend zu mehr Verkehr und besonders zu mehr

---

18. Willke 2001, 59–60
19. Zum Landverbrauch stellt etwa der Bund Naturschutz in Bayern e. V. in einer Pressemitteilung v. 21. Mai 2002 fest, dass der Freistaat, der sich gerne der im Bundesvergleich höchsten Konzentration *wissensbasierter* Industrien in seinen Grenzen rühmt, auch in dieser Hinsicht die Spitze in Deutschland bildet: Bayern allein konsumiert täglich eine Fläche von 28 Hektar. Das heißt: alle vier Tage mehr als einen Quadratkilometer!
20. Die in Landwehr, Marie-Lilliu 2002, 16 dargelegten Projektionen der IEA gehen auch für die am höchsten industrialisierten Länder von einer weiteren Zunahme des Energieverbrauchs aus, die hauptsächlich der Transportsektor verursacht. Dies bestärkt, was weitsichtige Wissenschaftler wie Maurer 2000, 90–100 schon lange vermuten. Die neuesten Daten für 2002 aus Baden-Württemberg, die der *Schwarzwälder Bote* am 2. September 2003 mitteilt, bestätigen diese Prognosen aufs Neue: Sie zeigen eine ungebrochene Steigerung des Automobilverkehrs und der Zahl der Kraftfahrzeuge.
21. So gibt es z. B. heute kaum noch einen technischen Grund, ein neues Mobiltelefon zu erwerben, doch halten viele Geräte keine zwei Jahre durch.

Flugverkehr nicht dauerhaft unterbrechen oder gar umkehren.[22] Alle verfügbaren Daten deuten darauf hin, dass Telekommunikation physischen Transport nicht substituiert, sondern dass das Ausmaß beider seit Jahrzehnten parallel ansteigt.[23] Behauptungen wie "Telearbeit, Teleservice und kooperatives Arbeiten in weltweiten Netzwerken reduzieren den Verkehr"[24] entbehren jeglicher Grundlage. Aus dem Munde von führenden Vertretern des Wissenschafts-Establishments wie HANS-JÖRG BULLINGER erwecken sie den Eindruck, dass dort das Interesse an einer stringenten und an den Fakten orientierten sozialwissenschaftlichen Theoriebildung über Technikfolgen schon längst dem an der Verteidigung der eigenen Pfründe in einer mehr als fragwürdigen, rein technologiegetriebenen Forschung zum Opfer gefallen ist.

Telekommunikation scheint vielmehr eher zum Reisen einzuladen bzw. neue Anlässe und Antriebe zum Reisen zu schaffen – schließlich kann man dadurch leichter mit entfernten Partnern in Kontakt treten, mit der Konsequenz, dass wiederum das Verlangen nach physischer Gegenwart entsteht – als Reisen überflüssig zu machen. Die These, dass die Ausbeutung der Natur immer mehr zurücktrete und das Gewicht der Ressource Boden schwinde, erscheint angesichts dieser Trends, die auf eine weitere Steigerung des Verbrauchs an Land und mineralischen Rohstoffen hinauslaufen, und der wachsenden Neigung zu militärischen Interventionen, in denen es kaum verhüllt um den Zugriff auf diese Rohstoffe geht, als etwas empiriefern.

Auch der Umfang der Lohnarbeit nimmt seit Jahrzehnten weltweit zu – ganz besonders in dem Land, das als die am weitesten fortgeschrittene Wissensökonomie gilt: den USA.[25] Wenn dort die Zahl

22. Schon im ersten Halbjahr 2003 stieg, wie die *Financial Times Deutschland* am 18. August 2003 berichtete, die Zahl der Binnenflüge in Deutschland wieder um 10 Prozent, der Flugverkehr insgesamt um 3,4 Prozent an – vor allem zu Lasten der Bahn, die mit einer missglückten Tarifreform ihre Kunden vertrieb. Am 23. Februar 2005 meldete dasselbe Blatt, dass der Luftverkehr im Jahr 2004 seine Krise hinter sich gelassen und ein neues Rekordniveau erreicht hätte, mit Zunahmen von 10–20 % bei einzelnen Flughäfen und Destinationen.

23. MAURER 2000, 117–123

24. BULLINGER 2004

25. Zum wachsenden Umfang der Lohnarbeit HENWOOD 1996a; HENWOOD 1996b; das absolute und relative Wachstum der arbeitenden Bevölkerung im Weltmaßstab während der letzten Jahrzehnte zeigt die Statistik der INTERNATIONAL LABOUR ORGANIZATION (ILO) unter <http://loborsta.ilo.org>

der Arbeitsstunden, die erforderlich ist, um ein durchschnittliches Familieneinkommen zu erzielen, innerhalb von fünf Jahrzehnten um 50 % ansteigt,[26] dann klingt die These, dass die Ausbeutung von Arbeit immer unwichtiger werde, merkwürdig realitätsfremd. Alle Daten deuten vielmehr auf eine zunehmende Ausbeutung von Lohnarbeit hin. Um das Ende der Arbeit auszurufen, ist es doch noch zu früh.[27] Richtiggehend apart kommt einem schließlich in einer Welt, in der Politik, sich selbst entmachtend, sich zunehmend darin erfüllt, die Imperative der *Märkte* – eine Floskel, hinter der das Kapital sich zu verstecken pflegt – zu erfüllen, die These vom Bedeutungsverlust des Kapitals vor. In der Ära des *Shareholder Value*, in der über die Finanzmärkte in nie dagewesenem Ausmaß Macht ausgeübt und Mehrwert angeeignet wird, in der Unternehmen mittels der Finanzmärkte übernommen, gesteuert, fusioniert und nach Bedarf auch wieder zerschlagen werden, in der unkontrollierte Kapitalbewegungen schließlich ganze Erdregionen verwüsten, vom Bedeutungsverlust des Kapitals zu reden, zeugt von geringem Realitätssinn.

Dass die Finanzmärkte sich zum bevorzugten Medium der Kapitalherrschaft entwickelt haben und im Zusammenhang damit Intermediäre wie Investment-Banken, Rating-Agenturen, Wertpapierhändler, Unternehmensberater und Wirtschaftsprüfer zu ungeahnter Macht gekommen sind, die – nicht um davon abzulenken, dass allein schon ihr legaler Gebrauch genug Verwüstungen nach sich zu ziehen vermag – ebenso ungeahnte Möglichkeiten des Missbrauchs einschließt,[28] stellt einen der bedeutsamsten Vorgänge der letzten Jahrzehnte dar – einen Vorgang jedoch, der ohne die konzertierte Bemühung von Kapital und Politik, innerhalb der die Finanzindustrie und -presse führende Rollen übernahmen, nicht hätte erfolgen können. Ob diejenigen, die die Macht des Kapitals betätigen, seine Eigentümer oder zunehmend diejenigen sind, die es verwalten und vermitteln – und dabei doch beträchtliche Stücke davon für sich abzuschneiden vermögen – ist eine andere Frage. Doch diese Entwicklung fand

---

26. HENWOOD 2002b; HENWOOD 2003, 40–41 spricht in diesem Zusammenhang von einer *Arbeitshaus-Ökonomie*; zum Hintergrund SCHOR 1992

27. Wie dies etwa JEREMY RIFKIN 1995 tut. Siehe dazu auch HENWOOD 2003, 68–71. Die jüngsten Vorstöße der Unternehmerverbände bzw. einzelner ihrer Mitglieder wie SIEMENS und DAIMLER CHRYSLER zur Arbeitszeitverlängerung unterstreichen die Realitätsferne der These.

28. Siehe S. 151–153

Unterstützung, weil sie den Profit und die Macht des Kapitals zu steigern versprach. Realitätsfremd ist auch das Konzept eines eigenständigen Produktionsfaktors *Wissen*. Wissen ist immer Wissen von Individuen und produktiv wird es erst durch Arbeit — Arbeit die in der Regel koordinierte, gesellschaftliche Arbeit ist. Die Verdinglichung von Begriffen wie *Wissen* und *Kommunikation*, die sich durch die heutigen politischen und sozialwissenschaftlichen Diskurse zieht, ist nicht allein dem Umstand geschuldet, dass deren Bedeutungen in ihren technischen Repräsentations- und Vermittlungsformen zu verschwinden drohen, sondern auch gewissen akademischen Schulen, die ihr ontologisierendes Missverständnis systemtheoretischer Konzepte zu einer Art von Kunstgewerbe entwickelt haben. Der Missbrauch des Begriffs der Selbstorganisation dient in ähnlicher Weise wie bei BOLZ[29] der Dämonisierung von Abstrakta, hier von solchen wie *Wissen*, *Gesellschaft* und *Kommunikation*, die dadurch den Zusammenhang mit den konkreten Sachverhalten, den Dingen und den Menschen verlieren.[30]

Dass die Gesellschaft, dass Kommunikation und Wissen sich nicht selbst produzieren, sondern von handelnden und kommunizierenden, forschenden und lernenden Menschen produziert werden, versuchen die akademischen Obskurantisten unter einem Überfluss an Begriffen zu verbergen. Vom Einspruch HUMBERTO MATURANAs, des Forschers, der jenen bereits von KANT entwickelten Begriff[31] im Zusammenhang naturwissenschaftlicher Theoriebildung wiederentdeckt und ausgearbeitet hat und Wert darauf legt, dass er weder seinen Zusammenhang mit nachvollziehbaren Sachverhalten verliert, noch zu einer scheinwissenschaftlichen Legitimation autoritärer Gesellschaftskonzepte verkommt, denen die konkreten Menschen nur noch als austauschbare Funktionselemente gelten,[32] scheinen sich die akademischen Kunstgewerbler nicht beirren zu lassen. Das Resultat ist eine Kryptometaphysik, die gerne aller Erfahrung immer schon voraus sein möchte, während sie bei aller einschüchternden Rhetorik nicht mehr leistet als die platte Affirmation des Bestehenden.

29. Siehe S. 52
30. So etwa bei WILLKE 2001, 107–130
31. Siehe S. 53
32. MATURANA, PÖRKSEN 2002, 109–118

Das die Natur umformende sowie gesellschaftlichen Zusammenhang hervorbringende Handeln war und ist immer und überall in hohem Maße von Wissen abhängig; weshalb alle menschlichen Gesellschaften Wissensgesellschaften waren und sind.[33] Sie unterscheiden sich jedoch darin, wie sie Wissen gewinnen, anwenden und reproduzieren bzw. diese Prozesse organisieren. Diese treten in dem Maße hervor und gewinnen Sichtbarkeit, in dem die Spezialisierung des Wissens und die Abhängigkeit von den technischen Mitteln seiner Vergegenständlichung und Verbreitung zunehmen. Die hohe Sichtbarkeit des Expertentums und der technischen Medien in den heutigen westlichen Gesellschaften verleiht ihnen als Wissensgesellschaften keine Einzigartigkeit. Vielmehr ist es in ihnen möglich, dank eines hochorganisierten Spezialistentums und fortgeschrittenen Vergegenständlichungsformen mit sehr geringem Wissen zu überleben, ja sogar hohe Ämter einzunehmen.

Viele Funktionen stellen nicht etwa, wie oft pauschal behauptet wird, immer höhere, sondern immer niedrigere Anforderungen an das Wissen der sie Ausübenden. Das trifft nicht nur auf so hervorgehobene Positionen wie die des Staatsoberhaupts, des Regierungschefs oder Konzernvorstands zu, sondern auch auf ganz alltägliche: Früher gab es etwa bei der Bahn den Kondukteur, der ein dickes Kursbuch unter dem Arm trug, das er jedoch höchst selten zu konsultieren brauchte, weil er die meisten Fragen der Reisenden aus dem Kopf zu beantworten vermochte. Heute ist an seine Stelle der Zugchef getreten, der eine viel schickere Uniform trägt und sonst vor allem dadurch glänzt, dess er keine Ahnung hat und auch nichts machen kann, außer schicksalsergeben auf die Oberzugleitung zu verweisen, deren Ratschlüsse er dann durch den Lautsprecher verkündet.

Die Zahl der Wissensarbeiter, die sich in dem Bericht wiederfinden, den Willke von deren Situation gibt,[34] dürfte sehr klein sein. Dass Wissensarbeiter sich ganz selbstverständlich "Kapital zur Realisierung ihrer Ideen und Projekte suchen",[35] anstatt sich in die Masse der Lohnarbeiter einzufügen, kommt praktisch kaum vor. Eine solche Souveränität der *Wissensbesitzer* − schon das ist ein in höchstem Maße irreführender Begriff, denn Wissen kann man nicht in derselben Form exklusiv besitzen wie ein Stück Land − gegenüber dem Kapital,

---

33. Fischbach 1999b, 110; Fischbach 2002a, 12–14; Fischbach 2003b
34. Willke 2001, 26–27
35. Willke 2001, 26

wie dort behauptet, stellt eine ebenso seltene wie flüchtige Ausnahmesituation dar und kommt als Normalfall höchstens in den durch die Medien, besonders jedoch durch die einschlägige Erbauungslitaratur fürs Management verbreiteten Bildern der Lebensbedingungen von Wissensarbeitern in der Informations- und Kommunikationstechnik, in der Biotechnologie oder im Finanzsektor vor.

Das ebenso verkehrte wie verklärte Bild der Situation von Wissensarbeitern, das WILLKE und andere zeichnen, dürfte maßgeblich durch den Talentkult geprägt sein, den die Berater von MCKINSEY in die Welt gesetzt, mit großem Aufwand propagiert und schließlich in vielen Unternehmen als Leitbild der Personalführung eingeführt haben.[36] Die "Theorie" hinter diesem Kult zeichnet sich durch ihre geradezu erhabene intellektuelle Schlichtheit aus: Der Schlüssel zum Erfolg von Unternehmen liege einerseits in den Talenten, die sie an sich zu binden, zu fördern und einzusetzen in der Lage wären, sowie andererseits in ihrer Bereitschaft, sich schnell von Mitarbeitern zu trennen, die am unteren Ende der Leistungs- und Begabungsskala einzuordnen wären; wobei die Sortierung der Individuen in die Gruppen der *Overperformer* und der *Underperformer*, zwischen denen noch eine Gruppe der Indifferenten liege, anhand willkürlicher Kriterien erfolgt.

Spitzentalente vermuten die MCKINSEY-Leute und ihre gläubigen Nachahmer in der Wirtschaft vorzugsweise unter den Absolventen der teuersten Business Schools — weshalb sie auf einen analytisch und empirisch belastbaren Begriff von Talent verzichten zu können glauben. Das Personalmanagement, so die schlichte These, reduziere sich letztlich darauf, möglichst viele junge Einser-Absolventen der teuersten und renommiertesten MBA-Studiengänge einzustellen und fürstlich zu entlohnen, während man möglichst viele Leute, deren Profil von diesem zu stark abweicht, hinauswirft. Akzeptiert man diese Prämisse, dann erscheinen auch ausgearbeitete Strategie- und Organisationskonzepte oder gar eine konkrete Planung eher überflüssig, denn was liegt dann näher als die Erwartung, die smarten jungen Leute erledigten die kritischen Aufgaben schließlich spontan und *selbstorganisiert*.

Tatsächlich gab es auch bis vor kurzem ein Unernehmen, das dieser Karikatur sehr nahe kam: Der Energiehändler ENRON, dessen

---

36. MCKINSEY & COMPANY 2001; MICHAELS, HANDFIELD-JONES, AXELROD 2001

spektakuläres Scheitern im Dezember 2001 den Blick in einen Abgrund von Inkompetenz und Wirtschaftskriminalität eröffnete – im selben Jahr, in dem eine vielzitierte Publikation zweier MCKINSEY-Berater ENRON noch als Paradigma eines neuen Unternehmenstyps herausgestellt hatte, dessen Erfolgsgeheimnis in grenzenloser Flexibilität und strikter Talentorientierung bestehe.[37] Kein anderes Unternehmen huldigte dem Talentkult so vorbehaltlos wie ENRON.[38]

In dem durch MCKINSEY, ENRON und andere favorisierten Stil des Personalmanagements spielt Wissen tatsächlich kaum eine Rolle – weshalb z.B. ENRON-Manager in Situationen, die Wissen oder wenigstens die Bereitschaft, sich solches anzueignen, erforderten, katastrophal versagten. Dieser Stil bevorzugt und befördert nicht Wissen, sondern den Glauben, eine Mischung aus finanztechnischen Rezepten, hypertrophem Selbstbewußtsein und Ellbogenmoral sei geeignet, jedes Problem der Welt zu lösen.[39]

Tatsächlich geht der Starkult um die *Talente* an den Bedingungen, unter denen Organisationen Wissen zu beschaffen, zu entwickeln und zu verwerten vermögen, weit vorbei. Zwar ist Wissen immer das Wissen von Individuen, doch hängt die gesellschaftliche Entwicklung und Anwendung von Wissen im Arbeitsprozess nicht allein von der Präsenz der Wissensträger ab, sondern auch davon, ob es gelingt, diese in einen Prozess der Kooperation und des Austauschs von Wissen zu involvieren. Dabei fließt das Wissen eben nicht nur in eine Richtung: Das Wissen der herangezogenen Wissensträger – also z.B. von Experten für eine neue Technologie – vermag meistens nur Früchte zu tragen, wenn es sich mit den Erfahrungen der mit einer bestehenden Organisation und ihren Prozessen Vertrauten verbindet. Die produktivsten Organisationen sind nicht unbedingt die, in denen sich die formal am höchsten qualifizierten Mitglieder befinden. Die sozialdarwinistischen Managenentkonzepte aus dem Hause MCKINSEY, die sowohl Belohnungen nach fragwürdigen Kriterien vorsehen, die in keinem nachvollziehbaren Verhältnis zu Leistungen stehen, als auch willkürliche Herabstufungen und Entlassungen, erzeugen ein eher destruktives Klima der Konkurrenz und der Angst, in dem die

---

37. FOSTER, KAPLAN 2001, 149–153, 220–223, 253–255
38. BLOMERT 2003, 94–103, 114–159
39. Diese effektivem Leitbilder der MBA-Ausbildung kritisiert MINTZBERG 2004

Bereitschaft zur Kooperation, zum Teilen von Wissen und auch zur Anerkennung fremder Leistungen verschwindet.[40] Wissen bedarf jedoch nicht allein der gesellschaftlichen Arbeit, um produktiv zu werden, sondern bereits seine Entstehung, Prüfung und Verbreitung sind gesellschaftliche Prozesse. Ohne das gesellschaftliche Medium der Sprache, ohne dass andere uns an ihrem Wissen teilhaben lassen, kann Wissen weder entstehen noch wachsen und sich verbreiten. Auch die Prüfung und Rechtfertigung des Wissens kommt ohne den Rekurs auf gesellschaftliche Institutionen: den Diskurs, die Literatur, die Fachpresse, die wissenschaftlichen, technischen und handwerklichen Disziplinen mit ihren Organisationen, die Schulen und Universitäten etc. nicht aus. Schon die Explikation einfacher Begriffe wie *Wasser*, *Eisen* oder *Rose* ist ohne den Verweis auf die Überlieferung und eine arbeitsteilig organisierte Expertise nicht möglich.[41] Um mich zu vergewissern, dass der transparente Behälter vor mir auf dem Tisch aus Glas und sein Inhalt Wasser ist, bleibt mir nichts anderes übrig als der Rekurs auf kodifiziertes Wissen, auf arbeitsteilige Expertise, organisatorische Routinen und letzten Endes in alledem auf soziales Vertrauen. Sosehr das Wissen immer Wissen eines Individuums ist, liegen die Quellen, Kriterien und *Garantoren*[42] des Wissens nicht innerhalb des Individuums. Indem viele der aktuellen Qualifikationskonzepte Wissen kommodifizieren, d.h. in eine privat anzueignende Ware verwandeln, schneiden sie es von seinen Quellen ab.[43]

Die Definition, die WILLKE von *Wissensgesellschaft* gibt, macht ratlos und unterstützt wiederum den schon von ROPOHL geäußerten Verdacht, dass die soziologische Systemtheorie mehr wissenschaftlich verbrämter Obskurantismus sei als Wissenschaft:[44]

Von einer Wissensgesellschaft oder einer wissensbasierten Gesellschaft lässt sich sprechen, wenn die Strukturen und Prozesse der materiellen und symbolischen Reproduktion einer Gesellschft so von wissensabhängigen

40. Zur Kritik der MCKINSEY-Konzepte ausführlicher PFEFFER 2001; GLADWELL 2002
41. Dazu ausführlich PUTNAM 1988, 26–30
42. Zum Begriff des Garantors siehe RITTEL 1977
43. Siehe FISCHBACH 2004a
44. ROPOHL 1979, 79–85

Operationen durchdrungen sind, dass Informationsverarbeitung, symbolische Analyse und Expertensysteme gegenüber anderen Faktoren der Reproduktion vorrangig werden.[45]

Auch hier wiederum bleibt die Frage zurück, was *vorrangig* heißen soll und was der betreffende Sachverhalt dann für eine Gesellschaft bedeutet. Welcher Zeremonienmeister legt hier an welcher fürstlichen Tafel, welcher von wem bestellte Klassifikator auf welcher Skala einen Rang fest? Oder will Willke hier nur sagen, dass eine Wissensgesellschaft eben eine Gesellschaft mit Computern, Expertensystemen etc. sei, also eine Gesellschaft mit ganz bestimmten Maschinen zur Informationsübertragung, -speicherung und -verarbeitung?

An anderer Stelle findet sich der Verweis darauf, dass "weniger Arbeit und Rohstoffe den Wert von Produkten bestimmen als Software und eingebaute Expertise",[46] doch nirgendwo eine Erklärung, auf welche, wie gemessenen Größen sich diese Behauptung bezieht; nirgendwo auch nur die Andeutung der Einsicht, dass auch der in Software und Expertise verkörperte Wert das Ergebnis von Arbeit ist, oder auch nur die leiseste Ahnung davon, dass eine signifikante Abweichung ihres Tauschwerts von dem durch Arbeit geschaffenen Wert auf nichts anderes hindeutet als auf eine Monopolrente: einen Mehrwertanteil, den sich hier die Software- und Medienbarone aneignen können, weil sie – das überall präsente Paradigma hierfür ist Micro-soft – gewisse Schlüsselpositionen der Informationswelt zu besetzen vermochten.

Zweifelsohne hat heute *Wissensarbeit* im Sinne von *Arbeit von Forschern, Konstrukteuren, Designern, Organisatoren etc.* einen viel größeren Anteil am Wert industrieller Produkte und selbst vieler Dienstleistungen als noch vor Jahrzehnten – schon allein deshalb, weil deren Anteil an der Erwerbsbevölkerung praktisch überall zugenommen hat. Doch das ist primär eine Folge der gewachsenen Naturbeherrschung, die den Anteil unmittelbarer, physischer Arbeit an der Produktion reduziert hat und damit zugleich die Voraussetzung und das Resultat des wachsenden Einsatzes indirekter Arbeit darstellt. Sekundär auch eine Folge von Strategien wie der *Produktdiversifikation*, der *Verkürzung der Produktzyklen*, der *Reduktion der Fertigungstiefe*

45. Willke 2001, 26–27
46. Willke 2001, 27

mit der damit verbundenen, den organisatorischen Aufwand steigernden *Auslagerung* von Teilen der Produktion und auch der produktionsorientierten Dienstleistungen, sowie der *Finanziarisierung*, d.h. der Ablösung unmittelbarer organisatorischer Kontrolle und Kooperation durch Mechanismen und Intermediäre des Finanzmarktes, die seit den späten 1970ern als Antwort auf die Krise des Fordismus den Anteil der dispositiven Funktionen, von Design, Marketing und Finanzdienstleistungen – allesamt Faktoren, deren Beitrag zum Nutzen von Produkten höchst fragwürdig ist – an den Kosten in die Höhe getrieben haben. Im Vordergrund stehen hierbei finanzielle Ziele: Absatz- und Profitsteigerung, höhere Flexibilität durch eine verminderte Kapitalbindung, des weiteren die Steigerung des Börsenwertes sowie nicht zuletzt das Interesse an einer nicht nur vertieften, sondern auch anonymisierten, ins unangreifbar Abstrakte entrückten Kontrolle des Produktionsprozesses durch das Kapital. Nicht mehr der Wille der einzelnen Kapitalisten ist es, der etwas erzwinge, sondern heute seien dies *die Märkte, die Globalisierung* oder sonstige Abstrakta. Viel mehr als die stoffliche Gestalt des Produktionsprozesses verändert sich dabei die Form der Herrschaft.

Dass der geschaffene Wert in wachsendem Umfang nicht mehr aus der materiellen Produktion zu stammen scheint, ist zum Teil auch ein statistischer Artefakt: Es spiegelt sich darin die Auslagerung von Tätigkeitsbereichen wie der Instandhaltung, Rechnungslegung, Softwareentwicklung, ja selbst der Entwicklung und Konstruktion aus den Fertigungsbetrieben. Was bisher der industriellen Tätigkeit zugerechnet wurde, weil es in einem Industriebetrieb stattfand, erscheint nun als Dienstleistung, weil es von einem Dienstleistungsunternehmen erbracht wird. Das verweist zwar einerseits auf die interne *Tertiarisierung* der industriellen Produktion, d.h. die fortschreitende Substitution von unmittelbarer durch mittelbare Arbeit, die bereits innerhalb der Industrieunternehmen stattgefunden hat, andererseits jedoch auch darauf, dass ein großer Teil der Dienstleistung *produktionsorientiert* ist, d.h. darin besteht, die Güterproduktion vorzubereiten und zu unterstützen, sofern sie nicht ohnehin – Stichwort Leiharbeit – lediglich ein als Dienstleistung kaschierter Teil derselben ist.

Inzwischen geht die Entwicklung sogar so weit, dass Industrieunternehmen nicht nur Gebäude, sondern auch Maschinen und Teile von Anlagen nicht mehr kaufen, sondern inklusive der Wartung und sogar des Betriebs mieten. Die Kosten von gegenständlichen Bedingungen der Produktion erscheinen auf diese Weise als solche einer Dienstleistung. Aus dem wachsenden Anteil von Dienstleistungen und besonders von wissensbasierten Dienstleistungen an der Wertschöpfung gar auf eine *Entmaterialisierung* der Wirtschaft zu schließen,[47] ignoriert nicht allein das tatsächliche Naturverhältnis der menschlichen Gesellschaft,[48] sondern missinterpretiert die Statistik, um ein Phantom zu entwerfen, das mit der wirtschaftlichen Realität wenig zu tun hat.[49] Der fortgeschrittene Stand der Naturbeherrschung zeigt sich vielmehr gerade darin, dass wir heute Materie in unvorstellbarem Umfang bewegen, ohne sie direkt anzufassen.

Doch bei all den angeführten Faktoren handelt es sich um Kosten bzw. Wertbeiträge *bestimmter Formen von Arbeit und nicht von isoliertem Wissen*. Allzu leicht gerät auch in Vergessenheit, dass man auch früher ohne Wissen und Expertise weder Getreide anzubauen noch Brot zu backen, weder Häuser, Brücken, Uhren und Waagen zu bauen noch die Werkzeuge anzufertigen vermochte, die man für alle diese Leistungen brauchte. Zudem ist das Gewicht der Wissensarbeit für die gesellschaftliche Wertschöpfung nicht an deren Beitrag zu einzelnen Produkten, wo er durchaus hoch sein mag, ablesbar, sondern man muss dazu schon die gesamtwirtschaftliche Statistik betrachten und darf dabei nicht aus den Augen verlieren, dass auch diese nur unvollständig Rechenschaft von dem gibt, was das Leben der Menschen ausmacht, von den Quellen und Senken nützlicher oder gar wohltuender Dinge, Handlungen und Handreichungen. Denn schließlich leben auch die Wissensarbeiter nicht allein vom Wissen, sondern wie andere Leute auch von Brot und Wein, Kunst und Liebe – oder was die Menschen und die Erde sonst noch an schönen Dingen hervorbringen.

Dieses *leben von* ausschließlich unter dem Begriff der *Reproduktion* zu fassen, ist irreführend. Reproduktion setzt das zu Reproduzierende ja als seine Norm voraus. Doch eine solche Norm existiert nicht jenseits des bloßen physischen Überlebens, das als Norm für das Leben der Menschen nicht ausreicht. Vielmehr wäre das Menschliche

---

47. Siehe S. 134–135
48. Wie etwa die auf S. 134–135 referierten Fakten
49. Siehe Fischbach 2003b

gerade wahrzunehmen als das, was in Reproduktion sich nicht erschöpft. Seine Reproduktion geschieht erst, wenn nicht allein Reproduktion stattfindet. Wenn die soziologische Systemtheorie von der
Autopoiesis, also der *Selbstreproduktion* der Gesellschaft redet, dann
maßt sie sich nicht nur an, eine solche Norm, nach der die Reproduktion stattfinde, zu kennen, sondern dämonisiert ein Abstraktum, um
die konkreten Menschen auf ihre Funktion zu reduzieren, die ihnen
aus der Sicht jenes Abstraktums zukommt. Denn was wäre das *Selbst
der Gesellschaft*, dessen Existenz die Rede von der *Selbstreproduktion* unterstellt? Reproduktion des menschlichen Lebens hieße dann
lediglich Reproduktion einer Funktion. Auch auf der Linken, besonders in manchen Strömungen, die sich auf die marxistische Tradition
berufen, herrscht ein wenig durchdachter Umgang mit dem Begriff
der Reproduktion vor.[50] Hier ist an den Begriffen, vor allem an der
Auflösung ihrer scheinbaren Selbstverständlichkeit noch zu arbeiten.

3.3 Wert des Wissen – Wert der Arbeit

Dass Wert und Tauschwert nicht unbedingt übereinstimmen, sondern
Letzterer nicht allein mit dem Verhältnis von Angebot und Nachfrage
variiert, sondern auch von den Machtverhältnissen und dem institu-
tionellen Kontext des Tauschs abhängt, ist in Betracht zu ziehen,
wenn es gilt, den hohen Wertanteil der Wissensarbeit an vielen Produkten zu erklären. In ihm spiegelt sich auch die seit den 1970er
Jahren fortschreitende Polarisierung der Einkommen, die bestimmten
Beschäftigungssegmenten immense Steigerungen, anderen jedoch Stagnation, wenn nicht gar Verlust brachte; wobei die Teilung zwischen
Gewinnern und Verlierern ebenso wie die zwischen Wissensarbeitern
und gewöhnlichen Arbeitern meist nicht entlang tatsächlicher Qua-
lifikationsniveaus, sondern eher entlang fragwürdiger formaler bzw.
sozialer Abstufungen und Grenzen verläuft.[51] Die willkürliche Sprei-
zung der Einkommen ist auch ein konstitutives Merkmal des oben
bereits diskutierten Talentkults.[52] Die Polarisierung der Einkommen
gibt sich hier wie sonst kaum an einer anderen Stelle als Faktum
zu erkennen, das nicht nur herrschaftstechnisch funktioniert, sondern

50. Etwa auch bei HARDT, NEGRI 2000
51. CARNEVALE, ROSE 2000; GALBRAITH 1998, 23–65; HENWOOD 1996a
52. Siehe S. 139–141

auch so intendiert ist, als Hebel der sozialen Dissoziation, das auf die
Entsolidarisierung aller ebenso wie auf die kritiklose Gefolgschaft der
willkürlich Privilegierten zielt, deren durch Starbewusstsein mühsam
verdrängtes Minderwertigkeitsgefühl den Gehorsam nur verstärkt.
Wenn selbst aus den Lehrkörpern englischer und US-amerikanischer Eliteunis Klagen zu hören sind wie die, dass kaum noch jemand das anspruchsvolle Studium einer Naturwissenschafts- oder In-
genieursdisziplin aufnehmen wolle, wenn man mit einem vergleichsweise einfach erworbenen MBA-Diplom in der *City*[53] bzw. der *Wall
Street* das doppelte verdienen könne, dann beleuchtet das zwar nur
die Spitze einer umfassenderen Struktur, bezeichnet aber eine der
charakteristischen Linien, entlang derer Lohndifferenzierung stattfindet − von der zwischen *Suits*[54] und *Hackers* bis hin zu der zwischen
Erbsenzählern und *Blaumännern*. Diese Differenzierung hat weniger
mit Unterschieden der Qualifikation zu tun als mit den Interessen
an der Herrschaft über den Produktionsprozess und der Aneignung
von Mehrwert − eine Differenzierung zudem, die produktive Potenziale einer Gesellschaft vernichtet. Nicht zu vergessen ist hier auch,
dass viele der bisher als hochqualifiziert geltenden Tätigkeiten im
IKT-Sektor,[55] wie z.B. die Produktion von WWW-Seiten oder die
Administration einfacher Desktop-Anwendungen, inzwischen schlecht
entlohnte Routinetätigkeiten sind.[56]

Eine Einteilung, die Tastaturbediener den Wissensarbeitern zu-
schlägt und Menschen, die eine Maurerkelle oder einen Schrauben-
schlüssel in die Hand nehmen, wenn sie ans Werk gehen, dagegen
nicht, selbst wenn letztere ungleich mehr wissen müssen, um ihre Arbeit kunstgerecht auszuführen, ist ohnehin schwer zu rechtfertigen.
Weshalb Banker, die standardisierte Investmentprodukte mit meist
schlechter, aus dem Prospekt reproduzierter Beratung verkaufen oder
die ihre Kompetenz nachweisen, indem sie effektiv als Herdentiere
funktionieren, d.h. das kaufen und verkaufen, was alle anderen auch

---

53. So heißt im Jargon der Branche der innerstädtische Finanzdistrikt von LON-
DON.
54. "Anzüge": So heißen die Manager im Jargon der sich selbst *Hacker* nennenden
Programmierer, die ihre Arbeit zum Lebensinhalt gemacht haben.
55. Informations- und Kommunikationstechnik
56. Einblicke in die für die meisten Beteiligten eher schäbige Arbeitswelt der Soft-
wareindustrie, die hinter der glitzernden New-Economy-Fassade liegt, geben
LESSARD, BALDWIN 2000; BORSOOK 2000, 153–171

kaufen und verkaufen, Wissensarbeiter sein sollen, Poliere oder Werkstattmeister, die intellektuell durchaus Anspruchsvolleres mit höherer Erfolgsquote vollbringen, dagegen nicht, ist kaum nachvollziehbar. Der Verdacht, dass der ganze Schwall von Wissensgesellschafts-Beschwörungen vor allem die Umverteilung von Macht und Wert legitimieren soll, liegt da nicht fern. Anscheinend geht es weniger darum, endlich den Wert von Wissen angemessen zu berücksichtigen, als vielmer darum, bestimmte Formen von Wissen oder auch nur bestimmte gesellschaftliche Funktionen auf- und andere abzuwerten.

Bei allem Bedeutungsgewinn, den besonders die mit dem Transport, der Verarbeitung und Speicherung von Information sowie mit der Organisation der entsprechenden Prozesse und der Herstellung der dazu dienenden Artefakte befassten Disziplinen in den letzten drei Jahrzehnten erfahren haben, stellen die dort Beschäftigten nur einen verhältnismäßig kleinen Teil der Arbeitskräfte dar, dessen Größenordnung sich auch in Zukunft nicht entscheidend verändern wird. So waren z. b. im Durchschnitt der 15 EU-Länder im Jahr 1999 2,8 % aller Arbeitskräfte im IKT-Sektor beschäftigt. Der Anteil des Sektors an der Wertschöpfung ist mit 4,6 % größer als der an der Beschäftigung; worin sich das überdurchschnittliche Niveau der Löhne und Gewinne dort ausdrückt.[57] In den USA dürfte dessen Anteil an der gesamten Beschäftigung etwas höher liegen, doch nicht um Größenordnungen, sondern um Bruchteile von Prozenten. Das dem US-Arbeitsministerium unterstellte BUREAU OF LABOUR STATISTICS zählt für das Jahr 2000 ca. 2 % der Beschäftigten zum IT-Sektor und erwartet bis zum Jahr 2010 ein Wachstum auf 3 %.[58] Diese Zahlen enthalten im Gegensatz zu den europäischen nicht die Beschäftigten des Telekommunikationssektors. Ländervergleiche sind generell mit methodischen Problemen behaftet, da den nationalen Zahlen uneinheitliche Abgrenzungskriterien zugrunde liegen.

Während der letzten 5 Jahre, die besonders für die IKT-Industrie Krisenjahre waren, schrumpfte die Beschäftigung dort sowohl absolut als auch relativ. Nicht viel anders war dies in der Finanzindustrie, besonders dem Investment-Banking, das im letzten Jahrzehnt einen

57. DEISS 2002, 4–5
58. HENWOOD 2003, 72

außergewöhnlichen Aufschwung und ein damit einhergehendes Beschäftigungswachstum erlebt hatte und seit dem Einbruch der Wertpapiermärkte sowie der Fusions- und Übernahmeaktivitäten wieder schrumpfte. Das alles ist auch keinesfalls mysteriös, sondern nachvollziehbar. Vor allem sollte man sich auch davor hüten, die Beschäftigung in den IKT- und Finanzsektoren undifferenziert der Wissensarbeit zuzuschlagen. In beiden gibt es Tätigkeiten, die alles andere als Wissensarbeit sind. Das Bestücken von Platinen oder das Aufstellen von PCs sind so wenig Wissensarbeit wie die Bearbeitung von Formularen. Die Tätigkeit von Klempnern, Stahl- und Betonbauern ist wesentlich wissensintensiver.

Dass der Anteil der IKT und auch weiterer als wissensbasiert geltender Sektoren, wie etwa der Finanzindustrie, am gesamten Arbeitsaufkommen weder in naher noch in ferner Zukunft sprunghaft wachsen wird, erschließt sich schon bloßem Nachdenken. Wenn die Herrschaft sowohl über die äußere Natur als auch über die objektivierbaren und formalisierbaren mentalen Abläufe sich vertieft und dadurch sowohl physische als auch geistige Arbeit rationalisiert wird, dann wächst zwangläufig das relative Gewicht aller anderen Tätigkeiten.

Während bisher überwiegend die Substitution physischer Arbeit durch Maschinen den relativen Anteil der Wissensarbeit am Produkt steigerte und deren fortschreitende Auslagerung aus den Produktionsbetrieben neben dem Sektor der produktionsorientierten Dienstleistungen auch den Koordinationsaufwand der Produktion wachsen ließ, werden sowohl die Rationalisierung der Wissensarbeit selbst als auch veränderte gesellschaftliche Bedürfnisse[59] den Bereich der

---

59. Solche veränderten Bedürfnisse ergeben sich u. a. aus den schwindenden Haushaltsgrößen, der zunehmenden Berufstätigkeit der Frauen, der wachsenden Anzahl der Alleinerziehenden, dem Zwang zu erhöhter Mobilität der Berufstätigen, den gesteigerten und in ihrer Form veränderten Belastungen am Arbeitsplatz, der veränderten Altersstruktur der Gesellschaft und nicht zuletzt aus den Hindernissen, die die heutige Gesellschaft der geistigen und körperlichen Entwicklung von Kindern entgegensetzt. Diese veränderte Bedürfnisstruktur könnte bei gleichzeitig fortschreitender Rationalisierung der Güterproduktion tatsächlich eine Dienstleistungsgesellschaft auf hohem qualifikatorischem und kulturellem Niveau entstehen lassen, wenn die Bereitschaft vorhanden wäre, die durch Rationalisierung freigestellten Ressourcen sozial zu investieren — und das heißt auch: umzuverteilen — anstatt sie, wie es dem heutigen Politikmodell entspricht — in einem subjektiv durch die zwanghaft hypochondrische Angst um die *Wettbewerbsfähigkeit des Standorts* motivier-

daseinsunterstützenden und bereichernden, d.h. auf die in situ zu leistende Befriedigung mentaler und körperlicher Bedürfnisse zielenden Dienstleistungen, die neben einer gewissen, auf objektivierbarem Wissen beruhenden Expertise auch körperliche und kommunikative Geschicklichkeit erfordern, sowohl relativ als auch absolut wachsen lassen.[60]

Dass die Informations- und Kommunikationstechnik zumindest die Verbreitung und Nutzung der gegenständlichen, jedenfalls der elektronischen, doch auch der papierbasierten Repräsentation von Wissen rationalisiert hat, steht außer Zweifel. Wie weit sich dies auf das Wissen selbst erstreckt, ist weniger leicht zu klären, da seine Verbreitung und Nutzung ohne die Rezeption durch Subjekte, also ohne eine Anstrengung derselben, nicht stattfindet. Doch ein gewisser Rationalisierungseffekt ergibt sich schon aus dem Beitrag der Repräsentationen von Wissen zu dessen Produktion und Reproduktion, sprich: zu Bildung und Forschung. Auch hier wagt WILLKE eine sehr weitreichende Behauptung, ohne sich deren Konsequenzen zu vergegenwärtigen:

> Die Kosten der Nutzung und Verteilung von Wissen sind zwar in den herkömmlichen Formen des Lernens beachtlich, tendieren aber gegen Null, wenn dieses Wissen in digitalisierter Form vorliegt und in selbstgesteuerten Prozessen des Wissenserwerbs ("online"-Lernen mittels digitalisierter Lernprogramme, "learning on-demand") organisiert ist.[61]

Wenn die Verteilung und Nutzung des Wissens keine Kosten mehr verursacht, dann ist nicht mehr einsichtig, welchen Wert – genauer:

ten, objektiv jedoch eine rücksichtslose Lohnsenkungsstrategie des Kapitals implementierenden Wettlauf nach unten zu zerstören. Siehe S. 218–220

60. KRUGMAN 1996, 196 bringt eine Tabelle, die aus den Daten des U.S. BUREAU OF LABOUR STATISTICS erstellt wurde. Dort sind die Berufe aufgelistet, die in den Jahren bis 2005 den stärksten relativen Beschäftigungsanstieg erwarten lassen. Die gemeinhin als Wissensarbeiter angesehenen Berufe nehmen dort keinesfalls Spitzenpositionen ein. Noch weiter unten auf der Rangliste liegen diese Berufe, wenn man nicht das relative, sondern das absolute Beschäftigungswachstum heranzieht; wobei das tatsächliche Wachstum speziell der IKT-Berufe, bedingt durch den Abschwung der Branche seit 2000, hinter diesen Prognosen, die ja aus den Boomzeiten der IKT stammen, zurückgeblieben ist. HENWOOD 2003, 72 enthält eine Liste, die, basierend auf neueren Daten aus derselben Quelle, auch Berufe aufführt, nach denen bis zum Jahr 2010 die stärkste Nachfrage bestehen soll. Auch dort stehen die konsumentenorientierten Dienstleistungen an der Spitze, während die als Wissensarbeiter eingestuften weit hinten rangieren.

61. WILLKE 2001, 60

Tauschwert – Wissen dann noch haben soll. Wenn sich Wissen mühe- und schrankenlos verbreitet, verliert auch die von den *Wissensbesitzern* ausgehende Argumentationsfigur, auf die Willke sein Plädoyer für einen von allen regulativen Eingriffen des Staates ausgenommenen Markt für Wissen[62] stützt, jegliche Kraft. Sobald sich die Teilhabe an einer Sache nicht mehr exklusiv gestalten lässt, hört diese auf, ver- marktbar zu sein, denn wenn der Besitzer einer Sache deren Übergang an andere nicht verhindern kann, d.h. sie nicht portioniert und gezielt allein den Käufern zukommen lassen kann, ist ein Kaufvertrag über diese Sache gegenstandslos. Ein Markt für Wissen ist unter dieser Bedingung so sinnvoll wie ein Markt für Sand in der Sahara oder ein Markt für Salzwasser mitten im Pazifik. Trotzdem ist für Willke "klar [...], dass Wissensarbeit staatliche Regulierung weder benötigt noch verträgt" und dass "für Wissensarbeit [...] ein reiner Markt die optimale Form der Allokation von Expertise und Talent [ist]".[63]

Eine Begründung dafür sucht man vergeblich. Merkwürdigerweise ist hier von *Wissensarbeit* die Rede, sonst jedoch von *Wissen* als Produktionsfaktor. Die Wissensarbeiter verfügten "exklusiv über die 'Produktionsmittel'", d.h. "über den entscheidenden Produktionsfak- tor, nämlich hochprofessionalisierte Expertise als intellektuelles Ka- pital".[64] Doch wenn, um diesen Punkt noch einmal zu wiederholen, Wissen so leicht verteilbar und nutzbar ist, dass dabei keine Kosten mehr anfallen, kann es nicht mehr *exklusiv* sein. Wissen mit diesen Eigenschaften ist kein knappes Gut mehr und deshalb auch nicht mehr handelbar, ja überhaupt kein Gegenstand der Ökonomie mehr, es sei denn man verknappte es künstlich, indem man neue Barrieren gegen seine Verbreitung errichtete, wo die Technik alle bisherigen weggeräumt hat. Das ist die Strategie der Medienkonzerne.[65]

Im Ideal des vollkommenen Marktes verfügen alle Teilnehmer über vollkommene Information, die sich im Preis ausdrückt,[66] der deshalb zum Gleichgewichtspreis konvergiert, bei dem Angebot und Nach- frage sich entsprechen. Zu verwirklichen ist es folglich nur dann, wenn

---

62. Willke 2001, 26–27
63. Willke 2001, 28
64. Willke 2001, 26
65. Fischbach 1999a
66. Das ist ein Markt, in dem es auch keine Transaktionskosten, d.h. zusätzliche Kosten der Beschaffung bzw. Informationsbeschaffung gibt, die der Preis nicht widerspiegelt.

das Angebot flexibel auf die Nachfrage reagieren, also z.B. sich reduzieren kann,[67] wenn ein zu niedriger Preis einen Überschuss signalisiert. Ein Markt für Wissen kann deshalb so wenig dem Ideal entsprechen wie ein Markt für Arbeit, weil die nötige Flexibilität des Angebots nicht gegeben ist: Wer von, sei es eigenem Wissen, sei es von eigener Arbeit lebt, kann es sich nicht leisten, deren Angebot zu reduzieren, weil der Preis nicht angemessen erscheint. Wie sich zudem das Angebot eines Wissens reduzieren soll, das nach Meinung WILLKEs nicht nur unabhängig von Arbeit existiere, sondern sich auch mühelos verbreiten und verwerten lasse, ist ein reines Rätsel. Das Angebot einer Sache, die sich, wie oben gezeigt, nicht exklusiv besitzen lässt, ist auch nicht reduzierbar.

Die Informationssymmetrie, ohne die es keinen idealen Markt gibt, ist zudem höchstens bei Wissensarbeit gegeben, die auf standardisierten Qualifikationen basiert. Arbeitskraft dagegen, die auf exklusivem, weil nicht mühelos reproduzierbarem Wissen basiert – etwa auf der durch Erfahrung erworbenen Kenntnis besonderer Anlagen und Verfahren, auf der durch Vertiefung in einen konkreten Problemzusammenhang gründenden Fähigkeit, nicht allein Routineaufgaben zu bewältigen, sondern auch innovative Lösungen zu entwickeln –, ist durch standardisierte Beschreibungen und Zertifikate kaum fassbar. Ihr angemessener Einsatz setzt Bekanntheit und Vertrauen voraus, also besondere Beziehungen zwischen Käufer und Verkäufer, die auf beiden Seiten in einem jeweils besonderen Wissen gründen. Der Markt für diese Arbeitskraft kann deshalb kein idealer sein. Das Konzept des idealen Marktes ist im Grunde innovations- und komplexitätsfeindlich: Ein solcher kann sich nur für Produkte und Qualifikationen ausbilden, die unter den Interessenten bereits allgemein bekannt und durch diese selbst einschätzbar oder durch anerkannte Instanzen standardisiert und bewertet sind. Anders ist das Verschwinden der Transaktionskosten und die Reduktion der Informationsfunktion auf den Preis nicht denkbar. Komplexe und innovative Produkte schließen beides aus: Sich auf Neues bzw. Unbekanntes von hohem Komplexitätsgrad einzulassen, bedeutet immer, besondere Beziehungen aufzubauen oder wenigstens besonderen Aufwand

---

67. Und zwar kontinuierlich, da Sprünge die Möglichkeit implizieren, dass Angebot und Nachfrage sich nie treffen. Siehe S. 163

zu betreiben, um Information zu beschaffen. Es erzeugt also immer Transaktionskosten und oft auch Präferenzen – Faktoren, die mit dem idealen Markt nicht verträglich sind.[68]

Aus diesem Grunde kann auch der *Markt für Unternehmenskontrolle*, dessen Entstehen im Rahmen der Finanzmärkte als eine der großen kapitalistischen Innovationen der letzten Jahrzehnte gilt, nicht wirklich funktionieren. Profunde Information über ein Unternehmen zu übertragen, würde ein besonderes Vertrauensverhältnis oder eine durchsetzbare Verpflichtung zur Offenheit erfordern. Die auf S. 136 bereits angesprochenen Intermediäre – Investment-Banken, Rating-Agenturen, Wirtschaftsprüfer – können die ihnen zugewiesene Rolle als neutrale und rundum vertrauenswürdige Vermittler nicht erfüllen, da sie systemischen Interessenkonflikten unterliegen. Ihre Position versetzt sie zudem in die Lage, Information zu monopolisieren und ebenso kalkuliert zurückzuhalten wie gezielt und dosiert zu verbreiten, wenn nicht gar zu verfälschen – ein Umstand, in dem sich eine unerhörte Macht zur Manipulation der Finanzmärkte verbirgt. Die großen Finanzskandale der letzten Jahrhundertwende um ENRON, WORLDCOM und andere sind deshalb nicht als Bubenstücke einzelner Bösewichte, sondern nur als Konsequenzen der gewollten und bewußt herbeigeführten Verfassung der Finanz-, Energie-, Telekommunikations- und Verkehrsmärkte zu sehen,[69] nach deren Vorbild weitere, bisher öffentlich geführte bzw. regulierte Bereiche der Wirtschaft geordnet werden sollen.

Ein Markt für Wissen ist unter dem Aspekt der Information zudem eine paradoxe Vorstellung: Ohne Information gibt es keinen Markt, doch andererseits verschwindet mit dem Untersched zwischen dem Gut und der Information über das Gut auch der Markt: Etwas, das ich mir in derselben Form aneigne wie die Information darüber, ist von letzterer kaum noch überzeugend zu differenzieren. Im Kontinuum der Information lösen sich die Grenzen auf, die notwendige

---

68. Ein solcher setzt, wie bereits angedeutet, symmetrische Information voraus, während hier asymmetrische vorliegt. Ohne kompensierende Institutionen – Tradition, Kontrolle und durchsetzungsfähige Regeln etc., die Vertrauen schaffen – führt eine solche Informationsasymmetrie immer zu Marktversagen. Siehe STIGLITZ 2004, 84–89, 109–180

69. STIGLITZ 2004, 109–134; BLOMERT 2003, 51–86

Bedingungen des Warendaseins sind. Eine Ware muss man exklusiv besitzen können. Ein wesentliches Merkmal von freier bzw. offener Software, die nicht mehr als Ware auftritt, ist ihre prinzipielle Durchschaubarkeit als vergegenständlichtes Wissen, während kommerzielle Software bevorzugt als Nichtwissen, in diesem Fall: als undurchschaubarer Funktionsblock auftritt. Abweichungen von dieser Regel in der Form von Quellcode-Lizenzen kommen vor, wenn zwischen Hersteller und Anwender besondere Beziehungen bestehen, etwa zwischen Industrieunternehmen und den Produzenten spezieller technischer Software. Freie Software wird erst in dem Maße zu einer weithin akzeptablen Lösung, in dem soziale Institutionen die einzelnen Anwender von dem Aufwand dispensieren, den die Realisierung der zunächst nur prinzipiell gegebenen Informationssymmetrie kostet, und darüber hinaus deren dauerhafte Verfügbarkeit und Qualität sicherstellen. Beides können weder der Markt noch Akte des individuellen guten Willens leisten. Ein Markt für Wissen ist entweder kein reiner *Markt* mehr oder er ist kein Markt mehr für *Wissen*. Die Ordnung des Wissens ist nicht die des Marktes. Wenn diese sich zur Totalen bläht, kann jene sich nicht entfalten.

Metawissen, also Wissen über Wissen, ist eine besondere Form des Wissens, die sich jedoch nicht sauber von seinem Gegenstand trennen lässt. Die Frage ist, wieviel davon es in sich aufnehmen muss. Metawissen findet sich deshalb beständig über sich hinaus getrieben, sei es zum Wissen, sei es zum Vertrauen hin. Vertrauen kann vom Wissen dispensieren, das Vertrauen in anerkannte gesellschaftliche Institutionen wie den Markt, das Zertifikat etc. jedoch nur vom etablierten, allseits anerkannten Wissen. Den Dispens vom außergewöhnlichen und innovativen Wissen gewährt dagegen nur besonderes Vertrauen, und besonderes Vertrauen gedeiht besonders, wo Offenheit herrscht, also die Grenze zwischen Wissen und Wissen über dieses Wissen fließend, und die Eigenschaft des Letzteren, Nichtwissen einzuschließen, und damit auch die Warenförmigkeit des Ersteren also prinzipiell aufgehoben ist.[70] Während die Subtilität des Verhältnis-

---

70. Das Verhältnis zwischen denen, die ein technisches Artefakt oder ein Verfahren bereitstellen, und denen, die es verwenden, hat die Form eines Vertrags, in dem die Verwender den auslegungs- und instruktionsgemäßen Einsatz und die Bereitsteller unter dieser Bedingung den spezifikationsgemäßen Effekt zusichern. Als soziale Institutionen bedürfen die Technik und die Softwaretechnik einer solchen epistemologischen Arbeitsteilung und diese wiederum der Ressource Vertrauen. Dass der in einer Spezifikation postulierte Zusammen-

ses von Wissen und Metawissen die Warenförmigkeit des Wissens
schon tendenziell auflöst, macht ihre Steigerung bei innovativem und
hochkomplexem Wissen sie vollends zunichte.

Sofern Wissen in technisch reproduzierbarer Form vergegenständ-
licht ist, bleibt bei verschwindenden Grenzkosten seiner Reproduktion
als werttragendes Substrat nur noch die konkrete Arbeit zurück: die
Arbeit der Gewinnung, Aneignung und Anwendung von Wissen.[71] Li-
zenzgebühren sind nichts anderes als staatlich garantierte Monopolrenten. Die Wertsubstanz von vergegenständlichtem Wissen selbst
verflüchtigt sich und erweist sich dadurch zunehmend als scheinbare.
Einen besonderen, in seiner Rarität gründenden Wert hat Wissen
nur noch, sofern es nicht mühelos reproduzierbar, nicht ohne weiteres
anzueignen und anzuwenden ist. WILLKEs Wissensmarkt entspringt
einem fetischisierten Begriff von Wissen, der blind ist für dessen Dia-
lektik und darüber die Welt auf den Kopf stellt.

Wissen stellt sich als schlechter Kandidat für den Übergang in die
Warenform heraus: Wissen ist einerseits zu pervasiv, flüchtig und universell, andererseits zu gebunden und speziell, um als Ware zu taugen.
Es mangelt ihm mal Privatisierbarkeit, mal Zirkulationsfähigkeit.[72]
Bedrohen die sich verbessernde technische Herstellbarkeit, Reproduzierbarkeit und Transportierbarkeit seiner Objektivierungen sowie die
nach dem Stand der Produktivkräfte mögliche Befreiung der Menschen *von* mühevoller Arbeit, die ja immer auch als Befreiung *zu*
einer den Intellekt einschließenden humanen Vervollkommnung zu
verstehen ist, fortschreitend die in der Warennatur eingeschlossene
Exklusivität des Besitzes, wo die universelle Natur des Wissens diese
nicht ohnehin schon unwirklich erscheinen lässt, fehlt dem situierten,
besonderen Wissen, das eher dem exklusiven Besitz zuneigt, das allgemeine Publikumsinteresse, das erst seine Zirkulation auszulösen,

hang zwischen Vorbedingungen und Effekt im Prinzip explizierbar sei, vermag
die Neigung zu dieser Form der Komplexitätsreduktion zu konsolidieren, ohne
dass ein frequenter Rekurs auf diese Möglichkeit nötig wäre. Dies ändert sich
erst, wenn es um den Einsatz besonders innovativer bzw. außergewöhnlicher
Lösungen oder um außerordentliche bzw. nicht delegierbare Risiken geht,
die durch das institutionalisierte Vertrauen nicht mehr abgedeckt zu sein
scheinen, die Bildung des Metawissens jedoch großen Aufwand erfordert. Die
Sicht des Lösungseinsatzes als Vertrag kam zuerst in der Softwaretechnik auf.
Siehe LISKOV, GUTTAG 1986; MEYER 1988, 111–164; FISCHBACH 1992
71. ANDRÉ GORZ 2004, 31–64 schüttet dagegen das Kind mit dem Bad aus, wenn
er auf der prinzipiellen Unmessbarkeit des Wertes von Wissen beharrt.
72. FISCHBACH 2003b, 43

wie auch die mühelose Objektivierbarkeit und Reproduzierbarkeit, die daraus ein leichtes Geschäft zu machen vermöchte. Der Gegenstand von größerem ökonomischem Gewicht ist, von marginalen Ausnahmen abgesehen, nicht das Wissen selbst, sondern die Arbeit der Wissensarbeiter – ob sie nun als solche gelten oder nicht. Das was im technischen Fortschritt als Möglichkeit angelegt ist – die Befreiung von der Mühsal und die freie Zirkulation des Wissens – müsste gerade die *Ökonomie des Wissens* aufheben, die ganz unzeitgemäß dessen Knappheit unterstellt, um an ihre Stelle eine *Kultur der Verschwendung des Wissens* zu setzen.

Die Marktposition von Wissensarbeitern ist, sofern sie nur über standardisierte Qualifikationen verfügen, keinesfalls komfortabler als die von Arbeitskräften mit herkömmlichen Qualifikationen wie z.b. von Metallfacharbeitern oder Einzelhandelsgehilfen. Die Position von Wissensarbeitern wird in demselben Maße schwächer, in dem ihre Qualifikationen sich verbreiten. Solange die Arbeitskraft Ware ist, schlägt auch eine solche wünschenswerte Entwicklung zu ihrem Nachteil aus. Doch selbst Spezialisten mit außergewöhnlichen Kenntnissen und Fähigkeiten sind ohne ein persönliches Feld von besonderen Beziehungen zu Kollegen, Multiplikatoren und potenziellen Auftraggebern nicht dazu in der Lage, ihre Arbeitskraft zu einem angemessenen Preis zu verkaufen. Der ideale Markt hat gerade für sie nichts Verlockendes. Es ist insbesondere schwer vorstellbar, dass Wissensarbeiter mit verbreiteten Qualifikationen das bisherige Verhältnis von Kapital und Arbeit umkehren und sich "Kapital zur Realisierung ihrer Ideen und Projekte suchen", anstatt dass sich wie bisher "das Kapital zu seinen Bedingungen Arbeit sucht".[73] Diese Transaktion wäre eine des Kapital-, nicht des Wissensmarktes. Sie ist New-Economy-Fantasy, die höchst selten Realität wird. Die wenigen Fälle, in denen das eintritt, gehören eben nicht dem idealen Markt an, sondern der Welt des monopolistischen Brandings, der guten Beziehungen sowie, nicht zu vegessen: der staatlichen Subsidien und privaten Monopolrenten, die in die üppig ausgestatteten Forschungs- und Entwicklungsvorhaben fließen, an deren Spitze die so umworbenen Starwissenschaftler und -techniker stehen.

73. WILLKE 2001, 26

Die Auffassung, dass die Ausbeutung von Wissen förderungswürdig sei,[74] ist zustimmungsfähig, doch die Ausbeutung von Wissen ist nicht dasselbe wie die Ausbeutung von Wissensarbeit, denn Letztere ist immer menschliche Arbeit, in die Wissen zwar einfließt, die selbst jedoch nicht Wissen ist. Die erste Form impliziert die zweite keineswegs. Durch die Ausbeutung von Wissen verliert tatsächlich niemand etwas. Der Schluss, dass "Wissensarbeit keine politische Regulierung als Schutz gegen Ausbeutung [braucht]",[75] basiert auf einer sich mit oberflächlichem Denken paarenden Neigung, sich für fantastische Erzählungen aus der schönen neuen Welt der vernetzten Wissensgesellschaft zu begeistern.[76]

3.4 Widerstand des Raumes

Dass Raum und Zeit durch das Netz den Tod erlitten hätten, hängt also nicht nur an der Prämisse, dass dieses überall in gleicher Weise zugänglich sei, sondern auch daran, dass Arbeit Wissensarbeit sei in dem sehr engen Sinne von Arbeit, die sich ausschließlich an Symbolen, genauer an digital codierter und elektronisch vermittelter Information vollziehe, und dass darüber hinaus das Netz sich sogar zur eigentlichen Sphäre, zum universellen Medium des menschlichen Lebens entwickle. Von den unterschiedlichen Voraussetzungen, die den Individuen den Zugang zu technisch vermittelter Information erleichtern oder auch erschweren, abstrahiert diese Vorstellung geradeso wie davon, dass Wissensarbeit in dem weiteren Sinn, der erst deren ganze Breite erfasst, irreversibel an konkrete Orte, stoffliche Gebilde, Organismen und Organisationen gebunden ist. Bei den Orten handelt es sich meist sogar *nicht um durch äußere, natürliche Faktoren bestimmte*, die wegen ihrer besonderen, sie vor allen anderen auszeichnenden Ressourcen wie Lage, Klima Bodenschätze oder -beschaffenheit von Bedeutung wären, sondern sie sind primär bedeutsam, weil — außer gewissen Infrastrukturvoraussetzungen — dort sich die für bestimmte Aktivitäten wichtigen Kooperationspartner

74. Willke 2001, 61
75. Willke 2001, 26
76. Hier sei noch einmal der Hinweis auf Berichte aus der unregulierten Welt der Wissensarbeit in den USA angebracht, die alles andere belegen als die fehlende Notwendigkeit eines Schutzes gegen Ausbeutung; siehe dazu Lessard, Baldwin 2000; Borsook 2000, 153–171

einfinden. Gerade die Praxis der internationalen Forschungsprojekte, die im europäischen Zusammenhang eine wachsende Rolle spielen, hat gezeigt, dass die persönliche Begegnung am selben Ort viel wichtiger ist, als das Vertrauen in die elektronische Kommunikation wahrhaben möchte, und dass meistens im Projektverlauf die zu niedrig kalkulierten Reisekosten sich als größtes Hemmnis erweisen. Auch dies ein weiteres Indiz für die These, dass die durch die technischen Mittel der Kommunikation erweiterte Reichweite von Organisationen bzw. der Kooperation zwischen ihnen Verkehr eher erzeugt als aufhebt.[77]

In der Netz- und Wissensgesellschafts-trunkenen Verdrängung aller räumlich-gegenständlichen Bedingungen menschlicher Produktion findet auch eine alte Mystifikation, die bereits im Gothaer Programm der Sozialdemokratie auftaucht, eine neue, modische Maske: Schien es im 19. Jahrhundert angesagt, die Arbeit zur Quelle allen Reichtums zu stilisieren, so ist es heute das Wissen bzw. die Wissensarbeit. Heute fällt wie damals schon die Tatsache, dass "die *Natur* [. . .] ebensosehr die Quelle der Gebrauchswerte (und aus solchen besteht doch wohl der sachliche Reichtum!) [ist] als die Arbeit, die selbst nur die Äußerung einer Naturkraft ist, der menschlichen Arbeitskraft",[78] einer progressiven Amnesie zum Opfer – einer Amnesie, der mit der Natur auch die realen Gewaltverhältnisse anheimfallen, innerhalb derer sich Arbeit vollzieht:

> Die Bürger haben sehr gute Gründe, der Arbeit *übernatürliche Schöpfungskraft* anzudichten; denn gerade aus der Naturbedingtheit der Arbeit folgt, daß der Mensch, der kein andres Eigentum besitzt als seine Arbeitskraft, in allen Gesellschafts- und Kulturzuständen der Sklave der andern Menschen sein muss, die sich zu Eigentümern der gegenständlichen Arbeitsbedingungen gemacht haben. Er kann nur mit ihrer Erlaubnis arbeiten, also nur mit ihrer Erlaubnis leben.[79]

Zum Vergessen der Naturvoraussetzungen der menschlichen Produktion, das im 19. Jahrhundert schon dem falschen Bild einer Gesellschaft von gleichberechtigten Arbeitern zugrunde lag, gesellt sich heute das Übersehen der konkreten Bedingungen von Wissensarbeit wie auch des Zugangs zu den Wissensressourcen und Kommunikationsnetzen, um das nicht minder fiktive Bild einer Gesellschaft von

77. Siehe S. 135
78. MARX 1875, 15 (Hervorhebung im Original)
79. MARX 1875, 15 (Hervorhebung im Original)

scheinbar gleichberechtigten und mit gleichen Chancen ausgestatteten Wissensbesitzern zu entwerfen. Wie das vorige ist dieses Bild ideologischer Schein, der es erlaubt, mit Gleichheitsrhetorik eine Politik durchzusetzen, die massive Ungleichheit unberührt lässt, wenn nicht verschärft.

Genau in dieser Vergesslichkeit, in der mehr oder weniger bewussten Verdrängung der materiellen Bedingungen des Lebens und Arbeitens in Raum und Zeit findet sich die tabuisierte Kehrseite des Traums vom idealen Markt, den dessen Anhänger in naher Zukunft verwirklicht sehen wollen. Dessen Conditio sine qua non liegt in der Irrelevanz stofflich artikulierter, räumlicher Differenz:

> Wie viele andere Utopien hängt auch die Marktutopie das Individuum, auch als rationales und eigennütziges, so hoch, weil es als Gallionsfigur sichtbar sein soll. Die Marktutopie kann sich diese romantische Schwäche leisten, eben weil es auf die Individuen nur vordergründig ankommt, indem diese schließlich entscheiden zu kaufen oder nicht zu kaufen. [...] Der Einzelne darf sich rational und eigennützig verhalten, aber, indem er dies tut, vollzieht er eine Systemlogik, die nicht die seine ist und die keine Rücksicht auf kollaterale Schäden nehmen kann.
>
> All dies steigert sich mit gelingender Globalisierung ins Grenzenlose: Ort, Raum und Entfernung werden zunehmend zu vernachlässigbaren Größen für wirtschaftliche Transaktionen. Der Begriff der Ortlosigkeit, *Atopie*, bezeichnet diesen Moment der Marktutopie, der in der Idee des Utopischen das *Nirgendwo zum Irgendwo* steigert. Utopie bezeichnet einen Ort, den es nicht gibt, Atopie bezeichnet die Irrelevanz des Ortes, die globale Ortlosigkeit. Globale Infrastruktursysteme der Telekommunikation und der Verkehrstelematik, globalpräsente Massenmedien und Transaktionsnetze bagatellisieren den Platz, von dem aus man kommuniziert, bagatellisieren also Örtlichkeit. In einer atopischen Gesellschaft mit globalem Radius findet die Marktutopie die Bedingungen ihrer Selbstverwirklichung. Auch wenn Marktökonomen dies habituell ausblenden, so leiden ihre idealisierten Märkte bislang doch an der territorialen, ortsgebundenen und örtlich bindenden Vormundschaft des Staates.[80]

Raum und Zeit seien also unter dem Ansturm der Technik eines gewaltsamen Todes gestorben, und die Globalisierung, die nichts anderes sei als das Werden des einen Marktes, schreite auf dem von der Technik eingeebneten Terrain unaufhaltsam fort. Der Staat schließlich, der dazu verurteilt sei, sich, sein Territorium aufgebend, aufzulösen und deshalb nur noch ebenso kleinlich wie aussichtslos an den Grenzen herumflicke, die das Netz gerade zertrümmere, soll ihnen

---

80. WILLKE 2001, 12–13 (Hervorhebung im Original)

alsbald folgen. Was also stattfinde, sei die "Exterritorialisierung moderner Gesellschaften durch Globalisierung, Digitalisierung und Vernetzung".[81] Wobei das Netz es schon zu mehr gebracht hat als nur zur Rolle des Vehikels: Es soll nicht nur als Planierraupe der Globalisierung fungieren, sondern zu ihrer omnipräsenten Ikone aufsteigen. Dagegen steht die These, Raum und Zeit seien höchstens eines symbolischen, in den Medien allzu sehr überhöhten und fantastisch ausgemalten Todes gestorben, um als Untote auf der vom gegenwärtigen Theoriebetrieb unbeleuchteten Rückseite der Lebens- und Verwertungsprozesse weiterhin ihr Wesen zu treiben.

Trotz der weithin und überall wahrgenommenen und beschworenen *Globalisierung, Deterritorialisierung, Entmaterialisierung, Virtualisierung* oder wie die kurrenten feuilletonistischen Formeln sonst noch heißen mögen: Das Handeln der Menschen hat einen Ort sowie eine Zeit und es beansprucht im Raum wie in der Zeit eine bestimmte Ausdehnung. Mehr noch: konkretes, ja selbst ausschließlich symbolisches Handeln – denn selbst Symbole sind ohne stoffliche Markierung nicht darstellbar – bedarf immer materieller Ressourcen, die in Raum und Zeit bereitzustellen einen irreversiblen Aufwand verursacht, da unter ihnen keine ist, die überall in gleicher Weise verfügbar wäre. Die symbolische Interaktion bedarf wie auch die Interagierenden eines Ortes mit materieller Infrastruktur, mit all den gegenständlichen Voraussetzungen des Lebens und Handelns, und die besonders dichte Interaktion, die moderne Gesellschaften auszeichnet, bedarf des Zusammentreffens vieler Teilnehmer und Helfer und damit auch der Anhäufung entsprechender materieller Voraussetzungen. Das ist das Thema des nächsten Kapitels. Ein Zustand, in dem überall alles umstandslos zuhanden wäre, bedürfte auch keines wirtschaftlichen Handelns mehr. Die gleichmäßige Vermischung aller physischen Bestandteile, eine Überlagerung aller Zustände der Welt schließt jedoch auch die Existenz von Organismen aus. Leben bedeutet immer auch Ungleichgewicht, räumliche und zeitliche Entmischung, den Gegensatz von innen und außen, früher und später, warm und kalt, Fülle und Mangel, rein und vermischt, formbehaftet und formlos.

Ohne das thermodynamische Ungleichgewicht zwischen der Sonne und dem Weltall, ohne die Trennung der – in der Sprache der Antike – Elemente Wasser, Feuer Luft und Erde bzw. ohne die stofflichen und energetischen Differenzierungsprozesse, die unsere Erde gestalteten und weiter gestalten, gäbe es dort kein Leben. Das *Erste Buch Mose* schildert die Schöpfung als Entfaltung von Unterschieden und erfasst dadurch intuitiv ein Konstituens von Welt. Das menschliche Handeln gegenüber der Natur vermindert bestimmte Ungleichgewichte, um andere aufzubauen, doch in der Summe bewirkt es immer eine Annäherung ans thermodynamische Gleichgewicht, also die Zunahme der Entropie. Vollständiges Gleichgewicht ist ein anderer Ausdruck für das Ende allen Lebens, aller Entwicklung.[82] Im Traum von der Auslöschung aller räumlichen Differenz webt unerkannt der Todestrieb.

Der eingangs formulierten These zufolge, dass ebenso, wie die Materie den physikalischen Raum schaffe, die menschliche Auseinandersetzung mit der Natur, deren Gestaltung zu Artefakten zugleich den Raum schaffe, der das gesellschaftliche Handeln strukturiere[83] und an dessen Widerstand dieses sich abarbeiten müsse, ist auch zu erwarten, dass die Struktur von Differenzen, mit denen die Natur die Menschen konfrontiert, sich als eine Struktur von Differenzen im Raum des gesellschaftlichen Handelns fortsetzt. Die Aufhebung solcher Differenzen, also die Herstellung von begrenzter Atopie, bedarf dagegen eines besonderen gesellschaftlichen Handelns, zu dem bevorzugt verfasste, mit Legitimität versehene und territorial definierte Gemeinwesen in der Lage sind.

Die technischen Artefakte, seien es Instrumente oder Infrastrukturen, existieren selbst nur als raum-zeitlich und stofflich differenzierte Gebilde. Technik allein – weder die des Transports von stofflichen Gegenständen noch die des Transports von Signalen – vermag keine Atopie zu begründen, weil sie, indem sie bestimmte Unterschiede aufhebt, immer auch neue hervorbringt. Dies muss sie schon deshalb, weil sie selbst nur konkret materiell durch Artefakte und Verfahren in Raum und Zeit realisierbar ist und diese somit nur rekonfiguriert, also lediglich in eine neue Proportion bringt, nicht jedoch aufhebt. Die Anordnung der Dinge ändert sich – manches rückt

---

82. Solche Zustände des Ungleichgewichts mit differenzierten und evolutionsfähigen stofflichen Strukturen wie auf der Erde vermögen sich nur zeitlich begrenzt als offenes System zu erhalten, das von außen mit hochwertiger Energie versorgt wird und seinen entropischen Abfall externalisieren kann. Siehe S. 224

83. Siehe S. 25

für manche näher, anderes für andere in die Ferne –, nicht jedoch
die Form räumlicher Ordnung – das Nähersein der einen und das
Fernersein der anderen Dinge – als solche mit allen ihren praktisch-
technischen, wirtschaftlichen und sozialen Konsequenzen. Diese sind
jedoch nie allein Konsequenzen von Technik als solcher, sondern von
gesellschaftlichen Kräften, die sich der Technik bemächtigen, bzw.
von Aneignungs- und Aushandlungsprozessen, die der Technik erst
ihre Gestalt geben. Nicht selten spiegelt sich in der räumlich ungleichen Verfügbarkeit technischer Mittel gesellschaftliche Ungleichheit
mehr als eine zweifellos existierende, der Technik inhärente Beschränkung. Das folgende Kapitel vertieft diesen Zusammenhang.[84]

Als Indiz für das Fortwirken räumlicher Differenzierung mag einst-
weilen der Sachverhalt dienen, dass, während Medien und veröffentlichte Wissenschaft das Ende des Raums ausrufen, die dienstbaren
Geister des Kapitals, wo es nicht um Ideologieproduktion geht, sondern um brauchbare Handreichungen, durchaus dazu in der Lage
sind, genau das Fortbestehen der Distanz und der räumlichen Unterschiede zur Kenntnis zu nehmen und daraus Folgerungen für das
Handeln des Kapitals zu ziehen.[85] Tatsächlich weist auch die Investitionstätigkeit des Kapitals ausgeprägte Muster der räumlichen Ungleichheit auf, und dies keinesfalls zufällig. Auch im Zeitalter des
Internet gibt es räumliche Unterschiede, die für das Kapital einen
Unterschied machen, Orte, die mehr, und solche, die weniger wichtig
sind.[86]

84. Siehe S. 206–241
85. So z.B. in einer Studie von DEUTSCHE BANK RESEARCH; HENG, SCHAAF 2002
86. Das zeigen anschaulich etwa die Karte der weltweiten Verteilung der industriellen Wertschöpfung in SCHAMP 2000, 121 und die Karte der grenzüberschreitenden Direktinvestitionen in LE MONDE DIPLOMATIQUE 2003, 26–27:
Die industrielle Wertschöpfung konzentriert sich auf wenige Zonen der Erde,
die hauptsächlich in den industriellen Zentren Asiens, Europas und Nord-
amerikas liegen. Dieses Muster ist in seinen groben Zügen seit Jahrzehnten
konstant. Ablesbar ist dies auch am Fluss der grenzüberschreitenden Direktinvestitionen, die jenes Muster der Konzentration auflösen könnten: Ursprungs-
und Zielland gehören bei den meisten grenzüberschreitenden Investitionen
derselben Kategorie an: den hochindustrialisierten Ländern des Nordens, und
selbst dann, wenn das Ziel nicht dort liegt, sondern in den so genannten
Schwellenländern, liegt es meist in den wenigen Zonen, in denen sich dort
die Industrie ballt; wobei, wie auf S. 242–244 erläutert wird, der Gegensatz
zwischen solchen Zonen und den übrigen Gebieten in diesen Länder noch viel
tiefer ist als in den alten Industrieländern. Die hier wirkenden Kräfte sind
Gegenstand der Diskussion auf S. 206–240.

Das Ungleichgewicht der Stoffe und Energien oder genauer ihrer raumzeitlichen Verteilung, gehört zwar zu den Bedingungen organischen Lebens, doch steht es der flexiblen und instanten Kapitalverwertung im Wege. Nichts bremst Letztere so sehr wie die Unverfügbarkeit bzw. bedingte oder nur verzögerte Verfügbarkeit von Ressourcen, die Irreversibilität bzw. bedingte oder nur verzögerte Reversibilität einer einmal getätigten Investition. Raum und Zeit stellen sich, wie GÜNTHER ANDERS, angelehnt an KANTs Rede von den *Formen der Anschauung*[87] es formuliert hat, als *Formen der Behinderung*[88] heraus. Der Traum vom Geld machenden Geld, von seiner instanten Verwandlung und Rückverwandlung in alles und aus allem bricht am Widerstand der Natur, an der Notwendigkeit lebendiger, sei es nun unmittelbar gegenständlicher oder mittelbar Gegenstände bewegender Arbeit in Raum und Zeit, ohne welche Natur nicht anzueignen ist, ohne die kein Wert entsteht. Der Widerstand der Natur zwingt das Kapital dazu, sich zu entäußern, die Form von Gegenständen und der Arbeit an solchen anzunehmen. Dieser Widerstand ist *zugleich Hindernis der Verwertung und Konstituens von Wert*, denn ohne ihn, ohne den erst zu überwindenden Widerstand der Natur, ohne Ungleichgewicht, ohne die Differenz von Mangel und Fülle, von hier und dort, von früher und später, gibt es auch keinen Wert: wo alles immer schon bereit steht, alles in alles mühelos und instant verwandelbar ist, hat nichts mehr einen Wert. Im Fluchtpunkt aller Kapitalbewegung, dort wo alle Dinge sich verflüssigen, hebt der Wert sich selbst auf, kollabiert folglich auch das Kapitalverhältnis.[89]

---

87. KANT 1787, B36
88. ANDERS 1980b, 338
89. POSTONE 1996, 193–200 verdeutlicht den Unterschied von Wert und materiellem Reichtum; wobei er die proportionale Abhängigkeit des Werts von der verausgabten direkten menschlichen Arbeit betont, die dem materiellen Reichtum fehle, der vielmehr von den Naturgaben und -kräften bzw. deren technologischer Beherrschung abhänge. Dabei blendet er jedoch die notwendigen Bedingungen aus, unter denen allein die Abstraktion der wertschaffenden Arbeit Realitätsgehalt hat: Sie muss materiellen Reichtum schaffen. Arbeit, die dazu nicht mehr notwendig ist, konstituiert auch keinen Wert mehr, denn die wertschaffende Arbeit ist die zur Schaffung eines Gebrauchswertes gesellschaftlich notwendige Arbeit. Zwar geht die Natur, wie POSTONE 1996, 195 richtig betont, in den Wert nicht ein, doch wo die Natur keine Arbeit mehr erfordert, gibt es auch keinen Wert mehr. Einen Wert kann Arbeit nur konstituieren, sofern die Natur bzw. der Stand der Naturbeherrschung sie erfordert!

Nichts hat dem Traum vom Geld machenden Geld in den letzten Jahrzehnten stärkeren Auftrieb gegeben als das Internet bzw. die Idee einer darauf gebauten New Economy, in der sich ein *friktionsloser*, krisenfreier Kapitalismus verwirklicht. Dort sollen alle kapitalistischen Entwicklungslinien zusammenlaufen. Schon die Verwandlung der Dinge in Waren und schließlich auch der zeitlichen Verhältnisse, in die man zu ihnen treten kann, in handelbare Titel — Wertpapiere wie Aktien und Anleihen, Terminkontrakte, Optionen und weitere Derivate[90] — soll das nicht bzw. nur bedingt oder verzögert Verfügbare verfügbar, das nicht oder nur bedingt Revidierbare revidierbar machen. Man kann Mittel investieren und mit Dingen handeln, die man nicht hat, ja die nicht einmal existieren müssen, und vom Mehrwert kosten, ohne sich an die konkreten Faktoren seiner Produktion zu binden. Der Finanzmarkt schafft so Freiheit: die Freiheit des Kapitals sich ebenso zu engagieren wie zu disengagieren.

Allerdings besteht diese Freiheit nur für die einzelnen Subjekte innerhalb der Zirkulationssphäre, solange jeweils andere Subjekte dazu bereit sind, an ihre Stelle zu treten, niemals jedoch für das Kollektiv, die Nation bzw. die Weltwirtschaft. Für diese ist jedes Engagement irreversibel! Verwertbarkeit, sei es durch Verkauf, sei es durch Abgabe des Wertes an verkäufliche Waren ist das Kriterium jeder Anlage. Fehlt sie, kommt der Umlauf des Kapitals ins Stocken. Das Versprechen der New Economy bestand darin, alles zu eliminieren, was den Kreislauf des Kapitals ins Stocken bringen könnte, und so den Traum von der reibungslosen und instanten Kapitalverwertung wahr zu machen.

Mit dem Markt verbindet die neoklassische Ökonomie die Vorstellung eines über den Preis eingestellten Gleichgewichts, in dem Angebot und Nachfrage sich treffen. Allerdings ist darin unterstellt, dass Angebot und Nachfrage stetige Funktionen des Preises seien; wenn nicht, bedeutet dies, dass die Schaubilder aus den Lehrbüchern der neoklassischen Ökonomie, in denen die Angebots- und die Nachfragekurve sich immer so schön treffen, Makulatur sind. Bei vielen Gütern ist Letzteres der Fall: Güter mit Infrastrukturcharakter sind einer stetigen Angebotsvermehrung oder -verminderung nicht fähig.

90. Das ist der Inhalt des heute als *Securitization* bezeichneten Prozesses.

Ein Telekommunikations- oder Transportnetz kann man nicht in beliebigen Graden realisieren bzw. ausbauen. Die für Netze charakteristischen *Externalitäten*[91] — hier der Umstand, dass der Wert des Zugangs mit der Zahl der Teilnehmer wächst — sorgen dafür, dass auch die Nachfrage zu sprunghaftem Verhalten tendiert.

Das Angebot zu reduzieren, wenn der Markt keinen angemessenen Preis hergibt, soll nicht nur den Preis über die dadurch erzeugte Knappheit nach oben drücken, sondern auch die Kosten des Anbieters senken, damit er Zeiten schlechter Nachfrage überstehen kann. Doch diese Option ist auch außerhalb der netzförmigen Infrastrukturen bei vielen hochtechnologischen Produkten nicht mehr gegeben: Der Anteil der Fixkosten — Forschung, Entwicklung und der Bau der Produktionsanlagen — ist dort so hoch, dass der Reduktion des Angebots keine entscheidende Reduktion der Kosten mehr entspricht. Der Markt muss in diesem Fall als Regulativ versagen und das Risiko gigantischer Fehlinvestitionen steigt entsprechend.

Doch auch in der entmaterialisierten Welt der Finanzinstrumente gibt es vergleichbare Risiken: Hochspekulative Finanzinstrumente mit großer Hebelwirkung können sprunghafte Wertveränderungen erfahren, die bei Abwesenheit von Friktionen an Gewalt gewinnen, wobei die Bewegungen des Marktes keinesfalls immer in die von den Gleichgewichtstheorien vorhergesagte Richtung zu gehen scheinen.[92] Das durch die spekulativ extrapolierten Möglichkeiten des Internet inspirierte Ideal des friktionslosen Kapitalismus, in dem alle Dinge und Verhältnisse sich als spontan austauschbare Werte, in einer zweiten, durch und durch vermittelten Form der Unmittelbarkeit, die den Gehalt des oftmals überstrapazierten Begriffs der Virtualität ausmacht, gegenüberstehen, hebt alle das Marktverhalten dämpfenden und begrenzenden Randbedingungen auf: Dieses verliert seine Bestimmtheit, die letzten Endes aus der nur eingeschränkt revidierbaren Bindung an Menschen sowie an konkrete Gegenstände und Prozesse der Natur und der Arbeit resultiert. Produktion und Distribution sollen einen Mangel beseitigen, der aus raum-zeitlichen Differenzen resultiert, daraus, dass etwas an einem Ort nicht, oder noch nicht da ist. Wenn alles instant herstellbar, alles in alles verwandelbar, alles

---

91. Zum Begriff der Externalität siehe S. 192–193
92. Der Fall des Hedge Fund LTCM und seiner Galionsfiguren ROBERT C. MERTON und MYRON SCHOLES illustriert diesen Sachverhalt eindrucksvoll. Siehe LOWENSTEIN 2002; BLOMERT 2003, 119–127

mit allem austauschbar ist, gehen dem Marktgeschehen die Determinanten verloren, die den Preis der Waren sowie ihren Fluss nach Umfang und Richtung bestimmen.

Im Fluchtpunkt aller Entwicklungsvektoren der Zirkulationssphäre ist mit allen Differenzen auch die Antriebskraft der Zirkulation verschwunden. Auch die gewaltigen, täglich den Globus umrundenden Finanzströme, die heute als Beweis für die Ortlosigkeit der Wirtschaft herhalten müssen, dienen ja vornehmlich der Arbitrage, d.h. der profitablen Ausnutzung selbst kleinster Kursdifferenzen zwischen Orten und Zeitpunkten, die nichts anderes sind als die Spuren der physischen Welt mit ihren geografischen und tageszeitlichen Differenzen, ihren unterschiedlichen Rhythmen der Jahreszeiten, von Tag und Nacht, ihren jeweils besonderen örtlichen Verhältnissen der Politik, der Wirtschaft etc. Kleinste Kursunterschiede verlangen große Transaktionsvolumina, wenn dabei ansehnliche Gewinne abfallen sollen. Daher die mächtigen Finanzströme und daher die gewaltigen *Hebelfaktoren*, d.h. das Missverhältnis zwischen geliehenen und eigenen Mitteln, die solche Geschäfte charakterisieren. In einer raum- und zeitlosen Welt, die abgelöst von der Physis existierte, müssten auch sie erlöschen. Ohne Differenz keine Bewegung. Differenzen könnte dort nur noch die Fantasie gebären und der geringste Zweifel sie ebenso schnell wieder verschlingen. Wo die materiellen Determinanten des Geschehens sich verflüchtigen, beginnt der Tanz der Gespenster, solange das materielle Interesse an seinem Fortgang regiert.[93] Die spekulative Blase und die Luftbuchung sind dieser Sphäre adäquate Phänomene, ENRON, und WORLDCOM tatsächlich das, was sie zu sein beanspruchten: paradigmatische Unternehmen der New Economy.

---

93. Die Analysen des durch seine Beiträge zur Chaostheorie bekannt gewordenen Mathematikers BENOÎT MANDELBROT zeigen, dass die Abweichungen der Aktienkurse von ihren langfristigen Mittelwerten keinesfalls einer Normalverteilung gehorchen, sondern dass jene erratische Bewegungen mit viel häufigeren und extremeren Ausschlägen durchlaufen; was bedeutet, dass die Gleichgewichtshypothese, von der die dominierende neoklassische Ökonomie ausgeht, wissenschaftlich nicht zu rechtfertigen und inbesondere prognostisch wertlos ist. Siehe ZYDRA 2005

3.5 Libertäre Liebhaber des Staates

Bereits anhand des vergegenständlichten Wissens ist deutlich geworden, dass der Wert der Dinge im gleichen Maße schwindet wie der
Aufwand ihrer Produktion, Verteilung und Nutzung. Für Dinge, die
mühelos herstellbar, verteilbar und nutzbar sind, gibt es keinen Markt
mehr. Wenn DYSON, GILDER, KEYWORTH und TOFFLER von der
Informations- und Kommunikationstechnik erwarten, dass sie die Kosten von Diversität zum Verschwinden bringe und die Knappheit von
Wissen in Überfluss verwandle,[94] dann übersehen sie völlig, dass Diversität und Wissen dadurch jeglichen ökonomischen Wert verlieren.
Der Markt im Cyberspace, auf den sie so große Hoffnungen setzen, fällt aus, weil niemand ihn mehr braucht, außer es griffe eine
Macht von außen ein, um künstlich Privilegien und Schranken zu
errichten – was sie sicher heimlich erwarten, denn so antistaatlich wie
die cyberlibertäre Schickeria sich gerne gibt, ist sie in Wahrheit nicht:
Sie setzt die staatlichen Subsidien, ohne die die US-amerikanische
Hightech-Industrie nie entstanden wäre, stillschweigend voraus und
erwartet durchaus, dass der Staat da sei, um möglichst weitgehende
Eigentumsrechte zu definieren und mit allen Machtmitteln bis hin zu
Polizei und Militär auch durchzusetzen.[95] Nicht ganz zufällig nimmt
die Ausdehnung der Eigentumsrechte auf den Cyberspace einen pro-
minenten Platz in der Agenda von DYSON, GILDER, KEYWORTH und
TOFFLER ein.[96] Initiativen wie die Trusted Computing Platform Architecture (TCPA), die den Softwareherstellern – natürlich mit der
Begründung, dies diene der Sicherheit – völlige Kontrolle über die
Rechner der Anwender – also darüber, welche Software sie benutzen
und mit welchen Dokumenten sie arbeiten – geben soll, vermitteln
einen gewissen Vorgeschmack der cyberkapitalistischen Zukunft.
Der Cyberspace fügt sich damit in die Geschichte des *Gunbelt*
ein, jenes Gürtels von US-Staaten, in denen Industrien eine große Rolle spielen, die das Modell der technologieintensiven, strategischen Kriegführung aus der Luft bzw. dem erdnahen Weltraum in-
strumentieren, das sich in den 1930ern herausbildete und seit dem
Kalten Krieg das militärische Denken beherrscht. Dorthin vergibt
das Pentagon seit der Hochzeit des Kalten Krieges in den 1950ern

94. DYSON, GILDER, KEYWORTH, TOFFLER 1994
95. BORSOOK 2000, 211–252
96. DYSON, GILDER, KEYWORTH, TOFFLER 1994

den Löwenanteil der Beschaffungaufträge.[97] Kalifornien, das Gelobte Land der Hightech-Gläubigen, der Netzenthusiasten und Cyberlibertären, war von Anfang an auch die Nummer Eins der *Gunbelt*-Staaten, die ohne den über den Verteidigungshaushalt abgewickelten massiven Transfer von Ressourcen – von Steuergeldern und, dadurch ermöglicht, von Anlagen, Menschen und Know-how – niemals ihre heutige Stellung hätten erreichen können. Das Silicon Valley bildete die Kernregion der neuen Rüstungsindustrie. Seine Leitindustrie war zunächst die Luft- und Raumfahrttechnik, deren Aufträge in der Anfangszeit der Mikroelektronik eine Schlüsselrolle spielten. Sie ermöglichten es den Herstellern, die ersten Produkte zu entwickeln und zu finanzieren, für die es noch keine privaten Abnehmer gab, sowie die fürs eigenständige Überleben kritische Reife und Größe zu erreichen. Erst auf dieser Basis war es möglich, mit neuen Produkten Märkte jenseits von Militär und staatlicher Weltraumforschung zu erschließen. Die *Permanent war economy*,[98] die im Ersten Kalten Krieg entstand, ernährt und begünstigt einen beträchtlichen Teil der Bewohner jener Staaten und darunter vor allem Kaliforniens. Im Zweiten Kalten Krieg des RONALD REAGAN, der zuvor schon Gouverneur von Kalifornien gewesen war, wuchs diese Ökonomie weiter, und mit dem Krieg gegen den Terror sowie dem weltraumgestützten Schutzschild gegen Raketen – Projekte, die der jüngere BUSH ausgerufen hat, in dessen Umgebung sich die politischen Fossilien der REAGAN-Ära ein Stelldichein geben[99] – erlebt sie weitere fette Jahre.

In den Kernzonen des Gunbelt brachte der militärisch-industrielle Komplex nicht nur eine beispiellose Anhäufung von Produktionsstätten, Forschungseinrichtungen, Lehranstalten und, nicht zuletzt, von menschlichen Wissensträgern hervor, deren Ausrichtung, Lokation und Kultur sie weitgehend vom Rest der Volkswirtschaft und der Gesellschaft isolierte, sondern schuf dadurch auch die technologische und politische Basis für die Erhaltung einer von unbedingter

97. MARKUSEN, HALL, CAMPBELL, DEITRICK 1991, 8–25
98. MELMAN 1985
99. Die größte Bedeutung kommt darunter Gestalten wie RICHARD PERLE zu, die durch ihre Beratungs- und Planungstätigkeit im Hintergrund Einfluss ausüben. PERLE befürwortete schon immer eine militärisch fundierte Dominanz der USA. Zu seiner Rolle in der REAGAN-Ära siehe SCHEER 1983; KAPLAN 1983, 385–391

militärischer Überlegenheit abgeleiteten Weltmachtrolle – einer Weltmachtrolle, die zumindest so lange haltbar erscheint, bis eine hinreichende Zahl und Dauer von aufreibenden Konflikten, die durch technologieintensive Kriegführung allein nicht zu gewinnen sind, die wirtschaftlichen und moralischen Ressourcen der USA überfordert.

Jene Agglomeration stellt ein manifestes Zeugnis dar sowohl für die fortdauernde Bedeutung des Raumes als Medium der Differenz als auch für die Macht des Staates, den Raum zu ordnen, sei es durch Muster der Gleichheit, sei es, wie im vorliegenden Fall, durch solche der Ungleichheit.[100] Es ist schon eine Ironie der Geschichte, dass die Region, deren Rolle und Stellung so unzweideutig vom Wirken des Staates und der fortdauernden Bedeutung des Raumes kündet, eine von beidem in unerhörtem Maße profitierende Elite hervorgebracht hat, die ihre vornehmste Aufgabe darin zu sehen scheint, diesen Sachverhalt so wort- wie bilderreich zu leugnen.

Die in Kalifornien entstandene und dort zu unerhörtem Einfluss gelangte, ebenso libertäre wie netzenthusiastische Subkultur, die sich während ihrer Hochzeiten in Blättern wie *Wired*[101] – damals unter der Leitung von tonangebenden Netzenthusiasten wie Kevin Kelly und Louis Rosetto – als die kommende, universale und globale zu feiern wusste und sich von ortsansässigen Theoretikern wie Manuel Castells gerne ihre revolutionäre, weltgeschichtliche Rolle bestätigen ließ, war in Wahrheit immer eine partikulare und lokale – um nicht zu sagen provinzielle – gewesen. Ihre materielle Grundlage verdankt sich einer einmaligen Konzentration öffentlicher Mittel – das Silicon Valley ist einer ihrer Kerne – zu einem besonderen Zweck: der ebenso erbarmungs- wie endlosen Fortsetzung eines technologischen Rüstungswettlaufs, in dem eine paranoide Weltsicht, die überall nur noch Feinde, reale oder potenzielle Gefahren wahrnimmt, die es in Schach zu halten oder besser präventiv zu vernichten gelte, mit dem Glauben an die grenzenlose Macht der Technologie und einer puritanischen Sucht nach der Auslöschung des Leibes zusammenfließen. Das Entleiblichungs- und Raumvernichtungsprogramm, das dem Konzept des Cyberspace zugrunde liegt, setzt den Operationsmodus

---

100. Der Fortbestand solcher Muster der Ungleichheit ist jedoch nicht allein auf staatliches Handeln zurückführbar. Der Prozess der rekursiven Selbststabilisierung von Agglomerationen, die eine kritische Schwelle überschritten haben, ist Gegenstand der Diskussion auf S. 214–240

101. Borsook 200, 115–171 schildert dessen Geschichte aus eigener Erfahrung.

der Hightech-Kriegführung fort, indem es von der menschlichen Natur
Besitz zu ergreifen und sich in sie einzuprägen versucht. Verwischt
diese zunehmend die Differenz zwischen Krieg und Kriegsspiel, indem sie die Technik des Telezids perfektioniert, möchte jenes das
Leben nach dem Modell der Kriegssimulation, dem heimlichen Vorbild der Cyberspace-Fantasien gestalten. Es ist ein partikulares und
destruktives ideologisches Programm, das sich an einem besonderen
Ort artikuliert, indem es sich dessen Geist und der dort zu seiner
Verfügung angehäuften Ressourcen bemächtigt.

In der Tat impliziert die Hightech-Kriegführung eine Verdopplung der Welt: Die Präzision, mit der das tödliche Projektil trifft,
ist immer auch eine Frage der Annäherung von Modell und Wirklichkeit, was Sache der Softwaretechnik und der vorausgehenden Aufklärung ist. Bevor das reale Geschoss trifft, muss immer schon sein
Abbild im Modell getroffen haben. Es ist die Perspektive der Herrschaft, des Feldherrn, die in der Kriegsmaschinerie verkörpert ist,
und ihre mediale Imitation – heute vornehmlich durch Computer-
spiele und computergenerierte Filme – befriedigt, millionenfach mul-
tipliziert, das kollektive Bedürfnis nach der orientierenden Übersicht:

> In der Wahrnehmung von Kriegen entsteht kollektiv eine Ablenkung zu-
> gunsten der Perspektive von einem stark überhöhten Standort, dem des
> sog. Feldherrn. Die Ablenkung bezieht ihre Energie daraus, dass der Ein-
> zelne oder eine unmittelbar in einen kriegerischen Schritt verwickelte
> Gruppe niemals das Ganze des Krieges wahrnimmt, aber dennoch ein
> Bedürfnis nach Orientierung in die Produktion eines ganz willkürlichen
> Gesamtüberblicks eingeht.[102]

An den elektronischen Kriegsspielen ist die Existenz in einer ent-
stofflichten Phantomwelt einzuüben, in der der Konsum von Sensa-
tionserlebnissen und Kontrollillusionen die Auseinandersetzung mit
den Gattungsgenossen, mit Gegenständen der Natur und der Kultur
ersetzt.

> Die elektronische Krigsästhetik der Beobachtung und Reaktion ist von der
> Arbeit ebenso weit entfernt wie vom Kampf. Sie verschafft dem Publikum
> die Illusion einer Kontrolle über die bildhaft vermittelte Kriegführung aus
> der Distanz.[103]

Äußerstes Ziel jener Verdopplung, auf der schon die Technik des
Telezids beruht, bleibt es, die Differenz von Modell und Realität zu

102. NEGT, KLUGE 2001, 816
103. WERCKMEISTER 1989, 126

vernichten – und sei es dadurch, dass sie das Modell an deren Stelle
setzt, das, was in der äußeren Natur wie im Inneren der Menschen
nicht mit ihm identisch ist, abspaltet und ausschließt, um jene Gleichung zu verwirklichen, in der Günter Anders schon die geheime
Losung der Epoche erkannte: $Apparat = Welt$.[104] In der Vorstellung
des Cyberspace verselbständigt sich der Feldherrenblick des Kriegs-
spiels, bläht sich zur Totalen, zum elektronischen Surrogat des von der
Physik längst aufgegebenen absoluten Raums und damit zum Auge
Gottes, dessen Omnipräsenz die in ihren elektronischen Verliesen ve-
getierenden Menschen ausgeliefert sind: eine modernisierte calvinisti-
sche Hölle. Für sie bleibt die Teilhabe an der Feldherrenperspektive,
der Glaube an den Cyberspace als intelligibles, die Dinge insgeheim
zum Besten lenkendes Wesen eine umso gieriger konsumierte Illusion, desto mehr sie sich bei gleichzeitiger Auflösung der kollektiven
Systeme zur Absicherung ihrer Existenz und der Inthronisierung der
radikalen Konkurrenz zum Lebensprinzip den Unbilden des anarchischen Marktes exponieren müssen. Sie erfahren den Markt so wie die
unmittelbar Involvierten den Krieg: als Mühe und Vernichtung.[105]
Der Feldherrenblick steht ihnen höchstens als Illusion zu Gebote,
so wie einst den Untertanen die himmlischen Ordnungen und Tri-
umphe in den Altarbildern und Deckenfresken der Barockkirchen,
die ja auch schon Bestandteile eines ästhetischen Programms der
Herrschaftssicherung waren. Die Bewusstseinsindustrie streut diese
Illusion, indem sie ihre so zahlreichen wie visuell geschwätzigen Re-
pliken als Ware zum Konsum liefert. Zwar wird der Krieg nicht zum
Handel, wohl aber der Handel doch zum Krieg. Das scheinbar ganz
Transparente verdunkelt sich und gibt sich als das Fortwirken blinder
Naturgewalten zu erkennen. Da mag der Cyber-Jetset gerne darauf
spekulieren, dass die Leute fromm würden anstatt zu rebellieren und
ihr Recht einzufordern:

> Die besonderen Gedanken des globalen Geistes – und seine darauf fol-
> genden Handlungen – werden außerhalb unserer Kontrolle und jenseits

---

104. Anders 1980b, 111. Die Tendenz zur Totalisierung der Kriegsmaschinerie,
     die den Konzepten der kybernetischen Kriegführung inhärent ist, tritt umso
     deutlicher hervor, je mehr diese sich der strategischen Ebene nähern. Die Idee
     der totalen Verteidigung, wie sie in der *Strategic Defense Initiative* (SDI) des
     Präsidenten Reagan angedacht war, musste zwangsläufig auf eine *Closed
     World*, ein in sich geschlossenes, zur Totalen geblähtes System hinauslaufen.
     Siehe Edwards 1996, 288-301
105. Negt, Kluge 2001, 820

unseres Verständnisses sein. Folglich werden Netzwerk-Ökonomien eine neue Spiritualität hervorbringen.[106]

Der Zusammenfluss von Netz und Markt gebiert ein sich entziehendes Wesen: den *Deus absconditus* der Cyberpuritaner. Die fortgeschrittenen Eliten üben sich, wie ihre Vorgänger vor Jahrhunderten, ihn im Geheimen anbetend und das Wissen um ihre Erwähltheit aus ihrem Wohlstand schöpfend, in Selbstbescheidung, geduldig der Ankunft des neuen Reiches im Inneren harrend, während der rohe Pöbel sich vom *global mind* mit bunten Bildern füttern und als Herde – wohin auch immer – führen lässt. Wie anno 1700 sichert das den Fortbestand des Ancien régime, das sich zur *Matrix* modernisiert hat, die puritanische Innerlichkeit und barocke Ausschweifung simultan als funktional komplementäre Simulationen hervorbringt. Inhaltliche Widersprüche sind gleichgültig, da das Ich, das sich durch sie überfordert fühlen könnte, ohnehin als obsolet gilt und sich gehorsamst selbst in einen bunten Strauß von Simulationen auflöst. Der reaktionäre Techno-Spiritismus der Netzenthusiasten stellt nichts anderes dar als den jüngsten Angriff auf die aufklärerischen Ideale des *sapere aude* und der Selbstbestimmung.[107]

Doch ganz gefeit gegen alle Versuchungen scheint die cyberpuritanische Elite nicht zu sein – vor allem nicht gegen die größte: wie Gott sein zu wollen. Was leicht fällt, nachdem man das Gottsein, wie KEVIN KELLY das tut,[108] gleichgesetzt hat mit dem Einverständnis in den Gang der Dinge. Denn was sonst bleibt einem abwesenden Gott schon übrig? Der Witz an der Sache ist jedoch, dass KELLY genau dieses Modell für die Autoren der elektronischen, digitalen Welten in Anspruch nimmt, die dabei sind, sich zu *der* Welt, zur neuen Schöpfung aufzublähen: "Um überhaupt Erfolg damit zu haben, ein schöpferisches Geschöpf zu schaffen, müssen die Schöpfer die Kontrolle an die Geschöpfe übergeben, so wie Jahwe ihnen die Kontrolle übergeben hat."[109] Die Folgen des eigenen Handelns bedenken? Etwa Verantwortung für sie übernehmen? Nichts für Götter wie wir! So lautet das geheime, ebenso antiaufklärerische wie zynische Motto der Cyberpuritaner.

106. KELLY 1994, 201–202 [Übersetzung des Autors]
107. Ausführlich dazu SLOUKA 1995, 87–107
108. KELLY 1994, 230–257
109. KELLY 1994, 257 [Übersetzung des Autors]

Doch hinter dem, was sich scheinbar harmlos, spielerisch philosophierend als *God games*[110] präsentiert, stecken massive Interessen: Es geht um die Aneignung von Wert und um die Herrschaft, die diese sichern soll: Wie schon beim Aufbau der Rüstungsindustrie findet bei der auf den Cyberspace zielenden New Economy eine massive Privatisierung öffentlicher Mittel und öffentlicher Güter statt, wobei private Unternehmen öffentliche Aufgaben übernehmen und der Staat, z.B. in Gestalt eines extensiven Patent- und Urheberrechts, Privilegien an Private erteilt, die tief in den Bereich der intellektuellen Gemeingüter eingreifen, also dessen, was man als das gemeinsame geistige Erbe der Menschheit bezeichnen kann. Algorithmen und Datenstrukturen – Rechenverfahren und -strukturen, die früher als intellektuelle Gemeingüter galten – können in den USA schon seit den 1970er Jahren und in Europa nach dem Willen einer starken Lobby möglichst bald ebenfalls patentiert[111] und damit zu geistigem Privateigentum werden; wobei die meisten dieser Verfahren ohne die bestehende und größtenteils aus öffentlichen Mitteln geschaffene Infrastruktur von geistigen Gemeingütern weder hätten entstehen noch Bedeutung erlangen können. Das Entsprechende geschieht auf dem Gebiet der Naturgüter wie des Wassers und vor allem der Organismen und des Erbgutes, die zum gemeinsamen Erbe der Menschheit gehören und ohne die Arbeit von Generationen von Bauern und Forschern weder da wären noch hätten identifiziert werden können. Auch sie sollen jetzt in Privateigentum verwandelt und dem Regime der Kapitalverwertung unterworfen werden.[112]

Die Infrastruktur des Cyberspace ist bereits Privateigentum und sein Inhalt soll es zunehmend werden. Was ursprünglich mit öffentlichen Mitteln als öffentliches Medium konzipiert und aufgebaut wurde, soll sich in das Äquivalent einer Shopping Mall verwandeln – eine kommerzielle Einrichtung, die nicht hätte erbaut werden können ohne

---

110. KELLY 1994, 230
111. Nach der zweiten Abstimmungsniederlage im Europaparlament ist der patentfreundliche Entwurf der Eurpäischen Kommission zwar vom Tisch, doch werden die Proponenten einer erweiterten Patentierbarkeit damit nicht aufgeben.
112. KOECHLIN 1998

die Milliarden an Steuergeldern und Telefongebühren,[113] die seit einigen Jahrzehnten in die Hightech-Industrie, genauer in die Leistungssteigerung und Miniaturisierung von integrierten Schaltkreisen, in Software-, Laser- und Sensortechnik fließen. Ebenso wie der industrielle Kapitalismus des 19. durchläuft der Cyberkapitalismus des 21. Jahrhunderts eine räuberische Phase der ursprünglichen Akkumulation,[114] der jetzt die geistigen und biologischen Allmenden sowie die öffentlichen Infrastrukturen zum Opfer fallen, so wie damals der gemeinsam bewirtschaftete Boden. Dazu kommt eine neue Form der Pfründe, wie sie etwa in Gestalt der Systeme zur Erhebung der Straßenbenutzungsgebühr auftritt: Der Staat verpachtet gegen einen Anteil das Recht, Steuern und Gebühren zu erheben.[115]

Ungewiss ist jedoch immer noch der Ausgang dieses Prozesses, den nicht nur widerständige Gruppen, sondern auch die Natur der zu privatisierenden Güter in Frage stellt: Intellektuelle Gemeingüter so privat anzueignen wie Grund und Boden erfordert eine neue Generation von Hightech-Zäunen, deren Machbarkeit und Durchsetzbarkeit noch nicht geklärt ist. Hier entsteht ein neues Feld von Friktionen und Kämpfen, in denen sich die Zukunft der auf die Kapitalverwertung zielenden Wirtschaftsweise entscheidet.

Nicht ganz zufälligerweise stellt die Rüstungsindustrie des *Gunbelt* auch ein historisches Paradigma für die umfassende Übergabe von öffentlichen Aufgaben an private Unternehmen dar: Während Armee und Marine die technische Konzeption und, im Fall der Marine, oft sogar den Bau ihrer Waffensysteme zuvor niemals aus der Hand gegeben hatten, setzte die nach dem Zweiten Weltkrieg neu entstandene Luftwaffe voll auf private Auftragnehmer.[116] Im Fluchtpunkt dieser Entwicklung steht der nationale Sicherheitsstaat als Reststaat, der Eigentumsrechte nach innen und nach außen aggressiv und expansiv definiert und durchsetzt; wozu er die Gunbelt-Industrie und ihre Kultur — auch Hollywood fungiert in vielen seiner Produktionen als

113. Diese Telefongebühren waren regulierte Monopolpreise mit dem Charakter einer Steuer, die auch zur Finanzierung von technologie- und sicherheitspolitisch gewollten Vorhaben diente: neben langfristig angelegter und allgemein zugänglicher Grundlagenforschung auch dem Aufbau miliärisch begründeter Infrastrukturredundanz. Siehe die Diskussion auf S. 98

114. JESSOP 2002, 789

115. FISCHBACH 2003c

116. MARKUSEN, HALL, CAMPBELL, DEITRICK 1991, 31–32

Teil eines *Military Entertainment Complex*[117] – als Ausrüster und
Rechtfertiger, als Stichwort- und Stimmgeber dieser Politik alimen-
tiert. Die Vision vom Cyberspace, die seine Eliten propagieren, ist
nicht die Alternative, sondern nur die Innenseite eines neuen mili-
taristischen Interventionismus.[118] Wenn auch der Cyberspace gegen
den Trend der Technik, die diskriminierende Schranken fortschreitend zu überwinden vermag, sich in ein System von Unterschieden
und Grenzen verwandelt, ist das nur konsequent.

Die US-amerikanischen Verkünder des Cyberspace knüpfen ganz
bewusst an den Gründungsmythos der Grenze an: Seit dem Auszug
der Pilgerväter ins Gelobte Land sieht die Nation sich im permanenten Aufbruch zur jeweils neuesten Grenze, die sich immer weiter
nach Westen und schließlich ins Imaginäre verschob. Jetzt gelte es,
den Cyberspace zu kolonisieren.[119] Dass es in den USA eine ELEC-
TRONIC FRONTIER FOUNDATION gibt, ist da nur konsequent. Auch
eine starke Fraktion unter REAGANs Sternenkriegern hatte sich schon
den Mythos der *latest frontier*, der jüngsten Grenze angeeignet, indem sie auf die *high frontier* im Weltraum verwiesen.[120] Hier tritt eine
durch Puritanismus und Expansionismus, ein paranoides Weltbild
und eine grenzenlose Hightech-Gläubigkeit geprägte Traditionslinie
hervor, an die sich der Cyberenthusiasmus mühelos anschließt.[121]
Mit dem Schritt in den Cyberspace glauben die Netzenthusiasten,

---

117. Das Pentagon sponsert einschlägige Produktionen auch gerne mit "Natu-
ralien", wenn die Botschaft stimmt. In Streifen wie dem Kassenhit *Top Gun*
wurde das unübersehbar anschaulich. Derartiges ist jedoch auch auf dem
Hintergrund einer zunehmenden Kapitalverflechtung von Rüstungs- und Medienindustrie – beispielhaft etwa an einem Konzern wie GENERAL ELECTRIC
– zu sehen.

118. Wie sehr nicht nur das verbal libertäre Programm der US-amerikanischen
Cybereliten, sondern schon das der drogenbegeisterten Subkultur der 1960er
Jahre, mit der jene viele Themen und Impulse sowie einen Teil ihres Personals
teilen, verwoben ist mit der Entstehungsgeschichte der "weichen", auf ky-
bernetisch inspirierte Gesellschafts- und Seelenwissenschaft, auf Medien und
Drogen setzenden Herrschaftstechnik der Nachkriegszeit, zeigt beispielhaft
in vielen Interviews mit Schlüsselpersonen der Dokumentarfilm *Das Netz*
von LUTZ DAMMBECK. Siehe DAMMBECK 2005 und die Website zum Film
<http://www.t-h-e-n-e-t.com/>

119. DYSON, GILDER, KEYWORTH, TOFFLER 1994

120. GRAHAM 1983

121. FISCHBACH 1998a

die sündige Materie zu verlassen, um eine Neue Welt jenseits derselben zu erobern, in der das Kapital vor allem grenzenlose Freiheit genieße, so wie die Pilgerväter die sündige Alte Welt hinter sich gelassen hätten, um einen neuen Kontinent zu kolonisieren. Dort, im neuen Gelobten Land, wo es mühelos eine ganze Welt von idealen, schlackenlosen Gestalten hervorzubringen vermag, soll das Kapital die vollkommenen Bedingungen seiner Entfaltung finden – und wird nur der Leere der verselbständigten Wertabstraktion begegnen, die jenseits der konkreten, nur mit Mühe gestaltbaren und mit den Sinnen anzueignenden Dinge keinen Bestand hat.

3.6 Abgehoben

Der friktionslose Kapitalismus ist mit beliebig oszillierenden Flüssen ebenso vereinbar wie mit völligem Stillstand, mit der irrationalen Überbewertung wie mit der völligen Entwertung der Dinge. In dem Widerstand, den die Dinge der physischen Welt ihrer Verfügbarkeit entgegensetzen, ist auch das Maß ihres wirtschaftlichen Wertes gegeben. Verschwindet er – und sei es nur illusorisch – beginnen Halluzinationen an die Stelle seiner Wahrnehmung zu treten. Vieles spricht jedoch dafür, dass bei abnehmenden Friktionen positive Rückkopplungseffekte, die sowohl in der systemischen Konstitution als auch in den kulturellen und individualpsychologischen Randbedingungen des Marktgeschehens angelegt sind, überhand nehmen und zu erratischen, stark oszillierenden Flüssen führen.[122] Ein sich selbst verstärkender Kreislauf von Erwartungen, verbreiteten Erwartungen, Spekulationen auf Erwartungen, Spekulationen auf Spekulationen auf Erwartungen usw. lässt Luftgebilde zeitweise wie Realität aussehen.[123] Fondsverwalter sind im Falle spekulativer Blasen gezwungen, auch Papiere zu kaufen, an deren Substanz sie zweifeln, wenn sie vermeiden wollen, dass ihr Fonds zeitweise hinter die Konkurrenz zurückfällt – und das müssen sie, wenn sie nicht riskieren wollen, ihren Job zu verlieren, bevor sie die Früchte einer vorsichtigeren Strategie ernten könnten. Während solcher Phasen erinnert das Handeln der Investment-Banker an jenen Mann, der aus dem Fenster auf die Straße rief, dass auf dem Markt jemand Geld verteile, und dann, nachdem

122. Siehe S. 164–165
123. SHILLER 2000, 44–68

alle dorthin gerannt waren, sich selber auch auf den Weg machte, weil so viele Leute sich ja nicht irren könnten.

Analogien zwischen gesellschaftlichen Sachverhalten und physikalischen Systemen sind nur bedingt tragfähig, doch Dämpfungen, Widerstände und Puffer, Führungen und Gegenkräfte sind essenzielle Bestandteile stabiler physikalischer Systeme. Zwar gefällt es der populären Wahrnehmung der Technik, grenzenlose Erwartungen auf sie zu projizieren, doch weisen technische Systeme, genauer der Bereich von Zuständen, die nicht ihre Desintegration bedeuten, immer Grenzen auf. In der Technik gibt es, wie in der Natur, keine absolute Stabilität; vielmehr *besteht Stabilität immer nur relativ zur Auslegung eines Systems*, in der neben den Zuständen, die als zulässig gelten, die Störungen festgehalten sind, denen es widerstehen muss. Als stabil gilt es, wenn es die auslegungsgemäßen Störungen verarbeiten kann, ohne eine Desintegration zu erleiden, d.h. den Bereich der zulässigen Zustände zu verlassen. Dazu muss es sich *nicht* in einem Gleichgewichtszustand befinden, während umgekehrt eines, das sich in einem solchen befindet, nicht notwendigerweise stabil sein muss. Ein entsprechend konstruierter Turm z.B. verarbeitet auslegungsgemäße mechanische Störungen wie Verkehrs-, Wind- und Erdbebenlasten, indem er um eine Gleichgewichtslage schwankt,[124] während ein hochkant auf den Tisch gestellter Bleistift höchstens einen Moment lang im Gleichgewicht bleibt, doch nur, um sich aus diesem schon bei der kleinsten Störung auf einer irreversiblen Bahn zu entfernen und eine neue Gleichgewichtslage – es gibt meist mehr als eine – anzunehmen. *Stabilität ist also kein rein naturwissenschaftlicher, sondern ein normativer Begriff*. Implizit bezieht er sich immer auf die vom Beobachter bzw. Konstrukteur zu definierenden Grenzen des Systems. Hier treten genau dieselben Probleme auf wie beim Begriff der Reproduktion.[125]

Die gängige Übertragung systemtheoretischer Begriffe auf gesellschaftliche Sachverhalte leidet meistens darunter, dass die objektivistische Haltung, die sich ihrer gerne befleißigt, eben diese normativen Implikationen kaum reflektiert. Schon die Frage, was eigentlich die Zustandsgrößen sozialer Systeme wären und ob es solche – im Sinne von internen Größen, deren Werte zusammen mit denen der externen

---

124. Bei hohen, schlanken Türmen wie dem Funkturm am Alexanderplatz können das mehrere Meter sein.
125. Siehe S. 144

Einflussgrößen die weitere Entwicklung des Systems determinieren
– überhaupt gäbe, ist nicht ohne weiteres beantwortbar.[126] Sozialwissenschaftliche "Systemtheorie", die eben meist die Anführungs-
zeichen verdient, lebt oft davon, dass das Publikum die Äquivokation
im Begriff *Zustand* nicht wahrnimmt: Systemtheoretisch bedeutet er
etwas wesentlich Anspruchsvolleres als umgangssprachlich. Umgangssprachlich reden wir von Zuständen, selbst wenn wir dafür keine
systemtheoretisch befriedigende Beschreibung haben. Zustandsvari-
ablen im strikten systemtheoretischen Sinne für soziale Gebilde zu
finden, dürfte schwierig, wenn nicht gar unmöglich sein – erst recht
solche, die auch noch das Kriterium der Beobachtbarkeit bzw. Mess-
barkeit erfüllen. Die Analogie zwischen sozialen Gebilden und makro-
skopischen Ensembles mikroskopischer Teilchen, wie sie etwa Gase,
Festkörper oder Organismen darstellen, ist brüchig, weil es für jene
kein messbares Äquivalent für Größen wie Temperatur und Druck
gibt oder, wie HORST RITTEL es in einem plastischen Bild formulierte: weil niemand ihm bisher den Anus mundi und das dazu passende
Instrument habe zeigen können.[127] Bei Ignoranz bzw. fehlender Beobachtbarkeit solcher Größen bleibt der systemtheoretische Anspruch
jedoch unerfüllbar.

Jedes systemtheoretische Reden von Gesellschaft kann nur auf
dem Wege der Analogie erfolgen. Es ist auf gehaltvolle Modelle angewiesen und muss sich der begrenzten Ähnlichkeit zwischen Modell
und Realität bewusst sein. Doch unabhängig davon, was als akzep-
tabler Zustand eines sozialen Gebildes gelten mag und wie jener zu
beschreiben wäre, gilt ganz allgemein, dass ein Gebilde, das Veränderungen seines Zustands bzw. von Variablen, die in irgend einem Sinne
als relevant gelten, keinen Widerstand entgegensetzt bzw. ihrem Wer-
tebereich keine Schranken setzt, nicht stabil sein kann – wie immer es
auch ausgelegt sein mag. Beliebige Variabilität und Stabilität schließen sich gegenseitig aus. Man kann die im Stabilitätsbegriff liegenden
Herausforderungen auch schlicht ignorieren – was die "Systemtheorie" im harmlosesten Fall auf eine Façon de parler reduziert und sie
im schlimmsten Fall zu einer totalitären Ideologie degenerieren lässt.

Die Finanzmärkte bilden sicher den Teil der kapitalistischen Weltwirtschaft, der dem Ideal der Friktionslosigkeit am nächsten kommt.

---

126. Auf diese Schwierigkeit kommt die Diskussion auf S. 223–226 noch einmal
    zurück.
127. Persönliche Kommunikation

Schon der symbolische Charakter der dort gehandelten Güter setzt der Verflüssigung ihres materiellen Substrats wenig Widerstand entgegen und macht sie damit zu idealen Kandidaten für den Transport, die Bearbeitung und Speicherung mit informationstechnischen Mitteln. Die weltweite Liberalisierung des Kapitalverkehrs in den letzten drei Jahrzehnten stellte dazu eine komplementäre Maßnahme dar. Die zunehmend krisenhafte Entwicklung der Finanzmärkte innerhalb dieses Zeitraums scheint die theoretisch begründete Erwartung zunehmender Instabilität zu bestätigen.[128]

Die Vorgaben, denen die Finanzmarktprofis wie Analysten, Händler, Fondsmanager und Kreditgeber unterliegen, sind nicht geeignet, die sich selbst verstärkenden Stimmungen der Anleger und der Medien zu korrigieren, sondern stellen lediglich weitere Verstärkungsstufen, wenn nicht gar Quellen von erratischen Bewegungen dar. Die Zurichtung der Welt zu einem Platz, der finanziellen Flüssen jeglicher Richtung und Stärke keinen Widerstand mehr entgegensetzt, ist dabei kein Naturprozess, sondern das Ergebnis politischen Handelns von Regierungen und internationalen Organisationen: Auch die Finanzmärkte in ihrer heutigen Verfassung inklusive der Exitoption für hochspekulative Anlagen sind gesellschaftliche Institutionen – Institutionen allerdings, die der Erhaltung und Entwicklung der menschlichen Gattung nicht mehr dienlich sind.

Sosehr der Kapitalverkehr heute eine im Vergleich zu den Verhältnissen vor drei Jahrzehnten hohe Freizügigkeit genießt und sosehr er seither an globaler Reichweite, Umfang und Umlaufgeschwindigkeit gewonnen haben mag, so ist doch nicht zu vergessen, dass solche globalisierten Verhältnisse nicht ohne Vorbild sind: In der Zeit von 1870 bis zum Ersten Weltkrieg waren die Wirtschaften der wichtigsten Industrieländer stärker verflochten als bis in die jüngste Vergangenheit.[129] Die Phase der Weltkriege und Krisen 1914–1945 hatte einen bereits weit fortgeschrittenen Prozess der weltwirtschaftlichen

128. HUFFSCHMID 2002, 163–190; SHILLER 2000; SOROS 1998. Auch bei Abwesenheit von Friktionen stellt sich keinesfalls, wie die neoklassische Theorie meint, spontan ein Marktgleichgewicht ein. Bis zum mathematischen Begriff der Trajektorie, auf der ein System sich um ein Gleichgewicht, auf es zu oder von ihm weg bewegt, hat die Neoklassik es noch nicht gebracht. Dazu müsste sie ihre Ignoranz nicht nur des Raumes, sondern auch der Zeit aufgeben und die Hypothese der spontanen Einstellung des Gleichgewichts durch das Studium der Dynamik von Märkten ersetzen.

129. HIRST, THOMPSON 1996, 18–50

Integration unterbrochen.[130] Das relativiert sicher das übertriebene Gewicht, das heute dem Internet in diesem Prozess zugewiesen wird. Globalisierung fand auch schon mit den vergleichsweise primitiven Techniken von Dampfschiff und Telegraf in beachtlichem Ausmaß statt. Dazu waren weder Flugzeug noch Internet erforderlich. Doch außer durch die Beschleunigung, die diese Techniken bringen, unterscheiden sich die heutigen Finanzflüsse auch qualitativ von jenen der Zeit vor dem Ersten Weltkrieg: Die Währungsspekulation, die heute für einen großen Teil der durch die bei solchen Geschäften üblichen *Hebelfaktoren*, d.h. den im Verhältnis zu den Eigenmitteln außerordentlich hohen Einsatz von Fremdmitteln, aufgeblähten Kapitalbewegungen verantwortlich ist, spielte bei der damals üblichen Bindung der wichtigsten Währungen an den Goldstandard bzw. das britische Pfund als goldäquivalenter Leitwährung keine Rolle. Kapital wurde auf den internationalen Märkten anders als heute kaum kurzfristig in möglichst liquide Titel, sondern vielmehr langfristig in ausländisches Produktivvermögen angelegt.[131]

Nicht allein, dass die Finanzmärkte dem Ideal des reibungslosen Kapitalismus bisher am nächsten gekommen sind, sie setzen auch zunehmend die Maßstäbe für alle anderen Bereiche der Wirtschaft. Die Geldnatur etabliert sich so als das Maß aller Dinge und Verhältnisse: Diese sollen so flüssig, d.h. beweglich und austauschbar werden

130. Im Zeitraum 1870–1914 gab es, obwohl auch damals wichtige Industrienationen wie die USA, Deutschland und Frankreich keinesfalls Anhänger des Freihandels waren, sondern Zollbarrieren gegen Einfuhren errichtet hatten, zumindest annähernd so etwas wie einen einheitlichen Weltmarkt für Waren, Dienstleistungen und Kapital, in dem das britische Pfund die Rolle der goldäquivalenten Leitwährung innehatte und dessen Drehscheibe der Finanz- und Handelsplatz LONDON war – eine Rolle, die den schon im späten 19. Jahrhundert einsetzenden Niedergang der britischen Industrie relativ zu der nordamerikanischen und kontinentaleuropäischen lange Zeit zu verbergen vermochte; HOBSBAWM 1999, 112–131, 150–172

131. HENWOOD 1998, 106–114; die so genannten Direktinvestitionen in ausländisches Produktivvermögen, mit denen sich nicht nur ein finanzielles, sondern auch ein unternehmenspolitisches Engagement verbindet, haben in den 1990er Jahren ebenfalls zugenommen, doch entfällt auf sie nur ein verschwindender Teil der internationalen Finanzströme. Ihre Unterscheidung von kurzfristigen Portfolioinvestitionen stellt im Zeitalter der *Securitization*, d.h. der Verwandlung aller wirtschaftlichen Verhältnisse in handelbare Titel, schwer lösbare Probleme, zumal dadurch alle Investitionen – man nehme als Beispiel nur das Engagement und Disengagement von DAIMLER CHRYSLER bei MITSUBISHI – zumindest einen Hauch von Kurzfristigkeit bekommen.

wie das Geld selbst, das, sich selbst befruchtend, nur noch mit sich
selbst verkehrt. Im Fluchtpunkt aller Kapitalbewegung ist die konsti-
tutive Struktur nicht nur des menschlichen Handelns, sondern auch
des Lebens selbst ausgelöscht. Das Ideal der reibungslosen Kapitalverwertung steht im Konflikt mit den Erfordernissen des menschlichen
Lebens, mit seiner Erhaltung und Entfaltung, die an gegenständliche
Voraussetzungen gebunden bleiben.[132] Weil die Menschen nicht in
den Cyberspace auswandern können, sondern der physischen Welt
mit ihren Unvollkommenheiten und Ungleichgewichten verhaftet bleiben, kann sich die Wirtschaft auch nicht vollständig virtualisieren. In
einem Sekundenbruchteil kann man zwar Milliarden um den Globus
jagen, doch weder einen Laib Brot backen noch ein Grundstück be-
bauen, noch weniger eine technologische Innovation vorbereiten, die
sich nicht in einem Marketing-Gag erschöpft, um von gesellschaftlichen Innovationen zu schweigen. Die Flucht aus der Realanlage in die
Finanzanlage steht zwar dem einzelnen Kapitalisten offen, doch nicht
seiner Klasse als ganzer und erst recht nicht den Volkswirtschaften.

Profit ohne Produktion stellte zwar schon seit den 1970ern ein
mehr oder weniger eingestandenes Leitbild für Unternehmen dar,[133]
kam als solches jedoch erst in den 1990ern zur vollen Entfaltung. Das
prachtvollste Beispiel stellte ohne Zweifel der inzwischen unehrenhaft
abgegangene Energiehändler ENRON dar.[134] Verzierend kam damals
dazu, dass auch angesehene, bisher der Linken zugerechnete Akade-
miker dem Prinzip ihren Beifall nicht zu versagen vermochten: Auch
MANUEL CASTELLS kam zu der Einsicht, dass die wahre Wertschöpfung – Netzwerkökonomie-kompatibel – vorzugsweise in der Zirkulationssphäre stattfinde.[135] Doch ist das Prinzip weder verallgemeinerbar noch von volkswirtschaftlichem Nutzen. Die Aneignung von Wert,
ohne einen Beitrag zu ihm zu leisten, ist dauerhaft nur aus einer unangefochtenen Machtposition heraus durchsetzbar.

---

132. JESSOP 2003 sieht darin immer noch einen der grundlegenden Widersprüche,
     an denen sich die Konzepte einer wissensbasierten Ökonomie reiben.
133. Wie bereits MELMAN 1983 zeigt
134. HENWOOD 2002a; MISSBACH 2002; KÖNIG 2003; SABLOWSKI 2003b; STIGLITZ
     2004
135. CASTELLS 1996, 172, 240–244

3.7 Verkehrte Welt

Instrumente wie die Auslagerung von Fertigung, der Ersatz von festen
Beschäftigungsverhältnissen durch befristete Verträge und Zeitarbeit,
Ausschreibungen und Lieferkontrakte für Komponenten, Leasing und
Miete von Anlagen eröffnen der fertigenden Industrie Flexibilisie-
rungsmöglichkeiten, die sie in die Lage versetzen, den zur universalen
Norm erklärten Maßstäben der Finanzsphäre zwar nicht vollkommen
zu entsprechen, doch immerhin näher zu kommen. Solche Modelle
flexibler Verfügung über Ressourcen befreien einen Teil der Wirt-
schaftssubjekte davon, große Mengen von Kapital langfristig oder
sogar irreversibel an bestimmte Orte und Objekte zu binden, doch
nicht die Volkswirtschaft als ganze. Zu jedem Mieter gehört ein Ver-
mieter, zu jedem Leasing-Nehmer ein Leasing-Geber – Letztere sind
komplementäre Rollen, deren Inhaber sich natürlich langfristig fest-
gelegt haben müssen. Diese Formen haben zwar nicht die Starrheit
des Eigentums, der traditionellen Form der Verfügung über die Dinge,
doch vermögen sie dieses als Basis aller anderen Verfügungsformen
nicht aufzuheben, sondern nur zu ergänzen. Ebenso wenig vermögen
sie das materielle Substrat der Gesellschaft aufzulösen. Letztere verbleibt im Schwerefeld der physischen Dinge. Die *schwerelose* Ökonomie stellt sich mehr als ein Artefakt des Rechts und der Rechnungslegung heraus denn als eine Tatsache der Physik. Die Befreiung
des Kapitals aus allen Bindungen bedeutet nicht die Befreiung der
Menschheit von der Natur.

Der Sinn solcher Modelle besteht darin, Risiken zu verteilen, zu
verschieben oder manchmal auch nur zu verbergen. Letzteres trifft vor
allem auf viele langfristige Leasinggeschäfte zu, deren Zweck hauptsächlich darin besteht, die Bilanz bzw. den Haushalt, wenn es sich um
die öffentliche Hand handelt, des Leasingnehmers nach den Maßstäben des Shareholder-Value-Kapitalismus besser aussehen zu lassen.
Bestand bei den im 20. Jahrhundert auf dem europäischen Kontinent üblichen Bilanzierungspraktiken die Kunst darin, Gewinne zu
thesaurieren, d. h. in (für den Fiskus) unsichtbares Vermögen zu verwandeln, so gebietet die Doktrin des Shareholder-Value, Verbindlichkeiten verschwinden zu lassen und nichtexistente oder erst in der
Zukunft eintretende Gewinne auszuweisen. Die Bilanzskandale der

jüngsten Vergangenheit wie die bei ENRON u.a.[136] haben systematische Ursachen. Dieses Phänomen auf der Ebene der moralischen Empörung über das individuelle Fehlverhalten geldgieriger Manager abzuhandeln, heißt, es zu verfehlen; zumal ja auch die Geldgier, der herrschenden Wirtschaftslehre zufolge, ein legitimer Antrieb des Wirtschaftsgeschehens sei, der in einer Marktwirtschaft für alle nur das Beste hervorbringen könne und dementsprechend auch systematisch als motivierende Kraft einzusetzen sei. Die anerkannten Ziele und Motive legen den Betrug nahe.

Der wachsende Umfang von Miet- und Leasinggeschäften bis hin zu Betreibermodellen, bei denen Unternehmen Lieferanten von Investitionsgütern – nicht nur von Gebäuden, sondern auch Maschinen und ganzen Anlagen – dazu nötigen, diese gegen eine monatliche Miete für sie bereitzustellen und instandzuhalten, resultiert wie die Reduktion der Fertigungstiefe und die Auslagerung von früher intern erbrachten Dienstleistungen von der Gebäudereinigung bis zur Bilanzbuchhaltung aus dem Bemühen, widersprüchliche Imperative zu erfüllen: Einerseits impliziert Mehrwertproduktion immer auch konkrete Produktion und damit auch irreversible Investitionen in deren materielle Voraussetzungen, andererseits verlangen erstens die zunehmende, nicht zuletzt von der Industrie seit der Krise der 1970er Jahre selbst erzeugte Volatilität der Märkte eine höhere Flexibilität der Produktion, und zweitens der steigende Einfluss der Finanzmärkte auf die Unternehmenspolitik eine Umschichtung der Aktiva zugunsten liquider Titel. Generell ziehen die Finanzmärkte die Ausschüttung der Gewinne, in Form der Dividende, lieber jedoch, weil das die kurzfristigen hohen Gewinne ermöglicht, die heute den Maßstab von Investitionen bilden, durch den Rückkauf von Unternehmensanteilen oder die Realisierung von Wertsteigerungen,[137] ihrer Thesaurierung vor.[138]

---

136. Dies geschah z.B. bei ENRON, indem man Verbindlichkeiten in Scheingesellschaften auslagerte und Einkünfte aus der Erfüllung von langfristigen Lieferkontrakten sofort bilanzierte. Siehe STIGLITZ 2004

137. Wertsteigerungen, die sich nicht selten als Verlust anderer Marktteilnehmer, d.h. als volkswirtschaftliches Nullsummenspiel erweisen.

138. Was nicht nur den Transfer von Wert, sondern auch von Gestaltungsmacht bedeutet. Mittel, die Unternehmen früher zur Realisierung langfristiger Forschungs- und Entwicklungsvorhaben einzusetzen vermochten, gehen in die Disposition der Finanzmärkte über. Siehe KENNEDY 2001

Die *Entmaterialisierung* der Wirtschaft,[139] die viele Autoren beobachten zu können glauben, ist der statistische Reflex zunächst der primär an finanziellen Zielen ausgerichteten Managementstrategien, die Kosten von *gegenständlichen* Faktoren der Produktion aus den Bilanzen verschwinden und als solche von *flexiblen Dienstleistungen* wieder auftauchen lassen, des wachsenden Anteils von Funktionen der Koordination, Logistik und Vermarktung an den Kosten, sowie der generellen Umverteilung zu Ungunsten der Arbeit, besonders jedoch der unmittelbaren Arbeit an physischen Gegenständen, und deren Substitution durch mittelbare Arbeit.

Im Gegensatz zu einer verbreiteten Legende dienen die Aktienmärkte auch weniger der Finanzierung der Unternehmen als vielmehr der Ausübung von Macht zum Zwecke der Umverteilung, genauer, der Aneignung von Wert durch das Finanzkapital, durch die Intermediäre des Finanzmarktes, durch eine internationale Managerelite und eine wohlhabende Rentierschicht, die seit Jahrzehnten einen wachsenden Anteil des volkswirtschaftlichen Produkts beanspruchen. Die periodisch stattfindende Enteignung von blauäugigen Kleinaktionären ist darin enthalten. Die Eigenkapitalaufnahme an der NEW YORKer Börse weist für den Zeitraum 1970–1997 sogar einen Negativsaldo auf, d.h., es wurde mehr Kapital an die Aktionäre zurückgegeben als von dort bezogen. Die Doktrin des Shareholder-Value gebietet schließlich, den Aktienkurs zu steigern, was z.B. durch den Rückkauf von Anteilen geschieht; wozu die Unternehmen in guten Zeiten einen Teil der Gewinne nutzen und in schlechten manchmal sogar Fremdkapital aufnehmen. Auch die in den 1990ern zahlreichen und mit viel publizistischer Aufmerksamkeit bedachten Börsengänge von Unternehmen der New Economy dienten in der Regel nicht der Finanzierung von Investitionen, sondern der Auszahlung von Wagniskapitalisten, Gründern oder Alteigentümern. Der Kauf von Wertpapieren resultiert nicht zwangsläufig in der Ausweitung der Realanlagen oder des technologischen Niveaus.

Die Unternehmen finanzieren sich kaum durch Aufnahme von Eigenkapital an der Börse, sondern überwiegend aus laufenden eigenen Mitteln und zum kleineren Teil durch Fremdkapital, d.h. Bankkredite und handelbare Schuldenpapiere, so genannte *Corporate bonds*.[140]

139. Siehe S. 134–135
140. HENWOOD 1998, 72–86; HENWOOD 2004

Die Allokationsfunktion, die den Finanzmärkten laut Lehrbuch zu-
käme, tritt also deutlich hinter ihre Aneignungs- und Steuerungs-
funktion, also ihre Rolle als Medium der Macht zurück. Das schließt
den Fluß von Hunderten von Milliarden durch die Börse nicht aus:
Diese wandern von den neuen zu den vorigen Haltern von Aktien,
nicht jedoch zu den Unternehmen, die sie ursprünglich ausgegeben
haben – ein Vorgang, der in Boomphasen wie der der 1990er Jahre
fantastische Gewinne bringt.

Oft noch vor der Dividende stellt deshalb die Wertsteigerung
bzw. deren Realisierung die wichtigste Einkommensquelle für die Aktionäre dar. Um den Zufluss aus dieser Quelle zu maximieren, ist es
notwendig, die Unternehmensführung auf eine Politik zu verpflich-
ten, die den Aktienkurs zum entscheidenden, alle anderen Kriterien ausstechenden Leistungsindikator macht: Das ist der Kern der
Shareholder-Value-Doktrin. Gelockt vom Zuckerbrot der Zuteilung
von Aktien oder Optionen, die sie als Bestandteil ihrer Vergütung
zu Komplizen der Aktionäre machen sollen, und getrieben von der
Peitsche der bei Absinken des Kurses drohenden feindlichen Übernahme, sind die meisten Manager bereit, etwa noch bestehende Zweifel
daran, ob diese Rezepte den Unternehmen langfristig auch guttun,
zu vergessen. Doch bei den meisten sind gar keine Zweifel mehr
auszuräumen oder vergessen zu machen: Sie haben die entsprechende
Ideologie schon als Bestandteil ihrer Ausbildung eingeflößt bekommen und willig geschluckt. Jene war schon in den 1980ern zur dominierenden Managementphilosophie avanciert. *Corporate raiders*,
die als Peitsche der Märkte unterbewertete Unternehmen zu lächerli-
chen Preisen übernahmen, um sie zu zerschlagen und die Fragmente
profitabel zu verkaufen, galten damals als Helden der Wirtschaft.[141]
Auf der Strecke blieben bei den Unternehmen, die sich diese Lehre zu
Herzen genommen hatten, in der Folge jedoch Investitionen mit wei-
terem Zeithorizont: solche in die Grundlagenforschung, in moderne
Produktionsanlagen und -verfahren, in die Entwicklung von Qualifikationen und Produkten, in Zuverlässigkeit und Sicherheit, Umwelt-
schutz und den schonenden Umgang mit Ressourcen.[142]

---

141. Eine solche Figur stand in Gestalt des von MICHAEL DOUGLAS gespielten
GORDON GEKKO auch im Mittelpunkt des damals überaus erfolgreichen Films
Wall Street.

142. MELMAN 1983, 40–81 stellt diese Doktrinen, die Mechanismen ihrer Durchsetzung sowie ihre desaströsen Konsequenzen: den Verlust von Entwicklungs-

Der Rückkauf von Aktien zwecks Kurspflege hat inzwischen auch in so renommierten und prosperierenden Unternehmen wie z.b. der IBM die Investition in langfristig angelegte Grundlagenforschung verdrängt.[143] Die renommierten IBM-Labors in YORKTOWN HEIGHTS, ALMADEN, BÖBLINGEN und ZÜRICH haben ebenso wie die BELL LABS[144] und das XEROX PARC[145] seit ihren großen Zeiten in den 1960er und 1970er Jahren ihren Charakter verändert: Schnelle Profitabilität ist dort jetzt auch zum entscheidenden Kriterium avanciert. Das bedeutet auch, dass unter den durch die Shareholder-Value-Doktrin gesetzten Bedingungen monopolistische Konzerne kaum noch dazu in der Lage sind, die ihnen von JOSEPH SCHUMPETER zugestandenen progressiven volkswirtschaftlichen Funktionen als Avantgarde der Produkt- und Verfahrensinnovation zu erfüllen.[146]

Wie die bisherigen Erfahrungen zeigen, versagt die Doktrin jedoch nicht nur volkswirtschaftlich, sondern auch als Steuerungsmodell zum Nutzen der Aktionäre, weil es im sprichwörtlichen Sinne *die Rechnung ohne den Wirt macht*, d.h. das Eigeninteresse des Managements nicht nur ausblendet, sondern ihm auch noch systematische Fehlanreize setzt, d.h. Handlungen belohnt, die gegen die langfristigen Interessen des Unternehmens verstoßen. Letzteres läuft immer darauf hinaus, die entlohnungsrelevanten Kennzahlen wie den Börsenwert ohne Rücksicht auf andere Gesichtspunkte kurzfristig – den Zeithorizont bildet dabei die Vertragsdauer – hochzutreiben, und das kann am Ende eben nicht nur die Beschäftigten und die Volkswirtschaft treffen, sondern auch das Unternehmen und die Aktionäre. Dabei gibt es, so zeigt die Erfahrung, kaum Tabus: Wenn es durch die gewöhnliche

und Produktionskompetenz bereits präzise dar und weist auch schon darauf hin, dass diesem Regime der Unternehmensführung die Tendenz zur kreativen Buchführung, wenn nicht gar zu manifest betrügerischen Manipulationen notwendig innewohnt.

143. Ausführlich erläutert die Gefahren einer an kurzfristigen Zielen orientierten Unternehmenspolitik im Zeichen des Shareholder-Value KENNEDY 2001

144. Seit der Zerschlagung von AT&T, bei der die BELL LABS zum Netzausrüster LUCENT kamen, fehlt diesen eine stabile Finanzierungsbasis.

145. Das PALO ALTO RESEARCH CENTER des Kopierergiganten war in den 1970er und 1980er Jahren eines der innovativsten Forschungszentren der Computer- und Softwaretechnologie. Dort wurden u.a. der persönliche Schreibtisch-Computer, die grafische Benutzungsschnittstelle, das lokale Computernetz und die Programmiersprache SMALLTALK entwickelt. Siehe GOLDBERG 1988

146. SCHUMPETER 1975, 87–106

Geschäftstätigkeit nicht geht, werden flüssige Mittel durch die Veräußerung von Aktiva, durch Unterlassen lebenswichtiger Investitionen, sogar durch Schuldenaufnahme und schließlich auch rein fiktiv, durch kreative Buchführung generiert.[147]

Unter den Bedingungen der Shareholder-Value-Doktrin besteht die angesagte Kunst also darin, Finanzmittel zugleich Gewinn bringend zu verwerten *und* möglichst liquide zu erhalten – eine Forderung, die zu erfüllen immer nur einzelnen Wirtschaftssubjekten, nicht jedoch einer ganzen Volkswirtschaft möglich ist. Diese Forderung ist ähnlich paradox wie die, die der flexible Kapitalismus zumindest in seinen Deklarationen an die Ware Arbeitskraft stellt: Diese soll einerseits in der Form des hochqualifizierten Spezialisten mit großer Erfahrung und der Fähigkeit zu eigenständigem Urteilen und Handeln auftreten, andererseits sich auch durch hohe Anpassungsfähigkeit, Fügsamkeit und jugendliche Frische auszeichnen. Sie soll sich flexibel beliebigen Aufgaben zu- und ebenso schnell auch von ihnen wieder abwenden können. Sie soll ohne große Umstellungsschwierigkeiten wechselnden Herren zu Diensten sein, dabei jedoch immer loyal bleiben und ungeteiltes Engagement zeigen, ohne andererseits zu hohe Anforderungen an deren Verantwortungsbewusstsein zu stellen.[148]

All die *Flexibilisierung* und *Entmaterialisierung* der Wirtschaft, die der postmodernen Ideologiemaschine Anlass zu so viel atem- und gedankenlosem Theoretisieren gibt, ist weniger als konkreter, sondern mehr als finanztechnischer, bilanzieller Prozess zu verstehen, als Widerspiegelung von Managementstrategien, in denen es mehr um die Aneignung von Wert geht und die dazu nötige Herrschaft über den Prozess seiner Produktion als um die physische Gestalt dieser Produktion selbst. Nicht aus den Augen zu verlieren ist nämlich, dass

---

147. Ausführlich dazu Stiglitz 2004, 135–180, der vor allem zeigt, wie die in den 1990er Jahren sich durchsetzenden Entlohnungssysteme für das Topmanagement Unternehmens- und Aktionärsinteressen systematisch verfehlen. Zusammen mit den Informationsasymmetrien, die sich aus der im Konzept der Kapitalgesellschaft angelegten Trennung von Eigentum und Management nicht nur zwischen dem Management einerseits und den Beschäftigten sowie der Öffentlichkeit andererseits, sondern auch den Aktionären, besonders jedoch der großen Zahl der Kleinaktionäre ergeben, schaffen sie Anreize für Fehlverhalten, denen zu widerstehen von den wenigsten Managern zu erwarten ist. Siehe auch S. 151–153

148. Zu den widersprüchlichen Zumutungen der neue Arbeitswelt ausführlicher Sennett 2005

einem Markt für flexible Nutzungstitel auch ein System von Eigen-
tumstiteln zugrunde liegen muss. Zu jedem Subjekt, das ein Nut-
zungsrecht kauft, gehört in Gesellschaften mit bürgerlicher Rechts-
ordnung letzten Endes auch eines, das über einen Eigentumstitel verfügt, auf dessen Basis es ein solches zu gewähren vermag. Wer wie
JEREMY RIFKIN aus dem zunehmenden Umfang solcher Geschäfte
schließt, dass Eigentum seine Bedeutung verloren hätte,[149] erliegt
einem gedankenlosen Reflex auf ein Phänomen, das in den angemessenen Zusammenhang zu stellen ihm offenkundig versagt ist.

JEREMY RIFKIN wird hier wie viele andere Opfer der verbreiteten Neigung, gesellschaftliche Prozesse nur von einer Seite und nur
in ihrer Spiegelung durch die Zirkulationssphäre wahrzunehmen. Aus
dieser partiellen Blindheit heraus ignoriert er schon das ebenso simple wie grundlegende Prinzip, dass zu jedem Tauschakt zwei Seiten
gehören und dass man aus der Tatsache, dass ein Tausch erfolgt,
keinesfalls auf die Irrelevanz der getauschten Sache schließen kann.
Das Vorkommen von Tauschakten deutet meist auf Arbeitsteilung.
Wenn manche, doch längst nicht alle Unternehmen, um ihre Liquidi-
tät zu steigern und dadurch Flexibilität zu gewinnen, auf das Eigentum an Immobilien zunehmend verzichten, bedeutet das eben nicht,
dass Eigentum oder Immobilien an Bedeutung verloren hätten, sondern dass eine neue Form der gesellschaftlichen Arbeitsteilung sich
herausbildet. Es genügt schon, regelmäßig einen Blick in die Finanzpresse zu werfen, um zu erkennen, wie wichtig Immobilien immer
noch sind.

Entsprechendes gilt für die bereits angesprochene *Entmaterialisierung* der Wirtschaft: Wenn in der Rechnungslegung der Unternehmen
die Summe der Posten, die unmittelbar für Stoffliches oder für unmittelbare Arbeit an Stofflichem stehen, zusammenschmilzt, folgt daraus
nicht, dass Stoffliches keine Bedeutung mehr hätte,[150] sondern nur,
dass zu seiner Gestaltung und Handhabung mehr indirekte als direkte
Arbeit aufgewandt wird bzw. dass selbst direkte Arbeit sowie die
Bereitstellung ihrer gegenständlichen Voraussetzungen immer mehr
verkleidet als Dienstleistung auftreten und durch die Verlagerung
in Schwellenländer ihre Sichtbarkeit im Alltag der Metropolen verlieren. Darin spiegelt sich neben dem technischen Fortschritt auch

149. RIFKIN 2000
150. Dagegen sprechen schon die auf S. 134–135 angeführten Fakten.

die gesellschaftliche Dominanz der Zirkulationssphäre. Wenn die New Economy etwas produzierte, dann eine relativ breite Schicht, die sich hauptsächlich so hochgeistigen Dingen wie dem Wertpapierhandel, mit allem was dazugehört, und der Ideologieproduktion widmen, während sie die Besorgungen des Alltags weitgehend den Dienstboten überlassen konnte; was, wie DOUG HENWOOD bemerkt, "körperliche Arbeit für die meinungsbildende Klasse weitgehend unsichtbar macht":[151]

> Mit Schuhen hergestellt in Indonesien, Autos montiert in Mexiko und einem Jamaikaner, der die Toilette schrubbt, fällt es leicht zu glauben, dass Materie keine Rolle mehr spielt.[152]

In dem, was uns heute als das neue Zeitalter des Netzes in zahllosen Bildern und Beschwörungsformeln entgegen tritt, treffen sich drei verwandte Phantasmen: das der universalen Ortlosigkeit, des Sieges über den Raum und die Materie, das des idealen Marktes, in dem alle Verhältnisse solche des Tausches sind, und das des Geld machenden Geldes, des sich selbst entäußerungslos verwertenden Wertes. Ihr geheimer gemeinsamer Nenner ist die Entfernung von der Erde, von den lebendigen Menschen, vom Dasein in Raum und Zeit, ihre Triebkraft ein Techno-Spiritismus, der, Spiritualität nachäffend, sie wie Masken des Todestriebes aussehen lässt. Darauf wird, nach einer Konfrontation mit den Dingen des Daseins, zurückzukommen sein.

---

151. HENWOOD 2003, 29 [Übersetzung des Autors]
152. HENWOOD 2003, 29–30 [Übersetzung des Autors]

4. Logik der Agglomeration
– Logik der Spaltung

Als ich ein Junge war, blieb ich immer bewundernd vor dem sehr großen Weltglobus in der Eingangshalle zur öffentlichen Bibliothek in CHICAGO stehen. Eine Sache am Globus schien mir besonders bemerkenswert, und die damals angeregten Gedanken ließen mich jahrelang nicht ruhen. An der südwestlichen Küste des Michigansees, wo man CHICAGO vermutete, war im Globus eine runde Vertiefung eingedrückt. NEW YORK war auch verschwunden, aber das Loch war viel kleiner. Die Erklärung ist offensichtlich und kam mir sofort. Tausende von Besuchern blieben stehen, um sich den Globus anzusehen. Wenn sie ihn überhaupt berührten, berührten sie ihn höchst wahrscheinlich an CHICAGO. Ich stellte mir vor, wie sie einen Finger auf Chicago legten und sagten: "Hier ist CHICAGO" oder "Hier sind wir". Ein kleiner Teil derjenigen, die CHICAGO gefunden hatten, berührten auch NEW YORK. "Und hier ist NEW YORK", sagten sie sicher. So weit machten sie ihre "Reisen" auf dem Globus; keiner der anderen Orte zeigte erhebliche Abnutzungserscheinungen.[1]

Auch in einer Welt, die laut Wirtschaftspresse einem unwiderstehlichen Drang zur Flexibilisierung, zur Virtualisierung und zur Globalisierung unterliege, mit der Folge, dass der Raum, wie sämtliche Feuilletons raunen, mit allen seinen Begrenzungen sich auflöse, hat das Kapital immer noch nicht nur einen Namen, sondern auch eine Adresse und letztere keinesfalls an beliebigem Ort. Das liegt – außer an dem noch genauer auf seine Konsequenzen hin zu untersuchenden Sachverhalt, dass das Kommando über den Verwertungs- und Aneignungsprozess des koordinierten Zusammenwirkens einer Vielzahl von Experten und Hilfskräften bedarf – nicht zuletzt daran, dass die Dispositive der Zeitkontraktion und Raumvernichtung, die dazu ebenfalls unerlässlich sind, nicht überall in gleicher Weise zur Verfügung stehen. Vielmehr sind sie bzw. die Punkte des Zugangs zu ihnen im Raum höchst ungleich verteilt. Anstatt, wie die vorherrschenden Stimmen seit 100 und mehr Jahren verkünden, den Raum aufzuheben, fügen sie ihm lediglich weitere Artikulationsebenen hinzu, indem sie ihm eine veränderte Metrik aufprägen. Schon von den Mitteln der physischen Fortbewegung gilt: je größer die Geschwindigkeit und je weiter die unterbrechungsfrei überwindbaren Distanzen, desto seltener und ungleicher verteilt die Zugangspunkte wie Flughäfen der diversen Rangordnungen, ICE-Stationen etc. und desto stärker die

Tendenz zu deren Agglomeration mit allen anderen Dispositiven der Macht.[2]

Dies gilt in gleicher Weise für die elektronischen Kommunikationsmittel: Allein in MANHATTAN gibt es mehr Telefonanschlüsse als in ganz Afrika südlich der Sahara. Schon nebenan in BROOKLYN und der BRONX verfällt dagegen die Infrastruktur, und Direktanschlüsse ans Glasfasernetz sind dort kaum verfügbar.[3] Auch innerhalb anderer Industrieländer – die Länder an der Peripherie des Weltsystems bleiben, von wenigen Metropolen, vor allem denen, die als Brückenköpfe der Ersten Welt fungieren, abgesehen, weitgehend ausgesperrt – sind die Zugangsmöglichkeiten zu den fortgeschrittenen Techniken der Telekommunikation räumlich ungleich verteilt: Wer in Deutschland auf dem flachen Land wohnt, wird vergeblich auf einen preiswerten Internetzugang mit hoher Bandbreite wie z.b. das über die Kupferleitung zu realisierende T-DSL[4] oder gar einen Glasfaseranschluss[5] warten und sich beim Einschalten des Mobiltelefons oft in einem Funkloch finden. Ganz zu schweigen von den Aussichten, an den nächsten Generationen drahtloser Datendienste, sei es mittels des neuen Mobilfunkstandards UMTS,[6] sei es mittels drahtloser lokaler Netze, teilzuhaben. Der Zugang zum Mobiltelefonnetz gehört, anders als der zum Festnetz, nicht zur Universaldienstpflicht der Netzbetreiber, während andererseits die Telefonzellen, die bisher das Telefonieren außer Hause ermöglichten, verschwinden, da sie, mit wenigen Ausnahmen an Punkten mit starkem Publikumsverkehr wie Bahnhöfen, Flughäfen und Einkaufsstraßen, nicht profitabel betreibbar sind. In dieses Bild passt auch, dass die DEUTSCHE TELEKOM

2. Die neue ICE-Strecke zwischen FRANKFURT und KÖLN hat etwa zur Konsequenz, dass gemäß der bereits zuvor auf S. 25–29 diskutierten Metrik, die Distanz durch den Zeit- und Komfortverlust misst, den ihre Überwindung kostet, KÖLN heute näher bei FRANKFURT liegt als KOBLENZ und BONN. Der Abstieg von BONN wird hier greifbar: Die ehemalige Hauptstadt bewegt sich aus dem Zentrum und rückt der Peripherie näher.

3. SCHILLER 1999, 56; GRAHAM 2002, 77–79, 89

4. Sogar an der Peripherie der Stadt MÜNCHEN, die sich als deutsche Hightech-Metropole versteht, gibt es – und zwar noch innerhalb des S-Bahnbereichs – Zonen, in denen ein breitbandiger Internet-Zugang via T-DSL nicht verfügbar ist!

5. Zu den technischen und wirtschaftlichen Aspekten von Breitbandanschlüssen für Endbenutzer siehe FISCHBACH, NEUGEBAUER 1998; MAXWELL 1999

6. FISCHBACH 2000

nicht daran denkt, veraltete und zunehmend verfallende Infrastruktur in benachteiligten Räumen,[7] über die eine zuverlässige Anbindung der Teilnehmer kaum noch möglich ist, durch zeitgemäße zu ersetzen. Eine solche Politik bringt das Maß an Gleichheit und Atopie zum Verschwinden, das beim heutigen Stand der Produktivkräfte zu den Voraussetzungen einer zivilisierten Gesellschaft gehört.

4.1 Netzgesetze

In räumlichen Ungleichgewichten wie den zuvor erwähnten artikulieren sich technische und wirtschaftliche Kräfte, die im Zeitalter der Gigahertz-Hochfrequenztechnik, der optischen Signalübertragung und der digitalen Vermittlung an Einfluss eher zu- als abnehmen. Die Einrichtungen der Telekommunikation unterliegen einer ausgeprägten Ökonomie der Dichte:[8] Dort, wo auf engem Raum ein hohes Nutzungsvolumen zu erzielen ist – und das ist bevorzugt dort, wo bereits alle anderen Ressourcen der Macht und des materiellen Wohlstands konzentriert sind –, sind auch die modernsten und leistungsfähigsten Telekommunikationsmittel bzw. die darauf aufbauenden Dienste einer nahtlosen und zuverlässigen globalen Konnektivität auf einer Vielzahl von Anwendungsebenen am frühesten und zu den günstigsten Kosten verfügbar, können die Nutzer solcher Dienste auf das größte und differenzierteste, auch auf besondere Ansprüche eingehende Angebot derselben zurückgreifen.[9] Bei dominierenden Fixkosten verlieren dort die Grenzkosten zusätzlicher Anschlüsse, Anwendungen und Nutzungsvolumina an Bedeutung; wobei der technische Fortschritt die Schere zwischen solchen begünstigten Zonen und den benachteiligten immer weiter öffnet.

Um genau zu verstehen, welche Kräfte hier wirken, ist es angezeigt, sich die Gesetze zu vergegenwärtigen, denen die Ökonomie der Netze unterliegt. Denn diese unterscheidet sich wesentlich von z.B. der Ökonomie des Brotbackens. Genau diese Andersartigkeit, die Netze und besonders Kommunikations- und Verkehrsnetze von anderen Gütern unterscheidet, steht einer angemessenen Behandlung

---

7. Z.B. Teilnehmeranschlussleitungen, die oberirdisch über verrottende Holzmasten verlegt, im Sommer durch Blitzschlag und im Winter durch Vereisung gefährdet sind.
8. BÜLLINGEN, STAMM 2001, 18ff
9. GRAHAM 2002, 78–86

der mit ihnen zusammenhängenden Fragen in der Öffentlichkeit am meisten im Wege. Um welche Gesetze handelt es sich hier genau?
1. *Das ökonomische Gesetz des wachsenden Nutzens: Der Nutzen der Vernetzung wächst mit der Anzahl der Teilnehmer.* Dieses Gesetz ist das einzige in dieser Liste, das genuin ökonomischer Natur ist. Die anderen haben zwar starke ökonomische Wirkungen, doch entspringen sie selbst mehr geometrischen, naturgesetzlichen und technischen Zusammenhängen. Geht man davon aus, dass der Zweck von Kommunikations- und Verkehrsnetzen darin besteht, materiell artikulierte Punkte – mögen diese Punkte nun Orte, Menschen, Organisationen oder Maschinen etc. sein – zu verbinden, um den Austausch von stofflichen Gegenständen, Energie oder Information zwischen ihnen zu ermöglichen, dann repräsentiert – immer unter der Prämisse, dass die so hergestellte Verbindung bzw. Möglichkeit derselben für sich schon wertvoll ist – ein Netz einen umso höheren Wert, je mehr Punkte es verbindet. Der Wert des Zugangs zu ihm wächst also mit der Zahl der Teilnehmer. Solange ich der einzige bin, der ein Telefon hat, bringt es wenig Nutzen, doch mit jedem weiteren Teilnehmer steigt sein Wert. Fremdes Handeln – andere Menschen besorgen sich einen Telefon- oder Internetanschluss – hat hier einen nicht intendierten[10] Einfluss auf den Wert meines Netzanschlusses.

Solche Effekte heißen im Jargon der Wirtschaftswissenschaften *Externalitäten*; wobei diese sowohl positiv als auch negativ sein können. Ist der Nutzengewinn eines Netzanschlusses durch weitere Anschlüsse ein Beispiel für eine positive Externalität, dann sind die Verschmutzung der Luft und der Lärm, den die Benutzer von Automobilen und Straßen verursachen, Beispiele für negative Externalitäten. Positive Externalitäten haben nicht nur Netze, die aus physischen Verbindungen bestehen, sondern alles, was einen Austausch ermöglicht: z.B. eine Sprache oder eine Software, deren gemeinsame Benutzung den Austausch von Information ermöglicht.

Positive Externalitäten erzeugen jedoch auch starke Trägheitskräfte gegen Veränderungen: Microsoft Windows und Office sind deshalb so beliebt, weil sie so beliebt sind, und selbst bessere Alternativen haben es schwer, weil sie zunächst einen Verlust von zumindest potenziellem Nutzen implizieren. Positive Externalitäten begründen

---

10. Von dem außergewöhnlichen Fall, dass jemand diese Anschaffung macht, um nur mit mir zu kommunizieren, einmal abgesehen.

Mechanismen der rekursiven Selbstverursachung, die eine Pfadabhängigkeit der involvierten Phänomene zur Folge haben. Die berühmte Formel "Nothing makes more famous than fame"[11] bringt dies auf den paradoxen Punkt.

Netzwerkexternalitäten haben jedoch auch eine dunkle Seite: Ein großes Netz mit vielen Teilnehmern, die gewisse Standards teilen, ist auch eine ideale Plattform für unangenehme Zeitgenossen, die die Menschheit mit Spam-Mail, Viren und 0190-Wählern belästigen. Wer ein exklusiveres System wie MacOS, Unix oder Linux benutzt, bleibt zwar in mancher Hinsicht einsamer, doch deshalb nicht nur von manchem Nützlichem und Schönen, sondern auch von vielem Hässlichem wie den verbreiteten Viren und Würmern, die meist auf Windows und Office spezialisiert sind, ausgeschlossen.

2. *Das geometrische Gesetz der Teilnehmerdichte: Der durchschnittliche Aufwand der Vernetzung pro Teilnehmer sinkt bei gleichbleibender Teilnehmerzahl mit steigender Teilnehmerdichte.*

Wenn der Aufwand der Vernetzung mit der Länge der Verbindungsstrecken wächst, dann hat das zur Konsequenz, dass der Aufwand pro Teilnehmer sinkt, wenn — ceteris paribus — die Teilnehmerdichte, d.h. die Zahl der Teilnehmer pro Flächeneinheit, steigt. Das liegt einfach daran, dass die Verbindungsstrecken kürzer werden, wenn die Teilnehmer dichter zusammenrücken, um bei konstanter Zahl eine höhere Dichte zu erzielen. Deshalb ist die Vernetzung der Stadt immer billiger als die des Landes.

Dies ist unmittelbar einsichtig, wenn man bei gegebener Verknüpfungsstruktur — im Fachjargon heißt diese die *Topologie* des Netzes — alle Verbindungsstrecken um denselben Faktor verkürzen kann. Die kleinste, alle Netzpunkte umschließende Fläche schrumpft dann um einen Faktor, der das Quadrat des Obigen ist; was die Dichte der Netzknoten um denselben Faktor vergrößert. Lässt man die umschließende Fläche unverändert und fügt nur innerhalb derselben weitere Netzpunkte hinzu, hängt der entstehende Aufwand von der gewählten Verknüpfungsstruktur ab: Verbindet man die neuen Punkte nur mit den nächstgelegenen, dann nimmt der Aufwand pro Punkt mit der Dichte ab, nicht jedoch, wenn man sie alle untereinander oder mit einem festen zentralen Punkt verbindet. Die Topologie hat also einen wesentlichen Einfluss auf die Ökonomie der Netze.

11. Nichts macht berühmter als Ruhm.

3. *Das topologische Gesetz des kleinsten Anschlussaufwands: Um einen neuen Knoten an ein zusammenhängendes Netz anzuschließen, reicht eine Verbindung mit einem bestehenden Netzknoten aus.* Dieses und das folgende Gesetz heißen topologisch, weil sie nur von der Verknüpfungsstruktur des Netzes handeln, von der Metrik dagegen vollständig absehen. Unter der Prämisse, dass der Aufwand der Vernetzung von der Zahl der Verbindungsstrecken abhängt, ergibt sich, dass Netze, die alle Teilnehmer paarweise durch je eine Strecke verbinden, zu den aufwändigsten gehören; wobei der Aufwand, der erforderlich ist, um einen weiteren Teilnehmer hinzuzufügen, linear, der Gesamtaufwand der Vernetzung sogar quadratisch mit der Zahl der Teilnehmer steigt. Die sparsamste Weise der Vernetzung begnügt sich dagegen mit einer zusätzlichen Verbindungsstrecke pro neuem Teilnehmer, die möglichst kurz sein, also zum nächstliegenden, dafür geeigneten Netzknoten erfolgen sollte. Die Länge dieser Verbindungsstrecke schrumpft mit der Dichte der Netzknoten; womit der Zusammenhang mit dem vorhergehenden geometrischen Gesetz der Teilnehmerdichte hergestellt ist.

4. *Das topologische Gesetz der Vermittlung: In einem Netz, dessen Aufbau einen geringeren als den maximalen Aufwand erfordert, involviert der Austausch der Teilnehmer die Vermittlung durch zwischengeschaltete Knoten. Die Ausgliederung dieser Funktion in eine eigenständige Struktur und deren Konzentration auf wenige Komponenten verbessert die Planbarkeit, Flexibilität und Effizienz eines Netzes.* Verbindet man neue Teilnehmer unmittelbar mit bereits vorhandenen, entsteht ein Netz, in dem viele Teilnehmer auch zugleich als Zwischenstationen für die Kommunikation anderer Teilnehmer fungieren. Dies stellt eine in mehrfacher Hinsicht wenig attraktive Situation dar: Verlässt ein Teilnehmer das Netz, kann dies dessen Zusammenhang gefährden. Wenn man neue Teilnehmer nur mit einer Strecke anbindet, dann ist dies sogar gewiss der Fall, wenn ein Teilnehmer verschwindet, der mit wenigstens zwei weiteren verbunden ist. Weiterhin wächst in einem so strukturierten Netz die durchschnittliche Zahl der in der Kommunikation zwischen zwei beliebigen Teilnehmern als Zwischenstation involvierten weiteren Teilnehmer mit der Gesamtzahl

der Teilnehmer, sofern die Zahl der Verbindungsstrecken pro Teilnehmer eine gewisse Schranke nicht überschreiten darf. Das Gleiche gilt von der Belastung der Zwischenstationen und der inneren Verbindungsstrecken: Auch sie steigt mit der Zahl der Teilnehmer an. Jedoch ist schwer vorhersehbar, welche Knoten und Strecken das sein werden. Wenn man zudem davon ausgeht, dass der Aufwand zur Herstellung einer Verbindung bzw. zum Transport einer Nachricht mit der Zahl der involvierten Zwischenstationen und Verbindungsstrecken ansteigt, während die Qualität[12] der Kommunikation im ungekehrten Verhältnis zu dieser Zahl und vor allem zur Belastung der betreffenden Elemente steht, dann ergibt sich ein klarer Vorteil für das Verfahren, alle Aufgaben, die mit dem Zusammenhang des Netzes, dem Aufbau von Verbindungen bzw. dem Weiterleiten von Nachrichten zu tun haben, an spezielle innere Knoten und Verbindungsstrecken zu delegieren, die nicht als Teilnehmer bzw. Teilnehmeranschluss fungieren; wobei das Prinzip des kleinsten Aufwands nahe legt, möglichst wenige solche Vermittlungsknoten und innere Übertragungsstrecken vorzusehen. Nur so, durch Einführung einer hierarchischen Struktur, die das Netz um ein *Rückgrat* bzw. *Backbone* herum organisiert, entstehen planbare und erweiterbare, wirtschaftlich realisierbare sowie effizient und zuverlässig betreibbare Netze.[13]

5. *Das geometrisch-physikalische Gesetz der beschränkten Konzentration von Vermittlungsfunktionen: Die unter Effizienzgesichtspunkten attraktive Konzentration der Vermittlungsfunktion findet in der wachsenden Länge der Anschlussleitungen und der technischen Kapazität der Komponenten eine mit dem technischen Fortschritt allerdings zurückweichende Grenze.*

Der Stand der Technik und die geografische Verteilung der Teilnehmer setzen der Reduktion des inneren Netzes gewisse Grenzen nach unten. So wirtschaftlich es ist, Vermittlungsfunktionen in wenigen Einheiten zu konzentrieren, macht sich vor allem, wenn die Teilnehmer über eine

---

12. Gemessen etwa mit Hilfe von Parametern wie der Zeit zum Verbindungsaufbau bzw. zum Transport von Nachrichten, der Zuverlässigkeit bzw. der Fehlerrate der Kommunikation etc.

13. Siehe S. 84

weite Fläche verstreut sind, die mit der Zahl der Anschlüsse wachsende Länge der Anschlussleitungen bemerkbar in Form von steigenden Kosten, doch auch in fallender Anschlussqualität, die wiederum nur durch kostentreibende Maßnahmen zu kompensieren wäre. Der technische Fortschritt senkt die Grenzen der Reduktion zwar immer weiter ab, doch tut er dies nicht umsonst. Die Strategie der Konzentration von Vermittlungsfunktionen bringt dort den größten Ertrag, wo viele Anschlüsse auf kleiner Fläche zu realisieren sind; wobei das weiter unten behandelte Gesetz der großen Einheiten die technologischen Grenzen, die dieser Strategie bisher durch die unzureichende Leistungsfähigkeit der Vermittlungstechnik gesetzt waren, immer weiter zurückweichen lässt. In den lokalen Datennetzen, wo alle Teilnehmer genügend dicht beieinander liegen, ist die extremste Form der Konzentration, das so genannte *collapsed backbone*, das nur noch aus einer zentralen Vermittlungseinheit besteht, schon lange Stand der Technik. Dieses Konzept ist zwar nicht in beliebige Dimensionen skalierbar, doch zeigt es eine Entwicklungstendenz der Technik an, von der Verdichtungsräume besonders profitieren.

6. *Das Lowtech-Gesetz der Immobilien: Der größte Teil der Kosten von Telekommunikationsnetzen entsteht durch Bau- und Installationsarbeiten und wenig technologieintensive Komponenten.*
Die meisten Zeitgenossen und vor allem die Medien konnotieren Telekommunikationsnetze vor allem mit Hightech. Wenig bekannt ist dagegen die Tatsache, dass das Vermögen der Telekommunikationsgesellschaften – oder wenigstens derjenigen darunter, die nicht nur virtuelle sind, sondern tatsächlich physische Infrastruktur besitzen, aufbauen und betreiben – zum überwiegenden Teil – eine Faustregel sagt: zu zwei Dritteln oder mehr – aus Immobilien besteht: Die Kosten von Telekommunikationsnetzen entstehen primär durch das Errichten und Ausrüsten von Betriebsgebäuden, das Anlegen von Kabelkanälen und das Verlegen von Kabeln etc., sind also größtenteils durch Lowtech-Komponenten und Bau- und Installationsarbeiten verursacht, deren Preis beim heutigen Stand der Technik relativ resistent gegen den weiteren technischen Fortschritt ist. Ein weiteres und entscheidendes Merkmal dieser Kosten ist, dass sie irreversibel sind: Man kann die Bauten weder einem anderen Zweck zuführen noch an einen anderen Ort bewegen und deshalb auch kaum verkaufen, wenn sie sich als Fehlinvestitionen erweisen. Der ökonomische

Fachjargon bezeichnet solche Kosten deshalb auch als *versunkene*.[14]
Solche versunkenen Kosten, denen kein entsprechend gewachsenes
Geschäftsvolumen gegenübersteht, stellen für die Gesellschaften, die
während des Internet-Booms der 1990er Jahre massiv in neue Übertragungsstrecken investiert haben, die größte Bürde dar. Der Markt
hat hier als Koordinationsmedium versagt. Ein Grund mehr, sich über
den Nutzen gesellschaftlicher Planung Gedanken zu machen.

Die Rolle der Baukosten ist so stark, dass die Telekomgesellschaften dazu übergegangen sind, grundsätzlich Lichtleiterbündel zu verlegen, deren Kapazität den aktuellen Bedarf weit übersteigt und die
deshalb vorläufig zum großen Teil dunkel bleiben, da die Mehrkosten
des Kabels in keinem Verhältnis zu den Kosten der Bauten und des
Verlegens, vor allem jedoch eines späteren Nachrüstens, stehen.

7. *Das Hightech-Gesetz der großen Komponenten: Jenseits der Baukosten ermöglicht es der technische Fortschritt, die Einheitskosten
des Netzanschlusses, der Vermittlung und Übertragung (Kosten
pro Anschluss, pro vermittelter Verbindung, pro übertragener bzw.
vermittelter Dateneinheit) durch den Einsatz von groß ausgelegten
Komponenten entscheidend zu senken.*

Im Gegensatz zu den Bauten unterliegen die Hightech-Komponen-
ten von Telekommunikationsnetzen dem technischen Fortschritt in
hohem Maße. Vor allem die Leistungsfähigkeit der Übertragungswege,
Signalerzeuger, -verstärker und -empfänger sowie der Vermittlungseinrichtungen ist in den letzten beiden Jahrzehnten stark angestiegen
– um drei und mehr Größenordnungen – und wird noch weiter anstei-
gen. Vor allem der Übergang zur optischen Signalübertragung bedeutete einen entscheidenden Leistungssprung und machte in der Erde
oder auf dem Meeresgrund verlegte Kabel – eine Technik, die durch
den terrestrischen und satellitengestützten Richtfunk schon zur Obsoleszenz verurteilt schien – wieder zu den zentralen Komponenten
der Telekommunikations-Infrastruktur.

Das so genannte Wellenlängen-Multiplexverfahren, das es erlaubt,
Licht unterschiedlicher Wellenlängen auf derselben Glasfaser parallel
als Signalträger einzusetzen, vervielfacht derzeit die Übertragungs-
kapazität bereits verlegter Lichtleiter und verspricht in der Zukunft
deren weitere Steigerung um Größenordnungen. Die digitale Technik sowohl für die Leitungs- als auch für die Paketvermittlung hat

14. Im Englischen *sunk costs*.

zwar ebenfalls immense Fortschritte gebracht, doch bleibt sie im Vergleich zu den Möglichkeiten der optischen Signalübertragung zurück: Der Umstand, dass die Daten produzierenden und konsumierenden Systeme elektronische sind, und die Notwendigkeit, an den Signalverstärkern und Vermittlungsstellen optische Signale in elektronische umzusetzen, bedeutet, dass der Signalstrom durch viele Flaschenhälse zu pressen ist. Die Forschung an rein optischer Vermittlungstechnik steckt noch in den Anfängen und wird voraussichtlich zuerst bei der Leitungsvermittlung zu praktisch verwertbaren Ergebnissen führen, obwohl das größte Interesse an der Paketvermittlung besteht.

Der technische Fortschritt, der die Vermittlungs- und Übertragungsleistung der Netzkomponenten um das Tausendfache oder noch mehr steigert, hat auch zur Folge, dass schon die leistungsmäßig kleinsten Geräte- bzw. Leitereinheiten sehr groß ausfallen und die Kosten der großen nicht im Verhältnis ihrer Leistungsfähigkeit gegenüber denen der kleinen steigen. Wenn man schon durch eine Glasfaser ein Terabit pro Sekunde – das sind eine Billion Bit und entspricht rund 16 Millionen digitalen Telefongesprächen in ISDN-Qualität – gleichzeitig übertragen kann, dann kann ein Kabel, das nur 16 000 übertragen soll, nicht wesentlich billiger werden und eines, das sogar 160 Millionen Gespräche übertragen könnte, wäre nicht 10 mal so teuer. Das Entsprechende gilt auch für die Vermittlungstechnik: Die Vermittlungsstelle für 100 000 Anschlüsse ist nicht 100 mal so teuer wie die für 1000.

Die wichtigste Konsequenz aus diesem Sachverhalt besteht darin, dass große Komponenten geringere Einheitspreise (pro Anschluss, pro übertragener bzw. vermittelter Dateneinheit oder Verbindung) als die kleinen bieten: Big is beautiful! Das vorhergehende Gesetz der Immobilien verstärkt diesen Effekt sogar, weil die Baukosten kaum von der Kapazität der verlegten Kabel bzw. der installierten Geräte abhängen. Das Gesetz der Dichte und das der beschränkten Konzentration bewirken zusammen, dass vorzugsweise Verdichtungsräume bzw. die sie verbindenden Strecken mit hohem Nutzungsvolumen von den geringen Einheitspreisen großer Komponenten profitieren, während ländliche Räume zunehmend benachteiligt werden.

Skaleneffekte spielen in vielen Industrien eine große Rolle. Hier wäre z.B. die Produktion von integrierten Schaltkreisen zu nennen, bei der der Aufwand für Forschung, Entwicklung und die Produktionsanlagen von Generation zu Generation ansteigt. Diese so genannten Fixkosten werden damit zum dominierenden Faktor, dessen Degression auf ein für die meisten Anwender bezahlbares Niveau große Zahlen erfordert. Telekommunikationsnetze sind jedoch nicht nur dadurch geprägt, dass der technische Fortschritt Skaleneffekte verstärkt zur Geltung bringt, sondern auch dadurch, dass die geometrischen und topologischen Gesetze diesen Effekten in Zonen mit geringer Nutzungsfrequenz Grenzen setzen und in solchen mit hoher unerhörte Entfaltungsmöglichkeiten eröffnen – eine Differenz, aus der sich tiefe räumliche Gegensätze zu entwickeln vermögen. Der entscheidende Sachverhalt besteht darin, dass Verdichtungsräume, in denen auf kleiner Fläche ein hohes Nutzungsvolumen auftritt, die besten Voraussetzungen bieten, um die modernste Telekommunikationstechnik kosteneffizient zu nutzen. Die Technik, die alle Hürden planieren und den Raum aufheben sollte, hat das Zeug, ihn zu neuem, gespenstischem Leben zu erwecken.

4.2 Natürliche Monopole – öffentliche Güter

Das Verdienst, in der immensen Leistungssteigerung der Telekommunikationstechnik als einer der ersten ein signifikantes Phänomen, in dem sich ein großes Potenzial verbirgt, gesehen und diese Einsicht auch publiziert zu haben, gebührt ohne Zweifel George Gilder.[15] Während seine Neigung zum Spektakulären ihn dazu verführte, es in übertriebener, wissenschaftlich nicht mehr gedeckter Weise darzustellen,[16] hinderte seine cyberlibertäre Weltsicht ihn daran, die

15. Gilder 2002
16. Gilder glaubte, hier eine Parallele zu Moore's law aufstellen zu können, das auf gesicherter naturwissenschaftlicher Basis für einen beträchtlichen und noch immer unabgeschlossenen Zeitraum die Verdopplung der Packungsdichte integrierter Schaltkreise im 18-Monats-Rhythmus vorhersagt. Zwar ist das Potenzial optischer Datenübertragung unerhört groß und noch kaum ausgeschöpft, doch gibt es derzeit keine gesicherte technologische Basis, auf der sich dieser Zustand in vorhersehbarer Form grundlegend, d.h. bis zur nahezu vollständigen Erschöpfung des Potenzials überwinden ließe. Doch schon der Übergang zur optischen Übertragung brachte eine Leistungssteigerung um Größenordnungen. In ihr liegt auch der Ansatzpunkt für eine weitere Multiplikation der Übertragungsleistung um mehrere Größenordnungen. Bisher gab es immerhin einige Erfolge darin, einen größeren Teil des Ausschnittes aus dem elektromagnetischen Spektrum, für den heutige Lichtleiter durchlässig

wirtschaftlichen Konsequenzen der von ihm richtig gesehenen technischen Revolution angemessen wahrzunehmen. Welche sind diese Konsequenzen?

Die wichtigste und von Gilder wohl systematisch ausgeblendete Konsequenz besteht darin, dass diese technische Revolution Gift ist für das cyberlibertäre Allerheiligste: den Markt bzw. die freie Konkurrenz. Sie macht Telekommunikationsnetze auf lange Sicht zu dem, was sie schon immer waren und zu sein nur vorübergehend aufgehört zu haben schienen: einem natürlichen Monopol. Sie sorgt dafür, indem sie der Produktionsfunktion von Telekommunikationsdiensten ein Merkmal verleiht, das die Ökonomen als Subadditivität bezeichnen: Die Kosten steigen schwächer als der Output, also die Menge der erbrachten Dienste. Ein einziger Lieferant kann eine bestimmte Menge davon immer zu günstigeren Kosten bereitstellen als dies mehrere könnten. Unter dem technologischen Gesetz der großen Einheiten bedeuten n Netze einfach nur n-fache Kosten, ohne den Nutzern irgendeinen Vorteil zu bieten. Jede der großen, landesweit operierenden Telekomgesellschaften in den USA könnte allein den gesamten Weitverkehr von Sprache und Daten übernehmen. Die in den letzten Jahren fortschreitende Konzentration in diesem Bereich und der erbitterte Überlebenskampf sind Ausdruck dieses Sachverhalts, der sich auch in einer Kapazitätsauslastung in der Größenordnung von einstelligen Prozentsätzen ausdrückt.[17]

Unter solchen technologischen Bedingungen kann ein Netzmonopol Telekommunikationsdienste am wirtschaftlichsten bereitstellen; weshalb ein solches Monopol dann *natürlich* heißt. Dies erfordert andererseits politische Eingriffe, um den Missbrauch des Monopols abzuwehren. Weil die Schere zwischen den sinkenden Kosten pro Leistungseinheit bei den hochtechnologischen Komponenten und den weitgehend konstant bleibenden Bau- und Installationskosten sich immer weiter öffnet, steigt der Anteil der irreversiblen Kosten an

sind, für die Datenübertragung zu nutzen. Hierbei spielt das bereits erwähnte Wellenlängen-Multiplexverfahren eine große Rolle.

17. Davon zeugen u.a. die Übernahme des globalen Datennetzes von IBM durch AT&T, die Fusion von WorldCom mit MCI und der Konkurs der daraus hervorgegangenn Gesellschaft, der offenbarte, dass diese zuletzt nur noch mittels kreativer Buchführung die Erwartungen der Finanzmärkte zu erfüllen vermochte. Siehe Brenner 2003; Stiglitz 2003. Im April 2001 soll die Auslastung der Netze in den USA 2,5 % betragen haben. Siehe Brenner 2002, 254–259

der Netzinfrastruktur an und erhöht damit die Eintrittsbarrieren für Wettbewerber. GILDER war jedoch nicht allein mit seiner Blindheit. Auch deutsche Volkswirtschaftsprofessoren meinten Mitte der 1990er Jahre, das Ende des natürlichen Netzmonopols verkünden zu können;[18] womit sie vor allem ihre Inkompetenz zur Bewertung technisch-wirtschaftlicher Entwicklungen unter Beweis stellten. Die Internet- und Telekom-Blase an den Wertpapiermärkten sowie die damit verbundene Fehlallokation Hunderter Milliarden in Netzkapazitäten, die auf absehbare Zeit niemand braucht,[19] zeugen nicht nur von einem Versagen des Marktes und der Analysten in den Investmenthäusern, deren Geschäft es doch sein sollte, vorausschauende Rationalität in das Marktgeschehen einzuspeisen, sondern auch von dem der Institutionen, zu deren Aufgaben es doch gehörte, Fehlentwicklungen möglichst früh aufzudecken und anzuzeigen: der Presse und der Wissenschaft. Stattdessen kamen von dort nur Jubel und Gefälligkeiten, die verstärkten, was kritisch zu hinterfragen gewesen wäre.

JOSEPH STIGLITZ erklärt in seinem Rückblick auf die *Roaring Nineties*[20] die parallele Liberalisierung der Telekommunikation und der Kapitalmärkte zum ordnungspolitischen Kapitalfehler der Regierung CLINTON, der er als Leiter des wirtschaftspolitischen Beraterstabs selbst angehörte. Damit seien alle Hindernisse weggeräumt worden, die den Boom und Crash-Zyklus der 1990er hätten aufhalten können. Seine Bedenken seien damals ohne Resonanz geblieben. Er geht sogar soweit, denen, die damals mit dem Ruf nach mehr Konkurrenz für die Telekom-Liberalisierung eingetreten seien, das Wissen darum zu unterstellen, dass für eine solche Konkurrenz die Voraussetzungen gefehlt hätten. Das wirkliche Motiv sei das Bestreben gewesen, eine Monopolstellung zu erobern mit der darin eingeschlossenen Möglichkeit, disproportionale Profite zu erzielen. Ob das auch auf GEORGE GILDER zutraf oder ob dieser, zwar ideologisch verblendet, doch mit reinem Herzen dem Chor der Liberalisierungsrhetoriker seine Stimme geliehen hat, muss offen bleiben. Dass er, wie zu hören ist, im Crash viel Geld verloren habe, spricht immerhin für letzteres. Seinen Kaufempfehlungen scheint der Zynismus der Wall-Street-Profis gefehlt zu haben. Bemerkenswert ist immerhin, dass STIGLITZ aus

---

18. So etwa FRITSCH, WEIN, EWERS 1996, 191–192
19. BRENNER 2002, 254–259; BRENNER 2003; ROBERTS 2001a; ROBERTS 2001b
20. STIGLITZ 2004, 109–134

der Innensicht der damaligen Entscheidungsprozesse und durch die nüchterne fachliche Analyse zu einem Ergebnis kommt, für das es auch in der europäischen Öffentlichkeit bis weit in die Linke hinein jahrzehntelang keine Aufnahmebereitschaft gab. Seine Einsicht in die Ursachen von Marktversagen lässt ihn an der Notwendigkeit staatlicher Eingriffe festhalten.

Zu den Gütern, die ein natürliches Monopol begründen, gehört auch die Standardsoftware, d.h. die Software, die ohne besondere Anpassung Anforderungen eines großen Benutzerkreises erfüllt. Beispiele dafür sind Betriebssysteme für die gängigen Tisch- und Reisecomputer, einfache Textverarbeitung, Tabellenkalkulation, Netzstöberer etc. Hier dominiert der fixe, d.h. vom Absatzvolumen unabhängige Entwicklungsaufwand die Kosten. Variabel sind hier vor allem die Vertriebskosten. Ohne Zweifel ist BILL GATES, wie viele andere, weniger bekannte Leute aus der Softwarebranche, ein außerordentlicher und genialer Mensch. Doch das erklärt nicht den Erfolg von MICROSOFT. Die Erklärung dafür liegt darin, dass Standardsoftware ein natürliches Monopol ist und wie ein Kommunikationsnetz positive Externalitäten mit der darin wurzelnden Trägheit gegen den Übergang zu Alternativen aufweist: Je mehr Anwender eine Software hat, desto größer ihr Nutzen durch die wachsende Zahl der potenziellen Austauschpartner und desto größer der Widerwille gegen Alternativen. Standardsoftware ist jedoch nicht nur ein natürliches Monopol: Sie ist auch das, was Ökonomen ein öffentliches Gut nennen. Ein solches zeichnet sich nach der verbreiteten Auffassung durch Nichtexklusivität und Nichtrivalität aus: Der Zugang zu ihm findet ohne besonderen Aufwand statt und ergibt sich aus dem Vollzug des täglichen Lebens. Ihn exklusiv zu gestalten, würde unverhältnismäßigen Aufwand verursachen und das Leben aller unbequem machen. Vor allem mindert der Genuss eines öffentlichen Gutes durch den einen oder die eine nicht seinen Genuss durch die anderen. Standardsoftware erfüllt beide Bedingungen.

Die vorherrschende Schule der Volkswirtschaftslehre definiert öffentliche Güter negativ: als die Güter, bei denen die – prinzipiell bevorzugte – Allokation über den Markt auf Grund ihrer Nichtexklusivität versagen müsse und wegen ihrer Nichtrivalität auch versagen dürfe. Mit dem Einwand, dass Nichtexklusivität allein von unzureichend definierten und durchgesetzten Eigentumsrechten zeuge und dass sich in Nichtrivalität lediglich verschwindende Grenzkosten der Nutzung bemerkbar machten, diese also nur eine extreme Form von Subadditivität sei,[21] verliert der so definierte Begriff des öffentlichen Gutes seinen eigenständigen Gehalt: Er erscheint als überflüssige Bezeichnung für eine verschwindende Restgröße, zumal man, was gegenwärtig in wachsendem Umfang bis in die digitale Sphäre hinein geschieht, den technischen Fortschritt auch bevorzugt zur Markierung von Eigentum sowie zur Durchsetzung der entsprechenden Titel mobilisieren kann.

Positiv zu fassen ist der Begriff des öffentlichen Gutes tatsächlich nur normativ und politisch: Öffentliche Güter sollen die sein, von denen niemand ausgeschlossen sein soll, die deshalb unter egalitären Gesichtspunkten überall in gleicher Qualität verfügbar sein sollen, die schließlich ihrer Ökonomie, ihrer strukturellen und funktionalen Konstitution nach am effektivsten und effizientesten kollektiv zu beschaffen und bereitzustellen sind. Letzteres ist bevorzugt der Fall, wenn dazu eine Infrastruktur erforderlich ist, die am besten als ganze zu planen, zu bauen und zu betreiben ist. Dies gilt auch für die Aspekte der Sicherheit und Zuverlässigkeit der Versorgung mit Gütern und Diensten, die im Grunde immer Infrastrukturen involvieren. Nicht nur die Zuverlässigkeit und Sicherheit der Bahn, der Elektrizitätsversorgung,[22] der Post und der Telekommunikation, die bereits ihrer Natur nach infrastrukturelle Güter sind, sondern auch die der Versorgung mit individuell herstellbaren und konsumierbaren Gütern wie Brot und Milch, Büchern, Glühbirnen und Breitflanschträgern hat einen kollektiven Charakter, da sie abhängig ist von Infrastrukturen und damit von deren Zuverlässigkeit. Während das Brot ein individuelles Gut ist, haben die Brotversorgung bzw. ihre Zuverlässigkeit kollektiven Charakter, da man niemanden mit gutem Grund von der Teilhabe an ihnen ausschließen kann. Auch das Automobil, das als individuelles Gut gilt und dessen Nutzung als Inbegriff der individuellen Bewegungsfreiheit gilt, ist von einer Vielzahl infrastruktureller Voraussetzungen abhängig: Seine Bewegung erfordert nicht nur ein

21. FRITSCH, WEIN, EWERS 1996, 281–282
22. Siehe S. 96

Straßennetz, das im Winter von Schnee und Eis freizuhalten ist, sondern auch ein Netz von Tankstellen und Werkstätten mit der dazugehörenden Logistik für Treibstoff und Ersatzteile. Nur dort, wo öffentliche Güter ungeteilt bereitgestellt werden, ubiquitär und egalitär zugänglich sind, stellt sich tatsächlich Atopie ein in dem Sinne einer partiellen und bedingten Aufhebung des Raumes.

Ein kollektives Gut, das zugleich auch ein Kulturgut ist, stellt z.B. die weltweit einmalige Logistik des Buch- und Zeitschriftenhandels in den deutschsprachigen Ländern dar: Selbst jede kleinstädtische Buchhandlung kann von einem Tag auf den anderen jedes beliebige Buch aus einem riesigen Sortiment, das sogar viele fremdsprachige Titel umfasst, besorgen, selbst der abgelegenste Bahnhofskiosk führt ein beachtliches Zeitschriftenangebot und kann eine Vielzahl von Publikationen, inklusive vieler ausländischer, bestellen.[23] Diese Logistik wird sogar privatwirtschaftlich betrieben, doch funktioniert sie nur bzw. ist nur wirtschaftlich betreibbar, solange alle Teilnehmer sich einer kollektiven Regulation, zu der auch die Preisbindung gehört, unterwerfen. Deren Aufhebung würde auch das Ende vieler kleiner Buchhandlungen vor allem außerhalb der Großstädte mit ihrem vielfältigen Publikum bzw. ihren Nischen für besondere Angebote bedeuten.[24]

Öffentliche Güter lassen sich nicht auf wohlbegründete Weise in einzeln herstellbare, mit einem Preis versehbare und konsumierbare Teile zerlegen. Bei Software ist dies in auffälliger Weise der Fall und im Gegensatz zu den öffentlichen Wegen nutzt sie sich weder durch Gebrauch ab, noch gibt es hier Grenzen, jenseits derer die Nichttrivialität ein Ende fände. Im Gegenteil: wenn ihr Quellcode offen ist, können die Benutzer sie beim Gebrauch verbessern; was mit zunehmender Nutzerzahl wahrscheinlicher wird. Das ist die Logik hinter den freien Softwareprojekten wie Linux.[25] Der Versuch, ihrem Charakter nach öffentliche Güter in individuelle zu verwandeln, führt dagegen nicht nur zu technologisch bizarren Systemen, sondern auch

23. Es ist das Verdienst von Jörg Becker, mich auf diesen ob seiner Selbstverständlichkeit unsichtbar gewordenen Sachverhalt hingewiesen zu haben. Sichtbar wird er denen, die schon versucht haben, z.B. in Großbritannien ein nicht vorrätiges Buch oder eine andere als die paar nationalen und regionalen Tageszeitungen zu kaufen.
24. Die Bedeutung von Agglomerationen für die Möglichkeit von Spezialisierung ist Gegenstand der Diskussion auf S. 214–236.
25. Fischbach 1999c; Fischbach 2003a

zu einem schleichenden Verlust an Freiheit, da er immer auf eine Überwachung des Nutzerverhaltens hinausläuft.[26] Die Analogie zwischen der Software, der Kommunikationsinfrastruktur und den öffentlichen Wegen gibt Anlass, den Charakter öffentlicher Güter unter einem weiteren Aspekt politisch und historisch zu bestimmen: dem ihres besonderen Zusammenhangs mit der urbanen Lebensweise. Während der bäuerlichen Allmende noch der Geruch der unvollkommen angeeigneten Natur anhaftet, an der die unmittelbare Naturabhängigkeit des Kollektivs zutage tritt, stellen öffentliche Wege und Plätze eine Art zweite Natur dar, von der die Bewohner ungeteilt viel unmittelbarer Gebrauch machen als von der primitiv angeeigneten ersten – diesmal auf der Basis nicht einer nur rohen, oberflächlichen, sondern einer fortgeschrittenen Naturaneignung. Es war der beinahe vergessene HENRI LEFÈBVRE, der hervorhob, dass "das Urbane (das städtische Leben, das Leben der verstädterten Gesellschaft) [...] bereits den Ersatz des Vertrags durch das Brauchtum [impliziert]".[27] Der Zugang zum öffentlichen Raum als wesentliches Element des urbanen Lebens ist keine Ware. Der Brauch tritt hier an die Stelle des Tauschs. Eine zeitgemäße Definition des Urbanen, die darauf zielt, die eine Welt als die eine Weltstadt herzustellen, müßte dieses Prinzip auf die gesamten, kollektiv bereitzustellenden Voraussetzungen des Lebens ausdehnen:

> Das Konzept des Urbanen zielt auch darauf ab, dass das menschliche Wesen sich die Voraussetzungen wieder aneignen möge, die ihm in Zeit, Raum und den Objekten zustehen. Es sind dies Voraussetzungen, die ihm entzogen wurden und werden und die es erst nach Kauf und Verkauf erneut erlangen kann.[28]

---

26. Beispielhaft steht dafür die bundesdeutsche LKW-Maut. Siehe FISCHBACH 2003c

27. LEFÈBVRE 1976, 189

28. LEFÈBVRE 1976, 189

4.3 Ökonomie der Dichte

Die Ökonomie der Dichte ist die Resultante aus den angeführten technologischen, geometrischen und topologischen Gesetzen, denen Telekommunikationsnetze unterliegen. Das geometrische Gesetz der Dichte, die topologischen Gesetze des kleinsten Anschlussaufwandes sowie der Vermittlung, das Lowtech-Gesetz der Immobilien und das Hightech-Gesetz der großen Einheiten wirken mit dem geometrisch-physikalischen Gesetz der Beschränkung der Konzentration von Vermittlungsfunktionen zusammen, um die Bereitstellung von Telekommunikationsdiensten in Verdichtungsräumen besonders einfach sowie kostengünstig zu ermöglichen:

1. Die hohe Anschlussdichte sorgt dort für eine geringe durchschnittliche Länge der Anschlussleitungen und entsprechend geringe Kosten pro Anschluss.

2. Eine große Anzahl von Anschlüssen innerhalb einer technisch beherrschbaren und wirtschaftlich vertretbaren Entfernung erlaubt den Einsatz von großen Vermittlungseinrichtungen mit niedrigen Kosten pro vermittelter Verbindung bzw. Dateneinheit.

3. Das hohe Volumen des Fernverkehrs mit anderen Teilen des Netzes erlaubt den Einsatz von Übertragungsstrecken mit großer Leistung und geringen Kosten pro Leistungseinheit.

4. Die nur schwach volumenabhängigen Bau- und Installationskosten führen bei Division durch eine große Anzahl von Nutzern bzw. Leistungseinheiten zu sehr geringen Aufschlägen pro Nutzer bzw. Einheit.

Diese Kalkulation verändert sich nicht grundsätzlich, wenn man den Anschluss über Kabel durch den über Funkfrequenzen ersetzt. Auch hierbei gestattet die Verdichtung der Teilnehmer die bessere Auslastung der Antennen, Vermittlungseinrichtungen und Kabel bzw. Funkstrecken, die notwendig sind, um die Antennen ans Netz anzubinden. Die Nutzung von Funk ergibt lediglich reduzierte Baukosten bei allerdings auch reduzierter Leistungsfähigkeit und Sicherheit. Der Teilnehmeranschluss per Funk konnte sich bisher auch nicht durchsetzen.

Die Nutzungsfrequenzen, die erforderlich sind, um die Leistungsfähigkeit der heutigen Ausrüstung auch nur annähernd auszulasten, gibt es nur in prosperierenden Verdichtungsräumen. Das Gesetz der großen Einheiten, die Dominanz der Baukosten und die beschränkte Möglichkeit zur Konzentration lassen moderne Technik in der Fläche immer zu teuer aussehen. Die 100 000 und mehr Anschlüsse, die eine moderne, kosteneffizient arbeitende Vermittlungsstelle für das Telefonnetz bzw. ein entsprechender Internet-Router bewältigt, lägen dort viel zu weit verstreut, um sie mit akzeptablem Aufwand und bei vertretbarer Qualität zu realisieren. Als Techniken der Raumüberwindung bringen Telekommunikations- und Verkehrsnetze den Raum nur in neuer Gestalt hervor, weil die Gesetze, denen sie unterliegen, räumliche Ungleichheit bedingen bzw. dem Raum ein Potenzial der Ungleichheit einschreiben.

Die Logik des Profits, der die Netze zunehmend unterliegen, verstärkt die Kräfte, die aus der Ökonomie der Dichte hervorgehen: Wenn eine bestimmte Investitionssumme in den Verdichtungsräumen ein gegenüber den ländlichen Räumen vielfaches Geschäfts- und Profitvolumen erschließt und die volumenabhängigen Kosten zudem vergleichsweise gering sind,[29] ist unter der Prämisse, dass eine Investition möglichst schnell möglichst viel Gewinn abwerfen soll, die Frage, wohin sie gehen soll, bereits entschieden. Wenn man auf 100 Kilometer Glasfaserstrecken in der Großstadt Millionen von Gesprächen am Tag abwickeln kann, in einer ländlichen Region dagegen nur ein paar Tausend, ist klar, wo man sie baut, wenn das Ziel der Investition der möglichst große und schnelle Profit ist. Das ist die noch genauer zu untersuchende Logik, die den prosperierenden Verdichtungsräumen bzw. deren wohlhabenden Zonen, vor allem jedoch den Finanzmetropolen ein üppiges Angebot an modernsten Telekommunikationsdiensten zu günstigen Preisen beschert, während sie ausgedünnte oder weniger wohlhabende Räume ausspart. Wenn etwa Konkurrenten der DEUTSCHEN TELEKOM den Aufbau eigener Infrastruktur für den breitbandigen Internetzugang via DSL erwägen, dann selbstverständlich nicht flächendeckend: "Wegen der hohen Kosten für den Netzaufbau" planen die Konkurrenten vielmehr, "nur in ausgewählte Gebiete zu investieren";[30] wobei dies, so die Aussage

---

29. Da die moderne Technik auch die Wartungskosten deutlich gesenkt hat, sind das überwiegend Vertriebskosten, die sich durch moderne Technik ebenfalls sehr klein halten lassen.

30. SPILLER, WIHOFSZKI 2005

eines Unternehmenssprechers, "auch nur ganz bestimmte Stadtteile in Ballungszentren sein [können]".[31]

Moderne Technik enthält also ein hohes Potenzial der räumlichen Ungleichheit, das die Logik des Profits auf immer neuen Ebenen manifestiert und vertieft. Das gilt bereits für die altmodischen Netze, die vorwiegend Feststoffliches transportieren, wie alle feststellen, die in ihrer Umgebung vergeblich nach einem Postamt oder auch nur einem Briefkasten suchen. Wegen einem Dutzend Briefen einen Boten zum Leeren zu schicken oder gar eine Poststelle zu betreiben, ist vor der Instanz der Profitmaximierung nicht zu vertreten – vor allem nicht, wenn zugleich mit moderner Technik in den Briefzentren die Bearbeitung großer Mengen von Sendungen immer effizienter erfolgt. Auch hier wird die Versorgung der Fläche im Verhältnis zu der der Ballungsräume immer teurer. Das Verschwinden der Biefkästen und das Sterben der Postämter ist eine Konsequenz dieses Zusammenhangs bei gleichzeitiger Umwandlung des Postdienstes in ein privatwirtschaftlich betriebenes Geschäft. Das verschärfte Elend des öffentlichen Verkehrs außerhalb der prosperierenden Verdichtungsräume illustriert ihn bis zur Überdeutlichkeit.

Das Phänomen der Billigflüge, die Ballungsräume bzw. attraktive Urlaubsregionen unter Nutzung kostengünstiger Flughäfen am Rande der bedienten Räume verbinden, illustriert die andere Seite der Ökonomie der Dichte. Das dahinter stehende Modell ist nicht verallgemeinerbar: Man kann so einzelne Punkte verbinden, auf die sich ein hohes Verkehrsaufkommen konzentrieren lässt, doch nicht die Fläche erschließen. Auch eine Bahn, die sich auf die gut frequentierten Strecken in und zwischen den Ballungsräumen konzentriert, ist natürlich profitabler als eine, die auch benachteiligte Zonen erschließt. So war in der *Financial Times Deutschland* anlässlich der jüngsten Auseinandersetzungen um den Börsengang der Deutschen Bahn AG die folgende Aussage zu lesen, die an Klarheit nichts zu wünschen übrig ließ:

> Wenn der CDU-Parlamentarier Klaus Lippold dem Bahn-Chef vorwirft, der Börsengang liege ihm mehr am Herzen als ein optimaler Schienenverkehr in Deutschland, hat er zwar Recht. Genau das ist jedoch Mehdorns Aufgabe.
>
> Mehdorn ist angetreten, um die Bahn börsenreif zu machen – und das heißt vor allem profitabel. Niedrige Bahnpreise und eine optimale

Versorgung sind damit nicht vereinbar. Wer darauf nicht verzichten will, muss die Konsequenzen ziehen – und die Privatisierung stoppen.[32]

Atopie im Sinne einer Irrelevanz des Ortes bezüglich eines bestimmten Niveaus von Diensten innerhalb eines begrenzten Territoriums herzustellen, vermag hier tatsächlich nur staatliches Handeln in der Form regulierender Auflagen, die auch den Effekt haben, Ressourcen von den begünstigten zu den benachteiligten Regionen zu verschieben. Nur so ist eine ausgeglichene Infrastruktur zu erreichen, die eine gleichmäßige Versorgung mit Diensten ermöglicht. Das ist der Zusammenhang, den alle übersehen, die Atopie und den Rückzug des Staates in einem Atemzug zusammenbringen. Dass die dürftigen, insbesondere die fortgeschrittenen Technologien ausblendenden, regulativen Auflagen, die es in den westlichen Industrieländern noch gibt, viel zu schwach sind, um das zu realisieren, was man noch mit Recht Universaldienst oder gar Service public nennen könnte, ist offenkundig. Da sie fortgeschrittene Datendienste und den mobilen Zugang nicht umfassen, vermögen sie es nicht, in einer modernen, durch die Telekommunikation geprägten Gesellschaft ein ausreichendes Maß an Atopie zu gewährleisten.[33]

Was geschieht, wenn die staatliche Vorsorge für ausgeglichene Infrastrukturen fehlt, ist schon an der Geschichte der Elektrifizierung abzulesen: Bis zur Ära des *New Deal*, der die Elektrizitätsversorgung für alle in sein Programm aufnahm, war in den USA Elektrizität nur in den urbanen Verdichtungsräumen verfügbar gewesen. In den ländlichen Gebieten hatten sich die Investitionen in eine Elektrizitätsversorgung für die privaten Betreiber einfach nicht rentiert. Im Jahr 1930 waren deshalb lediglich 20 % aller Haushalte an ein Versorgungsnetz angeschlossen.[34] Im Vergleich dazu waren zu diesem Zeitpunkt in Deutschland, wo die öffentliche Hand zunächst vor allem in Gestalt der Kommunen und dann verstärkt der Länder von Anfang an eine aktive Rolle beim Ausbau der Elektrizitätsversorgung übernommen hatten,[35] nicht nur bereits nahezu 100 % der Haushalte an ein elektrisches Versorgungsnetz angeschlossen, sondern auch diese

---

32. FTD 2003a
33. FISCHBACH 1999d
34. Siehe dazu die Diskussion bei SCHIVELBUSCH 2005, 149–156
35. Diese Rolle und die darin stattfindenden Verschiebungen sind beispielhaft anhand einer sudwestdeutschen Region dargelegt bei SCHOTT 1999, 677–708

Netze in landesweite Verbundnetz und diese schließlich in ein nationales Verbundnetz integriert.[36]

Mit der Privatisierung von ehemals öffentlichen Infrastrukturen und Diensten fallen immer mehr Bereiche unter das Diktat der Kapitalverwertung. Der Zwang zur Profitmaximierung verschärft die bereits in den technisch-wirtschaftlichen Kräften angelegte Tendenz zur räumlichen Polarisierung, indem er Investitionen dorthin lenkt, wo sie am schnellsten die größten Erträge erwarten lassen: in die Verdichtungsräume und darunter ganz besonders in die wirtschaftlich starken bzw. in deren prosperierende Zonen, in die Städte, Quartiere und Regionen mit metropolitanem Rang sowie die Strecken, die diese verbinden – also dorthin, wo hochwertige Produktion und Dienstleistungen, die daraus resultierenden hohen Einkommen sowie die daran geknüpften Lebensstile eine starke Nutzung auch fortgeschrittener Telekommunikationsformen innerhalb einer kleinen, und das heißt: relativ kostengünstig zu erschließenden Fläche bedingen. Er zerlegt den Raum in Zonen der Über- und solche der Unterversorgung, die nicht nur Zonen unterschiedlicher Siedlungsdichte, sondern auch unterschiedlicher Wohlstandsniveaus sind.

Die urbanistische Forschung bestätigt diesen theoretisch aus den technischen sowie den ökonomischen Determinanten ableitbaren Zusammenhang zwischen der Konzentration moderner, leistungsfähiger Telekommunikations-Infrastruktur bzw. eines ebenso reichhaltigen wie erschwinglichen Angebots entsprechender Dienste und der Konzentration von Unternehmen bzw. Unternehmensfunktionen sowie von komplementären unternehmensorientierten Dienstleistungen, die diese vor allem in Anspruch nehmen.[37] Mit der wachsenden Nutzung von Telekommunikation durch die Unternehmen seit den 1980er

---

36. BRAUN, KAISER 1992, 84–86. Das Konzept einer einheitlichen, landesweiten und einem zusammenhängenden Plan folgenden Infrastruktur mit einer starken Rolle des Staates ist bei der Elektrizitätsversorgung wie auch bei der Eisenbahn keinesfalls, wie oft behauptet wird, eine Ausgeburt des preussischen Obrigkeitsstaates, sondern wurde bevorzugt in den damals liberaleren und fortschrittlicheren süddeutschen Staaten Baden, Württemberg und vor allem Bayern verfolgt. Dort hatte man von Anfang an Staatsbahnen, während in Preussen noch das Eisenbahnspekulantentum und die Eisenbahnkräche grassierten. Das nach den Plänen von OSKAR VON MILLER errichtete Verbundnetz des Bayernwerks hatte damals Vorbildcharakter. Siehe FÜSSL 2005, 140–219; HUGHES 1983, 334–350

37. GRAHAM 2002

Jahren ging nicht etwa eine abnehmende, sondern eine zunehmende, alle bisherigen Werte übersteigende Dichte in den metropolitanen Geschäftsbezirken einher.[38] Was daran verwundert, ist vor allem, wie lange sich die damit unvereinbare Legende vom Tod des Raumes sich trotzdem hält.

Urbanisten sahen bisher auch wenig Grund dafür, dass der technische Fortschritt dieses Muster ändern könnte – was eine 12 Jahre alte Prognose illustriert, die sich inzwischen mehr als erfüllt hat:

> Die neue Technik der optischen Glasfasern wird die vorhandenen Muster der Konzentration informationsintensiver Industrien, die den Zugang zu fortgeschrittenen Telekommunikationseinrichtungen benötigen, tendenziell verstärken.[39]

Die Thesen vom Tod des Raumes und von der Dezentralisierung der ökonomischen Aktivitäten durch Telekommunikation und die darauf gestützte Globalisierung stehen schlicht im Widerspruch zu den beobachtbaren Tendenzen der Stadtentwicklung:

> Der Begriff einer globalen Ökonomie hat sich in den Politik- und Medienkreisen auf der ganzen Welt tief festgesetzt. Doch ihre vorherrschenden Bilder – der unverzügliche Transfer von Geld rund um den Erdball, die Neutralisierung der Entfernung durch Telematik – sind unvollständige und deshalb im Grunde unangemessene Darstellungen der Folgen, die die Globalisierung und der Aufstieg der Informationsökonomie für die Städte haben. An diesem abstrakten Modell fehlen die tatsächlichen stofflichen Prozesse, Tätigkeiten und Infrastrukturen, die dort im Mittelpunkt stehen, wo die Globalisierung konkret vollzogen wird. Sowohl das Übersehen der räumlichen Dimensionen der wirtschaftlichen Globalisierung als auch die Überbetonung der Informationsdimension haben das Bild der Rolle verzerrt, die größere Städte in der gegenwärtigen Phase der wirtschaftlichen Globalisierung spielen.[40]

SASKIA SASSEN trifft hier den entscheidenden Punkt jeder Diskussion über den Raum: Es gilt, die Aufmerksamkeit von den abstrakten Möglichkeiten der Raumüberwindung bzw. den technischen Parametern des Transports von Körpern oder Signalen, seiner Geschwindigkeit und seines möglichen Volumens auf die konkreten Lebens- und Produktionsprozesse zu lenken und auf die materiellen Voraussetzungen, deren diese bedürfen. Auch die raumüberwindenden Techniken des Verkehrs und der Telekommunikation sind, wie die vorausgehenden Ausführungen gezeigt haben, auf materiell im Raum

38. Zusammenfassend dazu SASSEN 1991, 109; SASSEN 1994, 1–2
39. SASSEN 1991, 109 [Übersetzung des Autors]
40. SASSEN 1994, 2 [Übersetzung des Autors]

bereitzustellende Voraussetzungen in der Form von Infrastrukturen, von Menschen und Organisationen, die diese bauen und betreiben, angewiesen. Der Raum ist, wie schon zuvor ausgeführt,[41] nämlich kein starrer Behälter, der von seinem Inhalt unaffiziert bliebe, sondern es ist genau jener konkrete, materielle und lebendige Inhalt des Raums, der diesen wiederum hervorbringt und formt.

Die Diskussion der Netzgesetze im vorletzten Abschnitt[42] beleuchtet eine Klasse dieser meist übersehenen materiellen Infrastrukturen, von denen wirtschaftliche Aktivitäten mit großer Reichweite besonders abhängen. Sie zeigt, in welcher Weise die Wechselwirkung von technischen, wirtschaftlichen und siedlungsgeografischen Parametern nicht allein die Entwicklung einer Infrastruktur, sondern durch diese auch die der räumlichen Muster der menschlichen Aktivitäten und damit den Raum selbst beeinflusst.

Doch die Telekommunikations-Infrastruktur ist, wie bereits zuvor bei der Diskussion von Bahn und Post erkennbar wurde, nicht das einzige technisch-soziale Gebilde mit derartigen Implikationen. Die moderne Stadt, deren Charakter sich im 19. und beginnenden 20. Jahrhundert herausbildete, ist tatsächlich ein Produkt planvollen wirtschaftlichen und administrativen Handelns. Den netzförmigen Infrastrukturen für die Versorgung mit Wasser und Energie, die Entsorgung von Abwasser, die verkehrsmäßige Erschließung und schließlich auch die Telekommunikation kommt bei der Produktion der modernen Stadt eine Schlüsselrolle zu.[43] Alle diese Infrastrukturen unterliegen dem zweiten bis sechsten Netzgesetz, die Verkehrsinfrastruktur und die Entsorgungsnetze auch dem ersten. Das fünfte Netzgesetz wirkt besonders beim Eisenbahnnetz viel restriktiver als im Telekommunikationsnetz: Die Datenpakete bzw. Signale auf Wegen über wenige zentrale Vermittlungseinrichtungen und Übertragungsstrecken zu führen, die der geometrischen Distanz nach zwar weiter, doch technisch effizienter und billiger sind, ist, solange die Signallaufzeiten bestimmte Grenzen nicht überschreiten, unproblematisch.

41. Siehe S. 25–29
42. Siehe S. 191–199
43. Ausführlich dazu anhand von umfangreichen Fallstudien SCHOTT 1999

Doch Bahnreisende sind anders zu behandeln als Telekommunikationssignale und auch als Flugreisende. Das liegt vor allem an den unterschiedlichen Reisegeschwindigkeiten und der unterschiedlichen Erschließungsfunktionen. Ein Eisenbahnnetz muss deshalb anders aussehen – eher so, wie die Netzenthusiasten sich meist das Internet vorstellen, maschiger mit mehr Umsteigepunkten – als ein Telekommunikationsnetz und auch als das Liniennetz einer Fluggesellschaft – eine Einsicht, die Bahnchef MEHDORN und seinem aus der LUFTHANSA importierten Stab, die sich vom Vorbild des Luftverkehrs nicht zu lösen vermögen, extrem schwer zu fallen scheint.

Alle diese Infrastrukturen weisen folglich eine ausgeprägte Ökonomie der Dichte auf, zeigen also eine positive Wechselwirkung mit der Nutzungsdichte: Sie sind in Agglomerationen wirtschaftlicher zu bauen und zu betreiben und bieten einen Nutzen, der die Agglomeration attraktiv macht, d.h. verstärkt. Die beiden folgenden Abschnitte verallgemeinern und präzisieren zunächst die Frage nach den struktur- und raumbildenden Kräften. Der darauf folgende Abschnitt[44] wird im Lichte dieser Präzisierung weitere dieser meist übersehenen raumbildenden Voraussetzungen einer Vielzahl von menschlichen Aktivitäten behandeln, die, wie die netzförmigen Infrastrukturen, Verdichtungsprozesse begünstigen, wenn nicht gar antreiben, doch weniger sinnfällig in Erscheinung treten.

Die Unterwerfung dieser Infrastruktur unter die Imperative der Kapitalverwertung war zugleich die Quelle von Verschwendung, ökonomischer Instabilität und verschärfter räumlicher Polarisierung. Die jetzt brachliegenden, durch konkurrierende Anbieter auf der Basis einer überoptimistischen Planung und in der Hoffnung, durch schnelles Handeln eine Monopolstellung erringen zu können,[45] aufgebauten redundanten Kapazitäten in und zwischen den bevorzugten Zonen erweisen sich jetzt als ruinöse Kapitalsenken, während Infrastrukturmängel in den vernachlässigten Zonen und dichteabhängige Preise[46] die Idee der Atopie[47] zur Utopie machen. Zu der jüngsten Krise des Telekomsektors hat diese ungleichgewichtige Entwicklung ebenso beigetragen wie das Risiko, das Investitionen in neue Technologienormen bei Abwesenheit gesellschaftlicher Planung anhaftet. An den

44. Siehe S. 230–241
45. STIGLITZ 2004, 109–134; siehe S. 201–202
46. BÜLLINGEN, STAMM 2001, 26
47. WILLKE 2001, 12–13, 35; siehe die Diskussion S. 127–133 und S. 156–161

Milliarden nicht oder schlecht versorgter Erdbewohner sind Hunderte
von in brachliegende Anlagen investierte oder schlicht verschwen-
dete Milliarden dagegen vorbeigegangen. Ihre Chancen, innerhalb der
nächsten Jahrzehnte zu Bürgern des Cyberspace zu werden, sind ver-
schwindend. Diese Chance ist nur in wenigen privilegierten Zonen des
Erdballs gegeben, die überwiegend in den industrialisierten Ländern
liegen.

4.4 Raum der Differenz

Dass heutige Verkehrs- und Telekommunikationseinrichtungen viele Gründe für die dauerhafte Präsenz von Funktionen bzw. ihrer
Träger an bestimmten Orten aufheben, steht außer Frage; was jedoch noch längst nicht heißt, dass sie *alle* räumlichen Bindungen
auflösen würden. Ganz im Gegenteil: Es gibt räumliche Bindungskräfte unterschiedlicher Ursache, Stärke, Richtung und vor allem unterschiedlicher Empfänglichkeit für die neutralisierenden Wirkungen von
Verkehr und Telekommunikation. Dadurch dass Verkehr und Telekommunikation einzelne Bindungskräfte auflösen, bringen sie andere,
denen die aufgelösten bisher die Balance gehalten haben, umso stärker zur Geltung. Dabei mögen manche Orte, die in einer Welt ohne
Hochgeschwindigkeitsverkehr und fortgeschrittene Telekommunikation noch als Zentren fungierten, weil bestimmte Funktionen damals
die dauernde Präsenz ihrer Träger erforderten, an Gewicht verlieren,
doch die abgezogenen Funktionen und ihre Träger verteilen sich nicht
wie ein neutrales Gas bei Abwesenheit von Gravitation symmetrisch
im Raum, sondern folgen anderen Kräften, die ihre weitaus stärkere
Konzentration in übergeordneten Orten hervorbringen. Alles deutet
darauf hin, dass vor allem dispositive Funktionen stark zur Agglomeration miteinander und mit den sie unterstützenden Dienstleistungen
neigen; wobei der Umfang und der Spezialisierungsgrad dieser Dienstleistungen ständig zunehmen. Spezialisierung setzt voraus, dass sich
eine hinreichende Anzahl von Nachfragern innerhalb der Reichweite
des Anbieters der entsprechenden Produkte bzw. Dienste einfindet.
Agglomerationen stellen deshalb eine spezialisierungsfreundliche Umwelt dar. Doch die Gründe für solche Agglomerationen sind in den
Prozessen zu suchen, die dispositive Funktionen implementieren, sowie den materiellen Voraussetzungen, von denen sie abhängen.

Die Globalisierung, die sich, gestützt auf Techniken der Beschleunigung und Raumvernichtung, durchsetzt, verwandelt die Welt nicht in eine undifferenzierte Einheit, sondern ist, wie DAVID HARVEY formuliert, selbst "ein Prozess der Herausbildung geografisch artikulierter Muster kapitalistischer Aktivitäten und Relationen".[48] Gerade auch wenn das Kapital über den Erdball ausschweift und da Standorte aufgibt um dort neue zu erschließen, tut es dies keinesfalls erratisch ungerichtet, sondern indem es zielgerichtet räumliche Unterschiede ausnutzt:

> Doch der Zusammenbruch räumlicher Hindernisse heißt nicht, dass die Bedeutung des Raumes abnimmt. Nicht zum ersten Mal in der Geschichte des Kapitalismus finden wir Evidenz, die für die entgegengesetzte These spricht. Verschärfter Wettbewerb unter Bedingungen der Krise hat die Kapitalisten gezwungen, viel stärker auf die relativen Vorteile zu achten, die Orte bieten, genau weil verringerte räumliche Hürden den Kapitalisten die Macht geben, geringste räumliche Unterschiede mit großer Wirkung auszunutzen. Geringe Unterschiede dessen, was der Raum enthält, in Form des Arbeitskräfteangebots, von Ressourcen, von Infrastrukturen und Ähnlichem, erhalten wachsende Bedeutung. Die überlegene Beherrschung des Raumes wird eine noch wichtigere Waffe im Klassenkampf. Sie wird zu einem Mittel, um widerstrebenden Arbeitskräften die Verdichtung der Arbeit und eine Neudefinition von Qualifikation aufzuzwingen. [...]
> Sobald die räumlichen Hürden verschwinden, werden wir sensibilisiert für das, was die Räume der Welt enthalten. Die flexible Akkumulation beutet typischerweise einen weiten Bereich von scheinbar zufälligen geografischen Umständen aus und rekonstituiert sie als strukturierte innere Elemente ihrer eigenen, umfassenden Logik.[49]

HARVEY nimmt hier ein entscheidendes Resultat der scheinbaren Aufhebung des Raumes durch Verkehr, Telekommunikation sowie den Abbau von Zöllen und Regulationen, die bisher dem Fluss des Kapitals im Wege standen, wahr:

> Damit nähern wir uns dem zentralen Paradoxon: Je unwichtiger die räumlichen Barrieren werden, desto größer wird die Sensibilität des Kapitals für die Verschiedenartigkeit der Orte innerhalb des Raumes und desto größer der Anreiz für die einzelnen Orte, sich auf eine Weise zu differenzieren, die für das Kapital attraktiv ist. Das Resultat bestand in Zersplitterung,

48. HARVEY 2001, 102 [Übersetzung des Autors]
49. HARVEY 1990, 293–294 [Übersetzung des Autors]

Unsicherheit und einer durch schnelle Schwankungen geprägten ungleichen Entwicklung innerhalb einer zusammenhängenden globalen Raum-
ökonomie der Kapitalströme. Die historische Spannung zwischen Zentralisierung und Dezentralisierung innerhalb des Kapitalismus wird nun auf
eine neue Weise herausgearbeitet.[50]

Auch hier zeigt sich der Raum als Untoter: Jeder Versuch seiner
Aufhebung bringt ihn in neuer Gestalt hervor. Je leichter räumliche
Distanzen überwindbar werden, als desto bedeutender erweisen sich
auch noch die kleinsten räumlichen Differenzen. Der Raum verschwindet nicht, sondern artikuliert sich neu, bildet immer wieder neue Muster der Differenz heraus, weil die menschlichen Aktivitäten auch mittels Telekommunikation und Verkehr ihn nur neu konfigurieren, nicht
jedoch aufheben.

Jedoch nimmt HARVEY die Bedeutung der räumlichen Unterschiede nur unvollständig wahr. Erklärungsbedürftig bleibt angesichts der
inzwischen hergestellten hohen, weder durch politische noch durch
physische bzw. geografische Hürden eingeschränkten Beweglichkeit
des Kapitals sowie der vielfältigen politischen Bemühungen, durch
Steuernachlässe, Liberalisierung von Auflagen des Umwelt- und Ar-
beitsschutzes sowie durch Infrastrukturvorleistungen etc. bestimmte
Regionen für das Kapital attraktiv herzurichten, die bei allen marginalen Veränderungen recht hohe Beständigkeit der räumlichen Vertei-
lungsmuster der Wertschöpfung, insbesondere auch der industriellen
Wertschöpfung über längere Zeiträume, d.h. über Jahrzehnte und
sogar Jahrhunderte.[51] Nach HARVEYs Auffassung von der Bedeutung räumlicher Unterschiede wäre durch die Reaktion der Kapitalflüsse auf diese eher ein schneller Wechsel der räumlichen Muster
wirtschaftlicher Aktivität und tendenziell sogar ein Abflachen der Unterschiede – analog zur Angleichung der Temperaturen beim Wär-
meaustausch – durch Anpassungsreaktionen der Betroffenen zu erwarten. So etwa, wie ANGELA MERKEL dies für Realität zu halten
scheint:

> Bei der Herstellung eines Produktes wird heute eine weltweite Arbeits-
> teilung möglich. Das Kapital kann sich die Arbeitskraft weltweit dort
> aussuchen, wo es gerade am effizientesten erscheint.[52]

---

50. HARVEY 1990, 295–296 [Übersetzung des Autors]
51. Siehe S. 247–249
52. MERKEL 2000

Doch von dieser imaginierten Freiheit scheint das Kapital nur begrenzt Gebrauch zu machen, und selbst wo es dies – was ohne Zweifel immer wieder der Fall ist – tut, führt dies eher ausnahmsweise zu einer fundamentalen Umgestaltung einzelner Zonen auf den industriegeografischen Landkarten. Solche Umgestaltungen einzelner Zonen mit dem Verfall oder der Wanderung von bestehenden Industrien einerseits und der Entstehung von neuen Industrien andererseits gab und gibt es immer wieder und mit durchaus schwerwiegenden sozialen Konsequenzen, doch die räumlichen Muster des Kapitalengagements sind großmaßstäblich gesehen auch über lange Zeiträume erstaunlich unbeweglich, d. h. weisen keine schnellen, großflächigen Veränderungen auf.

Beeindruckend ist etwa einerseits die anhaltende Bedeutung der europäischen Regionen der *blauen Banane*, eines 300 bis 400 Kilometer breiten, sich mit leichter Westkrümmung von Norditalien nach Südengland erstreckenden Streifens, dessen Schwereachse durch Turin und Brüssel verläuft,[53] und andererseits die relative Erfolglosigkeit der Versuche, Problemregionen wie den Osten der Bundesrepublik, die früheren nordenglischen und schottischen Industriebezirke oder Sizilien wirtschaftlich (wieder) attraktiv zu machen. Selbst die Wanderungsbewegungen des industriellen Kapitals in der Form von Auslagerungen oder dem Bau von Brückenköpfen haben meist eine kleine Anzahl von Schwerpunktregionen zum Ziel. Wenn Wertschöpfung aus bestehenden Konzentrationen abwandert oder, was viel seltener der Fall ist, solche Konzentrationen sich ganz auflösen, dann nicht, um sich gleichmäßig im Raum zu verteilen, sondern, um neue Konzentrationen zu bilden, wenn nicht nur, um sich anderen, bereits bestehenden Konzentrationen anzulagern.[54]

Auch eine Studie der DEUTSCHEN BANK RESEARCH[55] kommt zu dem Ergebnis, dass es zu früh sei, um den Tod der Distanz und in seiner Folge das Ende der bisherigen Wirtschaftszentren oder gar der Wirtschaftszentren überhaupt auszurufen. Vergleichbare Folgerungen zieht auch ein neuerer Aufsatz von JÜRGEN HOFFMANN.[56] Bei aller betriebswirtschaftlichen Rationalität, die im Einzelfall da und dort für eine Auslagerung in kostengünstigere Standorte spreche, ständen

53. Siehe KRÄTKE 1995, 130–137
54. Siehe S. 242–244
55. HENG, SCHAAF 2002
56. HOFFMANN 2004

in vielen Fällen dagegen doch Kräfte, die in den Prozessen und Voraussetzungen der industriellen Wertschöpfung angelegt seien und innerhalb einer umfassenderen Kosten-Nutzen-Analyse oft den Ausschlag für scheinbar teurere, zentrale Standorte gäben. Gerade die wissensintensive, flexibilisierte, verteilte und starkt von Informations- und Telekommunikationstechnik durchdrungene Produktion der Gegenwart sei auf den intensiven Austausch – und das heißt auch: den engen Kontakt – der Produzenten angewiesen. Den entscheidenden Akteuren biete das Treffen im Cyberspace keinen befriedigenden Ersatz für das im physischen Raum. Telekommunikation und Globalisierung würden die Bedeutung der Wirtschaftszentren in den entwickelten Regionen nicht schmälern, sondern vielmehr eher stärken:

> Auch mit moderner IuK-Technologie werden traditionelle Standortfaktoren bei der Unternehmensentscheidung nicht bedeutungslos. Gleichwohl verschiebt sich ihr relativer Wert. In naher Zukunft werden *Standorte nicht* massiv *in weniger entwickelte Länder mit niedrigeren Lohnkosten verlegt.* Ganz im Gegenteil: Bei komplexen, arbeitsteiligen Prozessen bleiben direkte Kontakte und persönliche Absprachen weiter unabdingbar, d. h. insbesondere *wissensintensive Hightech-Unternehmen konzentrieren ihre Wertschöpfung* mittelfristig sogar noch stärker *in den Wirtschaftszentren der hochentwickelten Regionen.*[57]

Die Studie erwähnt die Arbeiten von Saskia Sassen zwar nicht, doch führt auch hier der Blick auf die konkreten Wertschöpfungsprozesse zu Ergebnissen, die von den populären Bildern sowie vor allem von den durch die Feuilletons geschürten Erwartungen stark abweichen und sich mit ihren, im letzten Abschnitt bereits kurz angedeuteten, Resultaten in vieler Hinsicht decken.[58]

Dass solche wirtschaftsgeografischen Muster in der Bundesrepublik, die an den Wohlstandsregionen Europas einen hohen Anteil hat, der öffentlichen Aufmerksamkeit entgehen, entspricht einem anderen Muster: dem einer hypochondrisch verzerrten Selbstwahrnehmung, die eine nicht abreißende Serie von Erfolgen auf dem Weltmarkt bis hin zur Exportweltmeisterschaft der heimischen Industrie, die größtenteils seit Jahrzehnten in diesen Regionen siedelt, mit einem nicht abreißenden Gejammer[59] darüber kombiniert, dass man sich ob der einzigartig und unsäglich schlechten Bedingungen des Standorts im

---

57. Heng, Schaaf 2002, 1 (Hervorhebung im Original)
58. Siehe S. 210–212
59. Fischbach 2004b

Abstieg befinde und dabei sei, endgültig den Anschluss an die Welt-
spitze zu verlieren, um dann in allen möglichen, hauptsächlich kon-
traproduktiven Hauruck- und Den-Gürtel-enger-schnallen-Rezepten
ein mehr illusionäres als reales Heil zu suchen.

Diese Rezepte zielen meistens darauf, um den Preis einer fortschreitenden Strangulation der Binnennachfrage die Position der ein-
heimischen Industrie gegenüber der ausländischen Konkurrenz noch
weiter zu stärken. Ihre Effekte sind jedoch flüchtig, da sie den Aufwertungsdruck auf den Euro verstärken und die Konkurrenz zur Nachahmung einladen. Am Ende hat man nur eine weitere Drehung auf
einer Abwärtsspirale vollzogen, die zu schlechteren Bedingungen für
alle führt. Langfristig zerstört diese Politik jedoch die Voraussetzungen der deutschen Stärke, die in einer guten Infrastruktur, guter –
vor allem auch praktischer – Bildung[60] sowie vergleichsweise span-
nungsarmen gesellschaftlichen und vor allem industriellen Beziehungen bestehen. Oft hantieren die Autoren solcher Rezepte mit irrele-
vanten Größen wie der nominalen Abgabenlast oder der absoluten
Lohnhöhe und der formellen Arbeitszeit, ohne sie ins Verhältnis zu
den gewährten Leistungen, Vergünstigungen und Ausnahmen einerseits sowie zur tatsächlichen Arbeitszeit und zur Wertschöpfung
andererseits zu stellen.[61] Argumentationen, die um die Macht der

---

60. Die derzeitige Bildungsdiskussion geht völlig daran vorbei, dass die Position
der deutschen Industrie nicht allein von den Akademikern, sondern auch von
der Leistung der Facharbeiter und Meister abhängt.
61. Die alogische und obskurantistische Argumentation, mit der diese Rezepte
vorgetragen zu werden pflegen, destruieren eindrucksvoll FLASSBECK 2003
sowie FLASSBECK 2004b. Der im Zusammenhang mit der EU-Osterweiterung
geschürten "Modeangst Osteuropa", also der vom Kapital mit lauter Unterstützung der Medien als Hebel zur Durchsetzung seiner Lohnsenkungsstrategie genutzten Angst, die deutsche Industrie werde massenhaft nach Osteuropa
abwandern, setzt FRICKE 2004b eindrucksvolle volkswirtschaftliche Zahlen
entgegen, die exakt das Gegenteil aussagen. Die deutschen Direktinvestitionen im Ausland sind seit ihrem Höchststand 1999 von 100 Milliarden $ ununi-
terbrochen gefallen und weisen 2004 laut DULLIEN 2005a sogar einen Negativsaldo von 7,3 Milliarden $ auf; wobei selbst im Spitzenjahr 1999 der Anteil,
der ins billige Osteuropa ging, bei ungefähr 5 % lag! Produktionsverlagerung
von Deutschland ins billigere Ausland finde, so FRICKE 2005, weit häufiger in
Talkshows als in der Realität statt. Dem wären zudem die um ein Vielfaches
höheren Direktinvestitionen ausländischer Unternehmen in Deutschland ge-
genüberzustellen, die laut dem *Foreign Direct Investment Confidence Index*
der Management-Beratung A. T. KEARNEY allein von 2001 auf 2002 von rund
34 auf 38 Milliarden US-Dollar angestiegen sind. Manche Unternehmen haben
Fertigungslinien auch wieder zurückverlagert. Laut FTD 2004a lagen im er-

Globalisierung und den Tod des Raumes kreisen, die Arbeitslosigkeit und Einkommensverluste erzwängen, haben weniger aufklärende Wirkung, als dass sie vielmehr lustvoll-masochistisch das scheinbar Kritisierte und nicht minder scheinbar Unabwendbare bestätigen. Eine scheinhafte Globalisierungskritik arbeitet so der Propaganda für eine Umverteilung von unten nach oben in die Hände.

Die Blindheit gegenüber solchen sich trotz ihrer scheinbaren Hinfälligkeit erhaltenden Mustern der Wertschöpfung mag in der Bundesrepublik gegenwärtig besonders ausgeprägt sein, doch kommt sie, wenn auch abgeschwächt, durchaus in anderen Weltgegenden ebenfalls vor und hat meist tiefere und allegemeinere Ursachen als nur eine spezifisch deutsche Verblendung. Dahinter steckt auch das, was GERALD M. WEINBERG das *Kontinuitätstabu* nennt: die fraglose Akzeptanz des Bestehenden, die davon ausgeht, dass das, was existiere, eigentlich keiner weiteren Erklärung oder gar Rechtfertigung bedürfe, ja dass das Begehren danach schon den ersten Schritt zu umstürzlerischen Umtrieben darstelle.[62] Doch gesellschaftliche Gebilde sind nie einfach nur da, sondern müssen beständig neu hervorgebracht werden – nicht etwa durch sich selbst, wie dies bei Organismen der Fall ist, sondern durch das Handeln der Menschen. Soziale Gebilde wie Institutionen, Siedlungen etc. haben weder eine physisch artikulierte Grenze noch ein handelndes *Selbst*. Die Rechtsperson ist lediglich eine konveniente juristische Fiktion. Sie sind auf das Handeln von Menschen, ihrer Mitglieder und auch Außenstehender angewiesen; weshalb bei ihnen die Rede von Selbstorganisation deplaciert wäre.[63] Das Kontinuitätstabu verbirgt genau diesen Sachverhalt: die Gemachtheit, die permanente Neuerschaffung der sozialen Verhältnisse und Einrichtungen durch das Handeln.

sten Quartal 2004 sowohl das absolute Niveau der Exporte als auch der Außenhandelsüberschuss (Exporte minus Importe) auf Rekordniveau. Zudem zeigen die neuesten Zahlen (Stand April 2005), dass auch der EU-Beitritt einer Reihe osteuropäischer Länder dort keineswegs zu einem sprunghaften Anwachsen der Exporte bzw. der dorthin gerichteten Direktinvestitionen geführt hat. Vielmehr verschlechterte der damit anschwellende Zustrom spekulativen Kapitals deren Wettbewerbsposition, indem er ihre Währungen unter Aufwertungsdruck setzte, ohne dem Wachstum nennenswerte Impulse zu geben. Siehe DULLIEN 2005a

62. WEINBERG, WEINBERG 1988, 1–12
63. Siehe die Diskussion S. 52–54 und S. 137

In seiner neuesten Publikation weist HARVEY darauf hin, dass es natürlich Faktoren gebe, die die Mobilität des Kapitals einschränkten: An erster Stelle sei dies der Umstand, dass es materiell im Raum Gestalt annehmen müsse, bevor es verwertbar werde, d. h. in die Produktion von Mehrwert eingehen könne, und in dieser Gestalt eben nicht mehr flüssig, sondern unumkehrbar erstarrt sei.[64] Der Hinweis auf die Irreversibilität von Investitionen nennt ohne Zweifel einen Faktor, dessen Bedeutung auch die Studie der DEUTSCHEN BANK RESEARCH bestätigt,[65] doch wird er dem Phänomen der Verdichtung nicht gerecht: Er erklärt zwar wenigstens zum Teil die Trägheit einmal geschaffener Strukturen, doch nicht deren Entstehung, vor allem nicht, weshalb sie räumlich artikuliert sind in dem Sinne, dass die wirtschaftlichen Aktivitäten sowie die mit ihnen einhergehenden Investitionen und die daraus resultierende Wertschöpfung Muster räumlicher Verdichtung bilden. HARVEYs theoretisches Defizit folgt aus seinem defizitären Raumkonzept: Er sieht zwischen dem Raum und seinem Inhalt nur ein Verhältnis der Indifferenz, wo tatsächlich einer Wechselwirkung nachzuspüren wäre, die Strukturen erst hervorbringt, verstärkt und stabilisiert.

Wichtige Komponenten dieser raumbildenden Kräfte sind, wie aus dem Vorhergehenden hervorgeht, die modernen Telekommunikations- und Verkehrs-Infrastrukturen. Doch sie sind es nicht allein, zumal es solche Kräfte auch schon vor deren heutiger Entfaltung gab. Diese anderen Komponenten sind genauer zu bestimmen.

Differenzen bzw. Ungleichgewichte vermögen Bewegungen bzw. Flüsse anzutreiben, die den Effekt haben, eben diese Differenzen aufzuheben und das ungleich Verteilte gleichmäßig zu zerstreuen. So dehnt sich ein Gas aus, bis es einen Behälter gleichmäßig ausfüllt, weist der Energiefluss zwischen Körpern eine unausgeglichene Bilanz auf, bis sich ihre Temperatur angeglichen hat. In ähnlicher Weise lösen Kursdifferenzen etwa die Arbitragebewegungen zwischen den Handelsplätzen bzw. deren Erwartung in der Zukunft solche mittels derivativer Instrumente wie Futures und Optionen aus.[66] Diese Bewegungen verlaufen jedoch nicht erratisch um den Globus, sondern spielen sich zwischen einer überschaubaren Anzahl von Plätzen ab. Während in den letzten beiden Jahrzehnten zwar weitere Plätze

64. HARVEY 2003, 99–100; siehe auch die Diskussion S. 156–162
65. HENG, SCHAAF 2002, 9
66. Siehe S. 165

– vor allem die Finanzmetropolen der asiatischen und lateinameri-
kanischen Schwellenländer – in das globale Finanzsystem integriert
wurden, vermochten dessen ungeachtet die großen drei: LONDON,
NEW YORK und TOKYO einen wachsenden Anteil des weiter an-
schwellenden Gesamtvolumens der globalen Finanztransaktionen auf
sich zu ziehen. Es finden also zugleich die Verteilung bzw. Verbrei-
terung des Systems – durch die Integration von bisher nur schwach
angekoppelten Zentren als Subzentren *und* seine weitere Konzentration statt.[67] Es gibt viel Bewegung in der Finanzwelt, während das
räumliche Muster darin sich zwar an seinen Rändern ausdehnt und
verfeinert, doch das Ungleichgewicht zwischen Zentrum und Peripherie sich sogar verstärkt.

Dieses Muster ist auch resistent gegen Änderungen der Eigen-
tumsverhältnisse: So sind inzwischen zwar beinahe alle bedeuten-
den Investment-Häuser in LONDON in ausländischer – vor allem ja-
panischer, US-amerikanischer, schweizerischer und deutscher – Hand,
doch schadet dies dem Finanzplatz LONDON bisher nicht: Er spielt
immer noch seine Rolle neben NEW YORK und TOKYO und vor
FRANKFURT, PARIS, MAILAND, HONGKONG oder ZÜRICH, mit dem
besonderen Merkmal, unter all diesen der internationalste, d.h. derjenige mit der größten geografischen Reichweite der getätigten Geschäfte zu sein. Die Reichweiten von NEW YORK und TOKYO sind im
Vergleich dazu regional. Bestehen bleibt in LONDON dabei der besondere Stil des Ortes und seine Rolle als Ökotop, in dem hochspezialisierte Dienstleister, besondere Formen der Geschäftsbeziehung und
des Informationsaustauschs gedeihen. Die ausländischen Großbanken
haben LONDONer Firmen aufgekauft, *um* an diesem Platz präsent zu
sein, *um* die traditionell dort sich einfindenden Kunden bedienen zu
können und *um* auf die dort verfügbaren hochspezialisierten Arbeitskräfte und Dienstleistungen zugreifen zu können. Und das, obwohl
viele Umweltfaktoren wie die Verkehrsverhältnisse, die Lage auf dem
Wohnungsmarkt und der zivilisatorische Standard von Wohnungen,
Hotels, Restaurants, Verkehrsmitteln oder Lebensmittelläden – etwa
verglichen mit Paris, Mailand oder Zürich – schlicht nur als Katastrophe zu bezeichnen sind. Es müssen schon starke Gründe sein, die

---

67. Die Hierarchisierung der Finanzindustrie und ihre Konzentration in wenigen
   Zentren beschreibt bereits SASSEN 1991, 168–191, die gleichzeitige Expansion
   und Konzentration des globalen Finanzsystems SASSEN 2001, 174–196

ansonsten anspruchsvolle Menschen die Underground, den Straßenverkehr, das Essen und den in Wohnungen und Hotels üblichen Stand
des technischen Ausbaus ertragen lassen. Jedenfalls mit der These,
dass die Flüsse des Kapitals längst vollständig virtualisiert und de-
territorialisiert seien, ist das alles nicht vereinbar.

4.5 Stabiles Ungleichgewicht

Offenkundig laufen längst nicht alle Bewegungen auf ein Gleichgewicht hinaus, um dort zur Ruhe zu kommen. Anscheinend gibt es
nicht nur eine Tendenz zum Ausgleich von Unterschieden, sondern
auch eine zu ihrer Bildung und Erhaltung gegen den Strom der Zeit.
Darin liegt vielleicht auch der Schlüssel zur Erklärung des Versagens
der ökonomischen Gleichgewichtsmodelle in vielen Fällen: Manchmal
entwickeln sich die Preise von Wertpapieren und Währungen anders
als von den Modellen vorhergesagt.[68] So dürften auch die Kursbewegungen von Dollar, Euro und Yen oder gar der Währungen von
asiatischen und südamerikanischen Schwellenländern kaum aus einem
ökonomischen Gleichgewichtsmodell ableitbar sein. Weder Zinsdiffe-
renzen noch Leistungsbilanzsalden oder Wachstumsraten liefern eine
schlüssige Erklärung.[69] Ganz offenkundig konkurrieren hier politische und psychologische Faktoren mit den makroökonomischen. Die
Schwierigkeit solcher Modelle besteht ganz allgemein in den drei folgenden Punkten, die die Anwendbarkeit simpler Gleichgewichtsmodelle in Frage stellen. Eine saloppe Redeweise, die sich mit systemtheoretischen Begriffen garniert, ohne sie ernst zu nehmen, ist geeignet, sie mehr zu verbergen als aufzuklären:

1. *Die Unvollständigkeit der Modellkomponenten*: Es ist bei gesellschaftlichen Sachverhalten nicht immer klar, welche die relevanten
   Größen bzw. Variablen sind, die in die Formulierung des Modells
   einzugehen haben.

2. *Die Unschärfe des Systemschnitts*: Ebenso wenig klar ist meist,
   welchen Wechselwirkungen mit externen Variablen diese unterliegen; d.h. ob es eine klare und einfach zu formulierende Schnitt-
   stelle zwischen System und Umgebung gibt.

---

68. So etwa bei den Spekulationen des Hedge Fund LTCM. Siehe LOWENSTEIN
    2002 und die Diskussion S. 164
69. Zu den Schwierigkeiten, die aktuellen Kursbewegungen zu verstehen, siehe
    FRICKE 2004a

3. *Die Unvollständigkeit der relevanten Gesetze*: Selbst bei physikalischen Prozessen, deren relevante, in das Gleichgewichtsmodell
einzubeziehende Größen vollständig bekannt sind, erklärt dieses
zwar den Gang der gegebenen Dinge, doch nicht deren Entstehung. D. h., die formativen Prinzipien, die zu der Vielfalt der er-
scheinenden Dinge führen, bleiben im Dunkeln.
Aus den mechanischen oder ökonomischen Gleichgewichtsgesetzen ist
eben die "mannigfaltige Gestaltung des Weltganzen"[70] nicht ableitbar. Im Prinzip kann die Mechanik z.B. vorhersagen, wie sich ein
System von Massen wie unser Sonnensystem weiter bewegen wird,
sofern, was in der Praxis nie vollständig möglich ist, eine Ausgangs-
konstellation genau bekannt ist, doch die Genesis des Sonnensystems,
die Gründe, weshalb es überhaupt ein Sonnensystem gibt, kann sie
nicht liefern.

Bezogen auf die Geografie der wirtschaftlichen Aktivitäten und
der Kapitalflüsse heißt dies, dass die Ausbildung und der Fortbestand räumlicher Unterschiede einer spezifischen Erklärung bedürfen.
Globale ökonomische Gleichgewichtsmodelle können sie nicht liefern.
Was sind die Kräfte, die sie aufrecht erhalten, die Mechanismen, die
ihnen Stabilität verleihen? Auch Harveys Ansatz gibt darauf nicht
nur keine Antwort, sondern vermag noch nicht einmal das Problem
zu formulieren. Der Faktor des *versunkenen*, d.h. irreversibel angelegten Kapitals vermag weder die räumlichen Muster seiner Anlage
zu erklären noch dass deren Dauer dessen Abschreibungsfrist übersteigt. Immerhin ist die Klasse von Phänomenen, um die es hier geht,
als solche bekannt und in abstracto auch schon beschrieben:

> Wir wissen auch, dass ein von seiner Umwelt isolierter Organismus stirbt
> und damit aufhört, uns als Lebewesen zu interessieren. Ein Gleichge-
> wichtszustand unterscheidet sich von dem Gleichgewicht eines isolierten
> Systems dadurch, dass *Nicht-Gleichgewichtsgefälle* in ihm beibehalten
> werden können, das heißt *Unterschiede* in Bezug auf Konzentrationen,
> elektrische Potenziale, Drücke, Temperaturen usw. Wäre das System von
> seiner Umwelt isoliert und erlangte es dadurch eine thermodynamische
> und chemische Gleichförmigkeit, dann würden diese Unterschiede ver-
> schwinden. Gerade die *Nicht-Gleichförmigkeit* innerhalb eines Systems,
> seine *Struktur*, kennzeichnet ein System oder eine Klasse von Systemen
> als deutlich unterschiedene organisierte Einheiten (wie der Name "Sys-
> tem" impliziert) und macht es dadurch zu einem interessanten Gegen-
> stand der Forschung.[71]

---

70. Haag 1983, 168
71. Rapoport 1974, 33-34 (Hervorhebung im Original)

Stabile Muster der Ungleichheit sind als das Werk von Gegenkräften zu sehen, die ein Gleichgewicht im Ungleichgewicht schaffen; was jedoch nur funktioniert, solange ein Austausch mit einer Umwelt möglich ist, die von diesem Austausch über signifikante Zeiträume unaffiziert bleibt. So wie das Gleichgewicht von Strahlungsdruck und Gravitation und die praktisch spurlose Absorption des Energieabfalls durch das Weltall Sterne – wenigstens für ein paar 100 Millionen Jahre – als beständige Muster des thermodynamischen Ungleichgewichts gegen den globalen Fluss zu dessen Aufhebung erhält, muss es auch ein Gleichgewicht von Kräften und einen Austausch mit einer Umwelt geben, die urbane und industrielle Agglomerationen, Finanzplätze und Verwaltungsmetropolen als Strukturen der Ungleichheit erhalten; wobei die Umwelt einen Zufluss von Energie und Rohstoffen und den Abfluss des materiellen und energetischen Abfalls erlauben muss.

Die Problematik des Stabilitätsbegriffs bei sozialen Gebilden war bereits oben Gegenstand einiger Überlegungen, die seinen vorsichtigen Gebrauch nahelegten.[72] Wenn etwas stabil ist, heißt das nicht, dass es ewig besteht, sondern dass die in Frage stehenden Variablen sich während des betrachteten bzw. den Planungshorizont bildenden Zeitraums innerhalb der festgelegten Bandbreite bewegen. Anschaulich formuliert, mag das bedeuten, dass eine bestimmte Konfiguration von Komponenten oder auch nur ein bestimmtes Konfigurationsmuster über diesen Zeitraum bestehen bleibt. Im Falle eines einfachen Artefakts wie eines Bauwerks heißt das tatsächlich nur, dass eine Konfiguration von Komponenten bestehen bleibt, während das bei einer Stadt anders ist: Hier mögen über die Jahrhunderte alle Komponenten, Häuser, Straßen, Plätze, Brücken, Brunnen, etc. und auch Menschen, Tiere, Pflanzen durch neue ausgetauscht werden, ohne dass sie als raum-zeitliches und soziales Gebilde, genauer als sich in der Zeit entwickelndes räumliches Muster und als Ensemble von gesellschaftlichen Institutionen ihre Identität verlieren.[73] Siedlungen sind raum-zeitliche Muster der Auseinandersetzung der Menschen mit der Natur, die durch die daraus hervorgehenden Artefakte eine gewisse Trägheit und einen sichtbaren Ausdruck erhalten. Ihre

---

72. Siehe S. 176–177
73. Im Grenzfall mag das auch auf manche einfache Artefakte zutreffen, wie in dem Witz von der 200 Jahre alten Axt, bei der nur fünfmal der Schaft und dreimal die Schneide ausgetauscht wurden.

Identität ist jedoch ein mentales und in seiner Reflexionsform ein
gesellschaftliches Konstrukt. Sie weist über die der Artefakte hinaus,
ohne aus ihnen Organismen zu machen.
Ein solches Gleichgewicht im Ungleichgewicht ist nicht als statisches zu verstehen. Wenn eine Agglomeration stabil ist oder gar
wächst, heißt das nicht, dass niemand dort wegzieht, sondern nur,
dass der Saldo von Zu- und Wegzug über den betrachteten Zeitraum
bei einer von Null verschiedenen Basis ausgeglichen bzw. positiv ist.
Das heißt, dass auch Phasen, in denen er negativ ist, durchaus vorkommen können. Stabilität schließt Schwankungen ein. Gerade die
Finanzindustrie, die in den Metropolen eine starke, wenn nicht dominierende Rolle spielt, ist extrem zyklisch. Der Wechsel von Expansion und Kontraktion der Finanzmärkte spiegelt sich auch in
entsprechenden Bewegungen ihres Personal- und Flächenbedarfs und
weiterhin der Wirtschaftszweige, die ihnen zuarbeiten – vom Reini-
gungsdienst bis zum Fachanwalt für Wertpapier- und Bilanzrecht.

Auch sind die Grenzen der hier zu betrachtenden Agglomerationen nicht mehr identisch mit den politischen Grenzen von Städten.
Heutige Agglomerationsräume umfassen oft ganze Haufen von Städten[74] mit einem dazwischenliegenden Gemisch von Wohngebieten,
Einkaufszentren und Gewerbeparks, das Thomas Siewerts mit dem
Begriff *Zwischenstadt* charakterisiert.[75] Das Wachstum der Agglomerationen schließt vor allem in Europa auch Binnenwanderungen
ein wie etwa den von den Urbanisten als *Suburbanisierung* bezeichneten Austausch zwischen den sich von Wohnbevölkerung entleeren-
den Kernstädten und dem, was die Urbanisten den *Speckgürtel* nennen, oder den zwischen den schrumpfenden Städten Ostdeutschlands
und den weiter wachsenden Ballungsräumen West- und vor allem
Süddeutschlands.[76] Das Phänomen der schrumpfenden Städte und

---

74. Wenn etwa die Stadt Essen sich nicht allein, sondern zusammen mit einer
    Reihe umliegender Großstädte um den Titel einer europäischen Kulturhaupt-
    stadt bewirbt, gibt sie dieser längst manifesten Tendenz symbolischen Aus-
    druck. Siehe auch die Diskussion auf S. 230
75. Siewerts 1997
76. Laut *Fischer Weltalmanach* 2004, 218 weisen im Vergleich der Jahre 2001 und
    2002 vor allem Baden-Württemberg und Bayern einen ausgeprägten positiven
    Wanderungssaldo auf, dem ungefähr gleich großer negativer der neuen Länder
    entspricht. Diese Zahlen geben jedoch das ganze Ausmaß der Ost-Westwan-
    derung nicht wieder, da sie die große Anzahl von Wochenendpendlern, die
    ihren Wohnsitz im Osten behalten, nicht erfassen. Seit 1989 sollen ca. eine
    Million Menschen den Osten verlassen haben. Siehe Oswalt 2004, 627

Regionen, das z.B. im Osten Deutschlands, im Norden Großbritanniens, im Rustbelt der USA und auch in weiteren Weltregionen zu beobachten ist,[77] stellt eher ein Epiphänomen als die Umkehr des globalen Agglomerationsprozesses dar. Agglomerationen können auch durchaus langfristig abnehmen und verschwinden, doch meist zugunsten von anderen, wobei sichtbar wird, dass die sich selbst verstärkende Dynamik der Agglomeration auch mit negativem Vorzeichen als sich selbst verstärkende Schrumpfung wirken kann. Die Peripherisierung des deutschen Ostens bildet heute die Kehrseite des Wachstums in den Metropolen des Westens.[78]

Die Morphogenese von urbanen Superagglomerationen ist bisher nur in Ansätzen erforscht. Auch hier ist vor der oberflächlichen Analogie mit naturwissenschaftlichen Phänomenen und der Anwendung mathematischer Begriffe nach Maßgabe bildlicher Ähnlichkeit zu warnen. Bereits vor dem Netz widerfuhr in den 1980er Jahren dem Fraktal im Zusammenhang mit der Popularisierung der Chaostheorie die Promotion zum postmodernen Modebegriff. Es gab kaum noch etwas, in dem die Jünger der Postmoderne kein Fraktal erkannten. Weder die fraktale Fabrik — mit dieser Kreation machte der spätere FRAUNHOFER-Präsident WARNECKE auf sich aufmerksam — noch die fraktale Stadt — Alterstorheit des ansonsten verdienstvollen Architekten FREI OTTO — blieben der Welt erspart. Die Selbstähnlichkeit, d.h. die Eigenschaft von Fraktalen, dass ihre Bilder in einer unendlichen Folge von Maßstäben mit sich identisch sind, ist bei konkreten Strukturen in Natur und Gesellschaft eben *nicht* gegeben. Die verschiedenen Ebenen einer Organisation oder die Räume unterschiedlicher Maßstäblichkeit, die eine urbane Agglomeration aufweist, sind qualitativ und strukturell *nicht* identisch, auch wenn das bei oberflächlicher Betrachtung so aussehen mag, und vor allem ist die Folge der relevanten Maßstäbe endlich. Hier gibt es funktional differenzierte Ebenen, die markante Unterschiede aufweisen, und Versuche, diese aufzuheben enden nur in Konfusion.[79] Die Rolle des Individuums in der Gesellschaft oder in einer Organisation spiegelt sich eben nicht in jener von Gruppen oder Organisationseinheiten. Die

---

77. Eine umfangreiche Dokumentation und Analyse des Phänomens bringt OSWALT 2004
78. Zur Polarisierung zwischen den deutschen Städten und Regionen siehe BÜRKNER 2004
79. Für die industrielle Organisation zeigt dies KÜHL 2002, 41–63

Entscheidungsbefugnisse einer übergeordneten Organisationseinheit bzw. ihrer Führung finden in denen der untergeordneten keine Entsprechung, sondern schränken diese ein; übergeordnete urbane Zentren verfügen über Ressourcen, die untergeordnete nicht haben, und umgekehrt untergeordnete über solche, die übergeordnete nicht bieten etc.

In der Natur, in der Technik und auch bei den sozialen Gebilden ist der Maßstab nicht zu vernachlässigen, sondern vielmehr hoch bedeutsam: Man kann den Aufbau einer Pflanze, z.B. eines Grashalms oder den Körperbau eines Tieres nicht beliebig vergrößern, ohne bei unveränderten Umweltbedingungen die Stabilität der resultierenden Gebilde zu gefährden: Eine Ameise so groß wie ein Elefant kann es bei unveränderten Körperproportionen nicht geben. Sie würde im Schwerefeld der Erde unter ihrem eigenen Gewicht zusammenbrechen.[80] Die von FREI OTTO fetischisierten Schlankheitsmaße für Konstruktionen ließen solche Maßstabsabhängigkeiten völlig außer Acht. Schlankheit mag manchmal schön und sogar wertvoll sein, doch hat sie kein absolutes Maß, sondern auf jeder Maßstabsebene ihr eigenes, das natürlich von den Umwelteinflüssen abhängt, die ein Gebilde verarbeiten soll.

Auch soziale Gebilde weisen solche Maßstabsabhängigkeiten auf: Eine Organisationsform, die bei 10 Mitgliedern funktioniert, kann schon mit 100 oder 1000 ins Chaos führen. Die heute weithin pauschal für zugunsten des Marktes entschieden gehaltene Frage, was denn der effizienteste Mechanismus der Koordination von Produktion und Konsumption sei, hängt nicht nur, wie bereits zuvor deutlich wurde,[81] vom Charakter der zu produzierenden Güter ab, sondern auch von dem Maßstab, in dem die Koordination stattfinden soll. Wenn der Markt immer der beste Mechanismus wäre, dann entfiele auch die Rechtfertigung für die Existenz von Unternehmen als Organisationen, die die Produktion und Konsumption ihrer Teile bzw. Mitglieder – sofern diese als solche und nicht als Privatleute handeln – eben

80. Das liegt daran, dass bei linearer Vergrößerung eines Gebildes die für seine Stabilität bedeutsamen Querschnittsflächen quadratisch, d.h. mit der zweiten Potenz zunehmen, während die Volumina und damit die Lasten aus dem Eigengewicht kubisch, also mit der dritten Potenz anwachsen; was zu einem linearen Anstieg der Spannungen mit dem Maßstab führt; womit Letztere zwangsläufig bei einem bestimmten Maßstab die Belastbarkeit der Materialien überschreiten.

81. Siehe S. 200–202

nicht durch den Markt, sondern durch Kommando bzw. Abstimmung steuern.[82] Es dürfte dann nur noch Individuen geben, die als ökonomische Monaden nur noch über den Markt kommunizieren. Die wirtschaftswissenschaftliche Marktdogmatik kann also nicht einmal die Existenz der stärksten Akteure auf den Märkten, der Unternehmen, erklären.

Die Genesis und Struktur konkreter Gebilde ist, sei es in der Natur, sei es in der Technik oder in der menschlichen Gesellschaft, allein weder durch Gleichgewichtsmodelle noch durch oberflächliche, aus dem Missbrauch unverstandener mathematischer Strukturen hervorgegangene Bildschemata wie die des Fraktals oder des Netzes zu verstehen. Die Postmoderne vernebelt den Verstand, wenn sie *Netz*, *Fraktal* und *Chaos* raunend, sich anmaßt, den Schlüssel zum Universum in den Händen zu halten. Nur das Studium der konkreten Prozesse und Kräfte kann uns dessen Verständnis näher bringen.

Der wirtschaftliche Erfolg einer Region erzeugt neben anziehenden bzw. agglomerierenden auch abstoßende Kräfte. Unter den Letzteren dürften steigende Preise für Boden und Arbeit sowie die Überlastung der Umwelt und der Infrastrukturen die wichtigsten sein. Doch was hält Verdichtungen wirtschaftlicher und kultureller Aktivitäten trotz zentrifugaler Kräfte zusammen, worin genau besteht ihre Attraktivität? Die zuvor dargestellten Netzgesetze begründen, wie daran anschließend gezeigt wurde, eine Ökonomie der Dichte, die den fraglichen Zusammenhalt sicher verstärkt, doch wahrscheinlich nicht allein verursacht, zumal es noch gilt, die Prozesse genauer zu benennen, für die Telekommunikation und Verkehr so wichtige Voraussetzungen sind. Dazu gilt es, Agglomerationsprozesse der jüngsten Vergangenheit zu betrachten; wobei jene in den Finanzmetropolen besonders hervorzuheben sind.

82. Diese Fragestellung bildet den Ausgangspunkt der neoinstitutionalistischen Ökonomie. Siehe CARROLL, TEECE 1999

4.6 Agglomerierende Kräfte

Eines der bemerkenswertesten wirtschaftlichen Phänomene der letzten beiden Jahrzehnte war die wachsende Rolle der Finanzsphäre als Ort und Medium der Kontrolle des Verwertungsprozesses und der Aneignung von Mehrwert, als deren sichtbarstes Zeichen die Expansion und Internationalisierung der Devisen- und Wertpapiermärkte gilt. Die *Securitization*, d. h. Verwandlung von allem und jedem in einen handelbaren Titel bildete dazu ein entscheidendes Vehikel. Parallel dazu war zu beobachten, wie sich die Finanzindustrie, doch nicht nur sie, sondern auch die immer stärker von ihr abhängigen Funktionen der Unternehmensführung mit den sie unterstützenden Dienstleistungen, zunehmend in einem hierarchischen System globaler und regionaler Metropolen organisierten,[83] in denen sich die zur Ausübung dispositiver Funktionen erforderlichen Ressourcen zusammenballten, und damit das Paradigma dafür abgaben, dass Globalisierung und Telekommunikation die Zentren nicht auflösen, sondern eine *neue Zentralität* – um den von Saskia Sassen geprägten Begriff zu verwenden[84] – hervorbringen. Die *neue Zentralität* geht notwendigerweise auch mit der Agglomeration von Menschen und Ressourcen im Raum einher. Sie ist nicht das Gegenteil, sondern eine Implikation der Globalisierung unter der Herrschaft des Kapitals, genauer: wesentliches Moment dieser Herrschaft, die bei dessen fortschreitender Konzentration Steuerung der Produktion und Aneignung des Mehrwerts durch wenige bedeutet.

Die Urbanistik untersucht diesen Prozess der Verschiebung und Konzentration von dispositiven und der Aneignung von Mehrwert dienenden Funktionen seit den 1980er Jahren unter dem Leitbegriff der *Global City*, dessen Vielschichtigkeit die gleichnamige Studie von Saskia Sassen aus dem Jahr 1991[85] anhand der Beispiele New York, London und Tokyo nachdrücklich herausarbeitete.[86] Mit der Bilderbuchvorstellung von der alteuropäischen Stadt hat er allerdings nicht mehr viel gemein:[87] Die europäischen Metropolen, die als

---

83. Sassen 1991, 168–191; Krätke 1995, 126–157
84. Sassen 1991, 22–34; Sassen 1997
85. Sassen 1991; überarbeitete Neuauflage Sassen 2001
86. Einen Überblick der Diskussion geben Clark 1996, 137–165; Knox, Taylor 1995; Sassen 1994
87. Siehe S. 226

Knoten zweiter Ordnung im System der globalen Städte fungieren, müssten eigentlich Rhein-Ruhr, Rhein-Main, mittlerer Neckar, Rhein-Nordsee, Pariser Becken, Rhone-Mittelmeer etc. heißen: funktional differenzierte Superagglomerationsräume, die sich selbst wiederum in ein System von Zentren und Subzentren gliedern.[88] Dabei haben allerdings die Finanzindustrie und weitere Dienstleistungen, die dispositive Funktionen unterstützen, zumindest wenn es um die Lokation ihrer hochrangigen Operationen geht, tatsächlich eine Vorliebe für innerstädtische Bezirke, die sie ihren Bedürfnissen entsprechen umbauen – ein Prozess, der jedoch auch die peripheren Bezirke nicht unberührt lässt, zumal diese hochrangigen Operationen weiterer Unterstützung bedürfen.[89]

Indem die modernen Verkehrs- und Telekommunikationsmittel die hochrangigen Steuerungs- und Aneignungsfunktionen sowie die sie unterstützenden Dienstleistungen vom Zwang zur dauernden Präsenz am Ort der Produktion entlasteten, schufen sie unter kapitalistischen Bedingungen mit den Voraussetzungen zugleich auch den Zwang zu ihrer Konzentration in den *Global Cities*. Sobald das Kapital globale Reichweite mit virtueller Präsenz an vielen weit verteilten Orten anstrebt, benötigt es einen größeren Umfang sowie vor allem eine ganz andere Zusammensetzung und Dichte von Ressourcen der Macht als seine bornierteren Vorformen. Das Ziel der *zentralen Kontrolle* einer *weltweit verteilten Produktion* bringt die *neue Zentralität* hervor. Unübersehbar ist, dass das Kapital ganz konkret vom Raum und vom Leben der in den *Global Cities* zusammenkommenden Menschen Besitz ergreifen muss, um die zentrale Steuerung des Verwertungs- und Aneignungsprozesses zu implementieren, und sich dadurch nicht allein Attacken wie der des 11. Septembers 2001 oder politischen Manifestationen wie in SEATTLE und GENUA exponiert, sondern auch der dauernden Konfrontation mit widerständigem Leben, dessen Unterordnung und Integration immer fragil und deshalb eine

---

88. Sehr aufschlussreich ist in diesem Zusammenhang die Gegenüberstellung von LOS ANGELES und den Niederlanden als Verdichtungsräumen von vergleichbarer Fläche, Bevölkerungszahl und Wirtschaftskraft, doch auch mit markanten strukturellen Unterschieden durch SOJA 1995

89. Dazu ausführlicher HITZ, KEIL, LEHRER, RONNEBERGER, SCHMID, WOLFF 1995

beständige Herausforderung bleibt. Die *Global Cities* produzieren außer Finanzinstrumenten auch politische Proteste, Street gangs, Hip-Hop und islamistische Koranschulen.

Die Metropolen sind Produktionsorte besonderer Art: In ihnen wirken Menschen, Organisationen und technische Artefakte zusammen, *um die Voraussetzungen der zentralen Steuerung einer weltweit verteilten materiellen Produktion zu produzieren.*[90] Dabei tritt eine neue Industrie auf, deren Produkt *Kontrolle* ist und die sich aus einer Vielfalt von Unternehmen zusammensetzt:

> Sie machen eine neue, grundlegend wichtige Industrie aus: Die Produktion von Management- und Kontrolloperationen, von hochspezialisierten Diensten, die gebraucht werden, um die Weltwirtschaft am Laufen zu halten, von neuen Finanzinstrumenten.[91]

Zu den Ressourcen, deren die dispositiven und aneignenden Funktionen des Verwertungsprozesses bedürfen, gehören Anschlüsse an die globalen Netze des Verkehrs und der Telekommunikation, Dienstleistungen für die buchhalterischen, rechnerischen, rechtlichen, organisatorischen und kommunikativen Aufgaben der Unternehmensführung und des Handels mit Finanzinstrumenten, für Bildung, Forschung und Entwicklung sowie, nicht zuletzt, für die physischen und mentalen Bedürfnisse der Funktionsträger selbst. Konkreter:

▷ Ohne Flug-, Bahn-, Bus und Taxiverkehr,

▷ ohne Telekommunikations- und Datenverarbeitungsdienste,

▷ ohne Wertpapierhandel, Buchhaltung und Buchprüfung,

▷ ohne Rechts-, Management-, PR- und IT-Beratung,

▷ ohne Forschungsinstitute, Entwurfsstudios und Konstruktionsbüros,

▷ ohne Ärzte, Therapeuten und Kliniken aller Art,

▷ ohne Kinderbetreuung, Schulen, Hochschulen und Fortbildungsstätten,

▷ ohne Zeitungen, Rundfunk- und Fernsehstationen,

▷ ohne Werbe- und Nachrichtenagenturen,

▷ ohne Boutiquen, Feinkostläden, Caterer, Cafés, Restaurants und Hotels,

▷ ohne Nachtclubs, Bordelle, Kinos, Stadien, Theater- und Opernhäuser,

90. Sassen 1991, 126–167
91. Sassen 1991, 14 [Übersetzung des Autors]

▷ ohne Strom, Straßenreinigung, Müllabfuhr, Wasserverorgung und -entsorgung,

▷ ohne eine riesige Bau-, Instandhaltungs- und Reinigungsindustrie,

▷ ohne Hunderttausende von relativ gut bezahlten, planenden, programmierenden, rechnenden, prüfenden, forschenden, lehrenden, entwerfenden und beratenden professionellen Dienstleistern

▷ und schließlich: ohne Millionen von relativ schlecht bezahlten bedienenden, putzenden, waschenden, kochenden, besorgenden, hütenden, montierenden, chauffierenden Dienstleistungsarbeitern

wären die Akteure auf den Kommandohügeln des Kapitals nicht mehr als Darsteller in einer absurden Inszenierung, die von der Welt abgeschnitten schon nach kurzer Zeit nur noch durstig und hungrig im Dunkeln zwischen ihrem Unrat sitzend auf ihr Ende warten könnten. Ihre Fähigkeit, den Produktions- und Aneignungsprozess zu kommandieren, ist tatsächlich erst herzustellen, und dazu bedarf es eben der Körper und Köpfe von Hunderttausenden oder gar Millionen. Deren Tätigkeit fällt hauptsächlich in drei Kategorien:

1. die der professionellen Dienstleistungen, die unmittelbar der Steuerung des Verwertungsprozesses dienen, wie die der Anwälte, der Buchhalter, der Wirtschaftsprüfer, der Analysten, der Wertpapierhändler, der Unternehmensberater, der Marketingspzialisten;

2. die der Planung, des Baus und Betriebs der materiellen und softwaretechnischen Infrastruktur für den Verkehr, die Telekommunikation, die Energieversorgung, die Datenverarbeitung etc. sowie der Gebäude, die alle Tätigkeiten als Hülle benötigen;

3. die der individuellen Dienstleistungen, die zum Komfort ihrer Empfänger beitragen, wie die von Köchen, Kellnern, Friseuren, Masseuren, Kindermädchen etc.

Neben den Infrastrukturen folgen vor allem die professionellen Dienstleistungen zur Unternehmenssteuerung der Agglomeration und entfalten selbst agglomerierende Kraft: Die Konzentration der Anbieter und der Abnehmer verstärken sich wechselseitig; wobei der Markt erst ab einem bestimmten flächenbezogenen Volumen Nischen für hochspezialisierte Angebote öffnet. Spezialisierung ist eine Funktion der Dichte. Ohne eine hinreichende flächenbezogene Nachfrage ist sie nicht lebensfähig. Eine gewisse Breite und Mischung des Angebots und der Nachfrage vermögen dann einzelne Orte für eine zentrale Rolle zu qualifizieren:

Der Ort hat daher ein neues Gewicht erhalten, weil manche Plätze einen besseren Zugang zu Information gewähren als andere. Das Reisen als Alternative zur Ansiedlung an einem zentralen Platz verliert an kompetetivem Vorteil im selben Maß, in dem sich Schlüsselressourcen räumlich konzentrieren. Der Marktplatz im wörtlichen Sinne erhält ebenfalls eine neue Bedeutung – als Platz, an dem der Zugang zu Information erleichtert ist und wo Kunden den Zugang zu einer Vielfalt von spezialisierten Firmen haben. Bestimmte urbane Zentren werden sich zu Dienstleistungszentren herausbilden. Einige sind hochspezialisierte Zentren der Medizin oder für Versicherungen, während andere einen universellen Charakter annehmen, indem sie spezialisierte Dienste aller Art anbieten; wobei die Agglomeration als solche mehr und mehr spezialisierte Firmen ökonomisch ermöglicht.[92]

Die Schlüsselrolle der hochspezialisierten, unternehmensorientierten Dienstleistungen trug wesentlich zum starken Wachstums des Dienstleistungssektors bzw. der dort erfolgenden Wertschöpfung in den letzten drei Jahrzehnten bei.[93] Doch von diesem Wachstum blieben viele Bereiche ausgeschlossen: "Es ist ein verbreiteter Fehler, dem Dienstleistungssektor als ganzem ein hohes Wachstum zuzusprechen."[94] Als Quellen der Wertschöpfung sind Hamburger braten und Einkaufstüten einpacken dagegen nicht sehr ergiebig und eine darauf gebaute *Dienstleistungsgesellschaft* vermag nur geringe Attraktivität zu entfalten. Doch der Kapitalismus der Gegenwart scheint für immer mehr Menschen mit dieser Form zusammenzufallen.

Auch für die hochwertigen, unternehmensorientierten Dienstleistungen spielt die räumliche Nähe zwischen Anbieter und Kunde eine entscheidende Rolle, die Agglomerationen für beide Seiten attraktiv macht. Das gilt nicht allein für die Finanzmetropolen, sondern auch für spezialisierte Industrieregionen:

> In der Wissensgesellschaft spielt der Zugang zu Infomationen eine entscheidende Rolle. Auch persönlich übermittelte Informationen – und damit räumliche Nähe – haben nach wie vor einen hohen Stellenwert beim Austausch zwischen Auftraggebern und Arbeitskräften. Räumliche Nähe ist umso wichtiger, je spezifischer die Aufgaben sind und je weniger es möglich ist, konkrete Anforderungen explizit in einem Vertrag vorab festzulegen.
>
> Durch die räumliche Nähe entwickeln sich Netzwerke zwischen Forschungseinrichtungen und Unternehmen des gleichen Segments. Neues Wissen verbreitet sich im Netzwerk sehr schnell – auch mit Hilfe der neuen Technologien. In Verbindung mit dem erhöhten Wettbewerbsdruck

92. Sassen 1991, 110 [Übersetzung des Autors]
93. Sassen 1991, 164–167; Sassen 1994, 55–65
94. Sassen 1991, 12 [Übersetzung des Autors]

treten im Ballungsraum Innovationen vermehrt auf. Die auf Wissensdiffu-
sion gründenden Lerneffekte steigern damit tendenziell die Produktivität
aller Unternehmen in den "Cluster-Regionen".[95]

Der Begriff der Wissensgesellschaft leistet hier nichts, doch die Sache,
um die es geht, ist hinreichend beschrieben: die Zunahme der indi-
rekten Arbeit und ihre vertiefte Teilung in eine wachsende Anzahl
von Spezialgebieten. Die diversen Akteursnetze müssen zusammenbringen und -halten, was zuvor vertikal integriert bzw. in kleinen
Gruppen oder auch in einzelnen Köpfen vereinigt war. Agglomerationsräume und besonders Städte bieten jene Dichte, die eine ausreichende Nähe und Vielfalt der Dienste, die schnelle Verfügbarkeit und
Kooperation von Fachleuten sowie nicht zuletzt das Entstehen und
Gedeihen von Unternehmens-[96] und Wissensnetzen fördert.[97] Auch
Agglomerationen der Hightech-Industrie wie das Silicon Valley leben
von der sich gegenseitig bedingenden Präsenz von zahlreichen Un-
ternehmen mit ihren Zulieferern und spezialisierten Dienstleistern,
Universitäten und Forschungseinrichtungen sowie von qualifizierter
Arbeitskraft und den sich zwischen den Akteuren bildenden Netzen.
Das Entsprechende gilt z.B. auch von der Medienindustrie in Holly-
wood. Auch die neuesten Zweige der Medienindustrie, die mit dem
Internet entstanden sind, bestätigen keinesfalls das Theorem, dass
dieses den Raum vernichte, sondern liefern im Gegenteil neue In-
dizien für den Trend zur Agglomeration spezialisierter Industrien:
Die Inhaltsproduzenten und die Anbieter der Dienste, von denen
Unternehmen Gebrauch machen, um ihre Präsenz im Internet zu
gewährleisten, konzentrieren sich an wenigen Standorten.[98]

Ein wesentliches Markmal ist bei diesen Beispielen die Zirku-
larität des Bedingungszusammenhangs:[99] Die Dienstleister sind wegen der Industrie am Ort und die Industrie wegen der Dienstleister, beide wegen der Universitäten und die Universitäten wegen beiden. Vielleicht gab es eine Universität schon vorher, doch ihre Größe
und ihren Status sowie die Zahl ihrer Nachbaruniversitäten verdankt
sie dieser Wechselwirkung. Im Gegensatz zu herkömmlichen Indus-
triestandorten, deren Lage von klassischen Standortfaktoren wie der

95. HENG, SCHAAF 2002, 8
96. Zum Begriff des Unternehmensnetzes siehe S. 74
97. SASSEN 1994, 65–76
98. ZOOK 2004
99. KRUGMAN 1996, 208–212

Verfügbarkeit von Rohstoffen und Vorprodukten sowie ihrer Zugänglichkeit für den Verkehr bedingt ist, gibt es hier, also im Falle der Finanz-, der Medien- und der Hightech-Industrie keine primären naturgegebenen Faktoren – sieht man einmal davon ab, dass die Region sich grundsätzlich für die Besiedlung eignen muss: Vielmehr sind alle Beteiligten deshalb da, weil alle anderen auch da sind. Dass sich die betreffende Agglomeration an einem bestimmten Ort befindet, ist geschichtlicher Zufall.[100] Aus der Sicht der Gegenwart könnte sie ebenso gut an einem anderen Ort liegen.[101] Sofern die Natur noch eine Rolle spielt, dann mehr in Gestalt eines angenehmen Klimas, einer schönen Landschaft mit hohem Freizeitwert etc., doch spielen kulturelle Faktoren wie das Freizeitangebot, das Stadtbild etc. ebenfalls eine wachsende Rolle.[102]

Ein weiterer anderer bemerkenswerter Trend verdient in diesem Zusammenhang einige Aufmerksamkeit: Der handelbare, d. h. in den Austausch mit der Umgebung einfließende Anteil am Produkt der großen Agglomerationen sinkt.[103] Das ist zum einen eine Folge der Rationalisierung, die den Arbeitsaufwand für die Güterproduktion reduziert, und liegt zum anderen in der Natur des wirtschaftlichen Wachstums, das zu einem guten Teil darin besteht, Produkte und Dienste, die bisher, unerfasst von der volkswirtschaftlichen Statistik, innerhalb familiärer und nachbarschaftlicher Zusammenhänge hergestellt bzw. erbracht wurden, sich in Waren verwandeln und so in der offiziellen Statistik auftauchen. Wir wissen alle, dass NEW YORK Finanzinstrumente, LOS ANGELES Filme und STUTTGART Autos für die Welt produziert; doch einen wachsenden Teil des Produkts dieser Städte verbrauchen diese selbst. Während es dank des technischen

---

100. Wie sehr die Entstehung des Silicon Valley mit der Herausbildung des *Gunbelt* als Ergebnis staatlichen Handelns in der Form von Rüstungspolitik verbunden ist, kam bereits auf S. 166–175 zur Sprache. Der einzige natürliche Standortfaktor von Bedeutung war vielleicht das stabilere Klima mit einer größeren Zahl von Sonnenstunden im Jahr; was damals für die Luftfahrtindustrie wichtig war.

101. Wie KRUGMAN 1996, 209 bemerkt, würde es an der ökonomischen Basis von LOS ANGELES nichts ändern, wenn man die Stadt – vorausgesetzt, dies wäre ohne Nebenwirkungen möglich – einfach um 500 Meilen verschieben würde.

102. HENG, SCHAAF 2002, 9

103. KRUGMAN 1996, 208–212

Fortschritts möglich ist, bei sinkendem Aufwand immer mehr Automobile und Finanzinstrumente zu produzieren – nur bei den Filmen scheint das noch nicht so richtig zu funktionieren –, bleibt der Aufwand, den es braucht, ein Bankerklo zu putzen, ein Bankerkind zu wickeln oder aus einem Stück Fleisch, ein paar Tomaten, etwas Weizenmehl und Olivenöl – alles Ingredienzien, die eine durchrationalisierte Land- und Transportwirtschaft mit lächerlichem Aufwand in großen Mengen herstellt und herbeischafft – einen Bankerlunch zu bereiten und zu servieren, unverändert.

Und mehr noch: Die Nachfrage nach dieser Art von warenförmigen Leistungen im sozialen Nahbereich steigt im gleichen Maße, indem die nicht warenförmigen sozialen Beziehungen sich auflösen oder abschwächen, während bei der Professional class die Arbeitszeit[104] und bei der Leisure class der Anspruch an Komfort und Freizeit sich ausdehnt. Die Konzentration der professionellen, unternehmensorientierten Dienste in den Metropolen scheint auch eine ebenso konzentrierte Nachfrage nach den lebensorientierten Diensten zu produzieren. Die Agglomeration der Letzteren folgt der der Ersteren. Doch diese Dienste, die dem physischen und emotionalen Leben ihrer Empfänger gelten, sind – abgesehen von denen weniger Spezialisten wie der Ärzte, Psychiater und Spitzenköche – überwiegend schlecht angesehen und noch schlechter bezahlt.[105]

Neben der prosperierenden Sphäre der Unternehmenszentralen, Investment-Banken und ihrer professionellen Helfer mit der dazugehörenden Glitzerwelt des *postmodernen Konsumismus*[106] wächst eine durch sie bedingte und zugleich sie sowohl bedingende als auch ihr entgegengesetzte Sphäre derjenigen, die, indem sie so genannte "niedere Dienste" verrichten, das privilegierte Leben der anderen erst produzieren.[107] Eine besondere Rolle spielt dabei die Ausbeutung der *Gefühlsarbeit* von Frauen – meist sind es Migrantinnen aus den Ländern der Peripherie –, die, buchstäblich von der Wiege bis

---

104. Tatsächlich gibt es weltweit eine Tendenz zur Ausdehnung der Arbeitszeit. Die USA sind schon seit langem auf dem Weg in die, wie HENWOOD 2003, 40 formuliert, *Arbeitshaus-Ökonomie*. Die aktuelle Diskussion in Deutschland geht in dieselbe Richtung. Am ausgeprägtesten ist diese Tendenz am oberen und am unteren Ende der Einkommensskala. Siehe S. 135–136

105. Ein lebendiges Bild von den Lebens- und Arbeitsbedingungen der mit solchen Dienstleistungen Beschäftigten vermittelt EHRENREICH 2001.

106. SASSEN 1991, 317

107. EHRENREICH 2003

zur Bahre, von der Kinderpflege über die Sexdienstleistung bis zur
Altenpflege, die Lücke ausfüllen, die die Auflösung der traditionellen
sozialen Nahbeziehungen in den Metropolen hinterlässt.[108] Dort vollzieht sich deshalb auch in geringster Distanz eine extreme Polarisierung der Lebensbedingungen, der Lebensstile und damit auch des
Raumes.[109]

Die Finanzmetropolen stellen sicher die extremsten, doch nicht die
einzigen Beispiele für das Wirken agglomerierender Kräfte dar. Neben
den Wechselwirkungen zwischen Verdichtung und urbaner Infrastruktur sind in diesen und ähnlichen Fällen die Vorteile der Nähe für die
Ausbildung von Akteursnetzen und der Spezialisierung, die erst jenseits einer kritischen Nachfrageschwelle ökonomisch lebensfähig wird,
zu erkennen; wobei diese Schwelle ähnlich wie die kritische Masse bei
der Kernspaltung wiederum dichteabhängig ist. Die Industriegeografie und die Urbanistik haben in den letzten Jahrzehnten ihre Aufmerksamkeit vor allem auf die Akteursnetze und besonders auf die
Unternehmens- und Wissensnetze gerichtet.[110] Solche Netze beziehen
sich auf spezifische Kompetenzen und begründen einen Vorteil bestimmter Regionen und Zentren für bestimmte Gruppen von Akteuren und Aktivitäten: von London für die Finanzwelt, von Los
Angeles für die Medien und von Baden-Württemberg für Fein-
mechanik, Werkzeugmaschinen und Fahrzeugbau. Die Bedeutung von
speziellen Wissensnetzen und der entsprechenden Zentren ist auch
historisch belegt.[111]

Solche spezifischen Netze greifen jedoch auch meist über ihre en-
geren geografischen Grenzen hinaus: Sie suchen die organisatorische
bzw. thematische Nähe; wobei der Vorzug der Verdichtungsräume
darin besteht, dass dort das organisatorisch und thematische Nahe,
doch geografisch Ferne in die soziale Nähe rücken, weil dort der
bessere und kostengünstigere Zugang zu den raumüberwindenden

108. Hochschild 2003
109. Sassen 1991, 245–319; Sassen 1998, 137–151; Sassen 2003; Häussermann,
     Kronauer, Siebel 2004
110. Zusammenfassend dazu Schamp 2000
111. Dies zeigt z.B. Burke 2000, 53–80 für die Anfänge der modernen Wissen-
     schaften und ihren Zusammenhang mit den gelehrten Gesellschaften, den Bi-
     bliotheken und der Buchproduktion, die sich auch im 17. und 18. Jahrhun-
     dert an zentralen Orten entwickelten. Ein Hinweis darauf, dass die *Wissens-
     gesellschaft* im Sinne einer Differenzierung und zunehmend arbeitsteiligen
     Organisation der Institutionen des Wissens so neu nicht ist.

Techniken des Verkehrs und der Telekommunikation gegeben ist. Die Metropolen sind sich in diesem Sinne untereinander näher als der Peripherie.[112]

Doch weder die Dichteabhängigkeit der Infrastruktur noch die spezifischen Agglomerationsvorteile reichen allein aus, um die Attraktivität von Agglomerationen vollständig zu erklären. Auch Unternehmen, sonstige Organisationen und Individuen, die dort keinen Anschluss an für sie besonders bedeutsame Netze finden, zieht es in die Agglomerationen. Ein wesentlicher Vorteil von Dichte liegt vielmehr in der Dichte selbst: In Verdichtungsräumen ist die Wahrscheinlichkeit größer, als Arbeitnehmer einen passenden Arbeitsplatz, als Unternehmen die passenden Arbeitskräfte und Dienste und als beliebige Organisation oder Gruppe die passenden Mitglieder zu finden.[113] Im Grunde ist auch der positive Zusammenhang von Dichte und der Möglichkeit zur Spezialisierung sowie zur Ausbildung spezifischer Akteurs- und Wissensnetze ein solcher so genannter unspezifischer Agglomerationsvorteil. Vielleicht besteht die Aussicht, dass die Sozialwissenschaften, nachdem die übertriebene Faszination durch die Netze etwas abgeklungen sein wird, sich mehr diesen durchaus faszinierenden Eigenschaften der Agglomeration als solcher zuwenden werden.

Zu den spannenden Fragen, die Agglomerationen als solche aufwerfen, gehört u.a. die nach ihrem Wachstumsverhalten. Es hat den Anschein, als ob auch die Abstoßungskräfte, die Agglomerationen entwickeln, selbst einen Antrieb ihres Wachstums zu bilden vermögen: Die Individuen, Unternehmen und Organisationen, die der hohen Preise, der Umwelt- und Infrastrukturbelastung wegen die Agglomeration fliehen, diffundieren nicht wie ein Gas, sondern geraten – sofern sie nicht, indem sie sich in etwas größerer Distanz zum Zentrum ansiedeln, im Gravitationsbereich der Agglomeration bleiben, der sie entfliehen wollten – in das Schwerefeld von anderen bzw. sich neu bildenden Agglomerationen, die ihrerseits meist in Abhängigkeit von der ursprünglichen stehen. In die freigewordenen Quartiere ziehen, sofern die Agglomeration ihre Position behauptet oder gar ausbaut,

---

112. Genau diesen Aspekt des diskontinuierlichen Übergangs von der geografischen zur telekommunikativ bzw. verkehrstechnisch hergestellten Nähe vermag die auf S. 25–29 vorgestellte nichtmonotone soziale Metrik in einen einheitlichen Rahmen zu stellen.
113. SCHAMP 2000, 153, 169–170

neue Nutzer ein. Beispielhaft ist dies gegenwärtig an den brasilianischen Metropolen RIO DE JANEIRO und SÃO PAULO zu beobachten: Mit ihrer fortschreitenden Integration in die internationale Finanzsphäre wandeln diese sich unter der Führung des Finanzsektors von Industrie- zu Dienstleistungszentren, während die Industrie sich an neu entstehende, abhängige Subzentren anlagert.

Die Agglomeration schickt Verdichtungswellen über ihre Umgebung, die ihr auch bisher unberührte Regionen einverleiben und funktionalisieren. Die fortgeschrittenen Mittel des Verkehrs und der Telekommunikation sowie ein dadurch ermöglichter Arbeitsstil, der den Zwang zur Präsenz an einem Ort lockert, geben diesen Wellen eine größere Reichweite und beschleunigen ihre Ausbreitung. Die siedlungsgeografischen Muster scheinen solche der Interferenz zu sein, die sich aus den unterschiedlichen Ausgangspunkten und Ausbreitungsgeschwindigkeiten der Verdichtungswellen ergeben. Die Telekommunikation ist in diesen Mustern jedoch kein Ersatz, sondern die Ergänzung der physischen Fortbewegung; weshalb die Hoffnung auf Entmaterialisierung durch Telekommunikation vergeblich ist.

4.7 Spaltung

Die Fähigkeit zur Steuerung verteilter Produktionsprozesse und zur Aneignung von Mehrwert von einem zentralen Ort aus ist das Resultat der in hoher raum-zeitlicher Dichte zusammengebrachten und koordinierten Arbeit von Millionen. Die Ansprüche dieser Funktionen sowie der sie gestaltenden und ihre Ausführung kommandierenden Funktionseliten an den Raum treffen auf die mit ihnen konkurrierenden der Bevölkerungsmassen, deren Arbeit und Existenz in prekärer Lage am unteren Ende der Gratifikationsskala das System der urbanen Funktionen und reproduktiven Dienste aufrecht erhält.[114]

Die Reproduktion der in den Metropolen herrschenden Raum-, Funktions- und Aneignungsordnung ist keinesfalls selbstverständlich, sondern ihrer polarisierenden Natur wegen immer gefährdet. Sie involiert ein weites Spektrum von Dispositiven, symbolischen ebenso wie solchen der physischen Gewalt. Unübersehbar liegt hier ein Feld von aktuellen und zukünftigen politischen Kämpfen. Den Forderungen der Verwertung und ihrer Akteure treten hier die der Menschen

---

114. SASSEN 1991, 195–319; SASSEN 1994, 99–117; SASSEN 1998, 137–151

entgegen, wie die nach der Wiederaneignung von Raum und Zeit. Das
umschließt nicht allein die Forderung, die fortschreitende Umwandlung von öffentlichem Raum in zwecks Durchsetzung von willkürlichen Verhaltensnormen überwachte, private Konsum- und Verwal-
tungszonen zu revidieren, sondern auch die, das Leben der Massen
aus der Warenform, der sie zunehmend unterworfen wurde, und ihrer
Marginalisierung in der Zeit wie auch im Raum der Metropolen zu
befreien. Polizeiliche Strategien wie *Zero tolerance* und die nach dem
11. September 2001 ausgedehnten Rechte der Exekutive besonders
gegen Migranten tragen aus dieser Sicht den Charakter präventiver
Repression.

Es ist nicht das Kapital allein, das den zu polarisierender räumlicher Artikulation drängenden Kräften unterliegt. Dies trifft nicht
zuletzt auch auf die verarmten Massen an der Peripherie des Weltsystems zu: Leben heute schon nahezu die Hälfte der Erdbewohner
in Städten, so gehen Schätzungen davon aus, dass von den 7 Milliarden, auf die die Weltbevölkerung am Ende des nächsten Jahrzehnts
angewachsen sein wird, drei Viertel in Städten und davon wiederum
ein großer Teil in Megametropolen leben werden – hauptsächlich in
solchen der armen Welt wie KALKUTTA, DJAKARTA, MEXIKO CITY,
RIO, etc.[115] Diesen Massen werden alle Einrichtungen fehlen, die das
Leben in den wohlhabenden Vierteln der Metropolen – und dazu gehören immer noch weite Teile der Metropolen der wohlhabenden Welt
– angenehm machen: Versorgung mit Trinkwasser, Elektrizität und
Gas, Entsorgung von Abwasser und Müll, Zugang zu Verkehrsmitteln
und Telekommunikationsdiensten, Bildungs- und Gesundheitseinrich-
tungen sowie nicht zuletzt zu Gelegenheiten, ein zum Leben mehr
oder weniger knapp ausreichendes Einkommen zu verdienen. Die urbanen Massen Asiens, Lateinamerikas und Afrikas leben zu einem
großen und wachsenden Teil in illegalen Siedlungen ohne kommunale
Infrastruktur und verdienen ebenfalls zum großen Teil ihr Einkommen
in der informellen Wirtschaft. Hier entstehen die Arenen, in denen
sich räumlich gedrängt die globalen sozialen Gegensätze artikulieren.
Die daraus resultierenden Kämpfe sind Kämpfe nicht allein um materielle, sondern auch um kulturelle Ressourcen, doch sicher auch
immer um den Raum als Medium der Entfaltung sozialen Lebens wie
auch der Allokation der Ressourcen und des Zugangs zu ihnen.

115. CLARK 1996, 40–52

Bis in die jüngere Vergangenheit war Urbanisierung ein Phänomen der Industrieländer, also vorwiegend ein europäisches, schließlich auch ein nordamerikanisches und japanisches Phänomen geblieben. Um 1900 lagen noch 9 der 10 größten Städte in Europa und Nordamerika, 1991 nur noch 4.[116] Erst seit dem Zweiten Weltkrieg und steil ansteigend seit Ende der 70er Jahre des letzten Jahrhunderts erfasste sie den Rest der Welt. Sie stellt heute ein weltweites, in seiner Signifikanz noch kaum wahrgenommenes Phänomen dar. Die Massen, die aus den ländlichen Räumen der armen Welt in deren Metropolen ziehen oder von dort weiterziehen in die der Ersten Welt, um dort hauptsächlich das wachsende Heer von Dienstleistern der niederen Kategorien zu vermehren,[117] folgen einerseits dem Druck, der von der Verdrängung der subsistenzorientierten Landwirtschaft durch eine weltmarktorientierte ausgeht, die zahllose Familien ihrer Lebensgrundlage beraubt, andererseits der Anziehung, die von dort ausgeht: Hier besteht am ehesten noch die Chance, ein Einkommen zu finden, wenn nicht durch reguläre, dann doch durch Arbeit im unübersehbar großen informellen Sektor, wenn nicht durch Arbeit, dann wenigstens durch Betteln, Diebstahl oder Prostitution; hier ist man von den Dingen, die dem Leben einen gewissen Komfort geben, zwar immer noch weitgehend ausgeschlossen, doch ihnen immerhin etwas näher: den Schulen und Bibliotheken, Sportstätten und Einrichtungen der medizinischen Versorgung, den öffentlichen Verkehrsmitteln, Zeitungen, Kinos, Theatern und TV-Programmen.

Wenn multinationale Konzerne Fertigungsstätten in den Ländern der Peripherie eröffnen, demonstrieren die hiesigen Intellektuellen und Meinungsmacher ihre Provinzialität dadurch, dass sie diesen Vorgang bevorzugt unter Titeln wie *Globalisierung*, *Dezentralisierung*, *Deterritorialisierung* und *Tod des Raumes* diskutieren. Schon ein genauerer Blick auf die räumlichen Muster der Engagements könnte sie eines Besseren belehren: Der größte und seit Jahrzehnten wachsende Teil der Auslandsdirektinvestitionen der Industrienationen geht

---

116. CLARK 1996, 65

117. Siehe die Diskussion S. 237. Der indische Softwareingenieur ist den Zahlen nach die Ausnahme. Viel häufiger ist das Kindermädchen oder die Prostituierte – durchaus auch mit Hochschuldiplom. Siehe die zahlreichen Biografien in EHRENREICH, HOCHSCHILD 2003

wiederum in andere Industrienationen und dort bevorzugt in die entwickelten urbanen Räume,[118] während der wesentlich kleinere Teil,
der tatsächlich in die Länder der Peripherie geht, dort vorwiegend
in einer kleinen Anzahl von Plätzen landet, an denen sich die Industrie und die Anbieter der diese unterstützenden Dienste, von der
Gebäudereinigung bis zur Finanzierung, konzentrieren. Zwei Fakten,
die DIRK BRONGER in seinen Studien zur Metropolisierung deutlich
herausstellt,[119] verdeutlichen, wie weit Thesen wie die vom *Tod des
Raumes*, von *Dezentralisierung* und *Deterritorialisierung* neben der
Realität liegen:

1. Die Ungleichheit zwischen den Metropolen und den übrigen Re-
    gionen ist in den Ländern der *Dritten Welt* wesentlich größer als in
    denen der Ersten. Dies betrifft weniger die Bevölkerungsverteilung
    als vielmehr die Verteilung der Produktion, der Anlageinvestitio-
    nen, der Infrastruktur, der Konsumgüter und der Organisatio-
    nen mit Führungsfunktionen. Diese ausgeprägte *funktionale Hege-
    monie* der jeweiligen Metropolen über die Länder der *Dritten
    Welt* deutet auf eine punktuelle wirtschaftliche Entwicklung, die
    den Raum tiefgehend polarisiert.

2. Trotz ihrer funktionalen Hegemonie erreicht keine der Metropo-
    len der Dritten Welt nach Kriterien wie der Zahl der Konzern-
    zentralen, dem Umsatz der Finanzindustrie, nach Infrastruktur-
    ausstattung und Verkehrsaufkommen den Rang einer *Global City*,
    den allein NEW YORK, TOKYO, LONDON, und PARIS innehaben.
    Selbst unter den Orten zweiten Rangs befindet sich mit BEIJING
    nur ein einziger der *Dritten Welt*.[120]

Der überwältigende Teil der Wertschöpfung findet also immer noch
in der *Ersten Welt* statt, und dort liegen auch die Zentralen, die den
Wertschöpfungsprozess organisieren und kommandieren. Der kleine
Rest der Wertschöpfung wiederum verteilt sich keinesfalls gleichmäßig über die Länder der *Dritten Welt*, sondern findet, noch stärker
konzentriert als in der *Ersten Welt*, überwiegend an einer kleinen Zahl
von Orten statt, die, sofern überhaupt, auch bevorzugt in den Genuss
wenigstens eines Teils des Produkts kommen. Das Wachstum der Metropolen an der Peripherie ist also entscheidend durch die Muster der

118. LE MONDE DIPLOMATIQUE 2003, 26–27; DICKEN 2001, 45; KRÄTKE 1995, 137
119. BRONGER 2004, 90–125, 149–155
120. BRONGER 2004, 149

Konzentration induziert, denen die Investitionstätigkeit des transnationalen Kapitals folgt.[121] Da diese immer noch weit weniger Arbeitsplätze in der Industrie und den von ihr abhängigen Dienstleistungen hervorbringt, als sie andererseits in den ländlichen Regionen vernichtet und eine zunehmende Bevölkerung nachfragt, wächst der informelle Sektor meist schneller als die reguläre Wirtschaft, und mit ihm wachsen auch die Elendsviertel an den Rändern der Metropolen.

Bevorzugtes Ziel der Investitionen, die das transnational agierende Kapital in den Ländern der Peripherie tätigt, sind neben den dortigen Metropolen eine Reihe von oft benachbarten bzw. sich mit den Metropolenregionen überlappenden Sonderwirtschaftszonen, in denen die Regierungen besonders *investitionsfreundliche* Bedingungen in Form von freizügigen Bestimmungen für den Kapitalverkehr, die Ausbeutung der Arbeit und der Natur garantieren. Hier findet eine Inversion des Nationalstaates statt: Während die Entwicklung der alten Industrienationen innerhalb eines Territoriums stattfand, das der Staat nach außen durch Zölle abschirmte[122] und nach innen homogenisierte, indem er einheitliche Regeln für den gesellschaftlichen und wirtschaftlichen Verkehr schuf und überall ein gewisses Niveau der öffentlichen Dienste und Infrastrukturen (Post, Verkehrswege, Polizei) garantierte, tritt hier der Staat als Garant von Ausnahmezonen und Ausnahmezuständen auf: Eine gewisse Qualität und Dichte der Infrastruktur gibt es nur noch dort, wo der Staat seine vereinheitlichende und schützende Kraft verloren hat, wenn nicht bewusst aufgibt: Das Universum, das das globalisierte Kapital sich schafft und in dem es agiert, ist kein *atopisches*, sondern ein *hierarchisches* System von Zonen unterschiedlicher Lebens-, Arbeits- und Investitionsbedingungen, die durch ein ebenso elaboriertes System von Grenzen differenzierter Durchlässigkeit getrennt sind. Darauf wird zurückzukommen sein.[123]

In den Metropolen der Finanzsphäre im Zentrum des Weltsystems, die zugleich auch die Metropolen der Macht sind, wie in denen der Armut und Ohnmacht an der Peripherie, tritt die fortbestehende, ja sogar gesteigerte Bedeutung des Raumes, des Ortes und

121. CLARK 1996, 88–97
122. CHANG 2003
123. Siehe S. 249–251

der räumlichen Differenzierung wie durch ein Schlaglicht erhellt hervor. Das transnationale Kapital neutralisiert den Raum nicht, sondern tritt selbst als raumbildende Kraft auf, indem es den Raum den Funktionserfordernissen der Herrschaft über den Verwertungsprozess unterwirft, auf der einen Seite die Ressourcen der Herrschaft ebenso zusammenballt wie auf der anderen Seite das zu Beherrschende. Es bedient sich der Dispositive der Raumvernichtung und Zeitkontraktion, um beide Seiten möglichst wirksam und reibungslos zu vermitteln. Was hierbei raum-zeitlich zusammenrückt, sind jedoch immer begrenzte Zonen in einer asymmetrischen Konfiguration, nicht etwa alle Punkte des Raumes in symmetrischer Weise. Das ist bereits genug, um zu verdeutlichen, dass jedes Denken, das glaubt, den Raum, die ihn strukturierenden Gebilde und Handlungen sowie die seine Struktur erhellenden Kategorien im Namen der Geschwindigkeit und der Virtualisierung hinter sich lassen zu können, sich der Wahrnehmung der Gegenwart verweigert. Doch das sind keinesfalls die einzigen Bezugspunkte eines Versuchs, die heutige Raumvergessenheit zu überwinden.

Mit dem Aufkommen der fortgeschrittenen Mittel der Telekommunikation und Datenverarbeitung verband sich schon früh die Erwartung und manchmal auch die Befürchtung, dass dies zur *Desurbanisierung*,[124] also zur Auflösung der städtischen Agglomerationen und noch weiter gehend zur Deindustrialisierung der alten Industrienationen[125] führen werde, die mit ihrer dichten Regulation, ihrem hohen Steuer- und Lohnniveau im *Standortwettbewerb* gegen die Länder der Peripherie verlieren müssten. Fraglos wanderten in den letzten

---

124. So z.B. Pawley 1997; Mitchell 1996; Graham 2004, 5 listet allein zehn Stimmen aus der jüngsten Vergangenheit auf, die mit dem *Tod der Distanz* auch das *Ende der Stadt* gekommen sehen. Mosco 2004, 85–98 referiert ausführlich eine Reihe von Stimmen aus dem angelsächsischen Bereich, die beides mit der Ankunft des Cyberspace verknüpfen. Dort fand die These vom *Tod der Distanz* sehr früh auch in der Wirtschaftspresse Zuspruch. Die zum Herausgeberkreis von *The Economist* − einer Publikation, die wie kaum eine andere neoliberale Positionen propagiert − gehörende Frances Cairncross publizierte ein Buch, dessen Titel *The dead of distance* bereits die These vorträgt; Cairncross 1997
125. Reich 1993

Jahrzehnten bestimmte Industrien und Formen der Fertigung in ausgesuchte Zonen der Peripherie aus,[126] rückten einige, vor allem asiatische Länder in die dritte Liga der Industrienationen auf, wird China schon allein durch seine Größe zu einem gewichtigen Faktor der Weltwirtschaft und gab es auch Verschiebungen zwischen den metropolitanen Regionen des Zentrums. Doch was nicht stattfand, war eine massive Abwanderung der wirtschaftlichen Wertschöpfung aus den Ländern bzw. Regionen des Zentrums, in denen diese sich seit mehr als einem Jahrhundert konzentriert. Was stattfand, lässt sich dagegen eher als Prozess der räumlich-funktionalen Differenzierung bei fortbestehender Polarisierung verstehen.[127]

Meist übersehen die den *Standortwettbewerb* hervorhebenden Positionen schon simple ökonomische Sachverhalte wie den, dass für ein Unternehmen nicht das absolute Lohnniveau die entscheidende Größe ist, sondern dessen Verhältnis zum Produkt.[128] Dass auch die Regulationsdichte und das Steuerniveau[129] allein wenig besagen, sondern in Bezug zu Gütern wie der politischen Stabilität, der öffentlichen Sicherheit und der Verfügbarkeit und Zuverlässigkeit von Infrastrukturen zu setzen sind, bleibt meist unbeachtet. Dass Produktionsverlagerungen in Länder der Peripherie stattfinden bzw. stattfinden können – von Westeuropa aus bevorzugt nach Osteuropa – und manchmal, doch längst nicht immer, zu Kostenersparnissen führen, hilft als Drohung der Unternehmerseite im Verteilungskampf, ist aber keine realistische Strategie, sondern eine taktische Option, deren Verfügbarkeit "vor der Haustüre" eher zu den Standortvorteilen Westeuropas und insbesondere Deutschlands gehört. Das Beispiel der USA und noch stärker Großbritanniens zeigt dagegen, dass *Outsourcing* als Strategie für die Volkswirtschaft wie für die Unternehmen desaströs sein kann. Die Folgen sind Qualitätsprobleme der Produkte, ein wachsendes Leistungsbilanzdefizit und die Substitution realer Produktion

---

126. Dies ist ein Prozess, der nicht erst seit der Ankunft des Internet stattfindet. Schon bevor alle Welt von Globalisierung redete, wanderten nahezu ganze Industrien wie z. B. die Textilindustrie aus Deutschland aus, ohne dass Deutschland deshalb seinen Rang als Industrienation eingebüßt hätte.

127. Siehe die Diskussion S. 216–220

128. Die sog. *Lohnstückkosten*.

129. Das z. B. in Deutschland ohnehin niedriger ist als allgemein angenommen und hinter dem vieler vergleichbarer Nationen wie Schweden und Frankreich zurückbleibt.

durch fiktive Wertschöpfung.[130] Die Deindustrialisierung einzelner Zonen des Nordens fand durchaus statt und sie steht in einem Zusammenhang mit der Finanziarisierung der Wirtschaft und dem damit einhergehenden Aufstieg der Finanzmetropolen:

> Erstens schuf die geografische Verteilung der Fertigung, die zum Niedergang der alten industriellen Zentren beitrug, eine Nachfrage nach erweiterten Fähigkeiten zum zentralen Management und zur zentralen Planung sowie den dazu notwendigen spezialisierten Dienstleistungen, die Schlüsselkomponenten des Wachstums in den Global Cities bilden. [...] Zweitens profitierte das Wachstum der Finanzindustrie, und besonders der Schlüsselsektoren dieser Industrie, von Politiken und Bedingungen, die für andere Sektoren, besonders hervorzuheben ist hier die industrielle Fertigung, schädlich waren. Insgesamt bestand die Wirkung darin, das Wachstum der spezialisierten Dienstleistungen in den größeren Städten zu nähren und die wirtschaftliche Basis anderer Arten von Plätzen zu schwächen.[131]

Doch diesem Aufstieg der Finanzmetropolen entsprach der Abstieg mancher Industrieregion:

> Heute sehen wir eine gewachsene Asymmetrie: Die Bedingungen, die das Wachstum in den Global Cities voranbringen, enthalten als bedeutsame Komponenten den Niedergang anderer Gebiete in den Vereinigten Staaten, Großbritannien und Japan sowie das Anwachsen der Verschuldung von Staaten und Unternehmen.[132]

Doch trotz diesen Verschiebungen, die einzelne Zonen des industrialisierten Nordens hart trafen, änderte sich an der globalen Verteilung der Wertschöpfung während der letzten drei Jahrzehnte kaum etwas zugunsten der Peripherie. Im Gegenteil: die Länder und Regionen des kapitalistischen Zentrums dominieren mehr als zuvor. Selbst die wenigen Länder der Peripherie, allen voran die so genannten asiatischen *Tigerstaaten*, denen vor kurzem noch zugetraut wurde, die alten Industrienationen einzuholen oder gar zu überholen – wer mag sich heute noch an die damals ebenso inflationär verbreiteten wie weithin kritiklos rezipierten Prognosen erinnern, die in naher Zukunft eine Verschiebung des weltwirtschaftlichen Zentrums ins pazifische Becken vorhersagten –, finden sich seit 1997 krisengeschüttelt und abgeschlagen. Die verbreiteten Erwartungen in deren Entwicklung, die auch zahlreichen finanziellen Engagements in diesen Ländern zugrunde lagen, gingen von einer durchaus erkennbaren Fehleinschätzung des

---

130. Todd 1999; Todd 2003
131. Sassen 1991, 11–12 [Übersetzung des Autors]
132. Sassen 1991, 12 [Übersetzung des Autors]

dortigen Potenzials aus,[133] das vor allem in keinem Verhältnis zu dem einfließenden Kapital stand. Die hohe Sparquote dieser Länder hätte es ohnhin ermöglicht, die für ein maßvolles Wachstum erforderlichen Investitionen ohne Zuflüsse von außen zu finanzieren. Ohne Zweifel warf der spekulative Zu- und Abfluss von real nicht verwertbarem Kapital diese Länder weit hinter ihre Möglichkeiten zurück.

Richtet man den Blick auf langfristige Trends, sprechen durchaus einige Indizien, nicht zuletzt allein die Bevölkerung, Fläche und natürlichen Ressourcen Chinas, für die *Global shift*,[134] d.h. die Verlagerung des weltwirtschaftlichen Schwerpunktes nach Osten hin, jedoch ist dies bisher erst in Ansätzen erkennbar und wird voraussichtlich länger dauern als weithin angenommen. Und selbst wenn sich dies im Verlauf der nächsten drei bis fünf Jahrzehnte materialisieren sollte, wird sich eines bestimmt nicht ändern: das Grundmuster der ungleichen Verteilung von Ressourcen und Aktivitäten im Raum. Es wird vielleicht neue Metropolen und Wirtschaftsregionen geben oder manche Metropolen und Wirtschaftsregionen werden an Bedeutung gewinnen, während andere verlieren werden, doch am Muster der Polarisierung selbst wird sich wenig ändern, solange weder eine massive politische Gegensteuerung erfolgt, noch die prinzipiell hohe Verwundbarkeit der Megaagglomerationen durch zivilisatorische Katastrophen[135] sich materialisiert. Eine Trendwende allein aus dem ersteren Grund erscheint in naher Zukunft unwahrscheinlich, wahrscheinlicher dagegen schon, dass das Eintreten solcher Katastrophen Verhaltens- und Politikänderungen induziert.

Über die aktuellen und in naher Zukunft vorherrschende Verteilung der industriellen Wertschöpfung stellt ein jüngeres industriegeografisches Standardwerk, gestützt auf anschaulich aufbereitetes Datenmaterial, fest:

> Die industrielle Produktion, gemessen in ihrer Wertschöpfung in US-Dollar zum jeweiligen Zeitpunkt, blieb zwischen 1980 und 1994 auf die hoch industrialisierten Regionen Nordamerikas, Europas und Japans weitgehend beschränkt. [...] Schnelle Veränderungen waren nur in Ost- und Südostasien erkennbar, müssen jedoch im Licht der *asiatischen Krise* am Ende der 90er Jahre vorsichtig bewertet werden.

133. KRUGMAN 1996, 167–187
134. DICKEN 2001, 68
135. Damit ist der Zusammenbruch der Zivilisation durch Epidemien, Naturkatastrophen oder Gewaltausbrüche gemeint.

Diese Persistenz der ungleichen Raumstrukturen ist trotz vielseiti-
ger entwicklungs- und regionalpolitischer Anstrengungen und trotz der
zunehmenden wirtschaftlichen Integration von Territorien, sei es im kon-
tinentalen Maßstab wie der Europäischen Gemeinschaft oder im globalen
Maßstab, weitgehend erhalten geblieben. Mehr noch: Bedenkt man die
neuen Formen und das neue Ausmaß organisatorischer Konzentration in
Unternehmen und Produktionssystemen, dann geht mit einer gewissen
Ausbreitung der Industriebeschäftigung eine räumliche Konzentration der
Steuerungsmacht industrieller Produktion einher.[136]

Das Ende des Raumes ist nicht in Sicht, erkennbar dagegen die Tendenzen zu seiner fortschreitenden Polarisierung und der damit einhergehenden sozialen Spaltung.

Während die angesagte Theoriemode wortreiche Ergüsse über die
Deterritorialisierung von allem und jedem für angezeigt hält, entsteht
dort, wo sich der Raum der Gesellschaft entfalten könnte, ein neues
System von Territorien – Territorien in denen sich jedoch immer weniger die Souveränität des Staates im modernen Sinn artikuliert, sondern die neue Souveränität des Kapitals, die die des Staates, der
ihr zum Opfer gefallen ist, spaltet und instrumentalisiert.[137] Nichts
ist heute weltfremder und obsoleter als modische Bekenntnisse wie
das, dass "die Aufteilung der Welt in Reviere, Reiche und Regionen ein Spiel der Vergangenheit mit den Mitteln von gestern"[138]
sei. Vielmehr entwickelt sich das Ziehen und Befestigen von Grenzen – von Grenzen, die nur noch wenig gemeinsam haben mit denen,
die dem Nebeneinander der Nationen eine geografische Form gaben
– zu *der* Herrschaftstechnik der Gegenwart. Diese Grenzen künden
vom Scheitern egalitärer Hoffnungen. Statt Ausgleich und Entwicklung sind heute, unterstützt von einer sich ausbreitenden und bewußt
geschürten Sicherheitspanik, Ausgrenzung und Abschirmung angesagt.

Die neuen Grenzen definieren nicht mehr den Gültigkeitsbereich
einer Ordnung, der alle als formal Gleiche unterworfen sind, sondern
Zonen differenzierter Niveaus des Wohlstands, der Sicherheit und des
Zugangs zu Ressourcen, besonders zu den Dispositiven der Macht. Die
Zonen sind unzusammenhängend, von geringer Konvexität. Sie bilden

---

136. SCHAMP 2000, 121
137. RAINER RILLING sieht in der Neudefinition der Souveränität die Essenz der
      gemeinhin unter dem Titel *Neoliberalismus* zusammengefassten gesellschaftli-
      chen und politischen Verschiebungen der letzten drei Jahrzehnte (persönliche
      Kommunikation).
138. WILLKE 2001, 175

ein komplexes, nicht-planares, d.h. nicht in die Ebene einbettbares System von Überlagerungen. Dessen Unübersichtlichkeit zeugt nicht von Deterritorialisierung, sondern von der Allgegenwart der Grenze und damit der sozialen und politischen Konstruktion von Territorien als dem konstitutiven Prinzip des Raums. Die Grenze durchdringt den ganzen Raum und wird zur bestimmenden Erfahrung.

Die Grenzen der sozialstaatlich organisierten Nation definierten einen bedingt homogenen Raum, in dem überall die gleichen Gesetze galten und in dem sozialer Ausgleich und öffentliche Infrastrukturen für eine gewisse Einheitlichkeit der Lebensbedingungen sorgen. Sie begründeten also eine in ihrer Ausdehnung und Qualität begrenzte Atopie. Ihre Aufhebung erzeugt dagegen nicht, wie die Netzutopisten erwarten, eine universale Atopie, sondern vertieft die Polarisierung des Raumes und bringt die Allgegenwart der Grenze hervor, während der Staat zu dem Büttel degeneriert, der sie bewacht oder auch nur noch die dafür erforderlichen Ressourcen einzieht bzw. einziehen lässt und an die private Sicherheitsindustrie verteilt. Der Staat verwandelt sich so aus einem Akteur, der souverän die langfristigen Verwertungsbedingungen des Kapitals auch gegen die kurzfristigen Interessen der Einzelkapitale garantierte, zu einem Funktionsglied der Aneignungs- und Disziplinierungsmaschinerie, die den großen Kapitalen zu Gebote steht. Hier wird das neue Modell der Souveränität sichtbar, auf das die neoliberale Transformation der westlichen Staaten hinausläuft: Der Souverän, das sind jetzt die mächtigen Kapitalgruppen. Sie definieren die neuen Territorien, schließen ein oder aus, bestellen das politische Personal, überwachen die Bürger und führen Krieg.

Einrichtungen wie *Guarded shopping malls* und *Gated communities*,[139] die Zäune an der neuen EU-Ostgrenze oder zwischen den USA und Mexiko, nicht zuletzt die in den USA erkennbare Tendenz, bei gleichbleibender Kriminalität einen wachsenden und überwiegend schwarzen Teil der Bevölkerung selbst bei unbedeutenden Vergehen einem expandierenden Gulagkomplex auszuhändigen,[140] künden von dieser neuen Allgegenwart der Grenze, die das Andere unsichtbar machen und die mit ihm assoziierte Bedrohung neutralisieren soll, indem

139. DAVIS 1992, 221–263; DAVIS 2003
140. HENWOOD 2003, 150; LUTTWAK 1999, 2, 55, 71–75. Im Verhältnis zur Bevölkerung, also z.B. pro Million Einwohner, sind in den USA zehn- bis zwanzigmal so viele Einwohner inhaftiert wie in anderen Industriestaaten, z.B. wie in Frankreich, Schweden oder Deutschland.

sie es ausschließt. Der zunehmend privat betriebene Gulagkomplex –
wie die Rüstungsindustrie ein expandierendes Geschäft mit staatlich
garantierter Rendite –, den die USA in den letzten Jahrzehnten aufgebaut haben, lässt sich als Fortsetzung der Institutionen Sklaverei,
Apartheit und Ghetto unter den Bedingungen des flexiblen Kapitalismus interpretieren. Er absorbiert die nicht mehr verwertbare und
innerhalb der Ghettos nicht disziplinierbare Restbevölkerung.[141]

Mit der Zonierung des Raums nach sozialen und rassischen Gesichtspunkten geht die zwanghafte Homogenisierung im Inneren der
Zonen einher. Außerhalb des Ghettos soll es kein Zeugnis von diesem
geben. Der deutsche Kopftuchstreit ist als paradigmatisches Symp-
tom dieses Zusammenhangs lesbar. Wie im VENEDIG der Nieder-
gangszeit, als man Juden und protestantische Ausländer in Ghettos
einsperrte und ihnen zugleich verbot, in der Öffentlichkeit Zeichen
ihrer Herkunft zu tragen,[142] will das sich selbst wieder als christlich
erfindende Abendland die Andersartigen aussperren und, wo es nicht
völlig gelingt, dazu zwingen, sich als solche unsichtbar zu machen.

Das sichtbarste und weltpolitisch brisanteste Phänomen dieser
neuen Politik der Grenze und der Ghettoisierung stellt vielleicht die
israelische Besatzungs- und Siedlungspolitik in Palästina dar.[143] In
ihr "werden Architektur und Planung als territoriale Waffe einge-
setzt".[144] Die Mauer, die Israel um die Palästinensergebiete zieht,
könnte zur Ikone der Spaltung werden, die die Weltgesellschaft zu
Beginn des 21. Jahrhunderts durchzieht.

141. WACQUANT 2003
142. SENNETT 1994, 212–251
143. FRANKE, SEGAL, WEIZMAN 2003
144. SEGAL, WEIZMAN 2003a

Nachbetrachtung: Weder Alpha noch Omega

Das Geistige, das nicht über die Sinne gegangen ist, ist vergeblich, und keine Wahrheit geht daraus hervor außer einer schädlichen; und weil derlei Reden aus geistiger Armut entsteht, sind auch diejenigen arm, die so reden; und wenn sie reich geboren sind, werden sie dereinst im Alter arm sterben, denn es sieht so aus, als wolle sich die Natur an denen rächen, die Wunder tun wollen: sie mögen weniger haben als die anderen, die ruhigen Menschen, und wer an einem Tag reich werden will, der lebe lange Zeit in großer Armut, so geht es jetzt und in aller Zeit den Alchemisten, die versuchen, Gold und Silber zu machen, und den Ingenieuren, die wollen, dass stillstehendes Wasser sich von selbst in eine immerwährende Bewegung bringt, und so gehe es auch dem allergrößten Dummkopf, dem Geisterbeschwörer und Zauberer.[1]

Einer verbreiteten Auffassung zufolge unterscheide sich die epistemologische Haltung der Moderne von der früherer Zeitalter, vornehmlich des Mittelalters, dadurch, dass sie der Erfahrung Vorrang einräume gegenüber dem bloßen Theoretisieren. Diese heroische Haltung habe nicht nur den Sieg der modernen Naturwissenschaft über die Natur wie über die Scholastik ermöglicht, sondern äußere sich auch von der Renaissance bis ins 19. Jahrhundert im Fortschritt der Künste, besonders der bildenden. Diese Auffassung ist immer noch populär und beschreibt wahrscheinlich auch das Selbstverständnis vieler Wissenschaftler, obwohl die wissenschaftshistorische Forschung der letzten Jahrzehnte sie als unhaltbar erwiesen hat. Wer die Physik des Aristoteles unvoreingenommen liest, muss zugestehen, dass sie selbst unserer heutigen Alltagserfahrung und erst recht der unserer Vorfahren besser entspricht als die Physik, die wir heute in der Schule lernen.[2] Auch das neue, heliozentrische Himmelsmodell der KOPERNIKUS, GALILEI und KEPLER vermochte zu Beginn die Beobachtungsdaten nicht besser vorherzusagen als das alte des PTOLEMÄUS.[3] Es dauerte noch gut 200 Jahre, bis die neue Astronomie dank verbesserter Beobachtungsmethoden und einer ausgefeilten Mathematik sich diesbezüglich mit der alten messen konnte.

Was die Moderne gegenüber den ihr vorausgehenden Zeitaltern auszeichnet, ist eher die sich Schritt für Schritt ausbildende Einsicht, dass Theorie und Erfahrung nicht unmittelbar zusammenfallen, dass

1. LEONARDO DA VINCI 1990, 284
2. KUHN 1980, 94–98
3. KUHN 1980, 169–175

Beobachtungen die Naturgesetze nicht platt widerspiegeln. Vielmehr sind Theorie und Erfahrung, Naturgesetz und Beobachtung zuerst durch die Reflexion der subjektiven und objektiven Bedingungen der Erfahrung zu vermitteln, bedarf es, um eine Theorie zu überprüfen oder in Frage zu stellen, um ein künstlerisches Konzept zu entwickeln, nicht selten einer Ausweitung des Bereichs der wissenschaftlich bzw. künstlerisch legitimierten Erfahrung. Sektion, Fernrohr, Mikroskop oder psychedelische Drogen: sie alle vermochten Wissenschaft und Kunst zu beeinflussen, weil sie neue Erfahrungsbereiche erschlossen, die jedoch zugleich auch eine Neukonfiguration des Verhältnisses von Erfahrung und Theorie bzw. künstlerischem Konzept und in diesem Zusammenhang auch eine Emanzipation der menschlichen Sinne von den tradierten Wahrnehmungsschemata erforderten. Das künstlerische und wissenschaftliche Ethos eines LEONARDO wie eines GALILEI ist das der Arbeit an der Wahrnehmung, in deren Verlauf die Sinne auch ungewohnten, die eingeübten Schemata sprengenden Eindrücken auszusetzen sind. Wahrnehmungen sind nicht ausschließlich passiv zu empfangen, sondern, angeleitet durch die Theorie, aktiv zu erarbeiten und nicht zuletzt durch die Zeichnung, durch die Konstruktion von Modellen zu entwickeln. Das gilt nicht nur für LEONARDO: Die zeichnende Beobachtung am Fernrohr gehört wie der Bau von Modellen und Versuchsanordnungen zu den entscheidenden Quellen von GALILEIs Astronomie und Physik.

Beginnt die Moderne auch mit der Emanzipation der Sinne, der Erschließung neuer Erfahrungswelten, so ist andererseits nicht von der Hand zu weisen, dass sie die Sinne auch wiederum beschränkt und entmündigt hat: Das immer feinere Netz, in dem die Natur sich stellen soll, *verstellt* sie auch,[4] die fortschreitende Arbeitsteilung zerlegt die Realität in isolierte Ausschnitte, die Macht der von den Menschen aufgestellten und in Bewegung gesetzten Maschinerie überschreitet ihre Wahrnehmungs- und Vorstellungsfähigkeit. Dies entspricht einer zentralen These von GÜNTHER ANDERS: Die Herstellungsfähigkeit übersteigt die Vorstellungsfähigkeit.[5] Letztere wird schließlich zum Opfer der ersteren. Indem die Medienwelt sich im Cyberspace, die

---

4. Dies ist eine der Bedeutungsschichten von HEIDEGGERs *Gestell*-Metapher; siehe HEIDEGGER 1962
5. ANDERS 1959; ANDERS 1980a

Gleichung *Apparat = Welt*[6] vollziehend, zur Totalen bläht, verschüttet sie die Erfahrungsquellen, aus denen sich die Moderne einst speiste. Wird jede Erfahrung ein Fabrikat aus der Hand der Bewusstseinsindustrie, ist der Zugang zur Welt vollends verriegelt. Der Cyberspace gibt sich als *Matrix* und damit als reaktionäre Utopie zu erkennen. Nicht die Befreiung vom Raum, von der Bindung an den Ort findet statt, sondern der Einschluss in das Gehäuse einer entleerten, nur noch aus den Schatten ihres ursprünglichen Inhalts bestehenden Überlieferung. In der Matrix gibt es keine neue Erfahrung. Begann die Moderne als Aufbruch zu neuen Erfahrungshorizonten, so findet sie hier ihre Erfüllung in der Wiederkehr des ewiggleichen Ewigseichten und deshalb Unbegreiflichen:

> Aber es ist überraschenderweise gerade diese *Widerstandslosigkeit* der gesendeten Welt, die deren Auffassung und Deutung verhindert. Oder vielleicht gar nicht so überraschender Weise: Die glatte Pille, die widerstandslos herunterrutscht, fassen wir nicht auf; wohl aber das Stück Fleisch, das wir erst kauen müssen. Und derart pillen-artig ist die gesendete "leicht eingängige" Welt. – Oder, in einem anderen Bilde: Da sie sich zu leicht macht, (gewissermaßen als eine "réalité trop facile" analog zu "femmes faciles"), da sie zu entgegenkommend ist, da sie sich im Augenblick ihres Auftretens schon gegeben hat, kommen wir gar nicht dazu, sie eigens zu "nehmen"; oder gar dazu, um sie und ihren Sinn erst zu werben.[7]

Der neofeudale Ordo der fabrizierten Wesenheiten, die in ihrer allzu glatten Oberfläche aufgehen, überfordert durch permanente Unterforderung. Im Zustand fortgeschrittener Erfahrungslosigkeit wird der Medienkonsument zum Einzelhäftling in einer kognitiven Gummizelle und als solcher zum Opfer von Halluzinationen, das vielleicht irgendwann um sich zu schlagen, um sich zu schießen beginnt, um überhaupt noch etwas zu spüren, um sich der eigenen, verloren gegangen Existenz zu versichern. Wer in jugendlichem Alter einmal gelernt hat, die unterbrechungsfreie Fortsetzung der elektronischen Phantomwelt als Belohnung für ungeteilte Aufmerksamkeit zu akzeptieren, wird es zunehmend schwerer finden, der Bewältigung geistiger Gegenstände oder auch nur alltäglicher Aufgaben einen Reiz abzugewinnen. Millionenfach vervielfältigt auf den Alltag losgelassen, bringen die Produkte höchster technologischer Verfeinerung massenhaft gesellschaftszerstörende Dummheit hervor.

6. ANDERS 1980b, 111
7. ANDERS 1980a, 196

Doch die angesagten Denker unserer Postmoderne wären nicht
die sie sind, wenn sie nicht das Kunststück vollbrächten, den Weltun-
tergang im elektronischen Verließ als Aufbruch in neue, unendliche
Welten zu feiern:

> Die Raison, um die es geht, ist die Logik atopischer Vernetzung im Medi-
> um des Wissens und einer daraus folgenden Vernetzung des Wissens im
> atopischen Raum. Die Aufteilung der Welt in Reviere, Reiche und Re-
> gionen ist ein Spiel der Vergangenheit mit den Mitteln von gestern. "Wir
> haben das Land verlassen und sind zu Schiff gegangen!", notierte NIETZ-
> SCHE vor langem schon zum Thema unendlicher Horizonte. "Wir haben
> die Brücke hinter uns – mehr noch, wir haben das Land hinter uns abge-
> brochen!" Darum geht es! Die atopische Gesellschaft muss sich in einer
> Welt ohne Land einrichten. Im Horizont des Atopischen verlieren sich
> die Stützpunkte erdschwerer Verlässlichkeit und gravitätischer Traditio-
> nen. Sie machen einer konnektivistischen Fluidität Platz, deren Muster
> und Gestalten kommunikativ konstituierte Figuren bilden und die als
> Verdichtungen von Kommunikationen sich ebenso schnell auflösen können
> wie sie entstanden sind. Nun kommen die Stunden, in denen selbst die
> mächtigsten Akteure erkennen müssen, dass der Horizont des Atopischen
> unendlich ist "und dass es nichts Furchtbareres gibt als Unendlichkeit"
> (NIETZSCHE, *Die fröhliche Wissenschaft* § 124).[8]

Der Verdacht drängt sich auf, dass eine denotationslose Phrase wie
konnektivistische Fluidität als Chiffre zu lesen ist für die inneren und
äußeren Verwüstungen, die der Markt anrichtet, der mit dem Netz
verschmelzen, der von allen Schranken zu befreien und zum universalen gesellschaftlichen Medium zu befördern sein soll. Dieser atomi-
siert die Gesellschaft und entwirklicht die Welt, indem er das Leben
in eine Folge von einsamen Konsumerlebnissen und entsinnlichten
Kommunikationen im Nirgendwo zerlegt. Und als wahrhaft mono-
theistische Religion lässt die Marktreligion auch keine anderen Gott-
heiten außer dem Markt zu: Die Menschen sollen ihm vollkommen
ausgeliefert sein.

Der geschickte Sozialingenieur räumt immerhin ein, dass es noch
ein paar Schwierigkeiten mit altmodischen Charakteren gebe, doch
nur, um vor diesem Hintergrund darzutun, dass Substitute für dieses
altmodische Gebilde – eine sich durch die Auseinandersetzung mit
der sinnlich erfahrbaren, doch eben auch widerständigen physischen
Welt, mit den erlebbaren, doch nicht so leicht verfügbaren und nicht
beliebig verfügbar zu machenden Menschen an einem konkreten Ort
bildende Persönlichkeit – längst zu haben seien:

8. WILLKE 2001, 175

Die Morphologie entterritorialisierter Räume kann nicht ohne weiteres das Erbe einer Form von Gesellschaft abschütteln, die mit der Verteilung und Zuteilung von Orten elementare Verlässlichkeiten geschaffen hat. Sie ist mit Merkmalen einer Genese behaftet, die Menschen als Bürger und Bürger als Bewohner konfiguriert, deren Wohnort zentraler Anknüpfungspunkt gesellschaftlicher Konstitution und Identität wird. Alle Zumutungen von Ortlosigkeit werden auf diesem Hintergrund zu Gefährdungen gesellschaftlicher Identität. Allerdings könnte es sein, dass gesellschaftliche Identität längst zum Mythos geworden ist, und dieser Mythos just in dem Moment ein Scheinproblem erzeugt, in dem er von der Gesellschaftsgeschichte der Globalisierung eingeholt wird. Tatsächlich ist schwer zu sehen, von welcher Relevanz eine gesellschaftliche Identität sein könnte, der inzwischen die Gesellschaft weitgehend abhanden gekommen ist, weil Menschen seit einiger Zeit ihre Identität vorrangig in einer individualisierten personalen Integrität suchen und bestenfalls nachrangig in der flexiblen Zuordnung zu je relevanten Funktionssystemen – aber gerade nicht in der Gesellschaft *writ large*.[9]

Möglicherweise sind deshalb die Voraussetzungen für eine atopische Rekonfiguration personaler Identität längst gegeben und warten nur darauf, wahrgenommen und genutzt zu werden. Da die alten Erzählungen von territorialer Gesellschaftlichkeit und gesellschaftlich konstituierter Identität gewohnheitsmäßig weiterlaufen, könnte es ein überraschendes Aha-Erlebnis werden, plötzlich feststellen zu müssen, dass die Gesellschaft, von der da die Rede ist, gar nicht mehr existiert und personale Identität sich längst andere Verwurzelungen geschaffen hat.
[...]
Die evolutionären Verhaftungen einer möglichen Weltgesellschaft in den Traditionen der Ortsgebundenheit sind demnach zwar deutlich genug, aber doch eher peripher, weil funktionale Alternativen schon bereitstehen.[10]

Wer behauptet haben soll, dass es bei der konkreten Verortung der Persönlichkeitsentwicklung um die Gesellschaft *writ large* gehe, bleibt unklar. Eine *individualisierte personale Integrität* als Identitätskonzept dazu in Opposition zu setzen, gibt diesem ex negativo höchstens Pseudoplausibilität. Es ist höchst fraglich, ob die Selbstbeschreibung postmoderner Befindlichkeit – ohne Konfrontation mit den dahinter stehenden persönlichen Entwicklungs- und Leidensgeschichten mit ihren jeweiligen Randbedingungen – als hoffnungsfrohe Losung für eine Welt taugt, in der unter Berufung auf bombastisch klingende Formeln mit diffuser Bedeutung wie die von der *Logik atopischer*

---

9. "Gesellschaft großgeschrieben": Im Englischen, in dem Nonima ja klein geschrieben werden, ist damit gemeint, dass eine Sache, besonders jedoch ein Abstraktum wie Freundschaft, Gesellschaft oder Nation besonders hervorgehoben oder begrifflich ausgearbeitet wird. RF

10. WILLKE 2001, 206–207 (Hervorhebung im Original)

Vernetzung im Medium des Wissens[11] die Bedingungen zur Disposition stehen sollen, die bisher als Voraussetzungen einer gelingenden Persönlichkeitsentwicklung galten; zumal die Großmeister der neuen Sozialtechnik implizit eingestehen, dass sie sich zwar gerne an ihren eigenen Worten berauschten, ihnen aber doch noch nicht ganz klar sei, wovon sie eigentlich redeten:

> Gesellschaftstheorie gleicht heute einer Odyssee der Suche nach einer Lokalisierung viabler Orte für das Selbst. [...] Unklar ist aber auch, was unter Bedingungen radikaler Entterritorialisierung viable Orte sein könnten. Geht es um reale Orte der Auseinandersetzung mit Menschen oder um imaginäre Orte der Auseinandersetzung mit Göttern oder um atopische, hybride Orte der Auseinandersetzung mit sich selbst? Und unklar ist schließlich, mit welchen Interferenzen eine Hybridisierung möglicher Identität und eine Atopisierung möglicher Lokalität in der Genese lateraler Weltsysteme zusammenspielen.[12]

Vielleicht sollten sie sich darauf einstellen, dass ein großer Teil der restlichen Menschheit einfach weghört, wenn sie solches Zeug verbreiten – zumindest bis sie geklärt haben, was das alles genau ist: die *imaginären, atopischen, hybriden* Orte, die *Hybridisierung möglicher Identität, Atopisierung möglicher Lokalität* und – nicht zu vergessen – auch noch die Interferenzen derselben mit diesem und jenem oder auch der ganzen Welt. Wie wohnt, lebt man an einem *atopischen* – d.h. nicht örtlichen – Ort? Kann man das als selbstverliebtes, pseudowissenschaftliches Geschwurbel ad acta legen oder ist das schon ein leichtfertiges Spiel mit den Lebensbedingungen der Menschen? GÖTZ EISENBERG hat in den letzten Jahren zu verschiedenen Anlässen darauf aufmerksam gemacht, dass die Formeln, die heute als die der zukünftigen Gesellschaft gelten – *Globalisierung, Vernetzung, Deterritorialisierung, Individualisierung, Flexibilisierung, Deregulierung* – , blind gegen die konkreten Lebensbedingungen von Menschen, blind vor allem gegen die Voraussetzungen sind, derer Kinder zu ihrer Entwicklung bedürfen, dass die Prozesse, die sich hinter diesen Formeln verbergen, dagegen nicht nur blind, sondern auch zerstörerisch sind, und dass jene Formeln, so großartig sie sich auch anhören mögen,

---

11. WILLKE 2001, 175. In welcher Weise ist das Wissen ein Medium? Vermittelt, transportiert das Wissen etwas? Wie kann man sich atopisch, also nicht örtlich vernetzen? Ein Netzzugang hat doch immer einen Ort.

12. WILLKE 2001, 209

die Einzelnen alleine und hilflos zurücklassen. Niemand kann wirklich im Nirgendwo wohnend und dabei völlig ungebunden und total flexibel seine Identität aus sich heraus schaffend sich mit der ganzen Welt vernetzen. Wohnen können wir nur an konkreten Orten, soziale Kontakte unterhalten – selbst mittels Internet – nur mit einer überschaubaren Anzahl von Menschen, und um als Kinder und Jugendliche uns einzuüben in das Wohnen, Handeln und Kommunizieren, brauchen wir erst recht die konstante Gemeinschaft mit konkreten Menschen am konkreten Ort:

> Eine pure Abstraktion kann nicht wirklich zum Gegenstand libidinöser Besetzungen werden, und so sind wir gegenwärtig Zeugen des Auseinanderfallens der Gesellschaft in vergleichgültigte, kalte Selbstverwertungsmonaden einerseits und das völlig Abstrakte einer Weltgesellschaft andererseits. Die immer weniger in wirkliche, an Personen gebundene Kommunikations- und Bearbeitungsprozesse eingebundenen Antriebspotenziale der Subjekte gefährden den Fortbestand der Zivilisation, die ja als Bändigung des Archaischen zu fassen wäre.[13]

Am Ende sieht sich der Traum einer Vernichtung von Raum und Zeit, der auch ein Traum von totaler Herrschaft ist, mit den freigesetzten archaischen Trieben konfrontiert, deren Bändigung, wie bedingt auch immer, ja nur in der Auseinandersetzung mit den konkreten Menschen und Dingen gelang. Dieser Traum selbst ist nichts anderes als eine magische Zerstörungsfantasie, die sich weigert, die Realität zur Kenntnis zu nehmen, in der auf allen Ebenen – physisch, biologisch und sozial – die Dinge und Vorgänge weiterhin im Raum und in der Zeit sich entfalten. Mit dem Raum und der Zeit verschwände auch das Leben, das es nur als Ablauf, als Veränderungsprozess sich erhaltender Gegenstände in Raum und Zeit gibt, das vor allem eigene Rhythmen und Zeitmaße hat, die nicht beliebig kontrahierbar und schon gar nicht aufhebbar sind.

Diese Fantasie nimmt nicht einmal das Bild des Netzes ernst, dessen sie sich so gerne bedient, denn Netze sind immer diskrete, endliche Strukturen im physikalischen Raum. Kommunikation auf der Grundlage netzförmiger Infrastruktur vollzieht sich immer mit endlicher Geschwindigkeit, hat nur eine beschränkte Reichweite und kann den Raum nur partiell erschließen, d.h. nicht anders als ihn in

---

13. EISENBERG 2000, 53

mehr oder weniger erschlossene und unerschlossene Zonen zu dividieren. Dies trifft erst recht zu, wenn man den Bereich der physikalischen Strukturen und Prozesse (der Signalübertragung) verlässt und sich dem der kognitiven und sozialen zuwendet.

Zwar kann man ein Buch, ein Musikstück oder einen Film in digitaler Form in Sekunden zwar nicht überall hin – es gibt immer noch riesige schlecht erschlossene oder gar telekommunikativ unzugängliche Zonen –, aber doch an eine Vielzahl von Plätzen rund um die Erde transferieren, doch um das Buch zu lesen, die Musik zu hören, den Film zu sehen, solche Werke geistig aufzunehmen und zu verarbeiten, braucht es viel länger. Besonders bei Musik ist erfahrbar, dass sie ihre Zeit braucht. Mahlers 4. Symphonie in nur 5 Minuten – das wagte noch kein Orchester anzubieten. Es gibt zwar weltumspannende Netze, doch diese weisen nicht nur große geografische Lücken auf, sind nicht nur sozial beschränkt zugänglich, sondern garantieren auch keinesfalls eine schrankenlose Kommunikation. Die Barrieren, die kulturelle, soziale und wirtschaftliche Differenzen, die die Knappheit der den meisten Erdbewohnern verfügbaren Ressourcen – nicht zuletzt der Ressourcen Bildung und Zeit – gegen das Verständnis der Menschen und Völker errichten, sind durch Breitbandnetze nicht zu überwinden.

Infrastrukturen des Verkehrs und der Telekommunikation sind nicht nur geeignet, Distanzen zu überbrücken und Gegensätze aufzuheben, sondern, weil sie die entsprechenden Dispositive nur als physische, lokalisierte Gebilde bereitzustellen vermögen, selbst wiederum Ursache von räumlichen Unterschieden – von Unterschieden, die allein schon die Wechselwirkung der zu Beginn des vorausgehenden Kapitels dargelegten,[14] von den Produktions- und Aneignungsverhältnissen weitgehend unabhängigen technischen und geografischen Faktoren zu vertiefen in der Lage ist, die jedoch die unter dem Regime des Kapitals, unter dem Zwang zur Profitmaximierung, unter dem Imperativ zentraler Kontrolle der räumlich verteilten Wertproduktion sich entfaltenden Kräfte ins Extreme steigern müssen. Wobei die Produktion verteilt ist, nicht im Sinne von *weiträumig und gleichmäßig verstreut*, sondern nur in dem relativen Sinne, dass sie an unterschiedlichen Orten außerhalb der Metropolen mit zentraler Kontroll- und Aneignungsfunktion stattfindet, jedoch dort wiederum höchst

14. Siehe S. 191–199

konzentriert ist. Infrastrukturen des Verkehrs und der Telekommunikation wirken als Inhalt des Raums auf diesen zurück, indem sie nach ihren eigenen Gesetzen raumbildende Kräfte entfalten, und interagieren dabei mit allen anderen raumbildenden Kräften: mit den in allgemeinen und spezifischen Vorteilen der Dichte gründenden Agglomerationstendenzen und mit den polarisierenden Strategemen der Herrschaft. Dies bedeutet die Konzentration des Reichtums und noch mehr der Macht und ihrer Dispositive an wenigen Zentren, die Teilung des Planeten in Zonen abgestuften Ressourcenzugangs, abgestuften Wohlstands und abgestufter Sicherheit, mit weiten und weiter wachsenden Zonen des nahezu vollständigen Ausschlusses von der Macht, vom Wohlstand und von der Sicherheit als Gegenpol.

Der Netzenthusiasmus entwirft ein illusionäres Bild der weltumspannenden Vereinigung durch Telekommunikation, das die realen Gräben und Gegensätze, die die Menschheit trennen, nicht nur ignoriert, sondern die Kräfte lähmt, die jene zu überwinden streben. Tendenziell verdrängt die *Matrix*, die synthetische Welt aus der elektronischen Retorte, nicht nur die physische Welt, sondern auch die menschlichen Kommunikationspartner. Kann man sicher sein, nicht schon längst das *Imitation game*[15] mit einem Computer zu spielen? An der Plausibilität, die die Idee, dass vernetzte Computer die Welt ersetzen könnten, für ein breites akademisches Publikum angenommen hat, ist eine Techniksoziologie, der die Technik abhanden gekommen ist, nicht unschuldig. Deren heimlicher Platonismus lässt sie die Äquivokation übersehen, die im Wort *Maschine* liegt:[16] Wenn Mathematiker und theoretische Informatiker von der *universellen Maschine* reden, verstehen sie unter dem Begriff *Maschine* etwas anderes als die Maschinenbauer: nämlich ein mathematisches Modell, das den Begriff der *Berechenbarkeit* operationell präzisieren soll, und keinen physischen Gegenstand, dessen Verhalten physikalische Größen und Gesetze bestimmen. Die Identifikation von Algorithmus und Maschine, die für eine ganze Strömung der Techniksoziologie fundamental ist, beruht auf einem schlichten Kategorienfehler.

Die Idee der instanten, ubiquitären, permanenten und totalen Kommunikation − in "Echtzeit",[17] immer, überall und mit allen −,

15. TURING 1950
16. So z.B. RAMMERT 1993, 134
17. Siehe die Diskussion S. 49–51

von der so viele naturwissenschaftlich ahnungslose Sozialwissenschaftler so unerhört fasziniert sind, ist ein magisches Phantasma. Die Vorstellung, den Raum vollständig zu erfüllen bzw. verzögerungslos zu überbrücken – was Allgegenwart bzw. unendliche Geschwindigkeit impliziert – hat in der Physik keinen Platz. Sie impliziert die Aufhebung aller Differenz und gibt sich dadurch als Maske des Todestriebes zu erkennen. Wie sehr die Idee vom Tod des Raumes und der Zeit vom Verlangen nach der Entgrenzung archaischer Triebe und vor allem auch der Aggressivität spricht, ist bei kaum einem ihrer Verkünder deutlicher als bei F. T. Marinetti, der keine Hemmungen hatte, die kriegerischen Implikationen der großartigen neuen Zeit auszusprechen:

> Wenn es dem Menschen möglich sein wird, seinen Willen in der Weise Gestalt annehmen zu lassen, dass er sich außerhalb seiner wie zu einem immensen, unsichtbaren Arm verlängere, werden Traum und Begehren, heute nichts als leere Worte, souverän über den gebändigten Raum und die gezähmte Zeit herrschen.
>
> Der für eine allgegenwärtige Geschwindigkeit geschaffene a-humane und mechanische Typus wird natürlich grausam, allgegenwärtig und kampfbereit sein.[18]

Dem Tod von Raum und Zeit entspricht die Identität der Welt mit der Projektion eines entgrenzten Ego. Die totale Herrschaft über Raum und Zeit bedeutet zugleich den Ausbruch einer alles verschlingenden Aggression, die keinen Halt, keine Zähmung mehr in konkreten Bildungen und Bindungen mehr erfährt. Die telematische Entgrenzung der archaischen Triebe ist so lustfeindlich wie sonst nur der Puritanismus: Mit der Distanz, mit der Unterscheidung der Gegenstände zerstört sie die "Fähigkeit, Schranken zu errichten und sie zur Intensivierung der Erfüllung zu verwenden".[19] In der totalen Verfügbarkeit der Dinge, der Auflösung aller Grenzen erlischt mit der Lust auch das Leben.

Der Netzenthusiasmus gibt sich als eine ebenso illusionistische wie konformistische Scheinlösung der sich vertiefenden Konflikte unserer Zeit zu erkennen. Er setzt den destruktiven Tendenzen der Zeit, der Polarisierung der Lebensbedingungen im Weltmaßstab, der

18. Marinetti 1914, 108
19. Marcuse 1973, 224

Verwandlung aller Beziehungen in Warenbeziehungen, dem von EISENBERG konstatierten "Auseinanderfallen der Gesellschaft in vergleichgültigte, kalte Selbstverwertungsmonaden"[20] nichts entgegen, sondern fantasiert die Vereinigung der Menschheit in einem fiktiven *Global mind*, der bei genauem Hinsehen sich als das Ende allen physischen Lebens zu erkennen gibt. Um noch einmal an die Belehrung eines der prominenten Künder des Cyberspace zu erinnern: "Unsere Welt [...] ist nicht dort, wo Körper leben."[21] Der Netzenthusiasmus mit seinen destruktiven Implikationen ist der klägliche Versuch, die Menschheit zu vereinen, ohne das Trennende zu beseitigen, ohne das Ungleichgewicht der Macht, das Ausgeliefertsein, das massenhafte Elend und die schreiende Ungerechtigkeit aufzuheben. Vor der Macht kapitulierend flüchtet er in letztlich todestrunkene Träume.

Die Vereinigung der Menschen als ästhetisches Spektakel, ohne die sozialen Gegensätze aufzuheben, die sie entzweien, entsprach auch dem Programm der Faschisten. Doch sie imaginierten dies – bei aller Überschattung ihrer Utopien durch einen omnipräsenten Todeskult – nicht als Jenseits des physischen Lebens, sondern als Verschmelzung der Individuen zu einem einzigen, disziplinierten Körper. Die *totale Mobilmachung* ERNST JÜNGERs entfernt sich vom romantischen, in Blutfantasien schwelgenden, Biologismus der Nazis. In ihr soll der Zusammenfluss aller Körper und Energien zu einer maschinenhaften Formation und darin eine mentale Härtung stattfinden, die den ins unermessliche gesteigerten Destruktionskräften der Moderne und selbst dem äußersten Nihilismus der Aktion standhält. Wie pervertiert auch immer, nimmt JÜNGERs Konstruktion sehr wohl die Kräfte, Tendenzen und Herausforderungen seiner Zeit wahr:[22] die alle überkommenen Ordnungen sprengenden Destruktionskräfte der modernen Technik, den alles durchdringenden, die Psyche der Menschen gewaltsam umgestaltenden Charakter der modernen Produktivkräfte und Arbeitsordnungen, die unerhörte Macht, die in den zusammengeballten Menschenmassen der modernen Gesellschaften schlummert, die Notwendigkeit einer äußersten Anstrengung, einer umfassenden Vereinigung der Kräfte, um die Gefahren der neuen Zeit zu meistern. Als konservativer Revolutionär konnte er sich die nicht anders vorstellen als feldgrau und soldatisch-diszipliniert. Dabei besteht

20. EISENBERG 2000, 53
21. BARLOW 1996
22. Siehe die Diskussion S. 30–41

doch spätestens seit dem 20. Jahrhundert die Angst der Herrschenden darin, dass die *totale Mobilmachung*, selbst wenn sie so beginnt, auch bunt und anarchisch enden könnte. Deshalb der Abschied von der Massenarmee wie von der Vollbeschäftigung, deshalb die Zersplitterung der Kräfte, die Atomisierung der Gesellschaft.[23] Bestand die politische Geschichte des 19. Jahrhundert vor allem darin, die Kräfte zu unterdrücken, die sich in der Französischen Revolution gezeigt hatten, und die des 20. Jahrhunderts darin, sie militaristisch und produktivistisch zu kanalisieren, so scheint das 21. mit einer Rückkehr ins 19. zu beginnen.

Dabei wäre genau dies auf die Agenda zu setzen: die gewaltigen Produktiv- und Destruktivkräfte der Moderne, die schlummernden Energien der Massen in ein großes Werk des Eros einzubinden − was heißt: eine Vereinigung der Vielen, in der die Vielfalt und die Individualität der Einzelnen bestehen bleiben, eine Gestaltung der Natur, die sich deren Anderssein inne geworden ist, ohne es auslöschen zu wollen. Nichts ist nötiger als dies: der Zusammenfluss all der vielfältigen Kräfte zur Beseitigung des massenhaften Elends, zur Wiederaneignung und humanen Gestaltung des Lebens, zu einer Reorganisation des Stoffwechsels mit der Natur, die das Überleben der Menschheit unter humanen Bedingungen ermöglicht. Die darin liegende Herausforderung benannt zu haben ist vielleicht das größte Vedienst des neuen Buches über die *Multitude* von Michael Hardt und Antonio Negri,[24] seine größte Schwäche, dass es der unreflektierten Netzmetaphorik und einigen netzenthusiastischen Mystifikationen zum Opfer fällt.[25] Der Verweis auf das Netz bzw. die Vernetzung verdeckt bei Hardt und Negri, doch auch bei anderen Autoren wie André Gorz[26] das Fehlen konkreter Vorstellungen von der Vereinigung der Vielen, von der Koordination der Produktion, vom Austausch und von der Vermehrung des Wissens, so, als ob *das Netz*

23. Wenn André Gorz 2004, 18–29 das Wort von der *totalen Mobilmachung* in Zusammenhang mit dem modischen Leitbild des *Selbstunternehmertums* bringt, verkennt er die völlige Unterschiedlichkeit des gesellschaftlichen Inhalts: dieses Leitbild soll die Einzelnen als Einzelne in eine rasende Bewegung − des auf der Stelle Tretens − versetzen, um die Massen zu lähmen, damit sich in der Gesellschaft nichts bewegt.
24. Hardt, Negri 2004a
25. Siehe S. 10
26. Gorz 2004, 76

die vielfältigen Probleme der Organisation, des Lernens, Entdeckens
und der Produktion von sich aus zu lösen vermöchte.

An die Stelle der willkürlichen und der Verdinglichung oder gar
Dämonisierung allzu leicht anheim fallenden Netzmetapher hätte die
Wahrnehmung der konkreten sozialen Konstellationen der Kooperation und der Kommunikation zu treten. Wissen und Freude gehen
aus dem epistemischen und erotischen Feld hervor und verbreiten
sich in diesem Feld, das sich in der Gegenwart der kooperierenden
und kommunizierenden Menschen bildet. Die entscheidende Frage ist
nicht, ob man *wired*,[27] sondern ob man *tuned in*[28] ist. Eine Kultur
der Kooperation und des Wissens muss jedoch auch einen lebbaren
Rhytmus finden, d.h. einen Rhythmus, der nicht dem Phantom der
"Echtzeit" hinterher jagt, sondern von der Einsicht ausgehend, dass
Arbeit und Genuss[29] ihre Zeit brauchen, die *Eigenzeiten*[30] der Menschen und der Dinge, der Erde vor allem als Module aufnimmt. Das
epistemische und erotische Feld, in dem diese Kultur gedeiht, bedarf als Träger der Menschen und der Orte, und beide bedürfen als
Träger der Erde. Friedrich Nietzsche, den Willke als Zeugen für
seine atopische Utopie anruft, wollte nicht in ein technospiritistisches
Gespensterreich aufbrechen, sondern hinterließ uns die eindringliche
Warnung, die Erde nicht zu verraten:

> Seht, ich lehre euch den Übermenschen!
>
> Der Übermensch ist der Sinn der Erde. Euer Wille sage: der Über-
> mensch *sei* der Sinn der Erde!
>
> Ich beschwöre euch, meine Brüder, *bleibt der Erde treu* und glaubt
> denen nicht, welche euch von überirdischen Hoffnungen reden! Giftmi-
> scher sind es, ob sie es wissen oder nicht.
>
> Verächter des Lebens sind es, Absterbende und selber Vergiftete,
> deren die Erde müde ist: so mögen sie dahinfahren![31]

---

27. "Verdrahtet".
28. "Auf der gleichen Wellenlänge".
29. Siehe dazu Petrini 2003
30. Reheis 2003, 156–186
31. Nietzsche 1883, 14–15 (Hervorhebung im Original)

Quellen

AMERICAN PHYSICAL SOCIETY 2003: *Boost-phase intercept systems for national missile defense: scientific and technical issues.* APS, New York

ANDERS, GÜNTHER 1958: *Der Mann auf der Brücke: Tagebuch aus Hiroshima und Nagasaki.* [in: ANDERS 1982, 1–189]

ANDERS, GÜNTHER 1959: *Thesen zum Atomzeitalter* [in: ANDERS 1981, 93–105]

ANDERS, GÜNTHER 1980a: *Die Antiquiertheit des Menschen. Band 1: Über die Seele im Zeitalter der zweiten industriellen Revolution.* 5. Aufl., Beck, München

ANDERS, GÜNTHER 1980b: *Die Antiquiertheit des Menschen. Band 2: Über die Zerstörung des Lebens im Zeitalter der dritten industriellen Revolution.* Beck, München

ANDERS, GÜNTHER 1981: *Die atomare Drohung: radikale Überlegungen.* Beck, München

ANDERS, GÜNTHER 1982: *Hiroshima ist überall.* Beck, München

ARKIN, WILLIAM; HIPPEL, FRANK VON; LEVI, BARBARA G. 1983: The consequences of a limited nuclear war in East and West Germany [in: ROYAL SWEDISH ACADEMY OF SCIENCE 1983, 165–187]

ARONSON, JERROLD L.; HARRÉ, ROM; WAY, EILEEN CORNELL 1982: *Realism rescued: How scientific progress is possible.* Open Court, Chicago IL

BARLOW, JOHN PERRY 1996: *A Declaration of the independence of cyberspace.* World Economic Forum, Davos, 8. Februar
<http://www.eff.org/~barlow/Declaration-Final.html>

BALL, DESMOND 1982: *Can nuclear war be controlled?* International Institute for Strategic Studies, London

BARABÁSI, ALBERT LÁSZLÓ 2003: *Linked.* Plume, New York NY

BARBROKE, RICHARD; CAMERON, ANDY 1995: *The Californian ideology.* University of Westminster, Hypermedia Research Center, London
<http://www.hrc.wmin.ac.uk/theory-californianideology.html>

BECKER, JÖRG 2002: *Information und Gesellschaft.* Springer, Wien

BECKER, JÖRG 2003: Informations- und Kommunikationstechnologien in der Kontrollgesellschaft. *Widerspruch* 45 (23, 2), 11–28

BECKER, JÖRG; GOEHRING, WOLF (HRSG.) 1999: *Kommunikation statt Markt: Zu einer alternativen Theorie der Informationsgesellschaft.* Forschungszentrum Informationstechnik GmbH, St. Augustin (GMD Report; 61)
<http://www.gmd.de/publications/report/0061/>

BEYRER, KLAUS; ANDRITZKY, MICHAEL (HRSG.) 2002: *Das Netz: Sinn und Sinnlichkeit vernetzter Systeme.* Edition Braus, Heidelberg (Kataloge der Museumsstiftung Post und Telekommunikation; 12))

BLAIR, BRUCE G. 1985: *Strategic command and control: Redefining the nuclear threat.* The Brookings Institution, Washington DC

BLAIR, BRUCE G. 1993: *The logic of accidental nuclear war.* The Brookings Institution, Washington DC

BLAIR, BRUCE G.; GOTTFRIED, KURT (HRSG.) 1988: *Crisis stability and nuclear war.* Oxford University Press, New York NY

BLOMERT, REINHARD 2003: *Die Habgierigen: Firmenpiraten, Börsenmanipulation: Kapitalismus außer Kontrolle.* Kunstmann, München

BOLZ, NORBERT 1994: Für eine posthumane Kultur. [in: KUHLMANN 1994, 133–154]

BOLZ, NORBERT 1996: Tele!Polis! Das Designproblem des 21. Jahrhunderts. [in: IGLHAUT, MEDOSCH, RÖTZER 1996, 64–70]

BORN, MAX 1969: *Die Relativitätstheorie Einsteins.* Springer, Berlin

BORSOOK, PAULINA 2000: *Cyberselfish: A critical romp through the terribly libertarian culture of high tech.* PublicAffairs, New York

BRACKEN, PAUL 1983: *The command and control of nuclear forces.* Yale University Press, New Haven CT

BRACKEN, PAUL 1987: War termination. [in: CARTER, STEINBRUNER, ZRAKET 1987, 197–214]

BRAUN, HANS-JOACHIM; KAISER, WALTER 1992: *Energiewirtschaft, Automatisierung, Information.* [in: KÖNIG 1990–1992, Bd. 5]

BRAUCH, HANS GÜNTER; FISCHBACH, RAINER 1988: *Militärische Nutzung des Weltraums: eine Bibliographie.* Berlin Verlag, Berlin

BREDEKAMP, HORST 1995: Michelangelos Modellkritik. [in: EVERS 1995, 116–123]

BRENNER, ROBERT 2002: *The boom and the bubble.* Verso, London

BRENNER, ROBERT 2003: Schwungvoll auf Talfahrt: Ursachen und Mechanismen der US-amerikanischen Wirtschaftskrise. *Lettre International* 60, I, 50–57

BROCKHAUS, GUDRUN 1997: *Schauder und Idylle: Faschismus als Erlebnisangebot.* Kunstmann, München

BRONGER, DIRK 2004: *Metropolen, Megastädte, Global Cities: Die Metropolisierung der Erde.* Wissenschaftliche Buchgesellschaft, Darmstadt

BRUNKHORST, HAUKE 2005: Folter vor Recht: Das Elend des repressiven Liberalismus. *Blätter für deutsche und internationale Politik*, Januar, 75–82

BUCHANAN, MARK 2002: *Nexus: Small worlds and the groundbreaking science of networks.* Norton, New York NY

BÜLLINGEN, FRANZ; STAMM, PETER 2001: *Entwicklungstrends im Telekommunikationssektor bis 2010: Studie im Auftrag des Bundesministeriums für Wirtschaft und Technologie; Endbericht.* Wissenschaftliches Institut für Telekommunikationsdienste, Bad Honnef

BÜRKNER, HANS-JOACHIM 2004: Polarisierung und Peripherisierung. [in: OSWALT 2004, 546–551]

BULLINGER, HANS-JÖRG 2004: Lernen und Leben: Von der virtuellen zur täglichen Realität. *Süddeutsche Zeitung*, 30./31. Oktober/1. November, 20

BURKE, PETER 2000: *A social history of knowledge: From Gutenberg to Diderot.* Polity, Cambridge

CAIRNCROSS, FRANCES 1997: *The dead of distance.* Harvard Business School Press, Cambridge MA

CARNEVALE, ANTHONY P.; ROSE, STEPHEN J. 2000: Inequality in the new high-skilled service economy. [in: MADRICK 2000, 133–156]

CARROLL, GLENN R.; TEECE, DAVID J. (HRSG.) 1999: *Firms, markets, and hierarchies: The transaction cost economics perspective.* Oxford University Press, New York NY

CARTER, ASHTON B. 1987: Communication technologies and vulnerabilities. [in: CARTER, STEINBRUNER, ZRAKET 1987, 216–281]

CARTER, ASHTON B.; SCHWARTZ, DAVID N. (HRSG.) 1984: *Ballistic Missile Defense.* The Brookings Institution, Washington DC

CARTER, ASHTON B.; STEINBRUNER, JOHN D.; ZRAKET, CHARLES A. (HRSG.) 1987: *Managing nuclear Operations.* The Brookings Institution, Washington DC

CASTELLS, MANUEL 1906: *The rise of the network society (The information age: Economy, society and culture; 1).* Blackwell, Oxford

CASTELLS, MANUEL 2001: *Aufstieg der Netzwerkgesellschaft.* Leske+Budrich, Opladen

CHANG, HA-JOON 2003: Was der Freihandel mit einer umgestoßenen Leiter zu tun hat. *Le Monde diplomatique* 6, Juni, 12–13

CLARK, DAVID 1996: *Urban world / global city.* Routledge, London

CLAUSEWITZ, CARL VON 1832–1834: *Vom Kriege. Hinterlassenes Werk* [in: STUMPF 1993, 9–423]

COMER, DOUGLAS E. 1988: *Internetworking with TCP/IP: Principles, protocols, and architecture.* Prentice Hall, Englewood Cliffs NJ

COMER, DOUGLAS E. 1997: *Computer networks and internets.* Prentice Hall, Upper Saddle River NJ

CRUTZEN, PAUL J.; BIRKS, JOHN W. 1983: The atmosphere after a nuclear war: Twilight at noon [in: ROYAL SWEDISH ACADEMY OF SCIENCE 1983, 73–93]

CRUTZEN, PAUL J.; HAHN, JÜRGEN (HRSG.) 1985: *Schwarzer Himmel: Auswirkungen eines Atomkrieges auf Klima und globale Umwelt.* S. Fischer, Frankfurt

DAMMBECK, LUTZ 2005: *Das Netz − die Konstruktion des Unabombers.* Edition Nautilus, Hamburg

DAVIS, MIKE 1992: *City of Quartz: Excavating the future of Los Angeles.* Vintage, New York NY

DAVIS, MIKE 2003: Weine, Kalifornien. *WoZ* 38, 18. September, 11–12

DAVIS, MIKE 2004: Eine tödliche Seuche der Slums. *WoZ* 7, 12. Februar, 31

DEISS, RICHARD 2002: *Statistiken über die Informationsgesellschaft.* Eurostat, Luxembourg
<http://www.eu-datashop.de/download/DE/sta_kurz/thema4/np_02_32.pdf>

DEUTSCHER BUNDESTAG (HRSG.) 2002: *Schlussbericht der Enquete-Kommission "Globalisierung der Weltwirtschaft".* Leske + Budrich, Opladen

DIBONA, CHRIS; OCKMAN, SAM; STONE, MARK (HRSG.) 1999: *Open sources: Voices from the open source revolution.* O'Reilly, Sebastopol CA

DICKEN, PETER 2001: *Global shift: Transforming the world economy.* 3. Aufl., Chapman, London

DÖRRE, KLAUS; RÖTTGER, BERND (HRSG.) 2003: *Das neue Marktregime: Konturen eines nachfordistischen Produktionsregimes.* VSA, Hamburg

DULLIEN, SEBASTIAN 2005a: Erwartetes Wirtschaftswunder in Osteuropa ausgeblieben. *Financial Times Deutschland*, 28. April

DULLIEN, SEBASTIAN 2005b: Deutsche Firmen investieren weniger im Ausland. *Financial Times Deutschland*, 24. Juni

DYSON, ESTHER; GILDER, GEORGE; KEYWORTH, GEORGE; TOFFLER, ALVIN 1994: *Cyberspace and the American dream: A magna carta for the knowledge age.* Progress & Freedom Foundation, Washington DC <http://www.pff.org/position_old.html>

ECO, UMBERTO 1972: *Einführung in die Semiotik.* Fink, München

ECO, UMBERTO 1977: *Zeichen: Einführung in einen Begriff und seine Geschichte.* Suhrkamp, Frankfurt

EDWARDS, PAUL N. 1996: *The closed world: Computers and the politics of discourse in cold war America.* MIT Press, Cambridge MA

EHREN, HARALD; WIHOFSZKI, OLIVER 2003: Kunden wünschen sich IT-Berater als Finanzpartner. *Financial Times Deutschland*, 9. Oktober, <http://www.ftd.de/ub/di/1064651048308.html?nv=nl>

EHRENREICH, BARBARA 2001: *Arbeit poor.* Kunstmann, München

EHRENREICH, BARBARA 2003: Maid to order [in: EHRENREICH, HOCHSCHILD 2003, 85–103]

EHRENREICH, BARBARA; HOCHSCHILD, ARLIE RUSSELL (HRSG.) 2003: *Global Woman: Nannies, maids and sex workers in the new economy.* Granta, London

EHRLICH, PAUL R.; SAGAN, CARL (HRSG.) 1985: *Die nukleare Nacht: Klimatische, genetische und biologische Auswirkungen von Atomkriegen.* Kiepenheuer & Witsch, Köln

EINSTEIN, ALBERT 1905a: Zur Elektrodynamik bewegter Körper [in: Lorentz, Einstein, Minkowski 1923, 26–50]

EINSTEIN, ALBERT 1905b: Ist die Trägheit eines Körpers von seinem Energieinhalt abhängig? [in: Lorentz, Einstein, Minkowski 1923, 51–53]

EISENBERG, GÖTZ 2000: *Amok — Kinder der Kälte: Über die Wurzeln von Wut und Hass.* Rowohlt, Reinbek

EISENBERG, GÖTZ 2002: *Gewalt, die aus der Kälte kommt: Amok — Pogrom — Populismus.* Psychosozial-Verlag, Gießen

EISENBERG, GÖTZ 2003: Die Angst, aus der Welt zu fallen: Ein Jahr nach dem Massaker von Erfurt: Über die kurze Halbwertzeit der Betroffenheit. *Freitag* 18, 25. April, 3 <http://www.freitag.de/2003/18/03180301.php>

ESSER, JOSEF; LÜTHJE, BOY; NOPPE, ROLAND (HRSG.) 1997: *Europäische Telekommunikation im Zeitalter der Deregulierung: Infrastruktur im Umbruch.* Westfälisches Dampfboot, Münster

EVERS, BERND (HRSG.) 1995: *Architekturmodelle der Renaissance: Die Harmonie des Bauens von Alberti bis Michelangelo.* Prestel, München

FALK, GOTTFRIED; RUPPEL, WOLFGANG 1975: *Mechanik — Relativität — Gravitation.* 2., verb. Aufl., Springer, Berlin

FALK, GOTTFRIED; RUPPEL, WOLFGANG 1976: *Energie und Entropie.* Springer, Berlin

FARREL, ADRIAN 2004: *The internet and its protocols: A comparative approach.* Morgan Kaufmann, San Francisco CA

FELSMANN, KLAUS-DIETER (HRSG.) 2004: 7. *Buckower Mediengespräche: Das Vertrauen in die Medien – Orientierung im Wandel.* Kopaed, München

FISCHBACH, RAINER 1984: Raketenabwehrtechnologien: Eine Übersicht [in: LABUSCH, MAUS, SEND 1984, 62–78]

FISCHBACH, RAINER 1985: Technologische Komponenten und Systeme zur ballistischen Raketenabwehr (BMD). *Die Friedens-Warte* 1982–85 (65), 149–181

FISCHBACH, RAINER 1992: Programming by Contract – Erfüllt Eiffel das Ideal? [in: HOFFMANN 1992, 55–68]

FISCHBACH, RAINER 1994: Modellbildung: Grundlagen und industrielle Bedeutung. *Bauinformatik* März/April, 68–75; Mai/Juni, 114–119

FISCHBACH, RAINER 1996: Eingemauerte Bibliotheken: Warum der Cyberspace die Welt nicht rettet. *iX* 12, Dezember, 112–117 <http://www.heise.de/ix/artikel/1996/12/112/>

FISCHBACH, RAINER 1998a: Der Mythos des 21. Jahrhunderts? Vom Krieg der Sterne zum Cyberspace. *Blätter für deutsche und internationale Politik* 6, Juni, 677–685 <http://www.rainer-fischbach.de/blaetter/mythos_21_blaetter_9806.pdf>

FISCHBACH, RAINER 1998b: Neun Thesen zur Medienkonvergenz. *FIfF Kommunikation* 4, Dezember, 29–33

FISCHBACH, RAINER 1998c: Konvergenz – schwacher Begriff, starke Absicht: Eine Herausforderung demokratischer Medien- und Telekommunikationspolitik. *Blätter für deutsche und internationale Politik* 12, Dezember, 1479–1488 <http://www.rainer-fischbach.de/blaetter/konvergenz_blaetter_9812.pdf>

FISCHBACH, RAINER 1999a: Duodezfürsten im Cyberspace: www.wollen.alle. *Freitag* 24, 11. Juni, 15, 9 <http://www.freitag.de/1999/24/99240902.htm>

FISCHBACH, RAINER 1999b: Die Dilemmata der Informationsgesellschaft [in: BECKER, GOEHRING 1999, 109–128]

FISCHBACH, RAINER 1999c: Frei und/oder offen? From Pentagon Source to Open Source, and Beyond. *FIfF Kommunikation* 3, September, 21–27 <http://www.rainer-fischbach.de/fiff_frei_offen.html>

FISCHBACH, RAINER 1999d: Liberalala oder Monopoly? Der neue Telekommunikationsmarkt (Wirtschaftsinformation). *Blätter für deutsche und internationale Politik* 3, März, 367–369 <http://www.rainer-fischbach.de/blaetter/tk_markt_blaetter_9903.pdf>

FISCHBACH, RAINER 2000: Das Gold der Frequenzbänder: Was bringt die dritte Generation der Mobiltelefonsysteme? *WoZ* 24, 15. Juni, 4

FISCHBACH, RAINER 2002a: Die Wissensgesellschaft: Maßstab oder Phantom der Bildungsdebatte? *Widersprüche* 83, März, 9–21

FISCHBACH, RAINER 2002b: Tausend Splitter tief: Deleuziös und guattaeresk (Rezension von MICHAEL HARDT, ANTONIO NEGRI: *Empire*). *Freitag*, 15, 5. April, 15 <http://www.freitag.de/2002/15/02151501.php>

FISCHBACH, RAINER 2003a: Modell Linux? *WoZ* 31, 31. Juli, 13 <http://www.woz.ch/wozhomepage/31j03/linux31j03.htm>

FISCHBACH, RAINER 2003b: Die Phantome der Wissensgesellschaft. *Widerspruch* 45 (23, 2), 35–45

FISCHBACH, RAINER 2003c: Mau, mauer, sehr mau, Maut: Autobahnüberwachung: Die Einführung der deutschen Autobahngebühr (Maut) für Lastwagen ist ein Desaster – technisch, wirtschaftlich, politisch. *WoZ* 41, 9. Oktober, 16 <http://www.woz.ch/wozhomepage/41j03/maut41j03.htm>

FISCHBACH, RAINER 2004a: Fünf Thesen: Lernen im Spannungsfeld zwischen Individualisierung, Technisierung und Institutionalisierung [in: FELSMANN 2004, 13–22]

FISCHBACH, RAINER 2004b: Daimlers Irrfahrt. *Freitag* 32, 30. Juli, 2 <http://www.freitag.de/2004/32/04320202.php>

FISCHBACH, RAINER; NEUGEBAUER, ROLF 1998: Megabits für alle? Breitbandvernetzung in der Fläche. *iX* 5, Mai, 109–114 <http://www.dcs.gla.ac.uk/~neugebar/pub/ix98/art.htm>

FITZGERALD, MICHAEL 2004: Im Netz der Beziehungen. *Technology Review*, Mai, 68–71

FLASSBECK, HEINER 2003: Beliebigkeit als Prinzip: Die wirtschafts- und finanzpolitische Debatte stellt alles auf den Kopf, sogar die Regeln der Logik. *Intervention* (I, 1) <http://www.flassbeck.de/pdf/9.12.03/INTERVEN.pdf>

FLASSBECK, HEINER 2004a: Globalisierung und Deflation. 1. Konferenz. *Globalisierung und Deflation*, Berlin, 14. Februar <http://www.e4globe.org/e4globe/downloads/040214_Flassbeck.pdf>

FLASSBECK, HEINER 2004b: Glasperlenspiel oder Ökonomie? Die wirtschaftspolitische Beratung verliert den Bezug zur Realität. *Blätter für deutsche und internationale Politik*, September, 1071–1079

FLASSBECK, HEINER 2004c: Basar-Ökonomie oder Basar-Ökonomen? *Wirtschaft und Markt*, Mai <http://www.flassbeck.de/pdf/2004/10.04.04/BASAR.pdf>

FLECHTNER, HANS-JOACHIM 1984: *Grundbegriffe der Kybernetik: Eine Einführung*. dtv, München

FORD, DANIEL 1985: *The button: The Pentagon's strategic command and control system*. Simon and Schuster, New York NY

FOSTER, RICHARD N.; KAPLAN, SARAH 2001: *Creative destruction: From "built to last" to "built to perform"*. Financial Times/Prentice Hall, New York NY

FRANCK, GEORG 1998: *Ökonomie der Aufmerksamkeit: Ein Entwurf*. Hanser, Mnchen

FRANKE, ANSELM; SEGAL, RAVI; WEIZMAN, EYAL (HRSG.) 2003: *Territories: Islands, camps and other states of utopia*. Kunst-Werke, Berlin

FREYERMUTH, GUNDOLF S. 1996: *Cyberland: Eine Führung durch den High-Tech-Underground*. Rowohlt, Berlin

FRICKE, THOMAS 2004a: Davoser Meinungstreiben: Die Ökonomen streiten über den Devisenmarkt und verabschieden sich von alten Tabus. *Financial Times Deutschland*, 23. Januar, 26 <http://www.ftd.de/tm/tk/1280261.html>

FRICKE, THOMAS 2004b: Modeangst Osteuropa. *Financial Times Deutschland*, 16. April <http://www.ftd.de/pw/eu/1081867245692.html>

FRICKE, THOMAS 2005: Die Deutschen jammern nur. *Financial Times Deutschland*, 20. Mai <http://www.ftd.de/me/cl/7439.html>

FRICKE, THOMAS; SCHIERITZ, MARK 2004: Professoren warnen vor Globalisierungspanik. *Financial Times Deutschland*, 18. November, 20 <http://www.ftd.de/pw/eu/1081867245692.html>

FRITSCH, MICHAEL; WEIN, THOMAS; EWERS, HANS-JÜRGEN 1996: *Marktversagen und Wirtschaftspolitik: Mikroökonomische Grundlagen staatlichen Handelns*. Vahlen, München

FTD 2003a: Mehdorns Aufgabe. *Financial Times Deutschland*, 26. September, 31 <http://www.ftd.de/ub/di/1064412777803.html?nv=nl>

FTD 2004a: Deutsche Exporte auf höchstem Niveau seit 1966. *Financial Times Deutschland*, 11. Mai <http://www.ftd.de/pw/de/1083999027490.html>

FÜSSL, WILHELM 2005: *Oskar von Miller 1855–1934: Eine Biographie*. Beck, München

FUJITA, MASAHISA; KRUGMAN, PAUL; VENABLES, ANTHONY J. 2001: *The spatial economy: Cities, regions, and international trade*. MIT Press, Cambridge MA

GALBRAITH, JAMES K. 1998: *Created unequal: The crisis in American pay*. The Free press, New York

GARTHOFF, RAYMOND L. 1987: *Policy versus the law: The reinterpretation of the ABM treaty*. The Brookings Institution, Washington DC

GILDER, GEORGE 2002: *Telecosm: The world after bandwidth abundance*. 2., revidierte Aufl., Touchstone, New York NY

GILLIES, JAMES; CAILLIAU, ROBERT 2000: *How the Web was born: The story of the World Wide Web*. Oxford University Press, Oxford

GLADWELL, MALCOLM 2002: The talent myth: Are smart people overrated? *The Neworker* 22. Juli

GOLDBERG, ADELE (HRSG.) 1988: *A history of personal workstations*. ACM Press, New York NY

GORZ, ANDRÉ 2004: *Wissen, Wert und Kapital: Zur Kritik der Wissensökonomie*. Rotpunktverlag, Zürich

GOULD, RONALD 1988: *Graph theory*. Benjamin/Cummings, Menlo Park CA

GRAHAM, DANIEL 1983: *High frontier: A strategy for national survival*. Doherty, New York NY

GRAHAM, STEPHEN 2002: Communication grids: Cities and infrastructure [in: SASSEN 2002, 71–91]

GRAHAM, STEPHEN (HRSG.) 2004: *The cybercities reader*. Routledge, London

GREINER, BERND 2003: Die amerikanische Guerilla: Zur Wiederentdeckung der Special Forces. *Blätter für deutsche und internationale Politik* 7, Juli, 834–842

GUNTER, CARL A. 1992: *Semantics of programming languages: Structures and techniques*. MIT Press, Cambridge MA

HAAG, KARL HEINZ 1983: *Der Fortschritt in der Philosophie*. Suhrkamp, Frankfurt am Main

HAAG, KARL HEINZ 2005: *Metaphysik als Erfordernis rationaler Weltauffassung*. Humanities Online, Frankfurt am Main

HÄNTZSCHEL, JÖRG 2003: Bin schon draußen: Cyberspace, Firewall, Chatroom und Portal: Das Internet hat die Stadt nicht ersetzt — sondern nur ihre Metaphern geliehen. *Süddeutsche Zeitung*, 3. Januar, 14

HÄUSSERMANN, HARTMUT; KRONAUER, MARTIN; SIEBEL, WALTER (HRSG.) 2004: *An den Rändern der Städte: Armut und Ausgrenzung*. Suhrkamp, Frankfurt am Main (Edition Suhrkamp; 2252)

HANZIG-BÄTZING, EVELYN; BÄTZING, WERNER 2005: *Entgrenzte Welten: Die Verdrängung des Menschen durch Globalisierung von Fortschritt und Freiheit*. Rotpunktverlag, Zürich

HARDT, MICHAEL; NEGRI, ANTONIO 2000: *Empire*. Harvard University Press, Cambridge MA

HARDT, MICHAEL; NEGRI, ANTONIO 2002: *Empire: Die neue Weltordnung*. Campus, Frankfurt am Main

HARDT, MICHAEL; NEGRI, ANTONIO 2004a: *Multitude: War and democracy in the age of empire*. Penguin, New York NY

HARDT, MICHAEL; NEGRI, ANTONIO 2004b: *Multitude: Krieg und Demokratie im Empire*. Campus, Frankfurt am Main

HARRISON, BENNETT 1997: *Lean and mean: The changing landscape of corporate power in the age of flexibility*. Guilford, New York NY

HARTMANN, FRANK 1996: *Cyber.Philosophy: Medientheoretische Auslotungen*. Passagen Verlag, Wien

HARVEY, DAVID 1990: *The condition of postmodernity: An inquiry into the origins of cultural change*. Blackwell, Oxford

HARVEY, DAVID 2001: The art of rent [in: PANITCH, LEYS 2001, 93–110]

HARVEY, DAVID 2003: *The new imperialism*. Oxford University Press, New York NY

HAUBEN, MICHAEL; HAUBEN, RONDA 1997: *Netizens: On the history and impact of Usenet and the Internet*. IEEE Computer Society Press, Los Alamitos CA

HEFFERNAN, NICK 2000: *Capital, class and technology in contemporary American culture: Projecting Post-Fordism*. Pluto, London

HEIDEGGER, MARTIN 1962: *Die Technik und die Kehre*. Neske, Pfullingen

HEISE, MIKIYA 2002: Die Phantasmagorien der "Netzwerkgesellschaft". *Das Argument* 248 (44, 5/6), 684–695

HENG, STEFAN; SCHAAF, JÜRGEN 2002: *Standortwahl in der vernetzten Welt: Kein Ende der Distanz*. Deutsche Bank Research, Frankfurt am Main <http://www.dbresearch.de/PROD/PROD0000000000045036.pdf>

HENWOOD, DOUG 1996a: Work and its future. *Left Business Observer* 72, April <http://www.leftbusinessobserver.com/Work.html>

HENWOOD, DOUG 1996b: How jobless the future. *Left Business Observer* 75, Dezember <http://www.leftbusinessobserver.com/Jobless_future.html>

HENWOOD, DOUG 1998: *Wall Street: How it works and for whom.* Verso, London

HENWOOD, DOUG 2002a: Collapsing Models [1]: Enron. *Left Business Observer* 99, Februar <http://www.leftbusinessobserver.com/Enron.html>

HENWOOD, DOUG 2002b: Not such a good year, 2001. *Left Business Observer* 103, Dezember <http://www.leftbusinessobserver.com/IncPov01.html>

HENWOOD, DOUG 2003: *After the new economy.* New Press, New York

HENWOOD, DOUG 2004: Pension fund socialism: The illusion that just won't die. Rede auf der Konferenz *Pension Fund Capitalism and the Crisis of Old-Age Security in the United States*, New York, 11. September <http://www.leftbusinessobserver.com/NSPensions.html>

HERKEN, GREGG 1987: *Counsels of war.* Erw. Ausg., Oxford University Press, New York NY

HIRST, PAUL; THOMPSON, GRAHAME 1996: *Globalization in Question: The international economy and the posibilities of government.* Polity Press, Cambridge

HITZ, HANSRUEDI; KEIL, ROGER; LEHRER, UTE; RONNEBERGER, KLAUS; SCHMID, CHRISTIAN; WOLFF, RICHARD (HRSG.) 1995: *Capitales fatales: Urbanisierung und Politik in den Finanzmetropolen Frankfurt und Zürich.* Rotpunktverlag, Zürich

HOBSBAWM, ERIC 1999: *Industry and empire: The birth of the industrial revolution.* 2. 2. Aufl., The New Press, New York NY

HOCHSCHILD, ARLIE RUSSELL 2003: Love and gold [in: EHRENREICH, HOCHSCHILD 2003, 15–30]

HOFFMANN, HANS-JÜRGEN (HRSG.) 1992: *Eiffel: Gemeinsame Fachtagung des German Chapter of the ACM mit der Gesellschaft für Informatik (GI), am 25. und 26. Mai 1992 in Darmstadt, Proceedings.* Teubner, Stuttgart

HOFFMANN, JÜRGEN 2004: Offshoring [in: OSWALT 2004, 562–569]

HUFFSCHMID, JÖRG 2002: *Politische Ökonomie der Finanzmärkte.* Aktual. u. erw. Neuauflage, VSA, Hamburg

HUGHES, THOMAS P. 1983: *Networks of power: Electrification in western society 1880–1930.* John Hopkins UP, Baltimore

HUITEMA, CHRISTIAN 1996: *Routing im Internet.* Prentice Hall, München

IGLHAUT, STEFAN; MEDOSCH, ARMIN; RÖTZER, FLORIAN (HRSG.) 1996: *Stadt am Netz: Ansichten von Telepolis.* Bollmann, Mannheim

ILLINGER, PATRICK 2003: Es ist fruchtbar, es vermehrt sich, es lebt: Das Internet: Wie das globale Datennetz zu einem eigenständigen Organismus wird. *Süddeutsche Zeitung* 176, 2./3. August, 12

INURA (HRSG.) 1998: *Possible urban worlds: Urban strategies at the end of the 20th century.* Birkhäuser, Basel

INURA (HRSG.) 2004: *The contested metropolis: Six cities at the beginning of the 21st century.* Birkhäuser, Basel

JANSEN, DOROTHEA 2003: *Einführung in die Netzwerkanalyse.* 2., erw. Aufl., Leske + Budrich, Opladen

JESSOP, BOB 2002: Informationskapitalismus und Empire: Verklärungen der US-Hegemonie. *Das Argument* 248 (44, 5/6), 777–790

JESSOP, BOB 2003: *Post-Fordism and the knowledge based economy.* Manuskript

JÜNGER, ERNST 1930: *Die Totale Mobilmachung* [in: JÜNGER 1980, 119–141]

JÜNGER, ERNST 1932: *Der Arbeiter: Herrschaft und Gestalt.* Neuausgabe, Klett-Cotta, Stuttgart [1982]

JÜNGER, ERNST 1980: *Sämtliche Werke; Bd. 7. Essays I: Betrachtungen zur Zeit.* Klett-Cotta, Stuttgart

JUNGNICKEL, DIETER 1990: *Graphen, Netzwerke und Algorithmen.* 2. Aufl., BI Wissenschaftsverlag, Mannheim

KAHN, HERMAN 1961: *On thermonuclear war.* Princeton UP, Princeton NJ

KANT, IMMANUEL 1787: *Kritik der reinen Vernunft.* 2. Aufl., Hatknoch, Riga [in: KANT 1957, Band II]

KANT, IMMANUEL 1793: *Kritik der Urteilskraft.* 2. Aufl., Lagarde, Berlin [in: KANT 1957, Band V]

KANT, IMMANUEL 1957: *Werke, hrsg. von Wilhelm Weischedel.* Wissenschaftliche Buchgesellschaft, Darmstadt

KAPLAN, FRED 1983: *The wizzards of armageddon.* Simon and Schuster, New York NY

KARZAUNINKAT, STEFAN 2003: Google zugemüllt: Spam überschwemmt die Suchergebnisse. *c't* 20, 22. September, 88–89

KELLY, KEVIN 1994: *Out of control: The new biology of machines, social systems, and the economic world.* Addision-Wesley, Reading MA

KENNEDY, ALAN 2001: *Das Ende des Shareholder-Value.* Prentice-Hall, München

KLEENE, STEPHEN COLE 1952: *Introduction to Metamathematics.* Wolters-Noordhoff, Groningen

KLEIN, NAOMI 2004: Wer die Opfer zählt, wird eliminiert: Offener Brief an den US-Botschafter in London: Der Krieg gegen die Augenzeugen – Ärzte, Journalisten und Geistliche werden systematisch zum Schweigen gebracht. *Freitag* 53, 24. Dezember, 9 <http://www.freitag.de/2004/53/04530901.php>

KNOX, PAUL L.; TAYLOR, PETER J. (HRSG.) 1995: *World cities in a world system.* Cambridge University Press, Cambridge

KOECHLIN, FLORIANNE (HRSG.) 1998: *Das patentierte Leben: Manipulation, Markt und Macht.* Rotpunktverlag, Zürich

KÖNIG, JOHANN-GÜNTHER 2003: *Finanzkriminalität: Geldwäsche, Insidergeschäfte, Spekulation.* Suhrkamp, Frankfurt am Main

KÖNIG, WOLFGANG (HRSG.) 1990–1992: *Propyläen-Technikgeschichte.* Propyläen-Verlag, Berlin

KÖTH, CLAUS-PETER 2004: Gefangen in alten Konzepten. *Automobil Industrie,* Juli (49; 7–8), 34–39

KRÄTKE, STEFAN 1995: *Stadt – Raum – Ökonomie: Eine Einführung in aktuelle Problemfelder der Stadtökonomie und Wirtschaftsgeographie.* Birkhäuser, Basel

KRUGMAN, PAUL 1995: *Development, geography, and economic theory.* MIT Press, Cambridge MA

KRUGMAN, PAUL 1996: *Pop internationalism.* MIT Press, Cambridge MA

KÜHL, STEFAN 2002: *Sisyphos im Management: Die vergebliche Suche nach der optimalen Organisationssystruktur.* Wiley, Weinheim

KUHLMANN, ANDREAS (HRSG.) 1994: *Philosophische Ansichten der Kultur der Moderne.* Fischer, Frankfurt

KUHN, THOMAS S. 1970: *Die Struktur wissenschaftlicher Revolutionen.* 2. Aufl., Suhrkamp, Frankfurt am Main

KUHN, THOMAS S. 1980: *Die kopernikanische Revolution.* Vieweg, Braunschweig

LABUSCH, REINER; MAUS, ECKART; SEND, WOLFGANG (HRSG.) 1984: *Weltraum ohne Waffen: Naturwissenschaftler warnen vor der Militarisierung des Weltraums.* Bertelsmann, München

LANDWEHR, MICHAEL; MARIE-LILLIU, CÉLINE 2002: *Transportation projections in OECD regions: detailed report.* International Energy Agency, Paris <http://www.worldenergyoutlook.org/weo/papers/Transport.pdf>

LAZULY, PIERRE 2003: The World according to Google. *Le Monde diplomatique* 10, Oktober, 5

LEBOW, RICHARD NED 1987: *Nuclear crisis management: A dangerous illusion.* McGraw-Hill, New York NY

LEFÈBVRE, HENRI 1976: *Die Revolution der Städte.* Syndikat, Frankfurt am Main

LE MONDE DIPLOMATIQUE (HRSG) 2003: *Atlas der Globalisierung.* Le Monde diplomatique, Berlin

LEONARDO DA VINCI 1990: *Sämtliche Gemälde und die Schriften zur Malerei.* Schirmer-Mosel, München

LEPIK, ANDRES 1995: Das Architekturmodell der frühen Renaissance: Die Erfindung eines Mediums [in: EVERS 1995, 10–20]

LESSARD, BILL; BALDWIN, STEVE 2000: *Net slaves: True tales of working the web.* Cornell University Press, Ithaca NY

LÉVY, PIERRE 1997: *Die kollektive Intelligenz: Eine Anthropologie des Cyberspace.* Bollmann, Mannheim

LISKOV, BARBARA; GUTTAG, JOHN 1986: *Abstraction and specification in program development.* MIT Press, Cambridge MA

LORENTZ, HENDRIK A.; EINSTEIN, ALBERT; MINKOWSKI, HERMANN 1923: *Das Relativitätsprinzip: Eine Sammlung von Abhandlungen.* 5. Aufl., Teubner, Stuttgart

LOVINK, GEERT 2002: Nach dem DotCom-Crash: Der Internethype und die Kunst der Geldvernichtung: Eine Bilanz. *Lettre International* 57, II, 46–53

LOVINK, GEERT 2003: *My first recession: Critical Internet culture in transition.* V2_NAi Publishers, Rotterdam

LOWENSTEIN, ROGER 2002: *When genius failed: The rise and fall of Long-Term Capital Management.* Fourth Estate, London

LÜTHJE, BOY 1993: *Die Neuordnung der Telekommunikationsindustrie in den USA: Krise fordistischer Akkumulation, Deregulierung und Gewerkschaften.* Deutscher Universitätsverlag, Wiesbaden

LUTTWAK, EDWARD 1999: *Turbo capitalism: Winners and loosers in the global economy.* Orion, London

MAAR, CHRISTA; RÖTZER, FLORIAN (HRSG.) 1997: *Virtual Cities: Die Neuerfindung der Stadt im Zeitalter der globalen Vernetzung.* Birkhäuser, Basel

MADRICK, JEFF (HRSG.) 2000: *Unconventional wisdom: Alternative perspectives on the information age.* The Century Foundation Press, New York NY

MADRICK, JEFF 2002: *Why economies grow: The forces that shape prosperity and how we can get them working again.* The Century Foundation Press, New York NY

McKINSEY & COMPANY 2001: *The war for talent: Organization and leadership practice.* o. O., April 2001

McKUSICK, MARSHALL KIRK 1999: Twenty years of Berkeley Unix: From AT&T-owned to freely redistributable [in: DiBona, Ockman, Stone 1999, 31–46]

McLUHAN, MARSHALL 2003: *Understanding media: The extensions of man.* Critical edition, Gingko, Corte Madera CA

MAGNAGO LAMPUGNANI, VITTORIO; MILLON, HENRY A. (HRSG.) 1994: *The Renaissance: From Bruneleschi to Michelangelo: The representation of architecture.* Bompiani, Mailand

MAKKI, SAMI 2004: Outsourcing, das Irak-Experiment. *Le Monde diplomatique* 11, November, 16–17

MALITZ, JEROME 1979: *Introduction to mathematical logic.* Springer, New York NY

MARCUSE, HERBERT 1973: *Triebstruktur und Gesellschaft: Ein philosophischer Beitrag zu Sigmund Freud.* Suhrkamp, Frankfurt am Main (Bibliothek Suhrkamp; 158)

MARINETTI, F. T. 1909: *Manifest des Futurismus* [in: SCHMIDT-BERGMANN 1993, 75–80]

MARINETTI, F. T. 1914: *Der multiplizierte Mensch und das Reich der Maschine* [in: SCHMIDT-BERGMANN 1993, 107–110]

MARKUSEN, ANN; HALL, PETER; CAMPBELL, SCOTT; DEITRICK, SABINA 1991: *The rise of the gunbelt: The military remapping of industrial America.* Oxford University Press, New York NY

MARX, KARL; ENGELS, FRIEDRICH : *Werke.* Dietz, Berlin

MARX, KARL 1875: Kritik des Gothaer Programms [in: MARX, ENGELS, Bd. 19, 11–32]

MARX, KARL 1953: *Grundrisse der Kritik der politischen Ökonomie (Rohentwurf) 1850–1858, Anhang 1850–1859.* Dietz, Berlin

MATHEMATICAL SOCIETY OF JAPAN (HRSG.) 1993: *Encyclopedic Dictionary of Mathematics.* MIT Press, Campridge MA

MATURANA, HUMBERTO R.; VARELA, FRANCISCO J. 1987: *Der Baum der Erkenntnis: Die biologischen Wurzeln des menschlichen Erkennens.* Goldmann, München

MATURANA, HUMBERTO R.; PÖRKSEN, BERNHARD 2002: *Vom Sein zum Tun: Die Ursprünge der Biologie des Erkennens.* Auer, Heidelberg

MAURER, JAKOB 2000: *Mobilität ohne Grenzen? Vision: Abschied vom globalen Stau.* Campus, Frankfurt am Main

MAXWELL, KIM 1999: *Residential broadband: An insiders guide to the battle for the last mile.* Wiley, New York NY

MAYER, ARNO J. 1984: *Adelsmacht und Bürgertum: Die Krise der europäischen Gesellschaft 1848–1914.* Beck, München

MELMAN, SEYMOUR 1983: *Profits without production.* Knopf, New York NY

MELMAN, SEYMOUR 1985: *The permanent war economy.* 2., rev. Aufl., Simon & Schuster, New York NY

MENDELSON, ELLIOTT 1987: *Introduction to mathematical logic.* Wadsworth & Brooks, Pacific Grove CA

MERKEL, ANGELA 2000: Die Wir-Gesellschaft: Über die Notwendigkeit einer Neuen Sozialen Marktwirtschaft. *Frankfurter Allgemeine Zeitung* 18. November <http://www.cdu.de/ueber-uns/buvo/pv/btg_am_201100.htm>

MEYER, BERTRAND 1988: *Object-oriented software construction.* Prentice-Hall, Englewood Cliffs NJ

MICHAELS, ED; HANDFIELD-JONES, HELEN; AXELROD, BETH 2001: *The war for talent.* McGraw-Hill, New York NY

MINTZBERG, HENRY 2004: *Managers not MBAs: A hard look at the soft practice of managing and management development* Berret-Koehler, San Francisco CA

MISSBACH, ANDREAS 2002: Der Fall Enron. *Widerspruch* 42 (22, 1), 164–170

MITCHELL, WILLIAM 1996: Ziegel oder Bits? Architektur im Telekommunikationszeitalter [in: IGLHAUT, MEDOSCH, RÖTZER 1996, 64–70]

MOSCO, VINCENT 2004: *The digital sublime: Myth, power, and cyberspace.* MIT Press, Cambridge MA

NATIONAL RESEARCH COUNCIL, COMMITEE ON THE ATMOSPHERIC EFFECTS OF NUCLEAR EXPLOSIONS 1985: *The Effects on the atmosphere of a major nuclear exchange.* National Academy Press, Washington DC

NEGROPONTE, NICHOLAS 1995: *Total digital: Die Welt zwischen 0 und 1 Oder die Zukunft der Kommunikation.* Bertelsmann, München

NEGT, OSKAR; KLUGE, ALEXANDER 2001a: *Der unterschätzte Mensch: Gemeinsame Philosophie in zwei Bänden.* Zweitausendeins, Frankfurt am Main

NEGT, OSKAR; KLUGE, ALEXANDER 2001b: *Geschichte und Eigensinn* [in: NEGT, KLUGE 2001, Band II]

NEUMANN, PETER G. 1995: *Computer related risks.* ACM Press, New York NY

NIETZSCHE, FRIEDRICH 1887: *Die fröhliche Wissenschaft.* 2. Aufl. [in: NIETZSCHE 1980, Bd. 3]

NIETZSCHE, FRIEDRICH 1883–1885: *Also sprach Zarathustra: Ein Buch für Alle und Keinen* [in: NIETZSCHE 1980, Bd. 4]

NIETZSCHE, FRIEDRICH 1980: *Kritische Studienausgabe.* Hrsg. GIORGIO COLLI, MAZZINO MONTINARI. DTV, München

NORBERG, ARTHUR L.; O'NEILL, JUDY E.; FREEDMAN, KERRY J. 1996: *Transforming computer technology: Information processing for the Pentagon, 1962–1986*. John Hopkins University Press, Baltimore ML

OSWALT, PHILIPP (HRSG.) 2004: *Schrumpfende Städte. Band 1: Internationale Untersuchung*. Hatje Canz, Ostfildern

OTTEN, DIETER 2003: Die Männer, die wir brauchen, gibt es nicht: Höchste Zeit, den Ritter als Leitbild neu zu entdecken. *Chrismon* 6, Juni, 36–37

PANITCH, LEO; LEYS, COLIN (HRSG.) 2001: *A world of contradictions: Socialist register 2002*. Merlin, London

PAWLEY, MARTIN 1997: Auf dem Weg zur digitalen Desurbanisierung [in: MAAR, RÖTZER 1997, 17–29]

PETERSON, LARRAY L.; DAVIE, BRUCE S. 1996: *Computer networks: A systems approach*. Morgan Kaufmann, San Francisco CA

PETRINI, CARLO 2003: *Slow Food: Genießen mit Verstand*. Rotpunktverlag, Zürich

PFEFFER, JEFFREY 2001: *Fighting the war for talents is hazardous to your organization's health*. Stanford University, Graduate School of Business, Stanford CA (Research Paper; Nr. 1687)

POSTONE, MOISHE 1996: *Time, labour, and social domination: A reinterpretation of Marx's critical theory*. Cambridge University Press, Cambridge

PRESIDENT'S COMMISSION ON CRITICAL INFRASTRUCTURE PROTECTION 1997: *Critical Foundations: Protecting America's Infrastructures*. Washington DC <http://www.ciao.gov/resource/pccip/PCCIP_Report.pdf>

PRINGLE, PETER; ARKIN, WILLIAM 1983: *SIOP: The secret US plan for nuclear war*. Norton & Norton, New York NY

PUTNAM, HILARY 1988: *Representation and reality*. MIT Press, Cambridge MA

RAMMERT, WERNER 1993: *Technik aus soziologischer Perspektive: Forschungsstand, Theorieansätze, Fallbeispiele. Ein Überblick*. Westdeutscher Verlag, Opladen

RAPOPORT, ANATOL 1960: *Fights, games, and debates*. University of Michigan Press, Ann Arbor CT

RAPOPORT, ANATOL 1976: *Kämpfe, Spiele und Debatten: Drei Konfliktmodelle*. Darmstädter Blätter, Darmstadt

RAPOPORT, ANATOL 1974: *Konflikt in der vom Menschen gemachten Welt*. Darmstädter Blätter, Darmstadt

REHEIS, FRITZ 2003: *Entschleunigung: Abschied vom Turbokapitalismus*. Riemann, München

REICH, ROBERT 1993: *The work of nations*. Simon and Schuster, New York NY

REICHEL, PETER 1991: *Der schöne Schein des Dritten Reiches: Faszination und Gewalt des Faschismus*. Hanser, München

RICHTER, STEPHAN-GÖTZ 2003: Für einen starken Staat. *Financial Times Deutschland*, 25. August <http://www.ftd.de/pw/in/1061633028325.html?nv=nl>

RIEGAS, VOLKER; VETTER, CHRISTIAN (HRSG.) 1990: Gespräch mit Humberto R. Maturana [in: RIEGAS, VETTER 1990, 11–90]

RIEGAS, VOLKER; VETTER, CHRISTIAN (HRSG.) 1990: *Zur Biologie der Kognition: Ein Gespräch mit Humberto R. Maturana und Beiträge zur Diskussion seines Werkes.* Suhrkamp, Frankfurt

RIFKIN, JEREMY 1995: *The end of work: The decline of the global labour force and the dawn of the post-market era.* Putnam, New York NY

RIFKIN, JEREMY 2000: *The age of access: The new culture of hypercapitalism whereall life is a paid-for experience.* Putnam, New York NY

RILLING, RAINER; SPEHR, CHRISTOPH 2003: Linksnet: Thesen zu einer linken Internet-Politik. *Widerspruch* 45 (23, 2), 47–54

RITTEL, HORST W. J. 1977: Urteilsbildung und Urteilsrechtfertigung [in: RITTEL 1992, 113–133]

RITTEL, HORST W. J. 1992: *Planen, Entwerfen, Design: Schriften zu Theorie und Methodik.* Kohlhammer, Stuttgart

ROBERTS, DAN 2001a: Keine Hoffnung unter dieser Nummer. *Financial Times Deutschland*, 6. September <http://www.ftd.de/tm/tk/1280261.html>

ROBERTS, DAN 2001b: Telekomcrash: Goldrausch ohne Gold. *Financial Times Deutschland*, 7. September <http://www.ftd.de/tm/tk/1274338.html>

ROBERTS, LAWRENCE G. 1988: The ARPAnet and computer networks [in: GOLDBERG 1988, 143–167]

ROPOHL, GÜNTER 1979: *Eine Systemtheorie der Technik: Zur Grundlegung der Allgemeinen Technologie.* Hanser, München

ROPOHL, GÜNTER 1996: *Ethik und Technikbewertung.* Suhrkamp, Frankfurt am Main (stw; 1241)

RÖTZER, FLORIAN 1996: Telepolis ist nicht nur ein Traum [in: IGLHAUT, MEDOSCH, RÖTZER 1996, 10–24]

ROYAL SWEDISH ACADEMY OF SCIENCE (HRSG.) 1983: *Nuclear war: The aftermath.* Pergamon Press, Oxford

RÜTTGERS, JÜRGEN 1997: Medienerziehung muss eine zentrale Bildungsaufgabe werden. *Die Zeit* 19. September

SABLOWSKI, THOMAS 2003a: Kapitalmarktorientierte Unternehmensführung und neue Branchenstrukturen: Das Beispiel der InfoCom-Industrie [in: DÖRRE, RÖTTGER 2003, 206–226]

SABLOWSKI, THOMAS 2003b: Bilanz(en) des Wertpapierkapitalismus: Deregulierung, Shareholder Value, Bilanzskandale. *Prokla* 131 (33, 2)

SALUS, PETER H. 1994: *A quarter century of Unix.* Addison-Wesley, Reading MA

SALUS, PETER H. 1995: *Casting the net: From ARPAnet to Internet and beyond.* Addison-Wesley, Reading MA

SASSEN, SASKIA 1991: *The global city: New York, London, Tokyo.* Princeton University Press, Princeton NJ

SASSEN, SASKIA 1994: *Cities in a world economy.* Pine Forge Press, Thousand Oaks CA

SASSEN, SASKIA 1997: Die neue Zentralität: Auswirkungen von Telematik und Globalisierung [in: MAAR, RÖTZER 1997, 117–131]

SASSEN, SASKIA 1998: *Globalization and its discontents: Essays on the new mobility of people and money.* New Press, New York NY

SASSEN, SASKIA 2001: *The global city: New York, London, Tokyo.* 2. Aufl., Princeton University Press, Princeton NJ

SASSEN, SASKIA (HRSG.) 2002: *Global networks, linked cities.* Routledge, New York NY

SASSEN, SASKIA 2003: Global cities and survival circuits [in: EHRENREICH, HOCHSCHILD 2003, 254–274]

SCHAMP, EIKE W. 2000: *Vernetzte Produktion: Industriegeographie in institutioneller Perspektive.* Wissenschaftliche Buchgesellschaft, Darmstadt

SCHEER, ROBERT 1983: *With enough shovels: Reagan, Bush and nuclear war.* 2., akt. Aufl., Vintage, New York NY

SCHILLER, DAN 1999: *Digital Capitalism.* MIT Press, Cambridge, MA

SCHIVELBUSCH, WOLFGANG 2005: *Entfernte Verwandtschaft: Faschismus, Nationalsozialismus, New Deal, 1933–1939.* Hanser, München

SCHMIDT, DAVID 1986: *Denotational Semantics: A methodology for language development.* Alan and Bacon, New York NY

SCHMIDT-BERGMANN, HANSGEORG 1993: *Futurismus: Geschichte, Ästhetik, Dokumente.* Rowohlt, Reinbek

SCHOLZ, LEANDER 2003: Zur ewigen Bewegung. *Freitag* 17, 18. April, 15 <http://www.freitag.de/2003/17/03171501.php>

SCHOR, JULIET B. 1992: *The overworked american.* Basic Books, New York NY

SCHOTT, DIETER 1999: *Die Vernetzung der Stadt: Kommunale Energiepolitik, öffentlicher Nahverkehr und die "Produktion" der modernen Stadt: Darmstadt − Mannheim − Mainz 1880–1918.* Wissenschaftliche Buchgesellschaft, Darmstadt

SCHRADER, CHRISTOPHER 2003: Digitale Ökologie: Ob Computer und Internet der Umwelt helfen oder schaden, entscheidet der Nutzer mit seinem Verhalten. *Süddeutsche Zeitung* 160, 15. Juli, 37

SCHUMPETER, JOSEPH A. 1975: *Capitalism, socialism and democracy.* Harper & Row, New York NY

SCHWARTZ, STEPHEN I. 1998: *Atomic Audit: The costs and consequences of US nuclear weapons since 1940.* The Brookings Institution Press, Washington DC

SCOTT, DANA S. 1976: Logic and programming languages. *Communications of the ACM*, (20), 634–641

SEGAL, RAVI; WEIZMAN, EYAL 2003a: Pastorale Landschaften: Das Panoptikum in der Wüste oder: Die Logik des lateralen Blicks. Israelische Siedlungen in der Westbank. *Frankfurter Rundschau*, 25. Juli (171), 11

SEGAL, RAVI; WEIZMAN, EYAL (HRSG.) 2003b: *A civilian occupation: The politics of Israeli architecture.* Verso, London

SENNETT, RICHARD 1994: *Flesh and stone: The body and the city in western civilization.* Faber and Faber, London

SENNETT, RICHARD 1998: *The corrosion of character: The personal consequences of work in the new capitalism.* Norton, New York NY

SENNETT, RICHARD 2005: *Die Kultur des neuen Kapitalismus*. Berlin Verlag, Berlin

SHILLER, ROBERT J. 2000: *Irrational exuberance*. Princeton University Press, Princeton NJ

SIEWERTS, THOMAS 1997: *Zwischenstadt: Zwischen Ort und Welt, Raum und Zeit, Stadt und Land*. Vieweg, Braunschweig (Bauwelt-Fundamente; 118)

SLOUKA, MARK 1995: *War of the worlds: Cyberspace and the high-tech assault on reality*. Basic Books, New York NY

SOJA, EDWARD W. 1995: Anregung für ein wenig Verwirrung: Ein zeitgenössischer Vergleich von Amsterdam und Los Angeles [in: HITZ, KEIL, LEHRER, RONNEBERGER, SCHMID, WOLFF 1995, 160–175]

SOKAL, ALAN D.; BRICMONT, JEAN 1999: *Eleganter Unsinn: Wie die Denker der Postmoderne die Wissenschaft missbrauchen*. Beck, München

SOROS, GEORGE 1998: *The crisis of global capitalism*. Little, Brown and Company, London

SPILLER, KRISTINA; WIHOFSZKI, OLIVER 2005: Telekom-Rivalen ändern Internetstrategie. *Financial Times Deutschland*, 11. Januar <http://www.ftd.de/tm/it/1105375714897.html>

STACHOWIAK, HERBERT 1973: *Allgemeine Modelltheorie*. Springer, Wien

STARES, PAUL B. 1985: *The militarization of space: U.S. policy, 1945–1984*. Cornell University Press, Ithaca NY

STIGLITZ, JOSEPH E. 2003: Die goldenen Neunziger: Globalisierungsmythen, Wirtschaftshochmut und Doppelmoral. *Lettre International* 60, I, 44–49

STIGLITZ, JOSEPH E. 2004: *Die Roaring Nineties: Der entzauberte Boom*. Siedler, Berlin

STORPER, JOSEPH 1997: *The regional world: Territorial development in a global economy*. Guilford Press, New York NY

STROHM, HARALD 1997: *Die Gnosis und der Nationalsozialismus*. Suhrkamp, Frankfurt am Main

STUMPF, REINHARD (HRSG.) 1993: *Kriegstheorie und Kriegsgeschichte*. Deutscher Klassiker Verlag, Frankfurt (Bibliothek deutscher Klassiker; 87)

TODD, EMMANUEL 1999: *Die neoliberale Illusion: Über die Stagnation der entwickelten Gesellschaften*. Rotpunktverlag, Zürich

TODD, EMMANUEL 2003: *Weltmacht USA: Ein Nachruf*. Piper, München

TRABANT, JÜRGEN 1996: *Elemente der Semiotik*. Francke, Tübingen

TOPSØE, FLEMMING 1974: *Informationstheorie: Eine Einführung*. Teubner, Stuttgart

TURING, ALAN M. 1950: Computing machinery and intelligence. *Mind* 236 (LIX)

VIRILIO, PAUL 1996: *Fluchtgeschwindigkeit*. Hanser, München

WACQUANT, LOÏC 2003: Von der Sklaverei zur Masseneinkerkerung. *Das Argument* 252 (45, 4/5), 529–545

WALRAND, JEAN; VARAYA, PRAVIN 1999: *High-performance communication networks*. Morgan Kaufmann, San Francisco CA

WATTS, DUNCAN J. 1999: *Small worlds: The dynamics of networks between order and randomness.* Princeton UP, Princeton RI

WATTS, DUNCAN J. 2003: *Six degrees: The science of a connected age.* Norton, New York NY

WEHR, MARCO 2002: *Der Schmetterlingsdefekt: Turbulenzen in der Chaostheorie.* Klett-Cotta, Stuttgart

WEINBERG, GERALD M. 1975: *An introduction to general system thinking.* Wiley, New York NY

WEINBERG, GERALD M.; WEINBERG, DANIELA 1988: *General principles of system design.* Dorset, New York NY

WEINER, STEPHEN 1984: Systems and technology [in: CARTER, SCHWARTZ 1984, 49–97]

WERCKMEISTER, OTTO K. 1989: *Zitadellenkultur: Die schöne Kunst des Untergangs in der Kultur der achtziger Jahre.* Hanser, München

WERCKMEISTER, OTTO K. 2005: *Der Medusa Effekt: Politische Bildstrategien seit dem 11. September 2001.* Form+Zweck, Berlin

WESTFEHLING, UWE 1993: *Zeichnen in der Renaissance: Entwicklung – Techniken – Formen – Themen.* DuMont, Köln

WEYL, HERMANN 1923: *Mathematische Analyse des Raumproblems: Vorlesungen, gehalten in Barcelona und Madrid.* Springer, Berlin

WILLKE, HELMUT 2003: *Atopia: Studien zur atopischen Gesellschaft.* Suhrkamp, Frankfurt am Main (stw; 1516)

WOHLSTETTER, ALBERT; BRODY, RICHARD 1987: Continuing control as a requirement for deterring [in: CARTER, STEINBRUNER, ZRAKET 1987, 142–186]

WOLF, WINFRIED 1992: *Eisenbahn und Autowahn: Personen- und Gütertransport auf Schiene, Straße, in der Luft und zu Wasser: Geschichte, Bilanz, Perspektiven.* Erw. Neuausgabe, Rasch und Röhrig, Hamburg

YORK, HERBERT FRANK 1970: *Race to oblivion: A participant's view of the arms race.* Simon and Schuster, New York NY

ZINGANEL, MICHAEL 2004: Produktivkraft Vandalismus [in: OSWALT 2004, 294–301]

ZINN, KARL GEORG 2002: *Zukunftswissen: Die nächsten zehn Jahre im Blick der politischen Ökonomie.* VSA, Hamburg

ZOOK, MATTHEW 2004: Cyberspace and local places: The urban dominance of dot.com geography in the late 1990's [in: GRAHAM 2004, 205–211]

ZYDRA, MARKUS 2005: Nachdenken über einen neuen Crash. *Financial Times Deutschland*, 19. April <http://www.ftd.de/bm/ga/3809.html>

Sachindex

R

S

Personenindex

A

Âl Fârâbî 128
Anders, Günther 13, 30–31, 162, 170, 254–255, 267
Andritzky, Michael 70, 267
Arkin, William 104, 267, 280
Aronson, Jerrold L. 120–121, 267
Atzert, Thomas 11
Axelrod, Beth 139, 279

B

Bätzing, Werner 274
Baldwin, Steve 146, 156, 277
Ball, Desmond 104, 267
Barabási, Albert László 119, 267
Baran, Paul 91–92
Barbroke, Richard 10, 267
Barlow, John Perry 58, 63, 65, 263, 267
Becker, Jörg 54, 112, 204, 267
Bethke, Bruce 56
Beyrer, Klaus 70, 267
Birks, John W. 106, 269
Blair, Bruce G. 92–93, 104–106, 267–268
Blomert, Reinhard 140, 152, 164, 268
Bolz, Norbert 32–35, 47–48, 51–52, 54–55, 57, 78, 82–83, 268
Born, Max 45, 49–50, 268
Borsook, Paulina 146, 156, 166, 168, 268
Bracken, Paul 93–94, 268
Brauch, Hans Günter 107, 268
Braun, Hans-Joachim 210, 268
Bredekamp, Horst 123, 268
Brenner, Robert 200–201, 268
Bricmont, Jean 25, 48, 283
Brockhaus, Gudrun 18, 268
Brody, Richard 89, 91–92, 103, 284
Bronger, Dirk 243, 268

Brunkhorst, Hauke 33, 268
Buchanan, Mark 82, 84, 114, 119, 268
Büllingen, Franz 191, 213, 268
Bürkner, Hans-Joachim 227, 268
Bullinger, Hans-Jörg 135, 268
Burke, Peter 238, 268
Bush, George W. 107, 167
Bush, Vannevar 40

C

Cailliau, Robert 273
Cairncross, Frances 245, 268
Calvin, Jean 9
Cameron, Andy 10, 267
Campbell, Scott 167, 173, 278
Carnevale, Anthony P. 145, 269
Carroll, Glenn R. 229, 269
Carter, Ashton B. 94, 269
Castells, Manuel 68–69, 76–77, 79, 81–82, 123, 168, 180, 269
Chang, Ha-Joon 244, 269
Clark, David 109, 230, 241–242, 244, 269
Clausewitz, Carl von 35, 37, 269
Clinton, Bill 94–95, 201
Comer, Douglas E. 49, 269
Cromwell, Oliver 9
Crutzen, Paul J. 106, 269

D

Dammbeck, Lutz 174, 269
Davie, Bruce S. 87, 280
Davis, Mike 250, 269
Deiss, Richard 147, 269
Deitrick, Sabina 167, 173, 278
DeLillo, Don 125
DiBona, Chris 269
Dicken, Peter 27, 243, 248, 269
Dörre, Klaus 270
Douglas, Michael 184
Douhet, Giulio 29, 31
Dullien, Sebastian 219–220, 270

Evelyn Hanzig-Bätzing, Werner Bätzing
Entgrenzte Welten
Die Verdrängung des Menschen
durch Globalisierung von Fortschritt
und Freiheit

496 Seiten, Broschur
Fr. 42.–, Euro 28,–
ISBN 3-85869-295-6

Schöne neue Welten

Als Voraussetzung für Fortschritt und Freiheit gilt heute das Dogma der
Aufhebung aller traditionellen Grenzen: Erst die Entgrenzung von Innen-
und Außenwelt, Mensch und Umwelt, Individuum und Gesellschaft,
Kapital und Arbeit sowie die Nivellierung aller raum-zeitlichen Differenzen schaffe eine Welt, in der alles überall, gleichzeitig und unmittelbar
dem Menschen zur Verfügung stehe.

Aus einem geschichtlichen Rückblick heraus und mittels einer breiten
Gegenwartsanalyse (»flexibler Mensch«, Verschwinden von Erfahrung,
Borderline-Störungen, technische Perfektionierung des menschlichen
Körpers, Entwertung der Natur, Inszenierung des Raumes) stellen die
Autoren grundlegende »Selbstverständlichkeiten« unserer Lebenswelt
in Frage; sie begründen, dass mit dem Prozess der Entgrenzung die
Zerstörung unserer Lebenswelt einhergeht.

Rotpunktverlag.

André Gorz
Wissen, Wert und Kapital
Zur Kritik der Wissensökonomie

Aus dem Französischen
von Jadja Wolf
160 Seiten, Broschur,
2. Auflage 2005
Fr. 24.–, Euro 15,50
ISBN 3-85869-282-4

André Gorz befasst sich in diesem Buch mit der Wissensgesellschaft und den Widersprüchen des Wissenskapitalismus:
mit der Schwierigkeit, Wissen als Ware und als Kapital zu
verwerten etwa oder mit dem sich ausbreitenden Selbstent-
fremdungs- und Selbstverwertungszwang.

*»Gorz gibt sich keinen partiellen Lösungen hin. Das
unterscheidet ihn von vielen Zeitgenossen. Er ist zweifellos
ein Übriggebliebener. Möglicherweise bleibt gerade
deswegen von ihm etwas übrig.«* Süddeutsche Zeitung

Rotpunktverlag.